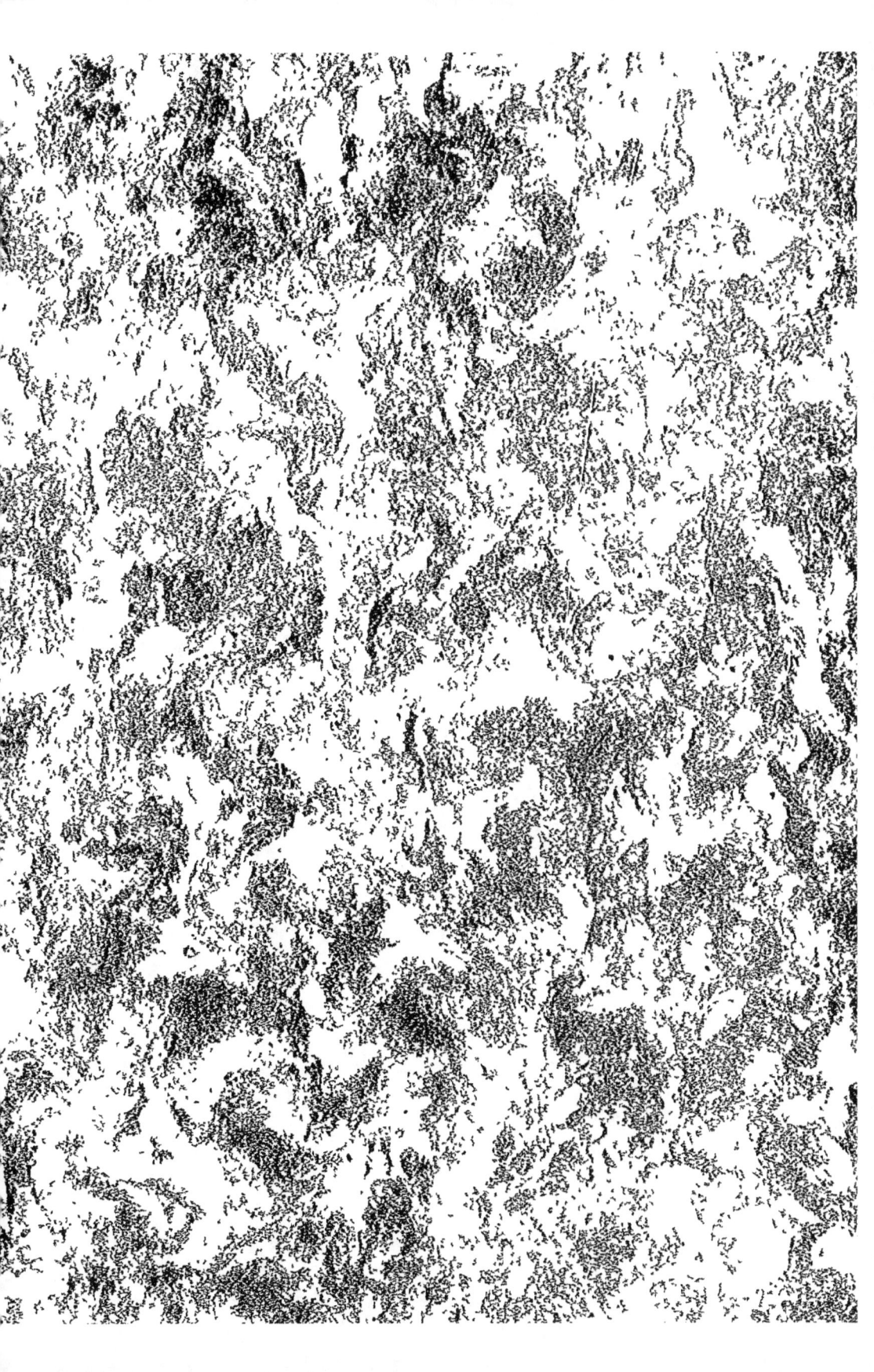

LA PHILOSOPHIE DE L'INCONNAISSABLE.

La Théorie de l'Evolution

ÉTUDE CRITIQUE
SUR LES « PREMIERS PRINCIPES »
DE HERBERT SPENCER

PAR

Le Chanoine Jacques LAMINNE
Professeur a l'Université Catholique de Louvain

BRUXELLES
LIBRAIRIE ALBERT DEWIT
53, Rue Royale.

1908

La Philosophie de l'Inconnaissable

LA THÉORIE DE L'ÉVOLUTION

IMPRIMATUR

 Lovanii die 4ª Junii 1907.

   AD. HEBBELYNCK
  Rect. Magn. Univ. Lov.

LA PHILOSOPHIE DE L'INCONNAISSABLE.

La Théorie de l'Evolution

ÉTUDE CRITIQUE
SUR LES « PREMIERS PRINCIPES »
DE HERBERT SPENCER

PAR

LE CHANOINE JACQUES **LAMINNE**
Professeur à l'Université Catholique de Louvain.

BRUXELLES
LIBRAIRIE ALBERT DEWIT
53, RUE ROYALE.
1907

AVANT-PROPOS

La sécurité qu'offre une maison à ceux qui l'habitent dépend avant tout de la solidité de ses fondements. La mauvaise qualité des pierres qui en forment la base ne permet pas de porter un jugement sur les matériaux qu'on a employés dans le reste de la construction. Il est possible qu'ils soient excellents ; il est possible aussi que les différents appartements soient parfaitement agencés et que, considérés en eux-mêmes, ils soient en tout conformes aux lois de l'architecture. Néanmoins si tout repose sur des fondements ruineux, l'ensemble risque fort de s'écrouler et la maison n'est pas un refuge sûr pour ceux qui s'y abritent.

Un système philosophique est comme une demeure pour les intelligences. Elles y vivent, s'y meuvent, s'y reposent ; leur activité s'y adapte, de même que notre vie matérielle est réglée dans une certaine mesure par la maison que nous habitons.

Il importe qu'avant de s'installer dans un semblable asile notre intelligence en fasse le tour, s'assure de sa stabilité et ne s'expose pas à devoir le quitter après y avoir élu domicile ou à être enveloppé dans sa ruine.

Le défaut des fondements n'est pas toujours radical ni sans remède. Une partie moins solide peut être remplacée et pourvu qu'on se décide à apporter à l'édifice les modifications nécessaires, une meilleure disposition des assises peut parfois prévenir un effondrement général.

Nous nous proposons de faire la critique des bases de la philosophie de Herbert Spencer. Cette tâche nous esbeaucoup facilitée par le fait que Spencer a consacré un volume spécial à établir les *premiers principes*. C'est cet ouvrage fondamental que nous étudierons. Cependant, comme il est nécessaire pour l'intelligence parfaite des principes de les envisager dans leurs applications et quoique Spencer prenne toujours soin d'illustrer largement les considérations théoriques par des exemples concrets, nous aurons à tenir compte des autres ouvrages philosophiques de Spencer, notamment de ses *Principes* de *Biologie*, de *Psychologie*, de *Sociologie* et de *Morale*.

* *

Si l'on compare au point de vue intellectuel notre époque aux précédentes, par exemple au XVIIme siècle, au XIIIme siècle ou à l'âge d'or de la philosophie grecque, on trouvera certainement que nous l'emportons de beaucoup pour l'étendue et la sûreté des connaissances concrètes, mais on pourra peut-être nous reprocher avec raison un manque d'esprit synthétique.

Depuis l'essor merveilleux des sciences naturelles, depuis les progrès rapides des sciences historiques, l'arbre du savoir humain s'est ramifié en une infinité de branches. La plupart des travailleurs de l'esprit ont choisi une partie restreinte du champ de la vérité afin de l'explorer avec un soin minutieux. Un très petit nombre cherche à l'embrasser dans son entier, à s'élever de manière à obtenir une vue d'ensemble. C'est cependant à cela que doit viser la philosophie.

Il est vrai de dire qu'au fur et à mesure des progrès des sciences particulières, la synthèse devient plus difficile. Autrefois lorsque l'ensemble des connaissances humaines n'était pas trop étendu pour qu'un homme de génie pût se l'assimiler tout entier, ou du moins posséder de chacune de ses parties une science personnelle étendue, les conceptions synthétiques pouvaient naître dans un plus grand nombre d'esprits et aussi s'adapter plus facilement aux faits connus. A notre époque aucune intelligence humaine n'est capable de s'assimiler même la majeure partie de nos connaissances et les principes ont bien plus de chances qu'autrefois de rencontrer des faits qui semblent les contredire. Il est cependant indispensable, si l'on veut concevoir une théorie générale de l'Univers, que l'on connaisse avec exactitude au moins les résultats généraux de toutes les sciences. Cela même est aujourd'hui le résultat d'un travail long et aride. Ensuite il faut une intelligence suffisamment puissante pour ordonner ces connaissances de manière à en déduire les conclusions et à saisir les principes auxquels obéissent la multitude des faits particuliers.

Nous admettons volontiers que tous les phénomènes quelque variés qu'ils soient sont gouvernés par un petit nombre de lois générales. Quelle que soit l'idée que nous nous fassions de l'Univers, nous sommes portés à croire que sa complexité cache une unité profonde et l'expérience que nous en avons confirme cette vue *à priori*. Mais il faut d'autre part que nous nous gardions des généralisations hâtives et que nous ne transformions pas à la légère en principe universel une loi dont nous avons constaté l'exactitude dans une catégorie restreinte de phénomènes. Il y a dans l'Univers unité et variété et il importe de saisir le point précis où l'unité cesse et où la variété commence.

L'on peut dire que sans synthèse il n'y a pas de science proprement dite. Personne ne donne le nom de *science* à la connaissance isolée de l'un ou l'autre fait particulier. Pour mériter ce titre, la connaissance doit grouper un grand nombre de faits de manière à saisir une vérité générale qui y trouve son application. Lorsqu'on est ainsi entré en possession de quelques vérités générales, on peut les grouper elles-mêmes de façon à en faire jaillir des principes plus étendus encore. La synthèse sera d'autant plus élevée que l'on sera arrivé à la connaissance de propositions plus universelles.

Lorsque Newton, après avoir étudié les mouvements des planètes autour du soleil aussi bien que la chute des corps terrestres, découvrit que tous ces phénomènes sont reglés par la loi de la gravitation, il conçut une synthèse magnifique. De même, si étudiant les phénomènes thermiques nous arrivons à la conclusion que la chaleur est un mouvement vibratoire des particules matérielles, nous faisons une synthèse en déduisant une proposition générale d'une multitude de faits particuliers. Si, en outre, comparant avec celle-là d'autres conclusions semblables concernant les phénomènes lumineux, acoustiques, électriques, chimiques, nous énonçons une proposition plus générale encore, en disant que tous les phénomènes matériels sont des phénomènes de mouvement, nous aurons fait une synthèse plus élevée.

Toute science a donc pour but de faire des synthèses et de les faire aussi hautes que possible dans les limites de nos investigations. Toute science possède ainsi sous le nom de *lois* un certain nombre d'énoncés généraux qui représentent le travail de synthèse qu'elle a réalisé. On conçoit qu'il est possible de rapprocher les unes des autres les vérités générales découvertes dans chaque science, de chercher à y découvrir des principes encore plus généraux et de tendre ainsi vers le plus haut degré de généralisation auquel l'esprit puisse prétendre. Tel est le rôle de la philosophie.

Cependant la méthode qui consiste à découvrir les vérités générales par la comparaison des faits particuliers ou de vérités moins générales n'est pas la seule possible. Certains principes ou bien sont évidents par eux-mêmes sans qu'il soit nécessaire de les vérifier par l'expérience ; d'autres peuvent se déduire par l'analyse des notions qu'ils contiennent. Il en est ainsi des vérités mathématiques et en général de toutes celles qui sont la conclusion de raisonnements *à priori*.

Autant il convient dans l'emploi de cette méthode dont on a souvent abusé, de n'avancer que pas à pas et à coup sûr, autant il serait déraisonnable de la condamner absolument et de repousser ses résultats sans examen.

On peut, ainsi que le fait Spencer (1), concevoir la tâche de la philosophie comme double. Il faut d'abord établir

---

(1) *Premiers Principes*. Trad. Cazelles. Paris 1871 p. 141. §. 38. — *First Principles* London 1904 p. 105.

et expliquer les principes généraux, ensuite montrer leurs applications dans les différentes catégories de phénomènes.

On distinguera ainsi une philosophie générale et une philosophie spéciale. C'est la première qui est l'objet du traité que nous examinons.

L'esprit philosophique n'a jamais fait défaut parmi les peuples civilisés. Des synthèses générales ont été édifiées aux différentes époques ; elles correspondent à une tendance bien accentuée de notre esprit. Souvent elles ne sont pas définitives. Les raisonnements qui les établissent peuvent ne pas être péremptoires ; les faits que l'on invoque pour les appuyer peuvent avoir été mal observés ; ou bien même la synthèse n'a été proposée qu'à titre d'hypothèse provisoire.

Une logique plus rigoureuse, une meilleure connaissance des phénomènes, la découverte de faits nouveaux peuvent amener le renversement de la construction synthétique ou nécessiter des retouches plus ou moins considérables.

De même que l'histoire des peuples s'incarne souvent dans des monuments en ruines, ainsi en est-il de l'histoire des idées. L'homme ne se laisse pas décourager par l'insuccès de ses devanciers et il a raison. Même s'il ne réussit pas à bâtir un système qui demeure, au moins l'expérience qu'il a tentée sera utile à d'autres et il est presque impossible qu'il ne reste rien du fruit de son travail. Ou bien ce sont des parties de l'édifice qu'on pourra conserver, ou bien l'accumulation de matériaux précieux et abondants facilitera la tâche des travailleurs suivants, ou bien les fondements quoique insuffisants contiennent quelque pierre angulaire sur laquelle on pourra bâtir dans la suite en toute confiance.

**

Spencer divise son ouvrage en deux parties. La première a pour titre *L'Inconnaissable*, la seconde *Le Connaissable*. Celle-ci a pour objet principal la théorie générale de l'Évolution.

Quoiqu'elles se complètent l'une l'autre, il n'y a cependant pas entre elles un lien de dépendance tel que la seconde ait pour fondement la première. Beaucoup de lecteurs des *Premiers Principes* s'y sont trompés, comme le remarque Spencer lui-même dans le *Post-scriptum* qu'il a ajouté à la Première Partie dans l'édition de 1900. En ayant pris connaissance et jugeant inadmissibles les idées qui y sont développées, ils ont cru inutile de pousser plus avant. En réalité la Seconde Partie est dans une large mesure indépendante de la Première.

Nous sommes parmi les lecteurs qui désapprouvent celle-ci et l'étude que nous y consacrerons ne sera guère qu'une réfutation, notre désaccord avec Spencer étant radical. Nous croyons au contraire que l'idée maîtresse de la Seconde Partie est juste, de sorte que, à notre tour, nous prions les lecteurs qui tiennent pour vraie la philosophie de l'*Inconnaissable* — nullement propre à Spencer — et que nos arguments n'auraient point ébranlés, de bien vouloir néanmoins nous suivre dans la seconde partie de ce travail.

Les Premiers Principes (*First Principles*) parurent pour la première fois en 1862. Cinq années plus tard Spencer en fit paraître une seconde édition dans laquelle la seconde partie, *Le Connaissable*, était complètement transformée. La principale raison des changements est donnée dans une note au § 119 (1) dont nous aurons l'occasion de parler. Spencer y explique que l'idée maîtresse de son œuvre, le concept d'évolution, avait subi dans son esprit une modification assez importante.

En 1875 Spencer apporta d'assez notables modifications aux chapitres IV, V et VI de la Seconde Partie. Enfin dans l'édition de 1900 l'ouvrage subit encore quelques changements d'importance moindre.

Il a paru deux traductions françaises : l'une faite sur la 2e édition (*Les Premiers Principes par Herbert Spencer, traduit de l'Anglais par M. E. Cazelles, Paris 1871*), l'autre sur la 6me édition (*Les Premiers Principes par Herbert*

---

(1) P. P. p. 360. — F. P. p. 270.

Spencer, traduit sur la sixième édition anglaise par M. Guymiot. Paris 1902). Nous citons la première qui est la plus répandue (P. P.) et nous y renvoyons ainsi qu'à l'édition anglaise de 1904 (F. P.). Nous avons évidemment tenu compte des modifications que Spencer a apportées à son texte.

Spencer a étudié dans les parties spéciales de sa *Philosophie Synthétique*, l'évolution des formes vivantes (*Principes de Biologie*), de l'activité psychique (*Principes de Psychologie*), de l'organisation sociale (*Principes de Sociologie*), de la conduite et des idées morales (*Principes de Morale*). Nous avons utilisé ce qui, dans ces études, nous semblait pouvoir contribuer à l'intelligence des principes généraux de l'évolution développés dans les *Premiers Principes*. *Nous ne nous sommes donc occupés des causes particulières à chaque genre d'évolution ou de l'interprétation des phénomènes spéciaux, que pour expliquer ou délimiter l'application des théories générales*. C'est dans ce but et aussi à cause de l'importance spéciale du sujet, que nous avons consacré un paragraphe aux causes particulières de l'évolution organique. Nous l'avons fait avec d'autant moins scrupule que nous avons ainsi été amené à parler de la *sélection naturelle* comme cause *générale* des phénomènes évolutifs.

Parmi les travaux qui ont été publiés sur la *Philosophie Synthétique* ou sur les *Premiers Principes*, les uns s'attachent à développer des appréciations d'ensemble; les autres se bornent à étudier l'un ou l'autre point particuliers. En général, leur étendue n'est pas en rapport avec l'importance de l'œuvre Spencérienne. Exception doit être faite pour Ch. Renouvier qui a publié dans la *Critique Philosophique* (1885-86) des études suivies sur les *Premiers Principes*. Nous avons été heureux de nous trouver d'accord avec l'illustre philosophe français dans un grand nombre de critiques qu'il adresse à Spencer. Mais nous pensons qu'il a trop sévèrement jugé sa philosophie dans sa partie principale et constructive (la théorie de l'évolution) et qu'elle ne mérite pas la condamnation qu'il prononce. Quant à la théorie de l'Inconnaissable, si très souvent nous sommes d'accord avec les appréciations de Renouvier, notre point de vue diffère cependant notablement du sien. Le philosophe français soutient la thèse de la relativité de nos connaissances qui est une des bases, et même la principale, de la doctrine de l'*Inconnaissable*, et que nous n'admettons pas dans le sens dans lequel le criticisme la défend.

Il y a donc place pour une étude des premiers principes de la philosophie spencérienne, dans laquelle ils soient examinés tels que Spencer les a présentés, c'est-à-dire dans leur agencement logique, avec les fondements sur lesquels ils s'appuient et la portée qu'il leur a donnée. C'est le travail que nous avons tâché de faire.

La Philosophie
de l'Inconnaissable

PREMIÈRE PARTIE

LA PHILOSOPHIE DE L'INCONNAISSABLE

CHAPITRE I.

La thèse. — Esquisse de la démonstration. —
L'objet commun de la Religion et de la Science.

La thèse. Il y a, d'après Spencer, certaines questions auxquelles l'esprit de l'homme ne pourra jamais donner de réponse. Tenter de le faire c'est s'engager dans des contradictions inévitables, c'est accomplir une tâche stérile. La cause première de tout ce que nous connaissons, la force universelle qui produit les phénomènes, la réalité fondamentale cachée sous ceux-ci, c'est l'*Inconnaissable*. Le *Connaissable*, ce sont les phénomènes eux-mêmes et les relations qui les unissent. Au sujet de l'*Inconnaissable*, Spencer professe qu'il existe et qu'il est la raison dernière de tous ce que nous apercevons ; mais qu'il nous est impossible de rien savoir au sujet de sa nature. Il n'y a donc plus rien à en dire, son existence étant une fois admise. C'est à l'établir que se bornera la première partie du traité.

La seconde partie s'occupera des principes généraux qui gouvernent les phénomènes, puisque ceux-ci constituent à proprement parler l'objet des sciences particulières et de la philosophie.

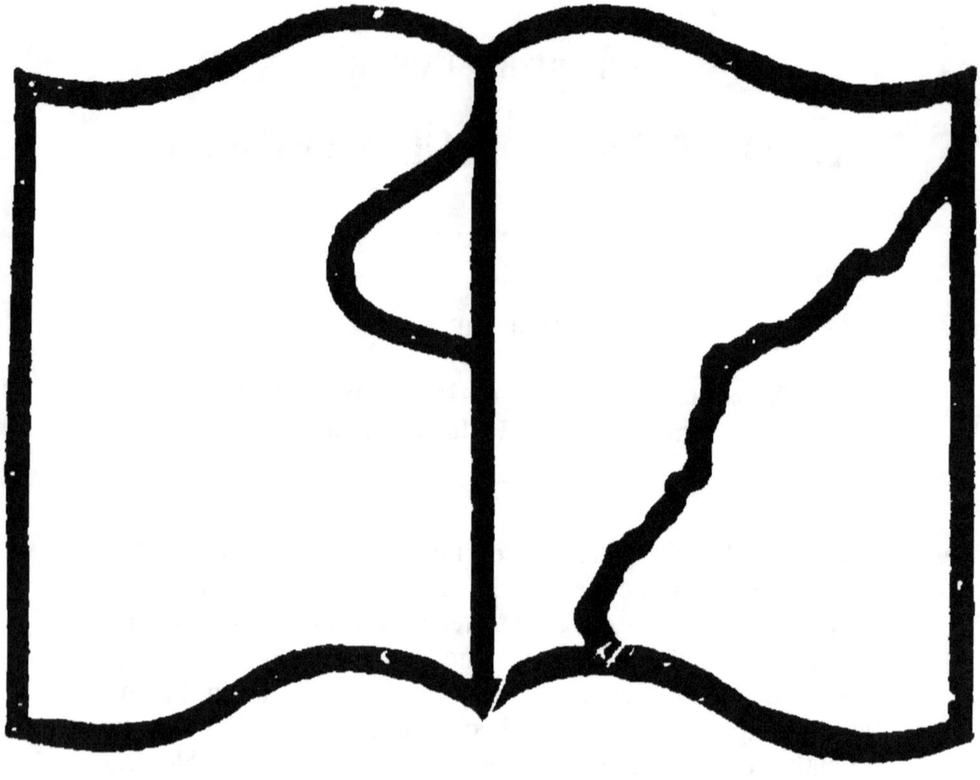

On conçoit que chacune de ces deux divisions est très importante, quoique pour des raisons différentes. Il est inutile d'y insister en ce qui concerne la seconde ; mais quant à la première, sa portée considérable consiste d'abord dans les négations qu'elle contient, les limites qu'elle assigne à notre intelligence, la prétendue incapacité de celle-ci à connaître ce que Spencer appelle l'*Inconnaissable*, c'est-à dire la cause primordiale et même plus généralement la nature intime des choses. Elle résulte aussi de ce que l'existence de cet *Inconnaissable* s'y trouve affirmée comme cause première et réalité fondamentale.

On n'a pas manqué de faire observer que la théorie de Spencer est contradictoire, puisque, au sujet du prétendu *Inconnaissable*, nous connaissons qu'il existe et qu'il est la cause de tout ce que nous percevons. Néanmoins, si sachant que la Cause Première existe, on ne connait rien de son essence, si sachant *qu'elle est*, on ignore *ce qu'elle est*, ne mérite-t-elle pas le nom d'*Inconnaissable ?* Lui attribuer d'être cause de l'Univers, n'est qu'une relation qui n'affirme rien sur sa nature.

Il reste à voir si en démolissant les doctrines qui disent quelque chose sur la nature de la Cause Première, on ne renverse pas en même temps l'affirmation de son existence. Nous en jugerons dans la suite.

On peut donc se séparer de Spencer en enseignant que l'esprit humain est capable d'acquérir des connaissances déterminées au sujet de la Cause Première, de démontrer qu'elle possède certains caractères et que d'autres ne peuvent pas lui être attribués ; ou bien encore, en proclamant qu'en dehors du monde où nous vivons, des réalités changeantes avec lesquelles l'expérience nous met en relation, il n'existe rien, il n'y a rien à connaître et par conséquent rien d'inconnaissable. L'école spiritualiste défend la première position, tandis que la seconde est occupée par le matérialisme proprement dit. Spencer doit établir sa conception contre les uns et les autres.

*
* *

Esquissons à grands traits la première partie des *Premiers principes*, afin d'embrasser d'un coup d'œil l'ensemble que nous aurons ensuite à examiner en détail.

A. La Religion et la Science, étant légitimes l'une et l'autre, doivent être d'accord sur quelque proposition très abstraite. (Chapitre I)

B. Toutes les religions, quelque contradictoires que soient leurs dogmes, s'entendent pour affirmer l'existence d'une cause surnaturelle des phénomènes. A mesure que la Religion progresse, cette cause est conçue d'une façon de plus en plus indéterminée ; aucune notion déterminée qu'on s'en forme ne résiste à l'examen. (Chapitre II)

C. La Science est amenée à rejeter les unes après les autres comme insuffisantes les causes particulières assignées aux phénomènes et à reconnaître l'existence d'une cause primordiale dont il lui est impossible de comprendre la nature. (Chapitre III)

D. Notre intelligence peut connaître le *phénomène*, mais la réalité fondamentale *(le noumène)* que les phénomènes recouvrent lui est complètement cachée. (Chapitre IV)

E. Admettre l'*Inconnaissable* comme cause première et réalité fondamentale, c'est donc réconcilier la Religion et la Science et adopter une position conforme à la nature de notre esprit. (Chapitre V)

Tel est, en résumé, le raisonnement que Spencer développe. Il nous faut le considérer de près pour pouvoir juger de sa solidité.

*
* *

Le premier chapitre, *Religion et Science*, débute par cette réflexion que toute croyance fausse contient quelque part de vérité, de sorte que dans les opinions opposées qu'on forme sur un objet, il est possible de trouver un élément commun sur lequel elles s'accordent.

Spencer développe cette pensée en l'appliquant aux conceptions variées que les peuples ont eues de l'autorité de leurs chefs, depuis ceux qui les divinisent jusqu'à ceux qui restreignent leur pouvoir dans des limites très étroites. Tous s'accordent pour leur reconnaître une autorité véritable.

Cette remarque est juste et importante. Une proposition peut-être fausse parce qu'elle affirme trop ou trop peu. Celui qui dit que la chimie moderne compte cinquante corps simples, se trompe ; de même celui qui pense qu'elle en compte cent, et leurs croyances sont opposées. Mais ils admettent l'un et l'autre que la chimie admet des corps simples dont le nombre n'est pas inférieur à cinquante ni supérieur à cent, et en cela ils ne se trompent pas.

D'autres fois la proposition est fausse en elle-même, mais elle contient implicitement ou elle suppose une autre proposition qui est vraie. Ainsi, il est probablement faux que le tombeau de Néron se trouve à l'endroit qui, à Rome, est désigné comme tel. Mais il est vrai qu'un empereur de ce nom a régné à Rome, ce que la croyance susdite au sujet de son tombeau suppose.

D'autres fois encore l'opinion fausse est une interprétation erronée de faits véritables. La théorie du *phlogistique* était fausse, mais les faits qu'elle prétendait expliqués étaient réels.

Ainsi il pourra se faire que la diversité des croyances répandues parmi les hommes sur un objet qui les intéresse tous, recouvre une affirmation unanime dans laquelle ils s'accordent et qui pourra invoquer en sa faveur le consentement universel. Pour la dégager, il faudra faire abstraction des formes particulières et opposées que l'idée fondamentale revêt chez les différents peuples, « observer, comme le dit Spencer, ce qui reste après l'élimination de ces éléments discordants et trouver pour ce résidu une expression abstraite qui demeure vraie dans toutes ses modifications divergentes. » (1)

Le conflit entre la Religion et la Science n'exclut donc pas la possibilité d'un accord entre elles sur quelque vérité fondamentale.

---

(1) P. P. p. 10 § 2 — F. P. p. 8.

Mais y a-t-il vraiment conflit entre la Science et la Religion ? Il va sans dire que ce conflit n'est pas nécessaire pour l'accord dont il s'agit. Il se peut que la Religion et la Science s'entendent sur tous les objets qui les intéressent l'une et l'autre. Il se peut aussi que s'occupant d'objets disparates, elles ne trouvent pas l'occasion de se contredire.

Spencer affirme l'existence du conflit : « De tous les antagonismes qui s'élèvent entre les hommes, le plus ancien, le plus profond, le plus grave et le plus généralement reconnu, est celui de la Religion et de la Science. Il a commencé quand la découverte des lois les plus simples des choses les plus communes imposa une limite au fétichisme universel qui avait jusque là régné sur les esprits. On le retrouve partout dans toute l'étendue de la connaissance humaine, depuis l'interprétation des plus simples faits de la mécanique jusqu'aux phénomènes les plus compliqués de l'histoire des nations : il a ses racines dans les profondeurs des habitudes intellectuelles des différents ordres d'esprits. En outre, les idées contradictoires sur la nature et la vie que ces habitudes intellectuelles produisent séparément, influencent en bien ou en mal les sentiments et la conduite des hommes. » (1)

Il importe de ne pas faire de l'histoire *à priori*. Dans le passage que nous venons de citer, « Religion » signifie, semble-t-il, l'ensemble des manifestations de l'esprit religieux existant à une époque quelconque ; « Science » désigne sans doute l'ensemble des enseignements scientifiques généralement admis par les savants au même moment.

Que le fétichisme ait été, dans le principe, universel et qu'il ait été ensuite corrigé par la découverte des « lois les plus simples », ce sont deux affirmations fort sujettes à caution. Spencer semble avoir plus tard renoncé à la première. Car si, comme il dit l'avoir reconnu, le fétichisme n'est pas une forme primitive de

---

(1). P. P. p. 10. § 3. — F. P. p. 8.

superstition, mais une forme dérivée du culte des morts, on ne voit pas pourquoi elle se serait réalisée partout et les faits ne le démontrent certainement pas. (1)

Une interprétation religieuse des faits matériels et des événements de l'histoire ne contredit pas nécessairement leur interprétation scientifique. La religion vénère la Cause Première ; les sciences physiques et historiques recherchent avant tout les causes secondes. Ces deux ordres de causes ne s'excluent pas.

Spencer semble ne pas se rendre compte de cette vérité. Pour lui, la coexistence « des deux modes d'explications des épidémies, celui qui leur assigne pour causes des conditions mauvaises et celui qui en fait les ministres de la vengeance divine » est une contradiction (2). C'en est encore une d'attribuer à la vengeance de Dieu une mort dont les causes naturelles sont apparentes. (3) La distinction que nous venons de rappeler fait évanouir cette contradiction.

Il est vrai que la Science comprend aussi la Philosophie qui poursuit la connaissance des causes suprêmes. Dira-t-on que d'une façon générale, la Philosophie et la Religion sont en lutte ? Elles ont pu être en désaccord parfois. Par exemple, la religion païenne n'était pas d'accord, au temps de Platon ou mieux encore au temps de Cicéron, avec les enseignements généralement admis par les philosophes.

Plus tard, l'opposition entre la Philosophie et la Religion n'exsiste plus. La philosophie du moyen-âge fut chrétienne dans son ensemble. La situation n'est plus la même depuis deux siècles ; mais aussi, depuis lors, on chercherait en vain à préciser les enseignements généralement admis par les philosophes. Bon nombre d'entre eux reconnaissent la vérité de la Religion chrétienne ;

---

(1) Cf. *Principes de Sociologie*. Trad. Cazelles. Paris 1883, t. I. p. 440-441 § 163.
(2) *Princ. de Sociol.* v. 1, p. 151 § 52.
(3) *Ibid.* p. 322 § 125.

quant aux autres ils n'ont à lui opposer aucune doctrine positive sur laquelle ils soient d'accord.

En ce qui concerne les sciences particulières, notamment les sciences historiques, il est vrai que la religion des peuples civilisés d'aujourd'hui, le Christianisme, repose sur des faits historiques au sujet desquels certains savants peuvent professer des opinions inconciliables avec la vérité de cette religion elle-même. Il y a là matière à controverse entre les savants, mais aucune lutte entre la Religion d'une part et la Science de l'autre. Loin de lutter contre la Science, il semble plutôt que les « théologiens » s'évertuent, aujourd'hui plus que jamais, à faire ressortir l'accord des dogmes avec les vérités scientifiques. Ce ne peut être que sous l'empire d'une idée préconçue que Spencer voit dans le parti « théologique » de la défiance et des sentiments hostiles envers la Science. La force de ce préjugé doit avoir été grande pour qu'un homme de la valeur de Spencer écrive « qu'au fond des déclamations cléricales il y a l'idée que la Religion est de Dieu et que la Science est du Diable. » (1)

Il y a plus d'élévation et de bon sens dans les paroles du Concile du Vatican (1870) : « Quoique la Foi dépasse la Raison, il ne peut cependant y avoir aucun véritable conflit entre la Foi et la Raison ; puisque le même Dieu qui révèle les mystères de la Foi et qui donne la Foi a également communiqué à l'âme la lumière de la Raison. » (2)

Nous avons déjà dit que l'existence de ce prétendu conflit n'est nullement indispensable à la théorie que Spencer veut établir ici.

Dans la suite de ce premier chapitre, il déduit de l'universalité et de la ténacité du sentiment religieux la conclusion que ce sentiment doit avoir une base réelle et que toutes les formes de religion doivent contenir quelque vérité profonde.

---

(1) P. P., p. 20 § 6 — F. P., p. 15.
(2) *Constit. de Fide Cathol.* c. IV

Il montre ensuite la Science augmentant peu à peu ses conquêtes et s'élevant des faits particuliers aux généralisations de plus en plus hautes. Elle aussi est incontestablement légitime. Il doit y avoir accord fondamental la Science et la Religion.

CHAPITRE II.

LES IDÉES DERNIÈRES DE LA RELIGION

Imagination et intelligence. — L'origine de l'Univers. — La nature de l'Univers.

<small>agination
et
telligence.</small>

Lorsque nous formulons le jugement suivant : *La terre est sphérique* (nous choisissons à dessein un exemple dont Spencer se sert lui-même au début de ce deuxième chapitre), qu'y a-t-il dans le champ de la conscience ? J'y puis d'abord distinguer une représentation imaginative, auditive ou visuelle, de la phrase que je viens d'écrire. J'y trouve ensuite la figuration également imaginative d'un globe terrestre semblable à ceux que j'ai déjà vus, ou bien de la surface sur laquelle je marche confusément prolongée en surface sphérique. Si je ne fais attention qu'aux images sensibles, ma conscience pourra n'en découvrir aucune autre.

Cependant, j'ai la conscience non seulement de percevoir la proposition susdite comme une suite de sons, mais encore d'en comprendre le sens ; et il est clair que ce sens n'est que très imparfaitement représenté par l'image de la Terre que je me forme. D'une part, en effet, elle pèche par défaut : la forme sphérique n'y est ni nette ni complète ; le globe terrestre que je me figure représente peut-être aussi bien une planète quelconque que la demeure de l'homme. D'autre part elle pèche par excès : l'imagination donne nécessairement à la sphère certaines dimensions déterminées, trop petites d'ailleurs lorsqu'on les applique à la Terre et qui ne sont, en tous cas, aucunement désignées lorsque j'affirme que la terre est sphérique. Toute représentation imaginative ou *phantasme*, n'étant que la reproduction affaiblie de perceptions sensibles, est concrète et individualisée, tandis que nos jugements contiennent des idées générales et abstraites.

Je veux bien qu'on donne, avec Spencer, au phantasme de la Terre le nom de « conception symbolique ». Mais, si elle est un symbole et que je l'apprécie comme telle, il faut que j'aie la connaissance de la chose dont elle est le symbole. Cette dernière connaissance n'est pas une image sensible ; cependant elle n'en existe pas moins, de même que le jugement qu'exprime la proposition : *La Terre est sphérique*. D'après Spencer, la représentation imaginative très imparfaite serait la seule notion que nous ayons actuellement de la Terre. Nous nous servirions de telles images comme si elles étaient réelles parce que nous savons « qu'elles peuvent être complétées » c'est-à-dire corrigées, et qu'elles « servent d'achéminement à des conclusions dont la validité a pour pierre de touche la correspondance avec l'observation ».

Sans doute, nous pouvons « compléter » l'image sensible que nous nous faisons de la Terre, mais, encore une fois, c'est grâce à l'idée non sensible que nous en possédons ; et quant aux conclusions que nous tirons de la sphéricité du globe, leur certitude ne dépend pas de l'expérience.

On ne peut pas non plus assimiler l'idée à des représentations sensibles inconscientes, comme le font certains psychologues. (1) Il nous paraît d'abord très con-

---

(1) Par exemple RIBOT *L'évolution des idées générales.* Paris 1897 p.p. 145, sq.

testable que des représentations actuelles puissent échapper à la conscience lorsque l'attention est attirée sur notre situation psychique. Quand donc nous parlons ou entendons parler de choses sensibles en comprenant les mots mais sans former l'image et que nous avons vaguement conscience de pouvoir la reproduire, ce n'est pas que l'image existe dans l'inconscient, mais bien qu'elle existe en puissance.

Quoi qu'il en soit de cette image inconsciente ou en puissance, elle ne peut pas être confondue avec l'idée abstraite. De celle-ci *nous en avons conscience* et sans elle tout jugement ou raisonnement est impossible. Nous avons conscience de cette idée par là même que nous avons conscience de comprendre le mot. C'est en effet l'idée et rien d'autre que le mot signifie. Nous ne pensons pas avec des mots, ni avec des signes, mais avec des idées. Quoique nos idées aient besoin de s'appuyer sur des phantasmes : représentations réelles ou symboliques, mots parlés ou mots écrits, cependant ces phantasmes ne constituent pas par eux-mêmes l'idée. « Pour qu'il y ait pensée générale, dit Alfred Binet, il faut quelque chose de plus : un acte intellectuel consistant à utiliser l'image. » (1)

Le fait de ne pas distinguer entre les connaissances rationnelles (idées, jugements, raisonnements) et les représentations imaginatives qui les accompagnent n'est pas, chez Spencer, l'effet d'une distraction, mais bien une théorie qui, supposée ici, est reprise au commencement de la seconde partie de cet ouvrage, et plus largement développée dans les *Principes de Psychologie*. Cette confusion est inadmissible, nous venons de le voir, et nous aurons l'occasion de nous en convaincre encore dans la suite.

Les phantasmes qui accompagnent nos idées et nos raisonnements sont souvent — rien n'est plus vrai — la cause d'erreurs, parce que nous leur attribuons une con-

---

(1) *L'étude expérimentale de l'intelligence*. Paris 1903 p. 139 cf. Van Ginniken. *Grondbeginsels der Psychologische Taalwetenschap*. Leuvensche Bydragen 1904 p. 51 sq.

formité avec la réalité qu'ils ne possèdent pas. En ce sens on peut dire qu'ils ont besoin d'être « complétés »; et lorsque la similitude entre eux et les objets ne peut pas être vérifiée directement, les conclusions qu'on tirerait de cette similitude présumée ont, sans aucun doute, besoin d'être contrôlées par l'expérience. Mais, de ce que ces phantasmes sont imparfaits ou irréels, on ne peut rien conclure au sujet des idées dont ils sont les symboles.

Les remarques précédentes étaient nécessaires tant pour corriger les réflexions que Spencer place en tête de son second chapitre que pour permettre de porter un jugement sur les raisonnements que ce chapitre contient.

*
* *

L'origine de l'Univers.

Toutes les religions consistant essentiellement dans la croyance à un Être Souverain, cause première de l'Univers, voici les deux propositions que Spencer se propose de démontrer :

1° Il faut admettre « une puissance dont l'Univers est la manifestation. » (1)

2° D'autre part cette puissance est tellement impénétrable qu'aucune hypothèse particulière sur sa nature ne résiste à l'examen.

Dans le développement de ces thèses que Spencer lui-même appelle «la plus importante de toutes les études» (2) on doit s'attendre à trouver la plus grande précision et une extrême rigueur logique.

Nous disons sans hésiter que ces qualités ne s'y rencontrent pas. Spencer est souvent diffus. Sa pensée ne trouve pas d'emblée l'expression adéquate ; elle tâtonne et s'embarrasse dans des répétitions qui ne l'éclaircissent pas toujours. Ce défaut habituel est aggravé ici par des fautes de raisonnement que nous devons mettre en lumière.

Pour démontrer que la Puissance dont l'Univers est la manifestation est *inconnaissable*, il faut et il suffit de

---

(1) P. P. p. 18 § 14 — F. P. p. 31.
(2) P. P. p. 24 § 8 — F. P. p. 17.

faire voir qu'aucune affirmation concernant sa nature *ne peut être prouvée*. On conclura alors légitimement que nous ne pouvons avoir au sujet de sa nature aucune connaissance.

Spencer va plus loin et prétend montrer qu'aucune hypothèse sur sa nature n'est *concevable*, que « les éléments de ces hypothèses ne peuvent point être réunis dans la conscience et que nous ne pouvons nous les figurer qu'à la manière de ces pseudo-idées d'un carré fluide ou d'une substance morale, c'est-à-dire, en ne cherchant jamais à en faire des idées réelles » (1) ; que toute hypothèse semblable « contient des conceptions symboliques illégitimes et illusoires » (2), « contient une impossibilité » (3). Cela équivaut à dire qu'aucune de ces hypothèses n'est vraie.

Spencer, au surplus, dans ses *Principes de Psychologie* donne *l'inconcevabilité* comme le *criterium* suprême pour distinguer le vrai du faux : vraie est la proposition dont la contradictoire est inconcevable. « Je ne puis concevoir: dit-il, la négation de cette proposition : que ce qui résiste est étendu ; et mon impuissance à concevoir la négation me montre que toujours avec le sujet (quelque chose de résistant) *coexiste invariablement* le prédicat (l'etendue)..... Si la négation d'une connaissance est concevable, cela équivaut à dire que nous pouvons l'accepter ou ne pas l'accepter *comme vraie*. Si la négation est inconcevable, nous sommes obligés de l'accepter. » (4)

Or, il peut se faire, et c'est précisément ce qui arrive ici, qu'entre les hypothèses proposées sur la nature d'une chose il n'y ait pas de milieu. Dans ce cas il faudra conclure en bonne logique que leur objet est non seulement inconnaissable mais inexistant. Examinons la chose en détail.

(1) P. P. p. 37 § 11 — F. P. p. 26.
(2) *Ibid*
(3) P. P., p. 36 § 11 — F. P. p. 26.
(4) *Principes de Psychologie*. Traduct. Ribot et Espinas. Paris 1875 t. II p. 42, § 170.

Si nous ne voulons pas mettre fin à toute recherche scientifique ou même à tout travail de l'esprit, nous devons admettre que toute chose, et par conséquent aussi l'existence de l'Univers, a sa *raison suffisante*, son explication. « Nous pouvons, dit Spencer, faire trois suppositions intelligibles verbalement sur l'origine de l'Univers. Nous pouvons dire qu'il existe par lui-même, ou qu'il se crée lui-même, ou qu'il est créé par une puissance extérieure. Il n'est pas nécessaire de rechercher ici laquelle de ces trois suppositions est la plus croyable. Cette question se résoud en définitive en une question plus haute, à savoir si l'une d'elles est concevable au vrai sens du mot. Examinons-les l'une après l'autre. » (1)

La question est évidemment mal posée. Il n'y a pas trois hypothèses, mais seulement deux : l'Univers a sa raison d'être en lui-même ou en dehors de lui. Spencer va reconnaître qu'il en est ainsi. Il dit en effet : « D'abord il est clair que pour nous les mots d'existence par soi veulent dire une existence indépendante *d'une autre*, qui n'est pas produite par *une autre*.» (2) S'il en est ainsi « l'hypothèse de la création par soi » se trouve éliminée.

Spencer continue : « En excluant ainsi l'idée d'une cause antérieure, nous excluons nécessairement celle d'un commencement ; car admettre l'idée d'un commencement, admettre qu'il fut un temps où l'existence n'avait pas commencé, c'est admettre que son commencement a été déterminé par quelque chose, ou causé, ce qui est une contradiction. Donc l'existence par soi signifie l'existence sans commencement, et une conception de l'existence par soi est une conception d'une existence sans commencement. Or il n'y a pas d'effort de l'esprit qui puisse y arriver. Concevoir l'existence à travers l'infini du temps passé, c'est concevoir un temps infini écoulé, ce qui est une impossibilité. » (3)

---

(1) P. P. p. 31 § 11 — F. P. p. 22.
(2) P. P. p 32 § 11 — F. P. p. 22
(3) P. P. p. 32 § 11 — F. P. p. 23.

Si *concevoir* signifie se représenter par l'imagination, il n'y a point de doute qu'une telle représentation ne soit impossible. Mais il s'agit ici d'une conception par l'intelligence.

Au lieu du mot *temps* mettons *durée* qui est plus général et peut s'appliquer aux choses immuables. Il n'y a pas lieu, dans ces dernières, à cause même de leur immutabilité de distinguer le passé du futur, ni différentes parties du passé ou du futur. Cela étant, peut-on concevoir par l'intelligence une durée infinie, c'est-à-dire sans bornes, sans commencement ni fin ? Je réponds oui sans hésiter : cette conception ne contient aucune contradiction, elle n'est pas « un symbole illégitime et illusoire » mais une notion parfaitement cohérente et dont tous les éléments sont intelligibles.

Autre chose est de savoir s'il en est de même pour la durée infinie de l'Univers, c'est-à-dire d'un système en mouvement. On peut, à notre avis, démontrer que la durée infinie d'un tel système est une notion contradictoire parce qu'elle entraîne l'existence du nombre à la fois déterminé et infini et pour d'autres raisons encore.

La seule notion de durée, qui fait abstraction du changement, n'entraîne pas cette conséquence. Le raisonnement de Spencer est donc inefficace.

Spencer poursuit : « Ajoutons à cela que l'existence par soi fût-elle concevable, elle ne pourrait en aucun sens expliquer l'Univers. On ne peut pas dire que l'existence d'un objet, à un moment donné, devienne plus concevable parce qu'on a découvert qu'il existait une heure, un jour, un an auparavant ; et si son existence à ce moment ne devient pas le moins du monde plus intelligible par le fait de son existence durant une période antérieure finie, il n'y a pas d'accumulation de périodes, même poussée à l'infini, qui puisse la rendre plus intelligible. Aussi, non seulement la théorie athéiste est inconcevable, mais ne le fût-elle pas, elle ne serait pas pour cela une solution. L'affirmation que l'univers existe par soi ne fait pas faire un pas au delà de la connaissance de son existence présente, et par conséquent nous laisse en présence d'une affirmation nouvelle du même mystère. » (1)

La théorie athéiste, Spencer l'oublie, affirme non seulement que l'Univers n'a pas eu de commencement, mais en outre qu'il existe par lui-même ce qui est « une explication. » On peut évidemment ne pas l'adopter, mais elle n'est pas une simple constatation de l'existence de l'Univers.

La critique que fait Spencer de la seconde hypothèse, « la création par soi », ne donne lieu à aucune observation importante. Il est facile de montrer qu'elle est « inconcevable ». « Les termes de cette hypothèse, dit Spencer, *ne représentent pas des choses réelles*, mais suggèrent seulement les symboles les plus vagues et les moins susceptibles d'interprétation » (2). *Inconcevable* (notons-le encore une fois) signifie donc bien pour Spencer : non conforme à la réalité, c'est-à-dire : faux

« Il reste à examiner l'hypothèse généralement admise du théisme, la création par un pouvoir extérieur. Dans les plus grossières croyances comme dans la cosmogonie qui a depuis longtemps cours parmi nous, on suppose que le ciel et la terre ont été faits en quelque sorte comme un meuble façonné de main d'ouvrier..... En supposant que le soleil, les planètes, les satellites et toutes les choses que ces corps contiennent, ont été formés d'une manière semblable par le *Grand Artiste*, nous supposons seulement qu'il a disposé dans l'ordre que nous voyons présentement certains éléments préexistants. Mais d'où viennent ces éléments préexistants ? La similitude ne nous le fait pas comprendre, et tant qu'elle ne le fait pas, elle est sans valeur. La production de la matière tirée de rien, voilà le vrai mystère. Cette similitude pas plus qu'une autre ne nous rend capables de la concevoir, et nous n'avons que faire d'un symbole qui ne nous donne pas ce pouvoir. » (3)

---

(1) P. P. p. 32 § 11 — F. P. p. 23.
(2) P. P. p 33 § 12. — F. P. p. 24.
(3) P. P. p.p. 34-35 § 11 — F. P. p.p. 24-25.

Evidemment, l'hypothèse théiste enseigne que les matériaux de l'Univers, aussi bien que l'Univers lui-même, ont été produits par Dieu. Personne ne prétend expliquer la création par l'activité de l'artisan. Qu'elle soit un mystère, cela peut avoir un sens vrai. Mais la question est de savoir si elle est *inconcevable*, c'est-à-dire, si elle est une notion incohérente ou contradictoire. Spencer n'essaie pas de l'établir, mais passant à une autre considération, il poursuit ainsi : « L'insuffisance de la théorie théiste de la création devient encore plus manifeste quand on passe des objets matériels à ce qui les contient, quand au lieu de la matière on examine l'espace. N'existât-il rien qu'un vide incommensurable, il faudrait encore l'expliquer. Une question s'élèverait : D'où vient ce vide ? Pour qu'une théorie de la création fût complète, elle devrait répondre que l'espace a été fait de la même manière que la matière. Mais l'impossibilité de concevoir cette façon de créer l'espace est si manifeste que personne n'ose l'affirmer. En effet, si l'espace a été créé, il n'existait pas auparavant ; or, il n'y a pas d'effort d'esprit qui puisse faire imaginer la non-existence de l'espace. Une des vérités qui nous sont le plus familières, c'est que l'idée d'un espace nous enveloppant de toutes parts ne peut pas un seul instant être bannie de la pensée. Non seulement nous sommes forcés de penser l'espace comme présent partout, mais nous sommes incapables d'en concevoir l'absence, soit dans le passé, soit dans l'avenir. Si la non-existence de l'espace est absolument inconcevable, il en résulte que la création de l'espace est inconcevable. » (1)

Ce raisonnement dépend entièrement de la supposition que tout être créé a eu un commencement, ce qui n'est pas évident et aurait donc besoin d'être démontré. Les opinions des philosophes sont partagées sur ce point. Si l'espace, tout en étant créé, a existé toujours, l'argument ne tient plus.

En outre, et ceci est plus important, Spencer ne s'est-il

---

(1) P. P. p.p. 35-36 § 11 — F. P. p. 25.

pas aperçu que son argumentation suppose une notion fausse de l'espace et n'a de force que contre ceux qui l'admettent ? Nous n'ignorons pas les idées très différentes qui ont été émises en cette matière. Pour ce qui nous concerne, il nous est impossible d'admettre que l'espace absolu est autre chose que l'étendue des corps conçue d'une manière abstraite, c'est-à-dire, indépendamment de leurs dimensions individuelles et de leurs autres propriétés. Il n'y a donc, d'après cela, d'espace réel que dans les corps existants. L'espace réel n'est pas quelque chose de distinct des corps et qui les contient, il est constitué par l'étendue des corps eux-mêmes.

Si des corps sont distants sans qu'il y ait entre eux un corps intermédiaire, on dit qu'il y a entre eux un espace vide, ce qui revient à dire qu'il n'y a rien. On donne, il est vrai, à cet espace vide des limites et des dimensions, ce qui semble indiquer qu'il est réel ; mais il est facile de se convaincre que ces limites et ces dimensions ne sont réelles que dans les corps qui bornent l'espace vide et que toute l'objectivité de l'espace vide consiste dans les distances mutuelles de ces corps.

En dehors de tout corps, l'espace vide est le pur néant et il n'y a donc pas à se demander d'où il vient, ni par qui il a été créé. Quant à la représentation imaginative par laquelle nous nous figurons au delà des corps comme une étendue indéfinie, elle n'est qu'une reproduction confuse d'impressions visuelles et elle n'est vraiment d'aucun usage dans la question actuelle.

On est d'autant plus étonné de rencontrer ici une argumentation dans laquelle on considère l'espace comme une réalité indépendante des corps que Spencer lui-même définit l'espace et le temps comme des abstractions : « La conception abstraite de toutes les séquences, dit-il, est le temps. La conception abstraite de toutes les coexistences est l'espace. De ce que dans la pensée, le temps est inséparable de la séquence et l'espace de la coexistence, nous ne concluons pas que le temps et l'espace sont des conditions primitives de la conscience dans laquelle les séquences et les coexistences sont connues, mais que les conceptions de temps et d'espace sont produites comme d'autres abstraits sont produits par les autres concrets...» (1) Est-ce qu'une abstraction a une existence en dehors des concrets ? La nature humaine se trouve-t-elle en dehors des individus humains ? Dès lors ces raisonnements sur un espace vide qui existerait même en l'absence de corps, manquent entièrement de base.

« Enfin, poursuit ici Spencer, en supposant même que l'origine de l'Univers puisse être en réalité représentée dans la pensée comme le produit d'une puissance extérieure, le mystère serait aussi grand que jamais, car une question se poserait encore : D'où vient l'existence d'un pouvoir extérieur ?

« Pour en rendre compte, il n'y a de possible que les trois hypothèses de l'existence par soi, de la création par soi et de la création par une puissance extérieure. La dernière est inadmissible, elle nous fait parcourir une série infinie de pouvoirs extérieurs et nous ramène au point de départ. La seconde nous jette dans le même embarras, puisque, ainsi qu'on l'a vu déjà, la création par soi suppose une série infinie d'existences en puissance. Nous sommes donc rejetés sur la première qu'on accepte généralement et qu'on regarde comme satisfaisante. Ceux qui ne peuvent concevoir l'existence par soi de l'Univers, et qui par conséquent admettent qu'un Créateur est la cause de l'Univers, ne doutent pas de la possibilité de concevoir un Créateur existant par lui-même. Dans le grand fait qui les enveloppe de toutes parts, ils reconnaissent un mystère ; en transportant ce mystère à la cause prétendue de ce grand fait, ils croient l'avoir dissipé. Mais ils s'aveuglent. Comme je l'ai prouvé au commencement de ma discussion, l'existence par soi est rigoureusement inconcevable, quelle que soit la nature de l'objet en question.

« Quiconque reconnaît que la théorie athéiste est insoutenable parce qu'elle contient l'idée impossible de l'exis-

(1) P. P. p. 173 § 17 — F. P. p. 128.

tence par soi, doit forcément admettre que l'hypothèse du théisme est aussi insoutenable parce qu'elle contient la même impossibilité. » (1)

Que le lecteur veuille bien se rapporter à ce que nous avons dit plus haut. L'inconcevabilité de l'existence par soi n'a été prouvée d'aucune façon. Le théisme n'admet pas que l'Univers existe par lui-même, parce qu'il a tous les caractères de la contingence : il est variable, il a eu un commencement, il est limité. On est donc obligé de chercher la raison suffisante de son existence dans un Créateur existant par lui-même, immuable, éternel, infini. Nous ne voyons pas ce que cette doctrine a d'inconcevable ou d'incohérent.

Il est donc facile d'expliquer pourquoi les théistes jugent inconcevable l'existence par soi de l'Univers et admettent néanmoins l'existence par soi du Créateur. La raison se trouve dans les différences entre l'un et l'autre que nous venons d'indiquer. Si l'on n'admet pas cette raison, il faut montrer qu'elle n'est pas valable. La chose en vaut la peine et Spencer insiste parfois longuement sur des matières beaucoup plus simples. S'étonner de ce que les théistes fassent au point de vue de l'existence par soi une distinction radicale entre l'Être infini et immuable et l'Univers qui n'est ni immuable ni infini, c'est l'effet d'une distraction qu'on peut difficilement excuser.

*
* *

La nature de l'Univers. Spencer aborde les enseignements de la Religion sur ce qu'il appelle la nature de l'Univers. « Si, laissant l'origine de l'Univers, nous en voulons connaître la nature, les mêmes difficultés insurmontables se dressent devant nous, ou plutôt ce sont les mêmes difficultés sous des formes nouvelles. Nous nous trouvons d'une part obligés de faire certaines suppositions, et d'autre part nous trouvons que ces suppositions ne peuvent être représentées.

---

(1) P. P. p. 35-36 § 14 — F.P. pp. 25-26.

« Quand nous cherchons la signification des divers effets produits sur nos sens, quand nous demandons comment, en définitive, il y a dans notre conscience des impressions de sons, de couleurs, de goûts et de ces divers attributs que nous assignons aux corps, nous sommes contraints de les regarder comme des effets de quelque cause..... et non seulement de quelque cause mais d'une cause première. L'agent, matière, esprit ou tout autre auquel nous attribuons nos impressions doit en être la cause première ou ne pas l'être. S'il est la cause première, tout est fini. S'il ne l'est pas, il faut qu'il y ait derrière lui une autre cause qui devienne alors la cause réelle de l'effet.....

« Mais si nous voulons faire un pas de plus, si nous voulons savoir quelle est la nature de cette cause première, nous sommes poussés par une logique inexorable à des conclusions nouvelles. La cause première est-elle finie ou infinie ? Si nous disons finie, nous nous embarrassons dans un dilemme. Penser que la cause première est finie, c'est penser qu'elle a une limite. Penser à cette limite, c'est de toute nécessité penser qu'il y a encore quelque chose au delà ; il est absolument impossible de concevoir une chose bornée sans concevoir une région qui l'entoure de tous côtés. Que dirons-nous de cette région ? Si la cause première est limitée, et s'il y a quelque chose en dehors d'elle, ce quelque chose ne doit pas avoir de cause première, il doit être sans cause. Mais si nous admettons que quelque chose peut être sans cause il n'y a pas de raison de supposer qu'une chose quelconque ait une cause. Si au dehors de cette région finie sur laquelle règne la cause première, il y a une région que nous sommes forcés de regarder comme infinie, sur laquelle la cause première n'étend pas son empire ; si nous admettons qu'il y a un infini sans cause, enveloppant le fini causé, nous abandonnons implicitement l'hypothèse de la causalité. Il est donc impossible de considérer la cause première comme finie. Mais si elle ne peut être finie, il faut qu'elle soit infinie.

« Il y a une autre conclusion qu'on ne peut éviter quand on raisonne sur la cause première. Il faut qu'elle soit indépendante..... Mais penser que la cause première est totalement indépendante, c'est penser qu'elle existe en dehors de toute autre existence ; car si la présence d'une autre existence est nécessaire, la cause première doit dépendre partiellement de cette autre existence, et ne peut plus être la cause première. Ce n'est pas tout ; non seulement la cause première doit avoir une forme d'existence sans relation nécessaire avec toute autre forme d'existence, mais elle ne peut avoir aucune relation nécessaire au dedans d'elle. Il ne peut rien y avoir en elle qui détermine le changement, ni rien qui l'empêche. Car s'il y a quelque chose en elle qui lui impose ces nécessités et ces restrictions, ce quelque chose doit être une cause supérieure à la cause première, ce qui est absurde.

« Ainsi la cause première doit être dans tous les sens parfaite, complète, totale, renfermant en elle tout pouvoir et s'élevant au dessus de toute loi. Ou, pour nous servir de l'expression reçue, e.. doit être absolue.

« Ainsi donc sur la question de la nature de l'Univers, nous nous heurtons à deux conclusions inévitables. Les objets et les actions qui nous entourent, non moins que les phénomènes de notre propre conscience, nous forcent de rechercher une cause ; une fois cette recherche commencée, nous ne pouvons nous arrêter nulle part avant d'arriver à l'hypothèse de la cause première ; et nous ne pouvons pas échapper à la nécessité de regarder cette cause première comme infinie et absolue. Il n'y a pas moyen d'échapper aux arguments qui nous imposent ces conséquences » (1)

Le but que Spencer poursuit, on s'en souvient, c'est de montrer qu'aucune des hypothèses qu'on peut faire sur la cause première de l'Univers ne peut se soutenir ; il en conclut qu'elle est inconnaissable. Dans le passage

---

(1) P. P. p.p. 38-40 § 12. — F. P. p.p. 27-29.

que nous venons de rapporter, il prétend prouver l'absurdité de l'hypothèse d'après laquelle la Cause Première serait finie et dépendante ; ensuite il en fera autant pour l'hypothèse contraire : que la Cause Première est infinie et indépendante.

Laissant de côté, pour le moment, toute autre réflexion, observons seulement qu'en tous cas cette méthode n'aboutit à rien si chacune des deux démonstrations qu'elle contient n'est pas absolument rigoureuse. Examinons la première ; nous l'avons citée *in extenso*. Nous allons montrer que logiquement l'argumentation de Spencer n'est décisive dans aucune de ses parties.

1º La démonstration qui est donnée de l'existence d'une Cause Première suppose l'impossibilité ou, si l'on veut, l'inconcevabilité d'une série infinie de causes subordonnées. Plusieurs philosophes n'admettent pas qu'une telle série soit inconcevable. Cette proposition aurait donc besoin d'être démontrée.

2º L'argument qui suit contient comme partie essentielle cette affirmation : « il est absolument impossible de concevoir une chose bornée sans concevoir *une région qui l'entoure* de tous côtés..... quelque chose *en dehors* d'elle. » Ce raisonnement affirme donc implicitement *a*) que tout être concevable est étendu dans l'espace et que le seul infini dont il puisse être question est l'infini en étendue ; *b*) que l'espace vide est une chose réelle.

Or la première de ces deux propositions repose elle-même sur la supposition que les seules choses concevables sont celles que l'imagination représente, erreur que nous avons déjà signalée itérativement. La seconde repose sur une conception fausse de l'espace que nous avons écartée plus haut.

3º Enfin la dernière démonstration, lorsqu'elle dit : « s'il y a quelque chose en elle (la Cause Première) qui lui impose ces nécessités et ces restrictions, ce quelque chose doit être une cause supérieure à la Cause Première » se réduit à un jeu de mots. Si la Cause Première est nécessaire par sa propre nature, c. a. d. *par elle-même*, il est illogique de conclure qu'il y a quelque chose de supérieur à elle, ou que la nécessité lui est *imposée*.

Aucune partie de la démonstration qui doit établir l'infinité et le caractère absolu de la Cause Première n'est rigoureuse. Chaque raisonnement contient comme partie essentielle une proposition fausse ou une affirmation qui exigerait une démonstration.

Voyons, maintenant, la contre-partie. La façon dont Spencer l'introduit appelle une observation. « Il est, dit-il, à peine besoin de dire aux lecteurs qui m'ont suivi jusqu'ici combien ces raisonnements et les résultats auxquels ils aboutissent sont illusoires. Si je ne craignais de fatiguer leur patience sans utilité, je n'aurais pas de peine à prouver que les éléments du raisonnement, de même que ses conclusions, ne sont que des conclusions symboliques de l'ordre illégitime. Toutefois, au lieu de répéter la réfutation que j'ai employée ci-dessus, il vaut mieux suivre une autre méthode et montrer l'erreur de ces conclusions en faisant ressortir leurs contradictions mutuelles. »

S'il est possible de montrer que les « éléments d'un raisonnement.... ne sont que des conceptions symboliques de l'ordre illégitime », on se demande comment il est en même temps vrai de dire « qu'il n'y a pas moyen d'échapper à ces arguments. »

Un raisonnement prouve quelque chose ou il ne prouve rien. S'il est bâti avec des conceptions illégitimes, comment peut-il prouver quelque chose? et s'il ne prouve rien, c'est donc qu'on peut y échapper. Si l'on peut faire voir des « contradictions » dans la notion d'une cause première infinie et absolue, comment est-il possible que « nous ne puissions échapper à la nécessité » d'admettre une cause première et de la déclarer infinie et absolue? Le bon sens, ne l'oublions pas, doit servir de garde-fou aux spéculations métaphysiques.

Spencer emprunte à Mansel (*Limits of Religious Thought*) la démonstration des contradictions que renferme l'idée de la Cause Première infinie et absolue. Résumons-la.

1° L'absolu ne peut pas être cause, l'idée de cause renfermant une relation.

2° La Cause Première doit être libre et par conséquent consciente. Or, qui dit conscience dit relation et nie l'absolu.

3° « Comment..... la puissance infinie peut-elle toute chose, tandis que la bonté infinie est incapable de faire le mal ? Comment la justice infinie inflige-t-elle les derniers châtiments à tout péché, tandis que la miséricorde infinie pardonne au coupable ? Comment la sagesse infinie connaît-elle tout l'avenir, tandis que la liberté infinie peut tout faire et tout éviter ? Comment l'existence du mal est-elle compatible avec celle d'un être infiniment parfait ; car si Dieu veut le mal, il n'est pas infiniment bon ; et s'il ne le veut pas, sa volonté est contrecarrée et sa sphère d'action limitée ? » (1)

4° La Cause Première lorsqu'elle crée devient active, elle augmente en perfection ; elle n'était donc pas infinie.

5° « En outre comment peut-on concevoir le relatif venant à être ? Si c'est une réalité distincte de l'absolu, il faut la concevoir comme passant de la non-existence à l'existence. Mais concevoir un objet comme non existant implique contradiction ; car ce qu'on conçoit est conçu comme objet de pensée dans et par la conception. Nous pouvons ne pas penser un objet, mais si nous le pensons, nous ne pouvons faire autrement que de le penser comme existant. » (2)

Telle est la démonstration de Mansel. Ceux qui croient notre intelligence capable de connaître quelque chose au sujet de la Cause Première — et c'est l'immense majorité des penseurs — ont réuni ces connaissances dans des ouvrages où elles sont déduites avec toute la rigueur possible et coordonnées.

Parmi les objets auxquels l'esprit humain s'est appliqué, aucun peut-être n'a provoqué un travail intellectuel plus intense. Toutes les questions s'y rapportant ont été

(1) P. P. p. 13. § 13 — F. P. 31.
(2) P. P. p. 14. § 13 — F. P. p. 32.

soulevées, résolues parfois dans des sens différents, toutes les difficultés ont été aperçues et examinées. A lire le passage de Mansel que nous venons de resumer, il semble que lui-même et Spencer avec lui ignorent complètement ces travaux, puisque les contradictions qu'ils découvrent dans la conception d'une cause première infinie et absolue ont été l'objet d'études approfondies et de solutions qu'il est en tous cas impossible de trouver superficielles. On a le droit de juger ces solutions insuffisantes, mais on n'a pas le droit de les ignorer complètement lorsqu'on veut écrire sur ces matières.

Il est évidemment permis aujourd'hui de ne pas admettre la théorie transformiste, mais l'auteur qui prétendrait réfuter cette hypothèse en lui opposant certains faits sans tenir aucun compte de l'interprétation qu'en ont donnée les transformistes, montrerait qu'il n'est pas au courant de la question qu'il traite. L'écrivain que Spencer oppose aux théologiens mérite d'être jugé ainsi. Nous nous contenterons d'indiquer très brièvement les défauts de ses raisonnements.

Le dernier n'est évidemment qu'un jeu de mots. A qui fera-t-on croire qu'il est impossible de concevoir une chose comme non existante, ou, en d'autres termes, qu'une chose n'existe pas? Je conçois une montagne d'or, je conçois aussi qu'elle n'existe pas. Je conçois donc une montagne d'or comme non existante.

L'argument précédent contient cette affirmation : toute cause en devenant active augmente en perfection. Or, s'il s'agit, comme c'est le cas ici, de l'activité transitive, on peut se contenter de nier cette proposition — que Mansel ne démontre pas — ce qui fait tomber l'argument. L'activité transitive augmente la perfection de l'objet sur lequel elle s'exerce et non pas celle de la cause. Cette matière est traitée à fond notamment par Suarez dans ses *Discussions Métaphysiques* (Disp. XLVIII. S. IV).

On peut répondre brièvement à la première argumentation de Mansel que l'idée de cause n'inclut nécessairement de relation *réelle* que de la part de l'effet, et qu'ainsi les effets de la Cause Première dépendent d'elle réellement et sont donc des êtres relatifs ; ce qui n'empêche pas la Cause Première d'être absolue. On peut lire le développement de cette théorie, par exemple, dans la *Somme théologique* de S¹ Thomas d'Aquin (p. I. q. XIII. a. VII.) à l'endroit où il explique comment l'on attribue à Dieu des noms qui impliquent une relation aux créatures.

La connaissance que Dieu a des créatures ne constitue pas davantage une relation réelle de la part de Dieu, parce que les créatures sont connues par lui en vertu même de la perfection infinie de l'intelligence divine. Quant à la connaissance que Dieu a de lui-même, elle implique en effet une relation réelle en Dieu, mais non pas une relation de dépendance ; elle n'empêche donc pas que Dieu ne soit l'être absolu, c'est-à-dire, indépendant. Cette remarque suffit pour répondre au second argument de Mansel.

Quant au troisième, force nous est de renvoyer le lecteur aux théologiens. Il y trouvera clairement expliqué que la puissance divine pour être infinie ne doit pas s'étendre au choses impossibles ; que si les perfections divines sont infinies, leurs effets extérieurs sont nécessairement limités ; que la connaissance de l'avenir n'empêche pas la liberté et que d'ailleurs la liberté ne consiste pas à pouvoir *tout* faire et *tout* éviter. Il y apprendra qu'il faut distinguer le mal physique du mal moral, que Dieu peut vouloir le premier et permettre le second, et que cela n'est point contraire à ses prérogatives.

Spencer tire à la fin de son deuxième chapitre une double conclusion : 1° Toutes les religions et même l'athéisme sont d'accord pour reconnaitre « que le monde avec tout ce qu'il contient et tout ce qui l'entoure est un mystère qui veut une explication. »

2° L'analyse de toutes les hypothèses qu'on fait pour expliquer le mystère « démontre non seulement qu'il n'y a pas d'hypothèse suffisante, mais qu'on ne peut pas même en concevoir. »

Il ne nous semble pas que tous les partisans de l'athéisme admettront la première partie de cette conclusion. Quant à la seconde, on a vu ce qu'il faut en penser. Ajoutons que les idées fondamentales de la Religion ne se présentent pas précisément comme des hypothèses faites pour expliquer le mystère de l'existence du monde, mais plutôt comme des conclusions déduites de cette existence.

CHAPITRE III

LES IDÉES DERNIÈRES DE LA SCIENCE

L'espace et le temps. — La matière. — Le mouvement. — La force. — La conscience.

Après avoir analysé les idées dernières de la Religion, Spencer entreprend d'en faire autant pour la Science et il examine successivement les concepts que nous avons de l'espace et du temps, de la matière, du mouvement, de la force. Voilà pour le monde objectif. Il critique ensuite les idées que nous nous formons de nous-mêmes : de notre durée, de notre personnalité.

Toutes ces connaissances, tant objectives que subjectives, sont d'après Spencer, « des représentations de réalités incompréhensibles. » Si cela signifiait que notre connaissance est incomplète, défectueuse, mêlée de beaucoup d'obscurités, il n'y aurait rien à redire. Mais Spencer veut démontrer que nos idées fondamentales sont radicalement insoutenables, contradictoires et par conséquent irréelles. Il en conclut que le mystère de *l'Inconnaissable* se dresse impénétrable devant la Science comme devant la Religion.

L'espace et le temps.

On se figure à tort l'espace et le temps comme des réalités subsistant en elles-mêmes, distinctes des corps qui occupent l'espace et qui se meuvent dans le temps. Cette conception se rattache à la philosophie kantienne. Il est vrai que Kant considère le temps et l'espace comme des éléments *subjectifs* de la connaissance. Mais par là même il les distingue radicalement de toutes les propriétés corporelles et a contribué ainsi à les faire considérer comme indépendants des choses concrètes.

Nous tenons pour vraie l'opinion d'après laquelle le temps ainsi que l'espace sont des formalités abstraites qui n'ont d'existence que dans les corps en tant qu'étendus, ou dans les choses contingentes en tant que soumises à des changements successifs. De même que toutes les notions abstraites, celles d'espace et de temps sont objectives en tant que réalisées dans les objets concrets et ne sont pas objectives dans leur abstraction même.

En dehors des choses étendues il n'y a pas d'espace réel ni en dehors des choses qui durent de temps réel. Si l'on dit qu'au delà des corps l'espace s'étend à l'infini, cela signifie simplement qu'il *pourrait* exister des corps au delà de ceux qui existent de fait et qu'il n'y a pas de limites à cette *possibilité*. Et si l'on dit qu'avant le commencement de l'Univers on conçoit un temps infini, cela signifie que l'état initial de l'Univers aurait pu être précédé par un autre état et celui-ci par un autre encore et ainsi de suite indéfiniment.

Comme on le voit il n'y a dans tout cela que des *possibilités* et rien de réel. De même, en l'absence de tous corps réels ou de changements réels, l'espace et le temps absolus ne sont point des choses réelles, ils ne sont que la possibilité de corps réels et de changements successifs.

L'idée qu'on s'en forme devient contradictoire dès qu'on leur attribue une réalité propre qui ne pourra être qu'infinie en étendue et éternelle en durée, ce qui entraîne, à cause de la divisibilité de l'espace et du temps, le nombre infini et déterminé, notion contradictoire. « Les idées de composition *d'un tout en ses parties* et de l'illimitation réelle de ses parties, dit très bien Renouvier, sont formellement contradictoires l'une de l'autre. » (1)

L'espace et le temps sont donc des réalités seulement dans le sens que nous avons dit, et comme réalités ils sont limités. Il n'y a en cela rien d'inconcevable ni de contradictoire.

« Le concept d'espace, dit Ribot, tel que les géomètres l'ont fait, c'est-à-dire, à son plus haut degré d'abstraction, est donc le résultat d'une dissociation : c'est l'étendue vidée de toutes ses qualités constitutives *sauf* les dimensions nécessaires qui la déterminent. Ce schema (en écartant toute considération transcendante) nous apparaît comme l'ensemble des conditions d'existence des corps en tant qu'ils sont doués d'extension. Ainsi constitué avec les marques qui lui sont propres et le différencient de tout autre, ce concept, comme celui de nombre, est susceptible d'applications multiples, et de plus, d'être sans limites assignables dans toutes les directions, ou, suivant l'expression consacrée, d'être infini. De même que le nombre concret représente des unités ou collections réelles, tandis que le nombre abstrait, détaché des réalités discontinues, permet une numération sans fin, de même l'espace concret (étendue) répond à l'intuition de certains corps, tandis que l'espace abstrait, pur concept non représentable » (dans l'imagination) « sinon par des mots, comporte une extension sans bornes..... L'espace n'est infini qu'en puissance;.... l'ériger en entité, c'est réaliser une abstraction, *c'est, à un concept tout subjectif, attribuer indûment une valeur objective.* » (2)

Spencer repousse avec raison la théorie Kantienne qui fait de l'espace et du temps deux formes subjectives de la sensibilité. Dans les *Principes de Psychologie*, (3) il

---

(1) *Critique philosophique*, 1885 vol. I p. 109.
(2) *L'évolution des idées générales.* Paris 1897 p.p. 175-176.
(3) vol. II p.p. 363. sq. § 399

reprend la réfutation de cette doctrine et s'y étend longuement. « La conscience, dit Spencer, affirme directement que le temps et l'espace ne sont pas au dedans de l'esprit, mais hors de l'esprit. » (1)

La distinction que Renouvier oppose à Spencer pour défendre la théorie kantienne ne tient pas. « L'espace et le temps, dit-il, appartiennent au moi, selon Kant, en ce sens qu'ils appartiennent à la représentation, laquelle est relative au moi, est, comme on dit, dans le moi ; mais ils appartiennent au non-moi, *objectivement*, en ce sens qu'ils se rapportent à sa forme objective, donné dans la représentation, qu'ils en sont inséparables, et qu'au surplus les *objets* sont *réels*, comme tout le contenu de l'expérience dont ils font partie. » (2)

Si en disant d'un élément de la connaissance sensible qu'il est une forme subjective de la sensibilité, on ne veut rien dire si ce n'est « qu'il appartient à la représentation, laquelle est dans le moi » il faut en dire autant de tout le « contenu de l'expérience » et toute l'expérience sensible sera constituée par des formes subjectives. Toute la différence qu'il y a entre l'espace et le temps et d'autres attributs sensibles, c'est que tout corps occupe un certain espace et dure un certain temps, tandis que d'autres qualités sont accidentelles ; mais, quoi qu'en dise Kant, cela n'est pas une raison pour considérer l'espace et le temps comme des formes subjectives.

Malheureusement, en adoptant la théorie de la relativité de nos connaissances, comme nous le verrons plus loin, Spencer range l'espace dans l'ordre phénoménal comme distinct de l'ordre ontologique, et ainsi, comme le remarque avec raison S. Tolver Preston, (3) son opinion s'accorde avec celle de Kant en ce qu'elle nie la réalité objective de l'espace.

---

(1) P.P. p. 51. — F. P. p. 37 § 15
(2) *Critique Philosophique*. 1883 t. I p. 105
(3) *Comparison of some views of Spencer and Kant. Mind.* Avril 1900 p. 234.

— 17 —

L'exposé de la théorie kantienne forme la première partie de la *Critique de la Raison pure* et porte le nom *l'Esthétique transcendertale*. Sa portée est, on le comprend, très considérable ; mais les arguments sur lesquels elle s'appuie n'ont, à notre avis, aucune valeur.

Nous sommes convaincus que la conception de l'espace et du temps qui en fait des réalités absolues et indépendantes des choses particulières est fausse. Or, Kant suppose que nous concevons nécessairement ainsi le temps et l'espace et il en conclut qu'étant absolument indépendantes de l'expérience, ces notions sont des *intuitions à priori*, des formes subjectives de notre sensibilité. Quiconque partage notre conviction sur la nature du temps et de l'espace s'aperçoit d'emblée de la fausseté des propositions sur lesquelles Kant s'appuie.

Il est faux, par exemple, que « si je détache de la représentation d'un corps ce que l'entendement en conçoit comme la substance, la force, la divisibilité etc, ce que la sensation en reçoit, comme l'impénétrabilité, la dureté, la couleur etc, il me reste encore quelque chose de cette intuition empirique, savoir, l'étendue, la figure. » (1) Est-ce que l'étendue n'est pas parmi les choses que l'entendement conçoit au sujet des corps ? Et puisqu'il s'agit ici de la sensibilité, si j'enlève toute qualité sensible quelle représentation de la figure pourrais-je avoir ? Par quelle faculté se fera cette représentation ?

Il est faux que « pour que je puisse me représenter les choses comme extérieures les unes aux autres, la représentation de l'espace doit déjà être posée en principe. » (2) L'idée d'espace est au contraire dérivée de la perception des objets comme étendus, c'est-à-dire, comme extérieurs les uns aux autres.

Il est faux encore que « la simultanéité ou la succession ne tomberaient même pas sous l'observation si la repré-

---

(1) *Critique de la Raison pure*. Ire Partie § I. Trad. Tissot et capit. Paris 1864, vol I, p. 60.
(2) Ibid § II p. 63.

sentation du temps ne leur servait de fondement a priori. » (1)

L'idée de temps est *dérivée* de la perception de choses qui se succèdent. Comme toutes nos idées générales, celles d'espace et de temps sont acquises par l'abstraction que notre esprit exerce sur les perceptions sensitives. Les bases de la théorie Kantienne sont ruineuses. Ainsi que Spencer le fait très bien remarquer, d'une part, selon Kant, nous avons nécessairement la conception de l'espace et du temps comme de choses objectives, d'autre part, nous devons admettre qu'ils ne sont que des formes subjectives et rien d'objectif. Cela est contradictoire, et surtout, cela est arbitraire et conduit directement au scepticisme.

*
* *

La matière. « La matière, dit Spencer, est divisible à l'infini ou elle ne l'est pas. » (2) On se convainc facilement que cette seconde supposition n'est pas tenable, pourvu qu'il soit question, bien entendu, de divisions absolument ou théoriquement possibles, et non pas de divisions qu'on puisse pratiquement exécuter. Toute partie de l'étendue quelque petite qu'on la suppose est elle-même étendue et par conséquent divisible. Dès lors l'être étendu est divisible à l'infini, c'est-à-dire, indéfiniment.

D'après Spencer, ce raisonnement suffit pour établir qu'on ne peut pas concevoir la divisibilité de la matière comme limitée, mais il prétend que la conclusion qu'on en tire, c'est-à-dire, sa divisibilité indéfinie est également insoutenable : « Si nous disons que la matière est divisible à l'infini, nous nous engageons dans une supposition que nous ne pouvons nous figurer. Nous pouvons couper un corps en deux, puis chacune des moitiés encore en deux, et cela jusqu'à ce que nous en ayons réduit les parties à une épaisseur qui ne soit plus suscep-

---

(1) Ibid § IV p. 70.
(2) P. P. p. 52 § 16 — F. P. p. 38.

tible d'une division physique, et puis après nous pouvons encore continuer la même opération sans fin. Mais ce n'est pas là concevoir la divisibilité infinie de la matière, c'est seulement se former une conception symbolique qu'on ne peut, en la développant rendre réelle, et qui n'a pas d'autre moyen de vérification. En réalité, concevoir la divisibilité infinie de la matière, c'est suivre mentalement les divisions à l'infini, mais il faudrait pour cela un temps infini. » (1)

Cette argumentation suppose que pour concevoir un corps comme indéfiniment divisible, on doit se figurer séparément chacune des divisions qu'on peut y opérer. Autant vaudrait dire : pour concevoir que tous les hommes sont mortels, je dois me figurer séparément la mort de chaque individu. Personne n'admettra une telle exigence.

Je comprends fort bien ce que je dis quand j'affirme qu'à diviser un corps en parties de plus en plus petites il n'y a pas de fin, sans que j'aie besoin de me représenter par l'imagination chacune des divisions, ce qui, en effet, est impossible. Prétendre que cela est nécessaire, et que sans cela je n'ai pas l'intelligence de ce qu'est cette divisibilité indéfinie, c'est une affirmation paradoxale. On y est amené par la confusion que nous avons déjà signalée entre les idées rationnelles et les représentations concrètes de l'imagination.

Spencer examine ensuite les différentes hypothèses qu'on peut faire sur la constitution de la matière et les trouve toutes insoutenables.

Un morceau de métal pourrait être conçu d'abord comme un corps plein, c'est-à-dire, n'ayant point de pores ni d'interstices quelconques entre ses atomes. « Cette affirmation, dit Spencer, nous jetterait dans des difficultés inextricables. Si la matière était absolument solide, comme on le suppose, elle serait absolument incompressible, — ce qui n'est pas — puisqu'on ne peut concevoir la compressibilité ou, d'une manière implicite, le rappro-

---

(1) P. P., p. 52-53 § 16 — F. P., p. 38.

chement des parties constitutives, s'il n'y a pas entre elles un espace inoccupé. Et ce n'est pas tout. D'après un principe de mécanique, si un corps, mu avec une certaine vitesse donnée, frappe un corps de même dimension au repos, en sorte que les deux corps se meuvent ensemble, leur vitesse commune ne sera plus que la moitié de la vitesse initiale. Or, d'après une loi dont la négation est inconcevable, le passage d'une grandeur à une autre ne peut se faire que par tous les degrés intermédiaires aux deux grandeurs. Par exemple, dans le cas qui nous occupe, un corps en mouvement avec une vitesse représentée par 4, ne peut, par un choc, se réduire à une vitesse représentée par 2, sans passer par toutes les vitesses comprises entre 4 et 2. Mais si la matière était vraiment solide, si les unités qui la composent étaient vraiment incompressibles et en contact absolu, cette *loi de continuité* (c'est le nom qu'elle porte) serait violée dans tous les cas de collision. Car, étant données deux unités élémentaires, si l'une qui se meut avec une vitesse représentée par 4 frappe l'autre qui est au repos, l'unité qui frappe doit subir instantanément une diminution de vitesse qui tombe à 2 ; il faut qu'elle passe de la vitesse 4 à la vitesse 2, sans qu'il s'écoule un laps de temps quelconque et sans passer par les vitesses intermédiaires ; il faut qu'elle se meuve au même moment avec les vitesses 4 et 2, ce qui est impossible. » (1)

Remarquons d'abord que l'hypothèse du corps « plein » n'entraîne pas celle de son incompressibilité. Presque tous les anciens ont admis les corps pleins et n'ont pas trouvé que cette idée fut incompatible avec le fait qu'ils se compriment. Nous avons aujourd'hui de bonnes raisons pour croire que la compressibilité de la matière provient de sa discontinuité. Mais il n'y pas de connexion rigoureuse entre ces deux idées.

Ensuite, le principe de mécanique qu'invoque Spencer

---

(1) P. P. p. 53-54 § 16. Passage supprimé dans l'édition de 1900.

au sujet du choc de deux corps de même « dimension », (il faudrait dire : de même *masse)* n'a d'application que s'il s'agit de corps *non élastiques.* Il suffit donc, pour faire tomber toute l'argumentation de Spencer, de supposer les corps élastiques, ce qui est parfaitement compatible avec leur incompressibilité et avec l'absence de lacunes dans leur masse. L'elasticité suppose la variabilité de la forme du corps, mais pas nécessairement de son volume. Or, dans le choc des corps élastiques, les variations du mouvement ont lieu, non pas instantanément, mais au fur et à mesure de la déformation et de la reformation (s'il est permis d'employer ce mot) des corps élastiques.

Enfin, que « le passage d'une grandeur à une autre ne peut se faire que par tous les degrés intermédiaires entre les deux grandeurs », c'est une affirmation que nous avons souvent rencontrée, mais dont nous n'avons jamais vu une bonne démonstration. Nous croyons que, de fait, le passage du repos au mouvement, ou vice-versa, ainsi que les changements de mouvement se font toujours en passant par tous les degrés intermédiaires, et cela parce que nous sommes convaincus que les corps ne se touchent jamais réellement, mais agissent les uns sur les autres à distance. L'accélération positive ou négative que produisent leurs forces attractives ou répulsives étant proportionnelles au temps pendant lequel elles agissent et dépendant de la distance, varie d'une façon *continue* comme ces deux facteurs. Mais il s'agit ici, non de la manière dont ces phénomènes se passent, mais de ce qu'on peut concevoir. Spencer déclare que la négation de la *loi de continuité* est inconcevable. Nous avouons franchement ne pas apercevoir l'absurdité que cette négation contient.

Il esquisse aussi, à la fin du passage que nous venons de rapporter, une démonstration de cette loi. Mais elle n'a évidemment aucune valeur. La voici : si un corps passe sans intermédiaire de la vitesse 4 à la vitesse 2, « il faut qu'il se meuve, *au même moment,* avec les vitesses 1 et 2 ». Cette conséquence ne tient pas. Le moment (instant) dont il s'agit est celui du changement de vitesse. Or, la fonction qui donne la vitesse du corps n'est évidemment *pas continue* au point où se fait, par hypothèse, le changement de vitesse instantané ; dès lors, cette fonction *ne donne, pour ce point et pour cet instant, aucune vitesse déterminée*. L'expression de la vitesse $v = \frac{e}{t}$ est indéterminée si $e = 0$ et $t = 0$: c'est ce qui arrive lorsqu'on considère *un instant*. La vitesse *à un instant donné* n'a une valeur déterminée que si cet instant est pris *dans* un mouvement continu ou qui varie d'une manière continue ; mais elle n'a aucune valeur déterminée à l'instant où se produit une variation brusque ou instantanée, hypothèse que la mécanique n'exclut nullement.

Le lecteur éprouvera probablement quelque étonnement à voir Spencer négliger ces notions élémentaires. Quoiqu'il en soit, les critiques qu'il élève contre la première hypothèse relative à la constitution de la matière sont sans aucune portée.

La conception attribuée par Spencer à Newton, mais qui lui est beaucoup antérieure, et d'après laquelle les corps sont composés d'atomes étendus qui ne se touchent pas, est repoussée comme reproduisant en petit l'hypothèse précédente des corps « pleins ».

Nous venons de montrer que celle-ci résiste fort bien aux objections qui sont dirigées contre elle.

Il y a enfin le dynamisme de Boscovich qui conçoit la matière comme composée de centres de forces *sans étendue*. Nous croyons, avec Spencer, que cette hypothèse est inadmissible. « Admettre que des forces centrales peuvent résider en des points, je ne dis pas infiniment petits, mais qui n'occupent aucun espace, si petit qu'il soit ; des points qui n'ont pas d'autre relation que leur position, mais qui n'ont rien pour la marquer ; des points que rien ne distingue des autres points circonvoisins qui ne sont pas des centres de force, c'est faire une hypothèse tout à fait hors de la portée de l'esprit humain » (1).

On pourrait ajouter que réduire les corps à des points c'est anéantir leur étendue et, par conséquent, la réalité de l'espace. L'imagination, si nous n'y prenons garde, risque de nous induire en erreur. Elle parvient à situer dans l'espace des points parce qu'elle leur attribue nécessairement une étendue réelle quoique très petite. Mais l'intelligence nous dit que le point ne peut occuper aucune place et ne peut, par conséquent, *par lui-même*, avoir aucune situation dans l'espace, parce que, dans l'espace, il n'a aucune réalité.

Admettrons-nous, comme le veut Spencer, que la théorie de Boscovich est affirmée implicitement par celle de Newton, et que celle-ci doit donc subir la même condamnation que celle-là ? « Un disciple de Boscovich, dit Spencer, peut répondre que la théorie de son maître est impliquée dans celle de Newton, et qu'on ne peut s'y soustraire.

« Qu'est-ce, dira-t-il, qui maintient ensemble les parties de ces atomes derniers ? — Une force de cohésion, répondra l'adversaire. — Mais, ajoutera le premier, quand une force suffisante aura rompu les atomes derniers, qu'est-ce qui retiendra ensemble les parties des morceaux ? — Le Newtonien répondra encore : une force de cohésion. — On peut imaginer, dira encore l'autre, que l'atome soit encore réduit à des parties aussi petites par rapport à lui, qu'il l'est, par rapport à une masse tangible ; qu'est-ce qui donne alors à ces parties la propriété de résister et d'occuper l'espace ? A cette éternelle question, il n'y a jamais d'autre réponse que la force de cohésion. Qu'on aille jusqu'où l'on voudra, jusqu'à ce que l'étendue des parties soit moindre que tout ce qu'on puisse imaginer, on ne pourra pas éviter d'admettre des forces qui supportent l'étendue. Nous ne pouvons nous arrêter que dans la conception des centres de force sans étendue.» (2)

---

(1) P. P., p. 56, § 16. — F. P., p. 39.
(2) P. P., p. 56-57. § 16.

Il n'est pas difficile de faire voir le défaut de cette démonstration. Admettons que les parties de l'atome sont maintenues ensemble par une véritable force, on en conclura que cette force réside dans toute partie de l'atome quelque petite qu'on l'imagine, mais non pas qu'elle réside dans un point mathématique. Il en est ainsi d'ailleurs de toutes les propriétés de l'atome étendu. La division donnera toujours des particules cohérentes et étendues elles-mêmes. On peut pousser la division indéfiniment, jamais on n'arrivera à diviser l'atome en points mathématiques ; jamais donc on ne sera forcé d'admettre que la force de cohésion réside dans un point, ce qui est une contradiction manifeste.

La conception qui représente la matière comme composée d'atomes étendus, séparés et agissant les uns sur les autres par des forces mécaniques, c'est-à-dire motrices, est la mieux en harmonie avec la connaissance que nous avons des êtres matériels.

*
* *

Le mouvement. Un corps que nous voyons se mouvoir d'un mouvement propre est en outre entraîné par le mouvement de rotation de la Terre, et par la translation de celle-ci autour du soleil, et par le mouvement d'ensemble du système solaire vers la constellation d'Hercule et peut-être encore par d'autres mouvements inconnus. Nous ne savons donc jamais quelle est en réalité la trajectoire suivie par ce corps dans l'espace. Il pourrait même se faire, à la rigueur, que la résultante de tous ces mouvements fût, à un moment donné, le repos absolu. Il faut conclure de là, ce qui est encore évident par ailleurs, que nos sens perçoivent seulement le mouvement relatif, c'est-à-dire, le déplacement des corps les uns par rapport aux autres. L'imagination ne faisant que reproduire les perceptions sensitives, ne représente pas autrement les mouvements dont les corps sont animés.

Nous nous garderons bien de déduire de ce qui précède, comme le fait Spencer, « combien nos idées du mouvement sont décevantes. » (1) Les connaissances que l'expérience sensible nous fournit sont exactes ; il n'y a pas d'erreur si nous nous contentons d'affirmer ce qu'elle rapporte, c'est-à-dire, le déplacement relatif des corps.

De ce que nos sens ne perçoivent le mouvement que comme un changement dans la situation relative des mobiles, il ne suit pas du tout que le mouvement ne soit point autre chose qu'une telle relation. L'intelligence qui conçoit le mouvement comme l'effet d'une force et comme une force lui-même n'a aucune peine à lui attribuer une existence absolue, c'est-à-dire indépendante des corps autres que le mobile. S'il n'existait qu'un seul corps, quelle contradiction verrait-on à ce que ce corps fût animé de mouvement ? Que nous ne puissions pas nous *imaginer* un tel mouvement parce que l'imagination ne conçoit le mouvement que comme un déplacement relatif à d'autres corps, cela, à la vérité, ne prouve rien. Si un corps se meut, et que, à un moment donné, tous les autres corps cessent d'exister — ce qui n'a rien d'inconcevable — prétendra-t-on que, par le fait même, le premier corps s'arrête, et que l'énergie cinétique dont il est le siège se trouve annihilée ? Notre intelligence voit-elle une contradiction quelconque à ce que cette énergie reste ce qu'elle est?

Quant à la transmission du mouvement d'un corps à un autre, c'est un fait d'expérience. En supposant que nous soyons incapables d'en fournir l'explication, ou de comprendre seulement ce qui se passe lorsque dans le choc des deux corps leurs mouvements se modifient, ce n'est pas une raison de nier le fait ou de le déclarer inconcevable, à moins que chacun ne s'arroge le droit de qualifier ainsi tout ce qu'il ne comprend pas. Ne pas comprendre une chose n'équivaut pas à comprendre qu'elle est impossible ou contradictoire. Il n'y a donc dans tout

(1) P. P., p. 68 § 17 — F. P., p. 42.

ce que nous venons de dire au sujet du mouvement, rien qui doive le faire taxer de chose inconcevable, comme le voudrait Spencer.

Voici un dernier raisonnement destiné à établir sa manière de voir : « Nous constatons tous les jours que les objets qu'on lance avec la main ou autrement subissent un ralentissement graduel et finalement s'arrêtent ; et nous constatons aussi souvent le passage du repos au mouvement par l'application d'une force. Mais nous trouvons qu'il est impossible de se représenter par la pensée ces transitions. En effet, une violation de la loi de continuité y semble nécessairement impliquée ; et nous ne pouvons pas concevoir une violation de cette loi : Un corps voyageant avec une vitesse donnée ne peut être ramené à un état de repos, ni changer de vitesse, sans passer par toutes les vitesses intermédiaires. » (1)

Spencer a fait observer lui-même (2) qu'il ne nous est pas possible de *constater* le repos. La base du raisonnement n'est donc pas solide. En outre, il repose tout entier sur la loi de continuité qui n'a pas été démontrée et qui aurait besoin de l'être. Supposons-la admise et voyons ce qui suit.

« A première vue, il semble que rien n'est plus aisé que de l'imaginer passant de l'un à l'autre de ces états successifs. On peut penser que son mouvement diminue insensiblement, jusqu'à devenir infinitésimal ; et beaucoup croiront qu'il est possible de passer par la pensée d'un mouvement infinitésimal à un mouvement égal à zéro. Mais c'est une erreur. Suivez autant que vous voudrez par la pensée une vitesse qui décroit, il reste encore *quelque* vitesse. Prenez la moitié et ensuite la moitié de la somme de mouvement et cela à l'infini, le mouvement existe encore, et le mouvement le plus petit est séparé de zéro mouvement par un abîme infranchissable. » (3)

---

(1) P. P., p. 60 § 17 — F. P., p. 13.
(2) P. P., p. 58 § 17 — F. P., p. 41.
(3) P. P., p. 60 § 17 — F. P., p. 13.

La faiblesse de ce raisonnement saute aux yeux. D'abord une vitesse quelconque n'est pas séparée de zéro par un « abîme infranchissable », mais par la différence entre zéro et cette vitesse, c'est-à-dire par la valeur de cette vitesse qui peut être aussi petite que l'on veut.

Ensuite, s'il prenait envie à quelqu'un de *réduire de moitié* la vitesse d'un mobile, puis d'agir de même pour la vitesse restante, et ainsi de suite, et cela par des actions *non continues de telle sorte que le temps compris entre deux diminutions successives ou bien soit constant ou bien ait une limite positive différente de zéro*, il est clair qu'une telle opération se prolongerait à l'infini et nous ne croyons pas que jamais personne ait conçu le projet d'arrêter un mobile de cette façon. Mais en vérité est-ce de cela qu'il est question ? Le passage continu du mouvement au repos ne consiste-t-il pas précisément en ce que le temps compris entre deux degrés successifs de vitesse — le second étant la moitié du premier — tend vers zéro comme ces vitesses elles-mêmes, et cela plus ou moins rapidement d'après les conditions du problème. Tous ces intervalles de temps compris entre deux degrés de vitesse dont le second est la moitié du premier constituent une série *infinie mais convergente*, c'est-à-dire, ayant une valeur déterminée qui sera le temps nécessaire pour l'extinction complète du mouvement.

Spencer ajoute encore : « De même qu'une chose, quelque ténue qu'elle soit, est infiniment grande en comparaison de rien ; de même encore, le mouvement le moins concevable (considérable) est infini en comparaison du repos. »

Il est vrai que le rapport de quelque chose à rien est égal à l'infini $\frac{a}{o} = \infty$. Mais ce rapport n'exprime pas la distance de a à o et n'a donc rien de commun avec la question que nous examinons.

Dans l'édition de 1900, Spencer s'étend moins longuement sur les considérations que nous venons d'examiner ; d'autre part il ajoute un argument tiré de l'impossibilité de concevoir qu'un corps en meut un autre. Qu'est-ce qui a été transféré du premier au second ? Ce n'est ni une chose ni un attribut. Qu'est-ce donc ? (1) Nous répondrons que rien n'a été transféré, à parler exactement Le premier corps en s'approchant du second y a *produit* un mouvement, le second, par réaction, a détruit ou diminué le mouvement du premier. La conception de ce phénomène repose tout entière sur l'idée de causalité qui n'est pas contradictoire.

Spencer n'a donc pas démontré que « les efforts que nous faisons pour comprendre la nature intime du mouvement, ne peuvent que nous réduire à choisir entre deux pensées également impossibles. »

*
* *

La force.

« En soulevant une chaise, dit Spencer, nous exerçons une force que nous regardons comme égale à la force antagoniste appelée pesanteur de la chaise ; et nous ne pouvons penser à l'égalité de ces deux forces sans penser qu'elles sont de même espèce ; puisqu'on ne peut concevoir l'égalité qu'entre des choses de même nature. L'axiome que l'action et la réaction sont égales et s'exercent dans des directions opposées, axiome dont on donne communément pour exemple le fait que je viens de mentionner, l'effort musculaire dirigé contre la pesanteur, ne peut être conçu dans toute autre condition. Et pourtant, au contraire, on ne peut croire que la force qui existe dans la chaise ressemble réellement à la force qui est présente à nos esprits. Nous n'avons pas besoin de faire remarquer que le poids de la chaise produit en nous divers sentiments, suivant que nous la soutenons avec un seul doigt, ou avec toute la main, ou avec la jambe ; et par conséquent il est permis de soutenir que le poids de la chaise ne pouvant être semblable à toutes ces sensations, il n'y a pas de raison pour qu'il ressemble à aucune. Il suffit de remarquer que la force telle que nous la

---

(1) P. P., p. 42.

connaissons étant une impression de notre conscience, nous ne pouvons concevoir sous la même forme la force qui réside dans la chaise, à moins de douer la chaise de conscience. De sorte qu'il est absurde de penser que la force en elle-même ressemble à la sensation que nous en avons, et pourtant il est nécessaire de le penser, pour peu que nous voulions nous la représenter dans la conscience. » (1)

Le raisonnement qu'on vient de lire repose sur la confusion entre *l'effort* dont j'ai conscience et la *force* déployée par la contraction des muscles. Non seulement l'effort varie lorsque des muscles différents déploient la même force, mais, si le bras est affaibli, par exemple par une longue inaction, l'effort exigé pour un certain déploiement de force sera bien plus grand qu'en temps normal.

Les psychologues discutent la question de savoir si le sentiment de l'effort est d'origine centrale et antécédent au mouvement produit ou bien d'origine périphérique et postérieur au mouvement musculaire. (2) Ces deux opinions nous paraissent pouvoir se concilier. Dans *l'effort* l'être est actif ; l'effort lui-même est donc d'origine interne et détermine la contraction musculaire, tandis que le *sentiment de l'effort* comprend outre la conscience de l'activité déployée un ensemble d'impressions venant des articulations, des tendons, des muscles, des variations respiratoires etc. Quoiqu'il en soit, aussi bien ce que nous appelons l'effort que le sentiment de l'effort sont des actes psychiques qui déterminent ou accompagnent la contraction musculaire, mais ne lui sont pas identiques.

Il y a là deux ordres de phénomènes distincts et superposés, les uns mécaniques, les autres psychiques. L'égalité existe entre le poids de la chaise et la tension du muscle qui agit comme un ressort : forces mécaniques de part et d'autre, égales en intensité et se faisant équilibre.

---

(1) P. P., p. 61-62 § 18 — F. P., p.p. 43-44.
(2) cf. Ribot. *L'évolution des idées générales*. p. 201.

Spencer revient encore à la conception que nous nous formons de la matière et il pense qu'on ne peut échapper à la nécessité d'admettre que les corps agissent les uns sur les autres à travers l'espace absolument vide, « supposition, dit-il, qui ne peut être représentée. »

L'hypothèse de l'éther ne résout pas la difficulté parce que, ses atomes étant distants, il faudrait toujours admettre que leurs actions mutuelles s'exercent à travers l'espace sans intermédiaire.

Nous savons, au moins avec une très grande probalité, que l'action par laquelle le Soleil nous éclaire et nous réchauffe est transmise par l'intermédiaire d'un fluide auquel on a donné le nom d'éther. Si cette action ne passait par aucun intermédiaire, on ne comprendrait pas qu'elle mette un certain temps à nous arriver et que, lorsque nous regardons le Soleil, nous le voyions à la place où il se trouvait huit minutes environ auparavant.

Mais en est-il de même de l'action attractive qui s'exerce entre les astres ? Cela est beaucoup moins sûr. Les calculs astronomiques supposent que la direction de la gravitation est la ligne droite qui joint le centre de gravité du Soleil au centre de gravité de la Terre. Or cela serait inexact, étant donné le mouvement de translation de la Terre, si l'attraction était transmise par le milieu. Cette transmission, en effet, exigerait un certain temps comme tout phénomène matériel. Il est vrai qu'on peut supposer ce temps aussi petit qu'on veut de telle sorte que l'écart entre le résultat des calculs et les faits, tout en étant réel, soit trop faible pour pouvoir être constaté. Il faudrait, pour cela, admettre une vitesse de transmission de beaucoup — Laplace disait : au moins cinquante millions de fois — supérieure à celle de la lumière.

En outre, l'action attractive ne connaît aucun obstacle, elle n'est sujette ni à réflexion, ni à réfraction, ni à aucune variation dépendant du milieu. Ces circonstances n'indiquent-elles pas que cette action s'exerce réellement à distance sans se transmettre par le milieu ? (1)

Beaucoup de philosophes modernes, lorsqu'il s'agit de la possibilité de l'action à distance sans intermédiaire, se contentent de la nier sans apporter la preuve de leur négation. Les anciens n'apportaient en général d'autre preuve que le témoignage de l'expérience qu'on peut aujourd'hui invoquer plutôt en sens contraire.

Les arguments a priori que l'on met parfois en avant ne sont pas démonstratifs. Nous ne les examinerons pas ici.

Les connaissances que nous avons au sujet des forces *élémentaires* de la matière et des circonstances dans lesquelles elles agissent sont trop incomplètes pour qu'on puisse en tirer des conclusions définitives sur les conditions de leur activité. Les anciens croyaient que les corps légers s'élèvent dans l'air en vertu d'une impulsion ou tendance native vers le haut. Nous savons aujourd'hui que leur mouvement au lieu d'être dû à une force simple, n'est qu'une résultante de l'action combinée de la pression que l'air exerce en vertu de son poids et de sa fluidité, et du poids du corps qui s'y trouve plongé. L'attraction universelle, les forces interatomiques sont-elles des forces élémentaires ou des résultantes d'autres forces encore inaccessibles à notre observation ? Il n'est pas possible de répondre à cette question avec certitude, ni de savoir, par conséquent, s'il faut nous représenter les corps comme agissant à distance ou comme soumis à la condition de transmettre leur action par un milieu matériel.

S'il ne s'agit que de proposer des hypothèses, il est facile d'en imaginer qui s'accordent soit avec l'une soit avec l'autre de ces deux conceptions. L'éther discontinu n'est

---

(1) cf. STALLO. *La matière et la physique moderne* Paris 1891 p. 40 sq. — RENOUVIER. Le *Personnalisme* suivi d'une *Étude sur la perception externe de la Force* p. 170-171 — DE KIRWAN. Cosmos. 14 Janvier 1905 p. 43 sq.

pas le seul dont les propriétés puissent se concilier avec les théories scientifiques. Lord Kelvin considère l'éther comme un fluide continu, non atomique. (1)

Spencer n'est donc pas fondé à dire : « Nous sommes obligés de conclure que la matière pondérable ou impondérable, considérée dans ses masses ou dans ses unités hypothétiques, agit sur la matière à travers l'espace absolument vide ; et pourtant cette conclusion est positivement inconcevable. » (2) Cette conclusion n'est pas démontrée inconcevable et, en outre, les phénomènes connus ne l'imposent pas nécessairement à l'esprit.

Spencer fait encore à la conception atomique que nous avons indiquée comme la plus satisfaisante, l'objection suivante : « En outre, la lumière, la chaleur, la gravitation et toutes les forces qui rayonnent d'un centre varient en raison inverse du carré des distances ; et les physiciens dans leurs recherches supposent que les unités de matière agissent l'une sur l'autre d'après la même loi, et ils sont bien obligés de faire cette hypothèse, puisque cette loi n'est pas simplement empirique, mais qu'elle peut se déduire mathématiquement des relations d'espace et que sa négation est inconcevable. Mais dans une masse de matière en équilibre interne, que va-t-il arriver ? Les attractions et les répulsions des atomes constituants sont neutralisées. En vertu de cette neutralisation, les atomes restent à leurs distances actuelles, et la masse de matière ne se dilate ni ne se contracte. Mais si les forces avec lesquelles deux atomes adjacents s'attirent et se repoussent mutuellement varient à la fois en raison inverse du carré des distances, ce qui doit être, et si les atomes sont en équilibre à leurs distances actuelles, il faut nécessairement qu'ils soient en équilibre à toutes les autres distances.

« Supposons que les atomes soient séparés par un intervalle double, leurs attractions et leurs répulsions seront

---

(1) *Nineteenth century*, 1903, vol. I, p. 1008.
(2) P. P., p. 63-64. § 18. — F. P., p. 45.

les unes et les autres réduites au quart de leur valeur actuelle. Supposons qu'ils soient rapprochés de la moitié de leur distance, leurs attractions, leurs répulsions seront chacune quadruplée. Il en résulte que cette matière prend avec la même facilité toutes les densités et ne peut offrir de résistance à des agents extérieurs. Ainsi donc, nous sommes obligés de dire que ces forces moléculaires antagonistes ne varient pas toutes les deux en raison inverse du carré des distances, ce qui est inconcevable ; ou encore que la matière ne possède pas cet attribut de résistance par lequel nous la distinguons de l'espace vide, ce qui est absurde. »

1° Nous croyons difficilement qu'il se trouve un physicien assez mal avisé pour doter à la fois les atomes de forces d'attraction et de répulsion variant suivant la même loi. Si a et r désignent l'intensité de ces forces à l'unité de distance, elles auront pour valeur à une distance quelconque d, $\frac{a}{d^2}$ et $\frac{r}{d^2}$.

Leur résultante sera toujours égale à leur différence, puisqu'elles sont diamétralement opposées : $\frac{a}{d^2} - \frac{r}{d^2} = \frac{a-r}{d^2}$

Cela signifie que l'hypothèse des deux forces revient à en supposer une seule ayant à l'unité de distance pour valeur $a - r$, et variant elle-même en raison inverse du carré de la distance.

Cette force, d^2 étant toujours positif, sera nulle si $a = r$; elle sera attractive à toute distance si $a > r$ et répulsive à toute distance si $a < r$.

Spencer suppose une masse de matière en équilibre. Il faut nécessairement pour cela que $a = r$. Il attribue donc aux physiciens l'hypothèse que les atomes sont doués d'une force d'attraction et d'une force de répulsion toujours égales et diamétralement opposées, se neutralisant par conséquent toujours exactement et ne pouvant produire aucun effet ! Nous ne croyons pas qu'il y ait jamais eu un physicien capable d'imaginer une chose si manifestement inutile.

2° Boscovich supposait ses atomes doués de forces attractives et répulsives, celles-ci variant suivant une puissance de la distance plus élevée que celles-là. La physique mathématique démontre que l'intensité des forces qui consistent dans un mouvement ondulatoire du milieu et qui *rayonnent* donc réellement à partir d'un centre, varie nécessairement en raison inverse du carré de la distance ; mais quant aux autres forces, par exemple, la gravitation, dont on ne connaît pas avec certitude la nature, la physique mathématique n'a rien à y voir. L'expérience seule peut nous renseigner sur la loi de leur variation.

3° Si nous adoptons la constitution atomique de la matière, il faut admettre que les atomes des corps solides et liquides s'attirent, puisque ces corps sont tous plus ou moins cohérents. D'autre part, tout en se laissant comprimer, ce qui indique que leurs atomes sont distants, ils opposent une grande résistance à la compression. Il existe donc entre ces atomes des forces répulsives, et celles-ci augmentent plus rapidement que les forces attractives lorsque la distance diminue.

Beaucoup de physiciens considèrent la matière comme composée d'atomes pondérables entourés d'atmosphères d'éther, fluide impondérable. D'après cette conception, tandis que les atomes de matière pondérable exercent une action attractive les uns sur les autres et aussi sur les atomes d'éther, ces derniers au contraire se repoussent. On est disposé à considérer l'attraction mutuelle des atomes pondérables comme n'étant pas différente de la gravitation et comme variant, dès lors, en raison inverse du carré de la distance. La même variation aurait lieu pour l'attraction exercée par les atomes pondérables sur les atomes d'éther, tandis que la répulsion de ces derniers s'exercerait en raison inverse de la cinquième ou de la sixième puissance de la distance. (1) Cette répulsion entre les atomes d'éther variant en raison inverse de la sixième puissance de leur distance est exigée par la

---

(1) cf. DAGUIN. *Traité de Physique*, Paris 1878, vol. 1, p. 161.

théorie ondulatoire de la lumière lorsqu'on tient compte des phénomènes de transmission et d'interférence observés par Fresnel.

Nous n'affirmerons néanmoins pas l'existence d'une telle force, puisque la théorie des ondulations, telle que la concevait Fresnel, se trouve aujourd'hui battue en brèche et menacée d'être remplacée par une autre (1). Mais il ressort du moins de ce que nous venons de dire que les physiciens ne considèrent pas du tout les forces comme variant nécessairement en raison inverse du carré de la distance.

Les récentes découvertes qui ont été faites dans le domaine de la physique modifieront sans doute nos idées au sujet de la constitution de la matière. Il serait prématuré d'en vouloir déduire des conséquences définitives en ce moment. Ce que nous avons dit suffit pour montrer que les critiques de Spencer sont sans valeur.

Le lecteur se demandera sans doute quelle idée Spencer lui-même se fait de la matière, du mouvement, de la force. Il sera étonné d'apprendre que — comme nous le verrons plus-tard — ces idées ne sont pas fort différentes de celles qui sont ici battues si violemment en brèche. Cette contradiction est censément résolue par la théorie de la connaissance qui sera exposée au chapitre suivant et d'après laquelle nos concepts ont pour objet le phénomène et non la réalité. Nous devons avouer qu'il nous est impossible de comprendre comment une théorie quelconque permet d'adopter des conceptions qu'on a, par ailleurs, jugées remplies d'impossibilités. Comment, par exemple, peut-il être « légitime » « de considérer la matière comme composée d'atomes étendus et résistants » (2) alors que cette même hypothèse a été auparavant traitée d' « absurdité » (3). Nous croyons d'ailleurs avoir fait voir

---

(1) Cf. LORENZ. Œuvres scientifiques revues et annotées par H. VALENTINER. Copenhague 1896, t. I, p. 195.
(2) P. P. p. 177 § 48 — F. P. p. 131.
(3) P. P. p. 57 § 16 — F. P. p. 40.

clairement qu'on n'a aucune bonne raison de la juger ainsi.

*
* *

La conscience Les états de conscience constituent une chaine qui ne peut pas être infinie. Cependant, dit Spencer, nous ne pouvons pas non plus la concevoir comme finie. Nous devrions pour cela en connaitre le commencement et la fin. Or le commencement « s'évanouit dans une obscurité profonde » (1) et quant à la fin, si nous la connaissions, elle cesserait par là même d'être fin, puisqu'elle ne peut être connue que par un acte de conscience nouveau.

Cet argument ne paraitra pas très fort, si l'on réfléchit que pour concevoir la chaine des actes de conscience comme finie, il suffit de concevoir qu'elle a un commencement et une fin, sans qu'il soit nécessaire de concevoir *in individuo* l'acte qui constitue ce commencement ou cette fin. Cette distinction s'impose ; nous n'y insisterons pas.

« Présentons, dit Spencer, la difficulté sous une autre forme : Si un changement incessant d'état est la condition sous laquelle la conscience existe, quand le dernier état supposé est atteint par l'achèvement des états précédents, le changement a cessé ; donc la conscience a cessé ; donc l'état supposé n'est point un état de conscience, donc il ne peut pas y avoir de dernier état de conscience » (2).

On ne peut évidemment dire sans contradiction que le dernier état de conscience « est atteint par l'achèvement des états précédents ». Cela reviendrait à affirmer que le dernier état de conscience n'est que la non-existence des états précédents, c'est-à-dire une simple négation, ou rien du tout. Mais aussi, qui dira une chose si manifestement absurde ?

Le dernier état de conscience est l'état de conscience actuel. Il est très vrai que si je veux percevoir cet état

---

(1) P. P. p. 65 § 19 — F. P. p. 46.
(2) p.p. 66-67 § 20 — F. P. p. 46.

de conscience par réflexion sur moi-même, il se produit un nouvel état de conscience et qu'ainsi l'autre cesse d'être le dernier. Mais qu'y a-t-il en cela d'absurde ou que veut-on en conclure ? Si c'est par là qu'on démontre l'impossibilité de concevoir une chaine d'états de conscience qui ait une fin, nous avouons ne pas saisir la portée de l'argument.

Cette chaine des états de conscience constitue-t-elle, à elle seule, la personnalité, ou bien plutôt tire-t-elle son unité d'un sujet dont les états de conscience ne sont que des modifications successives ? Nous avons à choisir entre ces deux hypothèses. Spencer rejette la première comme étant contradictoire et en opposition avec la conscience elle-même.

Il prononce la même condamnation sur la seconde, parce que « la condition fondamentale de toute conscience étant l'antithèse du sujet et de l'objet » (1), il est impossible de se concevoir soi-même.

Il ne faut pas, répétons-le encore une fois, que la métaphysique contredise le bon sens. Elle est jugée par le fait même. Avons-nous oui ou non conscience de nos actes ? Si l'affirmative est incontestable, toute théorie de la conscience doit tenir compte de ce fait (2). Sans doute, la conscience exige une certaine distinction entre le sujet et l'objet. Mais ne suffit-il pas d'une distinction de raison ? Ne peut-on concevoir qu'un être soit présent à lui-même, c'est-à-dire se connaisse lui-même tout entier ?

Cette identité réelle du sujet et de l'objet n'est d'ailleurs qu'imparfaitement réalisée dans l'homme chez qui la connaissance au moyen de laquelle il perçoit ses propres états d'âme est un acte distinct de ceux qu'il perçoit, quoique posé par le même sujet. Il n'y a encore une fois dans cela rien d'absurde ni d'inconcevable.

*
* *

---

(1) P. P. p. 69 § 20. — F. P. p. 18.
(2) Cf. Renouvier. *op. cit.* p. 110.

L'analyse des idées dernières de la Religion et de la Science s'arrête ici. Le lecteur jugera si Spencer y a trouvé une base solide pour la doctrine de l'*Inconnaissable* telle qu'il la conçoit. Nous croyons avoir montré que les idées fondamentales de la Religion et de la Science ne sont pas sérieusement entamées par sa critique.

Est-ce à dire qu'il n'y a pas de mystère au fond des choses et que toutes les questions qui se dressent devant l'esprit peuvent recevoir une solution satisfaisante ? Non, certes ! Au cours de cette étude nous en avons rencontré nous-même plusieurs auxquelles l'on donne des réponses opposées sans qu'il soit possible de décider laquelle doit être choisie. Plus les recherches de l'esprit pénètrent au-delà des faits particuliers que l'observation nous fait connaître, plus aussi ces recherches deviennent laborieuses, pleines d'incertitudes et d'obscurités. En ce sens, nous sommes entourés de toutes parts par l'inconnu, ou, par rapport à nous, par l'inconnaissable.

Mais ce qu'il faut repousser, c'est la théorie d'après laquelle notre intelligence serait logiquement poussée à des affirmations que par ailleurs on démontre absurdes.

C'est en vain qu'on cherche à tracer une ligne de démarcation entre le terrain sur lequel notre intelligence peut s'engager avec confiance et celui où elle s'embarrasse fatalement dans des contradictions. Nous n'avons qu'une intelligence et les lois fondamentales de la logique sont les mêmes en toute matière.

Montrer que notre esprit affirme nécessairement des choses impossibles et que les principes de la logique conduisent à des résultats contradictoires, c'est ouvrir la porte toute large au scepticisme, quel que soit l'objet du raisonnement.

Spencer, nous l'avons dit, enseigne que l'inconcevabilité « est l'indice de la fausseté ». Il rapporte l'objection que W. Hamilton lui fait à ce sujet. « Il est inconcevable, dit celui-ci et Spencer l'admet avec lui, comme nous l'avons vu, que l'espace est fini ; il est de même inconcevable qu'il est infini. » Pourtant il doit être l'un ou l'autre ; donc, une chose inconcevable peut être vraie.

Que répond Spencer? « Une chose, dit-il doit exister ou ne pas exister : il n'y a pas une troisième possibilité. Maintenant, tant que cette loi est considérée comme une loi de la pensée dans ses rapports avec l'existence phénoménale, elle ne peut être mise en doute. Mais sir W. Hamilton étend cette loi en dehors des limites de la pensée, et tire une conclusion positive touchant l'existence nouménale. » (1)

D'abord il n'y aucune raison de dire que la remarque de Hamilton s'applique à l'existence nouménale. L'espace phénoménal — le seul que nous connaissions — est-il fini ou infini? S'il est l'un ou l'autre comment cela est-il néanmoins inconcevable? Et il n'est ni l'un ni l'autre c'est donc qu'il y a une « troisième possibilité » dans l'ordre phénoménal.

Ensuite, que le principe de contradiction n'ait de valeur que dans l'ordre phénoménal, cela se rattache à la théorie de Spencer d'après laquelle toute certitude a son origine dans l'expérience. Mais il est clair que ce principe ne souffre aucune restriction. S'il ne s'applique pas à l'ordre nouménal, c'est donc que le noumène ou l'Inconnaissable peut à la fois exister, ou bien ni exister ni ne pas exister. De quel droit Spencer affirme-t-il donc qu'il existe?

Nous allons voir au chapitre suivant que la théorie qui sépare l'ordre phénoménal de la réalité ou du noumène est inadmissible, et que ce n'est pas davantage sur ce fondement que la doctrine de l'Inconnaissable peut être bâtie.

---

(1) *Principes de Psychol.* vol. II p. 412 § 132.

CHAPITRE IV

LA RELATIVITÉ DE TOUTE CONNAISSANCE

La question et la solution. — Influence de Kant. — Opinion des philosophes. — M. Brunetière et la relativité des connaissances. — La relativité des connaissances et les théories physiques. — L'inexplicable terme de toute explication. — L'inconcevabilité de l'absolu. — La correspondance entre la conscience et la réalité. — L'existence réelle du noumène. — L'être abstrait et l'être illimité.

question a validité connaissances et sa lution.

Lorsqu'on parle de la « relativité » de toute connaissance, il importe d'éviter un malentendu. L'acte de la connaissance est essentiellement relatif ; il est, en effet, dans son acception la plus générale une représentation psychique de quelque chose.

La connaissance est un acte primitif, *sui generis*. Nous en avons conscience et il est inutile de vouloir, par des définitions, rendre plus claire l'idée que nous en possédons. On peut analyser les connaissances, en rechercher et en distinguer les parties, les décomposer en leurs éléments. Ces éléments eux-mêmes seront des connaissances simples. Lorsque nous les avons distinguées, nous nous trouvons devant une chose incomplexe sur laquelle l'analyse ne peut plus s'exercer.

Toute représentation n'est pas une connaissance : une

photographie d'un monument n'en est pas une connaissance quoiqu'elle le représente. Nous avons dit : représentation *psychique* pour indiquer qu'elle a lieu dans l'âme et que nous pouvons en avoir conscience, sans prétendre caractériser autrement sa nature par ce mot.

Personne, croyons-nous, ne contestera que la connaissance ne soit un phénomène psychique, par conséquent *subjectif*; ni qu'elle consiste dans une représentation de quelque chose, de quelque objet. Elle est donc, dans ce sens, *objective*.

Toute connaissance a dès lors une double relation ; l'une au sujet dont elle est une modalité, l'autre à l'objet qu'elle représente. A ce double point de vue, toutes nos connaissances sont essentiellement *relatives*. Cela paraît incontestable.

Mais aussitôt se présente une autre question. Que dirons-nous au sujet des choses qui sont représentées par nos connaissances ? Sont-elles réelles ou ne le sont sont-elles pas ? Ont-elles une existence indépendante de nos connaissances ou n'ont-elles pas d'autre objectivité que d'être connues ? Tel tableau représente un homme ; l'homme existe indépendamment du tableau. Tel autre tableau représente un centaure ; le centaure n'existe pas, n'a jamais existé ; c'est une représentation sans réalité.

Une réflexion attentive permet de distinguer en nous deux genres de connaissances, les unes simples représentations de quelque chose, d'autres plus complexes : *énonciations* ou *jugements*, soit affirmatifs soit négatifs.

Parmi les premières, les unes représentent des objets concrets : perceptions proprement dites ou *percepts* ; les autres représentent des objets abstraits ; on leur donne souvent le nom *d'idées* ou de *concepts*. Les simples représentations ne contiennent en elles-mêmes *l'affirmation* d'aucune réalité. Quelques unes sont dénuées de toute réalité, par exemple, les rêves. Quant aux idées abstraites aucun philosophe moderne — à notre connaissance — ne leur attribue d'objectivité en dehors des choses concrètes auxquelles elles peuvent s'appliquer.

La question est donc d'abord de savoir, d'une façon générale, si nos perceptions concrètes ont quelque réalité, et dans quelle mesure.

Berkeley déniait toute valeur objective aux sensations. D'autres, parmi lesquels Spencer, admettent une réalité des choses perçues, mais nient que cette réalité soit telle que nous la percevons. De là cette thèse : nous connaissons les choses non point *telles qu'elles sont*, mais seulement *telles qu'elles nous apparaissent*. Et l'on sous-entend qu'elles sont ou du moins qu'elles pourraient être autrement qu'elles n'apparaissent.

Que nous connaissons les choses telles qu'elles nous apparaissent, cela est vrai par définition, puisque cette apparence est précisément la représentation que nous en avons et que cette représentation est la connaissance elle-même. Mais que cette apparence est différente de la réalité et n'est donc qu'une apparence sans réalité, voilà ce que l'on veut exprimer en disant que nos perceptions des choses *ne sont que relatives*. Tel est le problème de la *relativité* de nos perceptions sensibles.

Contrairement aux simples représentations, nos jugements affirment ou nient. Tandis qu'il n'y a dans celles-là ni vérité, ni erreur, le jugement, au contraire, est nécessairement vrai ou faux. « On peut très bien dire, ainsi s'exprime Kant, (1) que les sens ne se trompent point, non parce qu'ils jugent toujours juste, mais parce qu'ils ne jugent pas du tout. La vérité et l'erreur..... ne se trouvent que dans le jugement. »

Il y a des jugements affirmant ou niant des faits concrets. Quelques uns de ces faits sont subjectifs et connus par la conscience : je pense, je veux.

Descartes dans son doute méthodique universel s'est arrêté devant l'évidence irrésistible de ces jugements et a prétendu en faire la base de sa philosophie.

---

(1) *Critique de la raison pure. Dialectique transcendantale.* Introduction. Traduction Tissot. Paris 1864 vol II p. 2.

Van Weddingen (1) a adopté une position analogue. Elle nous paraît entachée d'inconséquence : dès qu'on révoque en doute ou qu'on laisse indécise l'objectivité des jugements évidents, — sous prétexte que leur négation pourrait être également évidente à une intelligence autrement conformée ou que nous sommes peut-être les jouets d'un être supérieur qui prend plaisir à nous tromper, — il n'y a aucune raison de ne pas y comprendre l'affirmation des faits de conscience ou de l'existence du sujet.

Nos jugements peuvent également avoir pour objet des faits manifestés par la sensibilité et extérieurs à la conscience. Ainsi j'affirme ou je nie l'existence des corps que je perçois.

Il y a enfin des jugements abstraits tels que ceux-ci : Les êtres intelligents sont doués de liberté ; Tout ce qui change a eu un commencement.

La question de l'objectivité de nos connaissances peut être posée au sujet de nos jugements. On peut se demander si nos jugements abstraits ont une valeur objective et dans quelle mesure ; si nos affirmations au sujet des objets extérieurs à la conscience ou même au sujet des faits de conscience ont quelque réalité. Que ces jugements soient des apparences par là même qu'ils sont des connaissances, cela, encore une fois, ne fait pas de doute ; la question est de savoir *s'ils ne sont que des apparences*. C'est ce que l'on entend quand on dit que nos connaissances (prises objectivement) ne sont que relatives, c'est-à-dire que leur objet n'existe *que* dans la connaissance.

On n'attend pas de nous que nous exposions, même en résumé, ce que les différentes écoles de philosophie ont enseigné sur ces questions. Nous n'examinerons même pas jusqu'à quel point il est possible de les résoudre lorsqu'on les a posées, ni s'il y a une utilité quelconque ou une possibilité de les résoudre dans la

---

(1) *Les bases de l'objectivité de la connaissance.* Bruxelles, 1889.

— 75 —

forme générale où nous venons de les énoncer. Il est évident que nier ou mettre en doute la réalité de toutes nos connaissances en bloc ou même simplement en faire abstraction, c'est s'enlever pour toujours la possibilité de démontrer la valeur objective d'une connaissance quelconque ; c'est, par conséquent, le scepticisme.

Nous n'avons, pour ce qui nous concerne, rencontré jamais aucune raison sérieuse de limiter *a priori* l'objectivité de nos *jugements*. Il nous a toujours paru aussi qu'il n'y a pas lieu de distinguer entre l'évidence d'un jugement et l'évidence que ce jugement est objectif, conforme à la réalité, c'est-à-dire, vrai. S'il est évident qu'un être changeant a eu un commencement, il est évident que cette affirmation est conforme à la réalité, puisque cette conformité est précisément ce que le jugement affirme. Tout jugement évident, qui s'impose à l'esprit soit directement, soit par une déduction rigoureuse, doit donc être tenu pour conforme à la réalité. L'édifice de notre certitude repose ainsi sur la réalité indéniable des faits concrets et sur la nécessité des jugements abstraits obtenus par l'analyse des idées générales.

S'il n'en est point ainsi, notre impuissance à connaître la réalité est complète et sans remède et, quoiqu'on dise, la connaissance de la réalité est la seule qui importe. Quant à nos perceptions sensibles, nous pouvons par le raisonnement déterminer le degré d'objectivité qu'il faut leur attribuer, et distinguer les *pures apparences* des sensations réelles.

* *

Autrefois le Scepticisme, l'Averroïsme et le Nominalisme ont plus ou moins nié l'objectivité des connaissances humaines. Mais c'est à proprement parler Kant qui a été l'initiateur des spéculations modernes à ce sujet. (1)

---

(1) Les relations entre l'idéalisme moderne dont Kant est le chef et la philosophie de Descartes sont bien mises en lumière par A. FOUILLÉE (*Revue des Deux Mondes* 15 Juin 1892). Descartes a ouvert la voie à Kant plutôt par les problèmes qu'il soulève que par les réponses qu'il y donne.

La plupart des philosophes qui sont venus après Kant ont dans une certaine mesure subi son influence, même ceux qui repoussent presque toutes ses doctrines.

Kant se flattait d'avoir trouvé la méthode véritable de de la métaphysique et prédit les conquêtes définitives que cette science va dès lors réaliser. «Si le lecteur — telle est la conclusion de la *Critique de la Raison pure* — a eu la complaisance et la patience de la (la méthode critique) suivre avec moi, il peut voir maintenant si dans le cas où il voudrait bien contribuer à convertir ce sentier en route royale, ce qu'un grand nombre de siècles n'ont pu mener à bonne fin jusqu'ici ne pourrait pas être accompli avant même que celui où nous vivons soit écoulé, à savoir, *de satisfaire complètement la raison humaine en une matière dont elle s'est constamment occupée avec ardeur jusqu'ici, mais toujours inutilement*» (1). La même confiance dans les résultats merveilleux de la nouvelle méthode est exprimée dans la préface de l'ouvrage. Or ces prévisions ne sont pas réalisées malgré l'influence considérable que Kant a exercée, et cela seul suffirait pour démontrer qu'il a manqué son but.

« Quant à ce qui regarde l'accord de ses partisans dans leurs assertions, dit-il, (2) la méthaphysique en est d'autant plus éloignée qu'elle semble n'être pour eux qu'une arène exclusivement destinée à des jeux établis pour développer les forces et dans laquelle aucun des champions n'a pu ou se rendre maître du plus petit poste, ou affermir la possession qu'il s'était acquise par la victoire. Nul doute donc que la méthode suivie jusqu'ici par la métaphysique n'ait été qu'un pur tâtonnement de simples concepts. » Le jugement sévère que Kant porte sur les métaphysiciens qui l'ont précédé s'applique avec plus de vérité à ceux qui l'ont suivi et qui presque tous sont plus ou moins ses disciples ; de sorte que la condamnation prononcée par le philosophe de

---

(1) *Op. cit.* vol II p. 434.
(2) *Ibid* vol. I p. 1.

Koenigsberg sur la méthode suivie avant lui retombe de tout son poids sur la sienne propre. La distinction du *noumène* et du *phénomène* a engendré les théories les plus variées et les plus contradictoires depuis le *solipsisme* de Fichte jusqu'à l'idéalisme radical de Hegel. Mais on cherche en vain quelle conquête définitive elle a fait réaliser par la métaphysique.

Il est vrai que sous l'influence de Kant beaucoup de philosophes ont abandonné les conceptions métaphysiques qui étaient universellement admises autrefois ; mais on ne voit pas ce qu'ils ont mis à la place et la nouvelle méthode semble avoir servi plutôt à détruire qu'à édifier.

Le Kantisme devait logiquement aboutir à l'idéalisme transcendental. « Kant, dit Ch. Renouvier, ne peut renverser la métaphysique qu'en lui opposant la possibilité d'un idéalisme absolu et malgré son faible pour l'école sensualiste, il ne peut la préserver de la chute des autres philosophies. » (1)

Or, l'idéalisme transcendental a comme point de départ le scepticisme. « De même, dit F. Schelling, que la philosophie de la nature, attentive seulement à ce qui est objectif, n'a pas de plus grand souci que d'écarter de sa science tout mélange de subjectif ; ainsi au contraire la philosophie transcendentale évite tout mélange d'objectif dans le principe subjectif du savoir. Le moyen de s'en débarrasser (*das Ausscheidungsmittel*) est le scepticisme absolu, non le demi-scepticisme qui ne s'attaque qu'aux préjugés communs de l'humanité, mais le scepticisme radical qui se dresse non contre des préjugés particuliers, mais contre le préjugé fondamental dont la ruine entraîne celle des autres. Car outre les préjugés artificiels et adventices, il y en a de beaucoup plus profonds qui dérivent, non pas de l'éducation ou de l'art, mais de la nature elle-même, qui pour tous, à l'exception des philosophes, tiennent lieu de principes de tout savoir, et qui,

---

(1) *Manuel de Philosophie moderne*. Paris 1842 p. 361.

pour le penseur original lui-même, servent de pierre de touche pour toute vérité. » (1)

Notre conviction est que si l'on prend le scepticisme absolu comme point de départ, il est impossible d'en sortir et de faire logiquement un seul pas dans la spéculation philosophique.

Dût-on admettre que jusqu'à présent on n'a pas formulé un système satisfaisant de métaphysique, ce ne serait pas une raison d'abandonner l'étude de cette science, ni de déclarer l'esprit de l'homme incapable d'une « connaissance absolue », c'est-à-dire d'une conception des choses conforme à la réalité.

*
* *

Opinion des philosophes. Il est absolument faux que les plus grands philosophes aient été de tous temps d'accord pour proclamer l'incapacité de notre esprit à saisir la réalité, comme Spencer le dit ici après W. Hamilton. Les exemples mêmes que cite ce dernier suffisent pour nous édifier : Protagoras (le sceptique) Aristote (qui a réfuté Protagoras), Saint Augustin, Boèce, Albert le Grand etc.

Ces philosophes n'ont admis pour la plupart la relativité de la connaissance que dans le sens établi plus haut : toute connaissance comme telle est relative à l'objet connu et cette relation est réelle dans notre esprit. Par là-même, l'objet connu a une relation à notre connaissance, relation qui consiste précisément à *être connu*, et en ce sens, tout ce qui est connu est relatif. Cette dernière relation n'est point une relation réelle dans l'objet de la connaissance, car être connu ou ne pas être connu n'apporte à l'objet aucune modification.

En ce sens donc, encore une fois, toutes nos connaissances sont relatives et nous ne connaissons que le relatif. Une connaissance absolue (non relative) est une contradiction et c'en est une autre que la connaissance

(1) *System des transcendentalen Idealismus*. Tubingen, 1800 p. 8.

de l'absolu, (du non relatif). Si l'on ne voulait dire que cela, il serait oiseux d'insister sur des choses aussi élémentaires.

Mais il en va tout autrement. Ce que l'on entend, c'est, comme Spencer l'écrit ici, « que *la réalité* cachée derrière toutes les apparences *est et doit toujours demeurer inconnue.* » Ce qui veut dire que les objets de nos connaissances *n'ont aucune réalité*, sont de *pures* apparences et ne sont donc *rien que relativement* à notre esprit. On admet une réalité (illégitimement, comme nous le démontrerons), non pas celle qui est représentée par nos connaissances, mais une réalité « cachée » que nos connaissances n'atteignent point. Voilà la doctrine que nous combattons ici et à laquelle ni Aristote, ni S. Augustin, ni Albert le Grand n'ont jamais songé.

* *

Brunetière et la relativité connaissances.

Tout le monde connait l'une des dernières œuvres de Brunetière (1) dans laquelle, comme dans plusieurs de ses précédentes publications, il se montre partisan de la théorie de la relativité de nos connaissances. Comme Spencer, il l'emploie à édifier la conception de l'Inconnaissable, objet de la Religion. Si nous ne devions y voir qu'une « utilisation du Positivisme » nous pourrions passer outre. Mais l'éminent écrivain affirme trop ouvertement ses préférences, et l'autorité qui s'attache à son nom est trop considérable pour qu'on ne soit point ému de l'appui qu'il fournit à cette doctrine. A lire les pages qu'il y consacre, on a l'impression d'une lutte continuelle entre le robuste bon sens de l'auteur et cette mauvaise métaphysique.

« Je voudrais bien savoir, écrit-il, (2) quel est le malade ou le mauvais plaisant, et je devrais dire le fou,

---

(1) *Sur les chemins de la Croyance. Utilisation du Positivisme.* Paris, 1905.
(2) *Op. cit* p. 25.

qui s'est avisé le premier de mettre en doute la réalité du monde extérieur et d'en faire une question pour les philosophes. » Fort bien. La question est en effet résolue par le sens commun et, croyons-nous, par la philosophie. Mais il est également clair que qui soulève la question de la *relativité* de nos connaissances, soulève par la même la question de l'existence réelle des choses que nous connaissons. Et lorsque M. Brunetière ajoute : « Nous ne pouvons nous demander si quelque chose existe qu'à la condition d'être deux : nous, qui nous le demandons, et, hors de nous, quelque chose dont nous le demandons », il n'est pas moins manifeste que cette réflexion n'est qu'un paralogisme.

Brunetière dit encore : « Tout se passe..... comme si le monde extérieur était ce que nous croyons qu'il est. » (1) Nous comprendrions qu'après cela il conclue : il est donc vraiment ce que nous croyons qu'il est. Au lieu de cela l'auteur, après avoir indiqué les solutions possibles de la question, ajoute : « Mais de ces trois solutions, *quelle que soit celle que l'on adopte*, et pour quelques raisons que ce soit, le monde extérieur *n'en continue pas moins à être tout ce qu'il est pour nous.* » Et ici nous ne comprenons plus. Logiquement il eût fallu dire : n'en continue pas moins à être *pour nous* tout ce qu'il est pour nous. Mais une telle affirmation paraîtrait à bon droit inutile.

Voici d'ailleurs les trois solutions dont il s'agit : « Ou bien le monde extérieur n'existe pas, n'est qu'une illusion de nos sens, un rêve qu'on ferait les yeux ouverts, une projection des lois de notre intelligence à travers l'espace ou le temps, — et c'est la première solution. Ou bien le monde extérieur existe et les impressions que nous en recevons sont conformes à leur objet, les phénomènes sont en soi ce qu'ils nous semblent être, ils seraient encore tout ce qu'ils sont si nous n'existions pas nous-mêmes ; — et c'est une seconde solution. Ou bien enfin,

---
(1) *Op. cit* p. 161.

le monde extérieur existe, mais entre l'idée que la constitution de notre esprit nous permet d'en prendre et la réalité de ce qu'il est en son fond, *il n'y a pas de rapport à nous connu, de communication certaine, de ressemblance ou d'analogie, — et c'est la troisième solution.* » (1)

Cette troisième solution est celle de Brunetière et aussi nous le verrons, celle de Spencer. Nous croyons qu'elle ne diffère de la première que par une inconséquence, et nous essayerons bientôt d'établir ce jugement.

En attendant, voici où, de nouveau, le bon sens de Brunetière n'est plus d'accord avec sa métaphysique : « Quand d'un gland, écrit-il, il sort un chêne, ou d'un œuf un poulet, il est possible que ni le poulet, ni l'œuf, ni le chêne, ni le gland ne soient *en soi* substantiellement ce qu'ils nous semblent être ; mais ce qui est certain c'est que le poulet n'est pas un chêne et que *la diversité de nos perceptions a sa cause en dehors de nous* — je veux dire sa raison d'être — *et elle l'a dans la diversité du poulet et du chêne.* » Il semble bien que voilà affirmés « un rapport entre l'idée et la réalité » et une « communication » entre l'une et l'autre, et même « une ressemblance ou analogie » puisque la différence des perceptions correspond à la différence des réalités. La thèse de la pure *relativité* de notre connaissance paraît compromise. On doit approuver Brunetière lorsqu'il écrit : « Toute science, quand on l'approfondit n'est en somme qu'un système de « rapports » et ces « rapports », en un certain sens, ne sont eux-mêmes que des signes ». (2) Et plus loin : « La science n'est qu'un système de rapports ou de signes. » (3) En effet, les connaissances qui constituent la science sont, prises subjectivement, les signes formels des réalités qu'elles représentent, et les rapports ou relations ne peuvent exister que s'ils sont fondés dans la réalité.

Mais lorsque l'auteur, fidèle au *relativisme*, ajoute : « *ce qu'expriment ces signes nous ne le savons pas* plus

---

(1) *Ibid* p. 150 c'est nous qui soulignons.
(2) *Ibid* p. 142.
(3) *Ibid* p. 134.

que nous ne savons ce qu'expriment les caractères d'une langue inconnue », nous faisons observer que les caractères d'une langue ne sont des signes que pour ceux qui les comprennent, et que si personne ne les comprend ou ne les a jamais compris *ce ne sont plus des signes.*

Que nos connaissances sont relatives cela signifie, nous dit Brunetière, (1) « en premier lieu que nos connaissances dépendent de la nature de nos moyens de connaître, et, par exemple, que si nous avions, tant que nous sommes, d'autres sens, ou six sens au lieu de cinq, ou le crâne fait d'une autre sorte, le monde extérieur nous apparaîtrait peut-être sous un aspect assez différent de celui que nous lui prêtons ; et on peut bien le dire, mais ils (?) n'en savent rien. »

Sans doute, ils n'en savent rien, mais enfin, on peut le dire, et Brunetière lui-même ne dit pas autre chose lorsqu'il affirme que « quelques vérités très générales demeureront éternellement les mêmes ; ce sont celles qui n'expriment *pas tant les lois de la nature des choses que la constitution de l'esprit humain.* » (2)

De sorte que si nous affirmons que deux et deux font quatre, c'est que nous avons le crâne conforme d'une certaine façon ; « s'il était fait d'autre sorte », nous affirmerions peut-être avec la même conviction que deux et deux font cinq. Et comme d'ailleurs ce jugement ne serait « qu'une pure représentation, n'atteignant aucunement la chose en soi », il n'y aurait pas lieu de s'en émouvoir beaucoup. Evidemment le bon sens de Brunetière n'admet pas ces conclusions, mais nous ne voyons pas comment il y échappe.

⁎ ⁎ ⁎

e relativisme
les théories
physiques.
 Il serait injuste de confondre avec la thèse radicale que nous venons d'examiner, certaines doctrines qui ne

---

(1) *Ibid* p. 15.
(2) *Ibid* p. 148.

nient pas d'une façon générale l'objectivité de nos connaissances, mais qui la contestent pour un groupe particulier : les théories physiques. On désigne par ce mot non pas précisément les faits tels que l'expérience les découvre, mais plutôt des ensembles de lois et d'hypothèses qui ne sont pas l'objet direct de l'expérience et qui ne peuvent pas non plus se déduire des faits par un raisonnement rigoureux.

Ce n'est pas à dire que nous soyons disposés à admettre la relativité ou le caractère purement symbolique des connaissances de cette sorte. Autre chose est, par exemple, que la notion physique de la température soit fort complexe et que pour la mesurer au moyen du thermomètre il faille s'appuyer implicitement sur un grand nombre de théories plus ou moins certaines et de faits plus ou moins exactement réalisés ; — autre chose est que cette notion et cette mesure soient de *purs* symboles, de simples signes de la réalité. Sans doute les degrés du thermomètre sont des nombre conventionnels, mais la dilatation du mercure qui, en somme, sert de mesure à la température, n'est pas un pur symbole de celle-ci, mais bien un phénomène connexe. Donc la notion de température dont on se sert en physique n'est pas une notion purement symbolique.

Il en est de même des lois physiques. Que nos méthodes d'observation ne soient pas susceptibles d'une exactitude absolue, cela prouve à la vérité qu'une loi mathématiquement précise ne peut pas être le résultat des observations seules, mais cela ne prouve aucunement que nous n'avons pas le droit d'énoncer une telle loi. Ce n'est d'ailleurs pas seulement par la précision de son énoncé, mais encore par son caractère général, que la loi physique dépasse l'expérience, celle-ci étant nécessairement restreinte à des cas particuliers. Et nous ne dirons pas pour cela que la loi physique est approchée et particulière, mais bien que nous n'avons pas le moyen d'en vérifier directement la rigoureuse exactitude et l'absolue généralité. Ainsi nous n'avons aucun moyen de contrôler l'exactitude *mathématique* de la loi d'attraction. S'ensuit-il que cette loi n'est qu'une loi approchée et qu'il faille dire que les corps s'attirent à peu près en raison inverse du carré des distances mais non point exactement ? On nous dit qu'une infinité d'autres lois s'accorderaient avec les faits aussi bien que la loi Newton. Soit. Mais ces lois différentes qui les a énoncées ? Et à supposer qu'on en énonce l'une ou l'autre, tout ce que l'on pourrait prétendre, c'est que l'expérience seule ne permet pas de choisir entre elles, mais non pas que l'une d'elles — la loi de Newton — n'est qu'approchée.

Même si l'on accorde qu'une loi n'est qu'approchée, il ne s'ensuit pas qu'elle est symbolique et qu'elle n'a avec la réalité d'autre relation que celle, par exemple, d'un drapeau avec une nation.

Il y a des lois approchées, par exemple la loi de Mariotte. Afin de lui laisser sa forme précise sans contredire les faits, on dit qu'elle ne se vérifie rigoureusement que pour les gaz parfaits, et l'on veut dire par là qu'à mesure qu'un gaz s'éloigne — par l'augmentation de la température et la diminution de la pression — de son point de liquéfaction, il vérifie toujours plus exactement la loi de Mariotte, sans cependant qu'on puisse affirmer qu'il la vérifie jamais avec une exactitude absolue. Dans ce cas on pourrait dire avec quelque vérité que l'énoncé de la loi est une formule symbolique, parce que conventionnellement on l'a adoptée pour remplacer un énoncé différent, plus exact mais plus long. Cependant, même dans ce cas, le mot *symbolique* ne serait pas fort heureusement choisi, car les faits réels signifiés par le symbole peuvent faire croire qu'il existe des gaz pour lesquels la loi de Mariotte se vérifie à la lettre. Quoiqu'il en soit, ce n'est que par un abus de langage que l'on peut appeler symbolique une représentation vraie de la réalité sous prétexte qu'elle est incomplète. D'après Duhem, les lois de la physique sont provisoires parce que symboliques et il ajoute qu'elles sont provisoires

« en ce que les symboles sur lesquels elles portent sont trop simples pour représenter complètement la réalité. » (1) A ce compte toutes nos connaissances sont symboliques et il n'y a pas lieu de faire une distinction comme le voudrait l'auteur que nous citons entre les lois physiques et les lois de sens commun. Avant la découverte des rayons X, c'était une loi de sens commun qu'il est impossible de voir à travers une planche. Depuis lors il a bien fallu reconnaitre que cette lois « ne représente pas complètement la réalité. » Mais personne n'en conclura qu'elle est symbolique.

Quant aux hypothèses scientifiques, il est la plupart du temps facile de démontrer qu'elles ne fournissent pas une explication complète ni définitive des phénomènes. Mais faut-il affirmer pour cela qu'elles sont des constructions symboliques, uniquement destinées à nous faciliter la classification des phénomènes et sans aucun lien de ressemblance avec la réalité ? N'est-il pas plus conforme à l'intention de leurs auteurs et plus raisonnable de les considérer comme des essais d'explication dont la conformité avec les objets devient plus probable à mesure qu'augmente le nombre des faits qui les confirment ? Même les partisans du symbolisme reculent devant l'affirmation absolue de leur thèse. La théorie physique, nous dit-on, tend à se transformer en une classification *naturelle* et on entend par là que « les liens idéaux établis par la raison entre des conceptions abstraites correspondent à des rapports réels entre les êtres concrets où ces abstractions prennent corps. » (2)

« Plus la théorie physique se perfectionne, dit Duhem, plus nous pressentons que l'ordre logique dans lequel elle range les lois expérimentales est le reflet d'un ordre ontologique, plus nous supçonnons que les rapports qu'elle établit entre les données de l'observation correspondent à des données entre les choses. » (3) Il ajoute : « mais

---

(1) *La Théorie physique.* Paris 1906 p. 288.
(2) DUHEM. *op. cit.* p. 35.
(3) *Ibid.* p. 38.

cette conviction que le physicien est impuissant à justifier, il est non moins impuissant à y soustraire sa raison. » (1)

Nous ferons remarquer que si le physicien est impuissant à justifier cette conviction parce que « la méthode dont il dispose est bornée aux données de l'observation », il n'a pas non plus, et pour le même motif, le droit de la contredire. Or, c'est la contredire que de dénier aux théories physiques le caractère d'explications des phénomènes et de représentations de la réalité. Au lieu d'imaginer dans l'esprit des actes de foi qui coexistent avec des évidences contraires, il est bien plus rationnel de considérer les théories physiques comme étant, dans une mesure variable, des expressions des choses. *C'est grâce à leur conformité partielle avec la réalité qu'est due en général la coïncidence entre les conclusions qu'on en déduit et les faits que l'on observe.*

Nous reconnaissons volontiers d'autre part, qu'il serait téméraire d'affirmer la ressemblance parfaite entre une théorie quelconque et la réalité. D'abord *une théorie est toujours plus ou moins abstraite et ne représente qu'une partie de la réalité ;* ensuite, tout en contenant une part de vérité, elle renferme aussi en général une part d'erreur que l'état actuel de nos connaissances ne nous permet pas de déterminer. Celui qui ne croit pas que la lumière est un mouvement de va-et-vient des atomes d'éther perpendiculaire au rayon lumineux, peut être néanmoins convaincu qu'elle consiste dans des mouvements qui s'exécutent très rapidement autour d'une position d'équilibre, et qu'ainsi la théorie généralement adoptée par les physiciens est en partie conforme à la réalité quoiqu'elle ne la représente pas exactement.

* *

L'inexplicable terme de toute explication.

Revenons à Spencer et voyons comment il prétend établir l'impuissance de notre esprit à connaître la réalité. « On peut s'assurer, dit-il, que nos notions ne sont pas

(1) *ibid.*

et ne peuvent pas être absolues, soit par l'analyse des produits de la pensée, soit par celle de l'opération de la pensée. » (1) Nous allons suivre notre philosophe dans cette double analyse.

Deux ou trois exemples sont longuement développés pour nous faire comprendre ceci : Le travail de l'esprit qui cherche des explications de plus en plus approfondies de ce qu'il perçoit, consiste à concevoir un phénomène comme un cas particulier d'un fait général et celui-ci comme faisant partie d'un fait plus général encore et ainsi de suite. « Nous avons pris pour point de départ les phénomènes particuliers, nous les avons rapportés à des groupes de phénomènes de plus en plus larges, et en les y rapportant, nous sommes arrivés à des solutions qui nous semblent d'autant plus profondes que l'opération a été poussée plus avant. Donner des explications encore plus profondes, ce serait seulement faire de nouveaux pas dans la même direction. » (2)

Comme il est impossible que d'explication en explication on aille à l'infini, il faudra bien s'arrêter à une proposition qu'on n'explique plus et qui, par conséquent, « ne peut-être comprise. Donc de toute nécessité, l'explication doit nous mettre en face de l'inexplicable. Le mot « comprendre » doit changer de sens avant que le fait ultime puisse être compris. » (3)

Supposons un instant que tout le raisonnement de Spencer soit irréprochable, pouvons-nous en conclure que nous ne connaissons *aucune* réalité en elle-même et que nos connaissances sont purement relatives ? Il y a longtemps qu'on a dit que nous ne connaissons le tout de rien ; et c'est à proprement parler la conclusion à laquelle mènent les considérations que nous avons résumées. Mais de là à la thèse que Spencer s'est chargé de démontrer, il y a très loin et nous ne voyons pas même très clai-

---

(1) P. P. p. 73 § 22 — F. P. p. 51.
(2) P. P. p. 77 § 23 — F. P. p. 53.
(3) P. P. p. 78 § 23 — F. P. p. 54.

rement le lien qui rattache l'une à l'autre cette proposition : Nos connaissances ne représent aucune réalité — et cette autre : Toute explication nous met en face d'une dernière raison que nous ne pouvons plus expliquer.

On ne peut s'empêcher de trouver étrange qu'après avoir consacré quatre pages à exposer une chose parfaitement claire (quoique peut-être pas rigoureusement exacte) à savoir qu'une explication consiste à ramener un fait particulier à une loi générale, Spencer ne consacre pas même une ligne à déduire le *quod erat demonstrandum*.

Il eut été également opportun de distinger deux cas qui se présentent lorsqu'on pousse les explications.

Dans le premier on se trouve en dernière analyse devant un fait particulier ou général qui demanderait une explication qu'on ne sait pas donner parce qu'on l'ignore.

Dans le second on arrive en fin de compte à une proposition dont la nécessité se manifeste à l'esprit de telle sorte qu'il n'y a plus rien à expliquer. Choisissons des exemples parmi ceux que Spencer lui-même développe.

Qu'un muscle se contracte sous l'influence des nerfs c'est un fait dont personne jusqu'ici n'a donné d'explication. Spencer le rapproche du raccourcissement d'une pile d'électro-aimants sous l'action du courant. Mais cette explication n'en est pas une et nous n'avons ici qu'à confesser notre ignorance. (1) La connaissance que nous avons d'un muscle ne nous permet pas de comprendre qu'il peut ou qu'il doit se contracter.

Il en va tout autrement lorsqu'il s'agit d'expliquer que le jeu des côtes augmente le volume de la cage thoracique. Les côtes forment des angles aigus avec l'épine dorsale ; lorsqu'elles se relèvent elles sont portées en avant de sorte que le diamètre antero-postérieur de la poitrine augmente, les autres restant sensiblement constants. Le phénomène étant ainsi rataché à une loi géométrique dont la nécessité est évidente à l'esprit, l'explication est

---

(1) Spencer le reconnait lui-même. cf. *Principes de Biologie*. Trad. CAZELLES. Paris 1880, vol I, p. 66 § 24.

terminée et il n'y a plus rien à expliquer. Il en est de même chaque fois qu'un principe mathématique, ou plus généralement, un principe analytique quelconque donne l'explication cherchée. Je m'étonne peut-être de ce que je puis diviser exactement par trois un nombre chaque fois que la somme de ses chiffres permet cette division. Mais dès qu'on m'a montré que ce fait est la conséquence nécessaire des vérités mathématiques les plus élémentaires et les plus évidentes mon esprit est satisfait. Il est faux de dire qu'au bout de cette explication je me trouve devant l'inexplicable.

Il n'est pas inexplicable que deux et trois font cinq. Je vois au contraire que cela est absolument nécessaire et que toute explication pour me le faire comprendre serait superflue. Si je fais voir qu'une proposition peut être ramenée à cette vérité générale : deux quantités égales à une troisième sont égales entre elles, prétendra-t-on que si ce principe n'est pas lui-même ramené à un principe plus général encore, on se trouve devant l'inexplicable ? Et si l'on ne peut pas dire cela sérieusement, que reste-t-il de l'argument de Spencer ?

Il y a encore une autre distinction à faire si l'on admet l'existence des causes libres. Une série de causes subordonnées qui s'expliquent l'une par l'autre peut avoir son point de départ dans un acte librement posé. Or, un acte de cette sorte a une raison suffisante, mais n'a point de raison nécessaire. On a donc, dans ce cas, à expliquer comment l'effet a *pu* être produit, c'est-à-dire, pourquoi l'acte a *pu* être posé, mais non pas qu'il a *dû* être posée nécessairement.

Une série d'évènements peut avoir son point de départ dans le fait que j'ai fait l'aumône à un pauvre. L'explication de cet acte est satisfaisante dès que j'indique les raisons qui ont pu m'émouvoir à céder à la prière de ce malheureux, et on ne doit pas attendre que je rattache ma conduite à une loi dont elle serait la conséquence nécessaire. Nous pouvons conclure encore une fois, après ces remarques, que l'analyse de Spencer est en défaut.

**L'inconceva-
bilité
de l'Absolu.**

Passons à la seconde partie de la démonstration.

« Sir W. Hamilton, dit Spencer, a donné à la démonstration du caractère nécessairement relatif de notre connaissance comme conséquence de la nature de notre intelligence, la forme la plus rigoureuse qu'elle ait jamais reçue. » (1) Et après l'avoir rapportée Spencer ajoute : « Bien que cette démonstration paraisse claire et décisive quand on l'étudie avec soin, elle est exprimée en termes si abstraits que la plupart des lecteurs auront peine à la comprendre. M. Mansel en a donné, dans son livre intitulé *Limits of Religious Thought* une démonstration plus familière..... » (2) Suit la démonstration de M. Mansel.

Nous n'avons pas besoin de nous y arrêter longtemps pas plus qu'à celle de W. Hamilton. Ces deux auteurs cherchent à prouver d'abord que nous ne pouvons pas connaître l'*Infini*. Or cela n'est pas en question ici. Ensuite ils démontrent notre impuissance à connaître l'*Absolu* parce que toute connaissance consiste dans une relation entre le sujet et l'objet de la connaissance. « Un second caractère de la conscience, dit Mansel, c'est qu'elle n'est possible que sous forme de relation. Il faut un sujet ou une personne consciente et un objet ou une chose dont le sujet soit conscient. Il ne peut y avoir de connaissance sans l'union de ces deux facteurs..... De même il est évident que la perception de l'absolu implique contradiction. Pour que nous ayons conscience de l'absolu en tant qu'absolu, il faut que nous connaissions qu'un objet donné en relation dans notre conscience est identique avec un objet qui, dans sa propre nature, existe sans relation avec la conscience..... La conception de l'absolu implique dans le même temps la présence et l'absence de la relation qui constitue la pensée. » (3) Ce raisonnement suppose qu'on définit l'absolu : ce qui n'a aucune relation quelle qu'elle soit. Et cela posé, il est irréprochable.

(1) P. P. p. 78 § 24 — F. P. p. 54.
(2) P. P. p. 81 § 24 — F. P. p. 56.
(3) P. P. p. 82-83 § 24 — F. P. p p. 56-57

De même W. Hamilton écrit : « La conscience n'est possible que par l'antithèse du sujet et de l'objet de la pensée..... » (1)

Cela est, en effet, « clair et décisif » mais cela n'est point en question comme on s'en convaincra en relisant ce que nous avons écrit p. 78. La vraie question est tout autre et les arguments, tels que Spencer les présente, pèchent par ignorance de ce qui est en question : *ignoratio elenchi*.

Spencer continue le raisonnement d'Hamilton et de Mansel. Son premier argument sepose sur une théorie de la connaissance que nous n'examinerons pas pour le moment. Voici comment il l'applique à la question présente : « Une cognition du réel, en tant que distingué du phénoménal, doit, si elle existe, se conformer à la loi de la cognition en général. La cause première, l'infini, l'absolu, pour être connus, doivent être classés. Pour qu'ils soient pensés d'une manière positive, il faut qu'il soient pensés comme étant telle ou telle chose, comme appartenant à telle ou telle espèce. Peuvent-ils être semblables en espèce à quelque chose dont les sens nous ont donné l'expérience ? Évidemment non. Entre ce qui crée et ce qui est créé, il faut qu'il y ait une distinction qui s'élève au dessus des distinctions qui séparent les différentes divisions du créé. Ce qui est sans cause ne peut être assimilé à ce qui est causé : il y a entre les deux, dans les termes mêmes, une opposition radicale. L'infini ne peut être mis dans le même groupe avec quelque chose de fini, puisqu'alors il serait regardé comme non infini. Il est impossible de ranger l'absolu et quelque chose de relatif dans la même catégorie, tant qu'on définira l'absolu : ce qui n'a pas de relation nécessaire. » (2)

Si l'on définit ainsi l'Absolu, il se confond avec l'Infini, car tout être fini a une relation nécessaire avec l'Infini qui est sa cause. Seul l'Infini n'a aucune relation néces-

---
(1) P. P. p. 79 § 24 — F. P. p. 54
(2) P. P. 85 86 § 24 — F. P. p 58

saire avec quelque être distinct de lui. Mais l'Absolu ainsi defini n'est pas la même chose que le réel ; et si l'on définit le relatif par opposition à l'Absolu : ce qui a des relations nécessaires, il n'est pas la même chose que le phénoménal.

L'argumentation de Spencer repose tout entière sur la confusion entre le réel et l'Infini. Nulle part cependant il n'a essayé de démontrer que seul l'Infini est réel. Si même l'Infini ne pouvait pas être connu, il n'en suivrait pas qu'on ne peut connaître aucune réalité.

Il est faux d'ailleurs que nous ne pouvons avoir de l'Infini aucune connaissance. Quoiqu'il ne puisse, en effet, être rangé dans aucune espèce connue par l'expérience, nous pouvons le connaître par des notions analogiques et négatives. Nous pouvons savoir qu'il existe, qu'il est sans bornes, qu'il possède toute perfection, qu'il est la cause de tous les êtres ; qu'il est intelligent, libre, juste, quoique sans doute d'une manière infiniment supérieure à ce que nous voyons autour de nous.

Par cette connaissance que nous avons de lui, l'Être Infini à une relation à notre intelligence, relation de raison, relation *non nécessaire* et qui n'empêche donc pas qu'il ne soit l'Être Absolu, d'après la définition qu'en donne Spencer.

.•.

<small>La correspondance entre la conscience et la réalité.</small>

Le second argument est tiré de la nature de la vie. Nous ne ferons pas davantage ici la critique de la notion que Spencer développe à ce sujet afin de ne pas nous écarter de la question. Admettons cette notion provisoirement et voyons ce qu'on prétend en tirer. « Si donc la vie, dit l'auteur, dans toutes ses manifestations, y compris l'intelligence sous ses formes les plus élevées, consiste en des adaptations continuelles des relations internes aux relations externes, le caractère nécessairement relatif de notre connaissance devient évident..... Si tout acte de connaissance est la formation dans la conscience d'une relation parallèle à une relation dans le milieu, la relativité de la connaissance est évidente et devient une banalité. Si penser c'est établir des relations, nulle pensée ne peut exprimer plus que des relations. » (1)

En admettant que tout acte de connaissance consiste dans une relation parallèle à une relation dans le milieu, pourvu qu'on admette aussi que la relation dans la conscience est l'image psychique de la relation dans le milieu, on pourra appeler nos connaissances relatives parce que nous connaissons des relations, mais non pas dans le sens que nous ne connaissons aucune réalité ; d'autant plus qu'on ne peut connaître des relations existant dans le milieu, qu'à la condition de connaître en même temps les choses réelles entre lesquelles ces relations existent.

Mais, dit Spencer, la connaissance des réalités nous serait, en tous cas, inutile : « Soient x et y des propriétés uniformément unies dans un objet extérieur, et a et b les effets qu'elles produisent sur notre conscience ; supposons que tandis que la propriété x produit en nous l'état mental indifférent a, la propriété y produise l'état mental pénible b (correspondant à une lésion physique), tout ce qu'il nous faut pour nos besoins, c'est de savoir que x étant uniformément accompagné de y au dehors, a accompagnera uniformément b au dedans ; en sorte que lorsque, par la présence de x, a sera produit dans la conscience, b ou plutôt l'idée de b le suivra et excitera les mouvements par lesquels l'effet de y peut être évité. La seule chose que nous ayons besoin de savoir, c'est que a et b et la relation qui les unit correspondent toujours à x et à y et à la relation qui les unit. Il ne nous importe nullement de savoir si a et b sont semblables à x et à y, ou s'ils ne le sont pas. Leur parfaite identité ne nous fait pas gagner un iota, et leur dissemblance totale ne nous cause aucun dommage. » (2)

Il faut donc que je sache : 1° qu'à chaque apparition

---

(1) P. P. p. 91 § 25 — F. P. p. 62
(2) P. P. p. 91-92 § 25 — F. P. p. 63

des états de conscience a et b correspondent deux réalités x et y ; 2° que y accompagne toujours x ; 3° que y donne lieu à certains effets qui sont évités par des mouvements déterminés par b. Voilà qui est accordé et il n'est donc pas vrai de dire que nos connaissances sensibles ne nous apprennent rien au sujet de la réalité. J'ajoute que lorsqu'il s'agit de déterminer des mouvements correspondant à la situation x, y, on suppose d'une façon générale que a et b en fournissent une image fidèle. C'est ce que Brunetière exprime en disant : « Tout se passe ..... comme si le monde extérieur était ce que nous croyons qu'il est. »

Spencer développe plus longuement l'idée qu'il se fait de la correspondance qui existe entre le phénomène et le noumène dans un passage des *Principes de Psychologie*. L'intérêt qu'il présente nous excusera de le citer en entier malgré sa longueur.

« Soit .... la surface d'un cylindre ; soit un cube situé en face de lui, et supposons que d'un point quelconque au delà du cube rayonnent des lignes comme celles dont chacune passe par les angles du cube, et aussi d'autres par tous les points qui forment les bords du cube. Ces lignes interceptées par la surface courbe, formeront du cube une image par projection..... (1) On peut observer ici..... que les longueurs, les rapports, les directions, etc. des lignes de l'image projetée sont entièrement différents des lignes du solide ; que les angles aussi, pris absolument comme dans leurs relations respectives, sont différents ; et que les surfaces le sont aussi, dans leurs figures comme dans leurs directions relatives. Mais en outre on peut voir que les lignes qui sont droites dans le cube sont courbes dans l'image, et que les surfaces planes de l'un sont représentées par

---

(1) Spencer joint à son texte une figure que nous jugeons inutile de reproduire. On l'obtiendra exactement en projetant sur une face cylindrique l'ombre d'un cube réduit à ses seules arêtes. Cela n'est d'ailleurs nullement nécessaire pour l'intelligence du passage.

des surfaces courbes de l'autre. Bien plus c'est un fait à noter que les lois de variation des lignes de l'image sont devenues extrêmement compliquées : si le cube est mû latéralement de façon que l'image projetée tombe bien plus avant sur la surface en retrait du cylindre, quelques-unes d'entre les lignes représentatives commenceront à s'allonger bien plus que les autres ; et même les parties les plus éloignées de chaque ligne s'allongeront en des proportions beaucoup plus grandes que les parties les plus proches. Néanmoins..... il y a un système de correspondances absolument défini entre les deux objets. Si l'on pose comme fixes le cylindre, les dimensions du cube et le point d'où les lignes rayonnent, il a une figure donnée correspondante sur le cylindre ; et nul changement dans la place du cube ou sa situation ne peut se produire sans qu'un changement exactement correspondant se produise dans la figure, — changement si exactement correspondant que, par la nouvelle figure, la nouvelle place ou la nouvelle situation du cube peut être déterminée.

Nous avons ainsi une symbolisation dans laquelle, ni les éléments du symbole, ni leurs relations, ni les lois suivant lesquelles ces relations varient, ne sont le moins du monde semblables aux éléments, aux relations de ces éléments, aux lois suivant lesquelles ces relations varient dans la chose symbolisée. Et cependant la réalité et le symbole sont liés de façon que pour tout réarrangement possible du *plexus* qui constitue l'un, il y a un réarrangement équivalent dans le *plexus* qui constitue l'autre.

L'analogie qu'on peut en tirer est si évidente qu'il est à peine besoin de la faire ressortir en détail. Le cube c'est l'objet de la perception, la surface du cylindre c'est le champ de réception de la conscience ; la figure projetée du cube c'est l'état de conscience que nous appelons perception de l'objet.....

Mais ce que nous avons un intérêt capital à remarquer, c'est que, en nous représentant ainsi la matière par un diagramme, nous obtenons une idée distincte des relations qui existent entre les différentes hypothèses qui ont été discutées. Le réalisme grossier admet que les lignes, les angles et les aires de la surface courbe sont réellement les mêmes que les lignes, les angles, les aires du cube. L'idéalisme observant combien tous ces divers éléments de la figure projetée changent en eux-mêmes et dans leurs relations réciproques, quand un simple changement de place ou de situation se présente dans le cube, conclut que, comme il n'y a rien dans la figure qui ressemble à quoi que ce soit dans le cube, rien de pareil à un cube ne doit être regardé comme la cause, et que les seules existences sont la figure et la surface qui la porte. Le réalisme hypothétique acceptant ces prémisses en tant qu'elles affirment le désaccord de la figure et du cube, prétend que néanmoins l'existence du cube doit être admise; qu'elle ne peut être affirmée comme un fait, mais doit être acceptée à titre d'hypothèse nécessaire. Le scepticisme, poussant plus loin encore le criticisme idéaliste, soutient que non seulement il n'y a rien dans la figure qui établisse l'existence de quelque chose produisant la figure, mais que de plus il n'y a rien qui établisse l'existence d'une surface contenant la figure ; et que, bien qu'il y ait une tendance naturelle à croire à l'existence du cube, nous pouvons raisonnablement douter si l'un et l'autre existent réellement, tandis que l'idéalisme absolu, poussant jusqu'à ses dernières limites l'argumentation sceptique, assure que la figure seule existe, et qu'il n'y a rien de pareil ni au cube, ni à la surface. Et maintenant, rejetant toutes ces hypothèses contraires dans leur ensemble, le réalisme transformé prend un élément à chacune d'elles. Il affirme une connexion entre le cube et son image projetée, ce qui concilie ce qu'il y a de vrai dans le réalisme avec ce qu'il y a de vrai dans l'antiréalisme. Avec le réalisme grossier, il s'accorde à affirmer l'existence du cube comme marqué d'un caractère de certitude originelle ; mais il diffère entièrement de lui en affirmant qu'il n'y a aucune parenté de nature entre le cube et sa projection. Il réunit l'idéalisme, le scepticisme et le réalisme hypotétique, en affirmant que la projection ne contient pas un élément, un rapport, une loi qui soit semblable à aucun élément, rapport ou loi du cube réel ; mais il affirme contre l'idéalisme que l'argument sur lequel cette conclusion repose est impossible en l'absence de ce cube ; il affirme contre le scepticisme que l'argument ne nécessite pas seulement un cube corrélatif à l'image, mais encore une aire réceptive pour cette image, tandis qu'il blâme le réalisme hypotétique d'admettre à l'état d'hypothèses ce que les arguments eux-mêmes supposent comme des faits. Finalement, bien qu'il ait un point de ressemblance avec l'idéalisme absolu, parce qu'il reconnait avec lui que la figure projetée ne peut renfermer le moindre trait soit du cube réel duquel elle est projetée, soit de la surface réelle sur laquelle elle est projetée, cependant il en diffère extrêment en déclarant que l'existence de ces deux réalités est impliquée d'une manière plus certaine que celle de la figure, puisque l'existence de la figure n'est rendue possible que par la leur. » (1)

La comparaison est ingénieuse. Faisons remarquer cependant ceci : rien ne nous dit *a priori* que nos facultés sont comme des surfaces cylindriques déformant les projections plutôt que comme des surfaces planes, ou mieux encore comme des miroirs idéaux représentant l'objet exactement, tel qu'il est. *A posteriori* tout confirme cette dernière hypothèse.

Ensuite, l'existence de la figure pas n'implique l'existence d'une surface s'étendant au delà des limites de la figure, ni celle d'un cube, car rien n'empêche qu'une projection ne soit tracée directement. C'est l'idéalisme absolu seul qui est logique.

Que si l'on admet l'existence du cube comme cause de la projection, on peut sans doute signaler des différences entre les deux, mais on peut aussi indiquer des analogies : l'un et l'autre ont des dimensions définies, se trouvent du même côté du cylindre, ont huit points formés par des intersections de lignes, ne subissent de

---

(1) *Principes de Psychologie* T. II p. 516 sq. § 473.

changements que simultanément etc. De sorte que connaissant la figure et sachant qu'elle est la projection d'un objet extérieur, ce dernier n'est déjà plus inconnaissable. On se demande aussi comment il vérifie les appellations d'infini et d'inconditionné.

Enfin si l'on connaissait les dimensions du cylindre et la méthode de projection, il serait possible de déterminer la forme de l'objet. Or en supposant que ces dimensions et cette méthode ne puissent pas être connues directement, on peut faire des hypothèses en se réservant de les vérifier. C'est ainsi qu'on a supposé que l'objet qui se projette sur la conscience sous forme de couleur est un mouvement vibratoire de l'éther.

Il ne serait pas difficile d'amener Spencer à admettre ce qu'il appelle « le réalisme grossier » et qui n'est autre que le réalisme du bon sens.

*　*
*

L'existence réelle du nouméne.

Si l'on affirme d'une manière absolue que toutes nos connaissances sont relatives et n'ont pour objet que le phénomène, aucune donc n'a pour objet la réalité ou la chose en soi. Celle-ci nous est donc complètement inconnue. Nous ne savons donc pas si elle existe. Et comme ce qui existe ne peut exister qu'en soi, nous ignorons donc s'il existe quelque chose !

Spencer admet que cette conclusion est logique et que cependant elle est erronée. Cette contradiction aurait dû l'avertir de la fausseté de la théorie d'où elle découle. Au lieu de la rejeter, il y apporte des restrictions.

« Tant que nous ne quittons pas le côté purement logique de la question, dit-il, il faut accepter dans leur intégrité les propositions citées plus haut (que nous ne pouvons affirmer l'existence de quoi que ce soit au delà des phénomènes) : on ne peut le contester. Mais dès que nous considérons un autre côté plus large, le côté psychologique, nous voyons que ces propositions expriment imparfaitement la vérité; qu'elles omettent ou plutôt excluent un fait de la plus haute

— 99 —

importance. Précisons. A côté de la conscience *définie* dont la logique formule les lois, il y a aussi une conscience *indéfinie* qui ne peut être formulée. A côté des pensées complètes et des pensées incomplètes qui, bien qu'incomplètes, sont encore susceptibles de recevoir leur complément, il y a des pensées qu'il est impossible de compléter et qui n'en sont pas moins réelles, parce qu'elles sont des affections normales de l'intelligence ». (1)

Cette distinction est obscure et on la jugera en outre arbitraire. Qu'est-ce que ces pensées incomplètes qu'il est impossible de compléter, et surtout qu'est ce qui leur vaut le privilège d'atteindre la réalité au delà des phénomènes ?

Nous ne pouvons admettre que la conscience indéfinie de l'Absolu se trouve impliquée dans la thèse qui affirme l'impossibilité de le connaître. Pourquoi « dire que nous ne pouvons connaître l'Absolu », c'est-il « affirmer implicitement qu'il y a un Absolu » (2) ? S'il n'y en a pas, faudra-t-il dire qu'on peut le connaître ? Où a-t-on prouvé que l'Absolu existe ? Et pourquoi « quand nous nions que nous ayons le pouvoir de connaître l'essence de l'Absolu » en admettons-nous « tacitement l'existence » (3) ?

Nous ne reconnaîtrons pas davantage que « l'apparence est inintelligible sans la réalité » (4) ; car il y a des apparences sans réalité correspondante. Et s'il est évident « que la démonstration de l'impossibilité d'une représentation définie de l'Absolu suppose invariablement une représentation indéfinie de l'Absolu » (5) ; — car on ne peut raisonner sur l'Absolu sans en avoir quelque idée ; — rien ne nous dit cependant que cette idée correspond à un objet réel (6).

---

(1) P. P. p. 93 § 26 — F. P. pp. 64-65.
(2) P. P. p. 93 § 26 — F. P. pp. 64-65.
(3) P. P. p. 93 § 26 — F. P. pp. 64-65.
(4) P. P. p. 94 § 26 — F. P. p. 65.
(5) P. P. p. 94 § 26 — F. P. p. 65.
(6) Renouvier réfute longuement l'argumentation par laquelle Spencer prétend démontrer l'existence réelle de l'Inconnaissable (*La Critique Philosophique*. 1883 t. I, pp. 412 sq.) Partisan lui-même de la relativité

Spencer fait très-bien voir, contre les auteurs qu'il a suivis dans cette discussion, que l'idée de l'illimité n'est pas une pure négation. « Notre notion du limité se compose premièrement d'une conception d'une certaine espèce d'être et secondement d'une conception des limites sous lesquelles elle est connue. Dans son antithèse, la notion de l'illimité, la conception des limites est abolie, mais non celle d'une certaine espèce d'être » (1). Il aurait pu ajouter qu'en outre, la négation des limites, étant la negation d'une négation, est objectivement positive quoique conçue négativement par notre esprit.

Mais il ne suffit pas d'expliquer comment nous avons la conception de l'Absolu pour justifier du même coup la conviction que l'Absolu existe. L'impossibilité de prouver l'existence réelle de l'Infini au moyen de la notion que l'esprit en possède a été parfaitement mise en lumière par Kant (2). Aucune *notion* ne contient en elle-même la preuve de la réalité de son objet. Seule la constatation d'un *fait* nous permet d'atteindre la réalité.

C'est pourquoi toute théorie qui conçoit les faits que nous connaissons comme des phénomènes sans réalité creuse un abime infranchissable entre celle-ci et notre esprit. On a beau constater « notre ferme croyance à la réalité objective, croyance que la critique métaphysique ne peut ébranler un seul moment. » (3) Si notre ferme croyance est illégitime, il faut y renoncer, quelque ferme qu'elle soit. Que si on la croit légitime, c'est donc la critique métaphysique qui a tort. Vouloir les concilier c'est travailler en vain et c'est en outre déconsidérer la philosophie.

---

des connaissances. le philosophe français s'attache à faire voir que la conception de Spencer est logiquement incompatible avec cette théorie. Renouvier juge que Spencer restaure le réalisme scolastique. S'il s'agit du réalisme des grand scolastiques — celui que nous défendons — on a pu se convaincre qu'il n'a rien de commun avec la doctrine de l'Inconnaissable.

(1) P. P. p. 95 § 26 — F. P. p. 66.
(2) *Dial. trans.* l. II c. III S. IV Trad. Tissot. vol. II p. 211 sq.
(3) P. P. p. 99 § 26 — F. P. p. 70.

Spencer, dans le Post-Scriptum ajouté en 1900 à la Première Partie des Premiers Principes, fait un nouveau et inutile effort pour se débarrasser de ce dilemme. « L'intelligence, dit-il, n'étant organisée que pour atteindre les phénomènes, elle nous enveloppe dans le non-sens lorsque nous essayons de nous en servir pour une chose située au delà du phénomène. » (1) S'il en est ainsi, dirons-nous, nous devons nous garder de cet usage de notre intelligence, nous aurons soin de ne formuler aucune affirmation sur une telle chose et nous nous abstiendrons soigneusement de dire qu'elle existe. Rien ne sert d'ajouter que « par la nature même de notre esprit nous sommes forcés continuellement d'attribuer les effets que nous connaissons à une cause que nous ne connaissons pas, de regarder les manifestations dont nous sommes conscients comme impliquant quelque chose de manifesté » ; que « nous trouvons impossible de penser au monde comme constitué d'apparences et d'exclure toute idée d'une réalité dont il y a des apparences. » (2) Tout cela fût-il vrai qu'un moment de réflexion suffirait pour nous avertir de notre erreur. Et si l'on prétendait que néanmoins la conviction de la réalité demeurera dans l'esprit, nous nous trouverions donc avoir deux convictions contradictoires. De quel droit préférerons-nous la seconde à la première ? Que si nous n'en préférons aucune et que nous enseignons à la fois l'une et l'autre, rappelons-nous que dire des choses contradictoires revient à ne rien dire du tout.....

*
* *

<small>L'être abstrait et l'être illimité.</small>

Lorsqu'il s'agit d'expliquer la genèse de la conception de l'illimité, Spencer tombe dans une confusion qui nous fournit la clef de celle qu'il fait, nous l'avons vu, entre le *réel* et l'*infini*.

---

(1) F. P. p. 91.
(2) *Ibid.*

Autre chose est le concept dans lequel nous *nions* les limites, c'est-à-dire le concept d'un être dont la réalité s'étend au delà de toute limite ; autre chose est la notion de l'être dans laquelle on *fait abstraction* de toute limite ou de toute détermination et qui n'est autre chose que le concept indéterminé d'être en général. Ce dernier peut s'appliquer à tout être quelconque, tandis que le premier ne se vérifie que de l'Être Infini et ne peut point s'appliquer aux êtres limités.

Quiconque confond la notion d'être illimité avec la notion d'être en général, ne distinguera pas davantage la réalité en général, d'avec l'existence réelle de l'être illimité ou absolu. Pour Spencer *illimité* est synonyme *d'informe* (1) et *d'indéterminé* et c'est encore une conséquence de la même confusion. L'Être Infini n'est en lui-même ni informe ni indéterminé, quoique la notion que nous en avons soit en grande partie négative et par conséquent peu distincte. Il ne se confond pas avec toute réalité, quoiqu'il en soit la source ; mais il est par sa perfection même distinct de tout être fini, sans que cette distinction entraine une limitation quelconque. Étant la cause première de tous les êtres, il possède en lui-même, d'une manière éminente, toutes les perfections qu'il leur a communiquées.

La notion abstraite d'être en général ne correspond à aucune réalité déterminée, mais s'applique dans son indétermination à toute réalité, finie ou infinie, au Créateur ou la créature. Or, c'est cette idée abstraite dont Spencer expose la genèse dans l'esprit, au lieu d'expliquer comment s'y forme l'idée de l'Infini ou de l'Absolu. « Cette conception, dit-il,..... c'est l'abstrait de toutes les pensées, idées ou conceptions. Ce qui leur est commun à toutes, ce que nous ne pouvons rejeter, c'est ce que nous désignons par le nom commun d'existence. Séparé de chacun de ses modes par leur perpétuel changement, il demeure comme une conception infinie de quelque chose qui reste

---

(1) P. P. p. 100 § 26 — F. P. p. 70.

constant sous tous les modes, une *conception indéfinie de l'existence* isolée de ses apparences. » (1)

C'est bien la notion générale et indéterminée d'être, et non pas la notion d'être absolu (sans relation nécessaire) ou infini (sans limites). De cette notion générale pas plus que de n'importe quelle autre notion abstraite, on ne peut tirer l'affirmation d'aucune réalité quelle qu'elle soit. La tentative de Spencer pour sortir du cercle des phénomènes ou apparences où il s'est enfermé échoue fatalement. La critique transcendentale conduit logiquement à l'idéalisme et celui-ci aboutit non seulement à la négation de toute réalité extérieure, ce que l'on a appelé le *solipsisme*, mais plutôt à la négation ou mieux au doute universel. (2)

( ) P. P. p, 101 § 26 — F. P. p. 71.
(2) cf. BALFOUR. *The Foundations of Belief.* Londres 1901 pp. 145 sq.

CHAPITRE V.

L'ACCORD DE LA RELIGION & DE LA SCIENCE

Notre connaissance de l'Absolu — Prétendue inconséquence de la Religion — L'évolution religieuse et l'influence de la Science — L'évolution scientifique et les idées religieuses — L'Inconnaissable.

<small>otre
aissance
Absolu.</small>   Spencer a débuté dans cette première partie de son ouvrage par affirmer l'existence d'un désaccord séculaire entre la Religion et la Science et il a fait entrevoir la possibilité d'une réconciliation. Il s'est ensuite appliqué à applanir les voies en vue d'un rapprochement. Ce travail préparatoire consiste, nous l'avons vu, à battre en brèche les notions fondamentales tant scientifiques que religieuses, au point de vue de leur valeur objective. Spencer a prétendu nous faire voir que des contradictions insolubles naissent à chaque pas, si l'on considère ces notions comme représentant la réalité. Ensuite il a trouvé la confirmation de cette conclusion dans la thèse de la relativité de nos connaissances, d'après laquelle celles-ci n'atteignent pas la chose en soi. Cependant il ne s'est pas rallié à l'idéalisme absolu qui est l'aboutissement logique de cette théorie, mais a prétendu justifier l'affirmation d'après laquelle il existe une réalité qui est la cause de

tous les phénomènes et qui nous est elle-même complètement inconnue.

Grâce à cette inconséquence il a, croit-il, trouvé un terrain d'entente entre la Religion et la Science. Que la Science renonce à considérer ses enseignements comme l'expression de la réalité et reconnaisse qu'ils ne concernent que le phénomène. Que la Religion maintienne l'affirmation d'une réalité fondamentale, mais avoue qu'elle est inconnaissable.

Balfour critique spirituellement ce partage qui abandonne à la Science tout le connaissable sous prétexte qu'il n'est que relatif et laisse à la Religion l'Absolu, mais en le déclarant inconnaissable. (1) En réalité si les notions dernières de la Science et de la Religion sont *inconcevables*, les deux ordres de connaissances se trouvent également compromis.

Nous avons tâché de défendre les idées fondamentales de la Science et de la Religion en montrant qu'elles ne sont pas contradictoires en elles-mêmes, comme on le prétend, et que rien n'empêche de les admettre comme expression de la réalité. Nous avons combattu la thèse relativiste et nous avons fait voir l'illogisme de la restriction que Spencer prétend y apporter. Nous ne considérons donc pas comme admissibles les termes de la réconciliation que Spencer propose et dont nous avons nié la nécessité. Est-ce à dire qu'ils doivent être repoussés sans restriction ? qu'il n'y a dans l'affirmation qui doit, d'après Spencer, rallier tous les suffrages, aucune part de vérité ? C'est ce qui nous reste à examiner.

Si nous admettons que nos sensations contrôlées par la raison permettent d'obtenir une connaissance du monde conforme à la réalité, que notre conscience de nous-mêmes aussi nous met en rapport avec la chose en soi et non avec de *purs* phénomènes, nous sommes amenés à admettre des réalités finies, contingentes, soumises au changement, ayant, en un mot, des caractères opposés à ceux

---

(1) *The Foundations of Belief.* p. 272 sq.

que nous attribuons à la Cause Première. Celle-ci est donc distincte de l'univers que nous habitons et dont nous faisons partie.

Aucune de nos facultés cognitives n'atteint en lui-même l'Etre Infini. La certitude que nous avons de son existence est le fruit du raisonnement et la connaissance que nous avons de sa nature est formée d'éléments empruntés aux êtres dont nous sommes entourés.

Or, il est évident, et tous les philosophes spiritualistes, depuis Platon et Aristote, l'ont reconnu, que nous ne pouvons ainsi acquérir de l'Etre Infini qu'une connaissance extrêmement imparfaite. Combien différente doit être sa nature de tout ce que nous voyons ! Dans les choses qui nous entourent, c'est un changement continuel ; la vie nous apparait comme un perpétuel mouvement ; tandis que l'Etre Infini est absolument immuable parce que infini et parce que nécessaire.

Nous ne pouvons admettre en lui nulle composition ; son essence absolument simple équivaut cependant à tous les degrés de perfection qui en émanent.

Tout terme exprimant une perfection qui se manifeste à notre expérience, ne peut s'appliquer à Dieu que par analogie. Les connaissances les plus claires que nous avons de l'Être Absolu consistent à nier les imperfections que nous apercevons dans les êtres limités. Mais lorsque nous voulons nous former une idée positive de sa nature, nous constatons qu'elle est recouverte pour nous d'un voile impénétrable. Si on veut appeler cet Être l'*Inconnaissable*, nous n'y avons point de répugnance. « Il habite, dit St-Paul, des splendeurs inaccessibles » (1).

Mais de même que par le raisonnement nous connaissons l'existence de l'Être Infini, de même nous ne pouvons échapper à la nécessité de lui refuser tous les caractères incompatibles avec cette infinité ; nous sommes forcés de lui en attribuer d'autres qui nous apparaissent comme des perfections pures, quoique d'ailleurs nous ignorions la

---

(1) Ire Ep. à Tim VI. 16.

— 108 —

manière propre dont elles s'y trouvent réalisées. Ne pouvons-nous pas affirmer que le Premier Être possède l'intelligence, pourvu que nous n'entendions pas assimiler son intelligence à la nôtre ? qu'il a cette indépendance que nous appelons la liberté : quoique, encore une fois, sans doute, d'une autre façon que nous ?

Une certaine similitude, lointaine autant qu'on le veut, mais réelle, existe nécessairement entre la cause totale et l'effet qu'elle produit. Dès lors, la connaissance des créatures doit être un moyen d'obtenir au sujet du Créateur des notions vraies quoique très-imparfaites. Proclamer ces notions, ce n'est point prétendre que notre connaissance de l'Infini est adéquate à son objet, ce n'est pas nier que cet objet dépasse notre entendement.

*
* *

Prétendue inconséquence de la Religion.
Spencer en reconnaissant à la Religion le mérite d'avoir toujours maintenu la croyance en quelque chose de supérieur aux phénomènes et qui est élevé au-dessus de nos connaissances, lui reproche d'être inconséquente avec elle-même. « Elle a toujours, écrit-il, fait profession de posséder quelque connaissance de ce qui s'élève au-dessus de la connaissance, et par là elle a contredit ses propres enseignements. » (1)

Cette contradiction n'existe pas en réalité. C'est plutôt Spencer qui se contredit lorsqu'il enseigne que nous ne pouvons rien connaître au sujet de l'Infini et qu'en même temps il en affirme l'existence et proclame qu'il est « un pouvoir qui agit sur nous » et qui se manifeste par les phénomènes (2).

Nous pourrions faire remarquer aussi que les religions ont généralement fait profession de tenir leurs enseignements d'une autre source que de l'évolution naturelle de nos connaissances. Ce point de vue qu'on ne peut pas négliger dans une étude complète de cette question a échappé à Spencer. Nous ne nous y arrêterons pas.

---

(1) P. P. p. 107. § 28. — F. P. p. 71.
(2) P. P. p. 103 § 27 — F. P. p. 73.

Il est très vrai que nous sommes exposés à ne pas nous contenter d'avoir au sujet de la Divinité des connaissances pleines de lacunes et d'incertitudes, et que voulant les préciser nous courons risque de concevoir l'Être Infini sous des formes qui ne peuvent point lui convenir.

L'anthropomorphisme des Religions païennes est trop connu pour qu'il soit nécessaire d'en donner le détail. Platon s'élève avec véhémence contre ces conceptions et nous ne voyons pas qu'elles aient été admises dans aucune des écoles de philosophie de la Grêce. « Qand un poëte viendra nous parler ainsi des dieux, dit-il, nous refuserons avec indignation de l'entendre » (1) Toutes les fables qui rapportent les métamorphoses des dieux sont absurdes. « Dieu est parfait avec tout ce qui tient à sa nature. Ainsi Dieu est l'être le moins susceptible de recevoir plusieurs formes. » (2)

Cela n'empêche pas que cinq siècles après Platon ces superstitions étaient encore universellement répandues. Ce ne fut point la Philosophie mais bien le Christianisme qui les fit disparaître parmi les peuples civilisés, on sait au prix de quelles luttes.

Spencer reproche en outre à « la Religion » d'avoir manqué de sincérité en continuant à défendre des conceptions démontrées insoutenables. Ce reproche est trop vague. Le manque de sincérité ne se conçoit pas dans une chose abstraite ou dans une institution, mais seulement dans ceux qui la représentent. Et l'on peut sans doute faire ce reproche à ceux qui représentaient le paganisme dans les premiers siècles de notre ère.

Mais ne peut-on pas imputer la même faute et avec plus de raison à « la Science » de ce temps, puisque ses représentants contredisaient par leur conduite religieuse leurs convictions et abusaient de leur autorité sous toutes ses formes pour maintenir la foule dans la superstition ?

---

(1) *République*. Trad. Cousin Paris 1833 vol. IX p. 121.
(2) *Ibid* p. 113.

Spencer fait encore un troisième reproche à la Religion, c'est d'être un peu sceptique : « Dans la foi la plus pieuse, dit-il, nous le voyons d'ordinaire, il y a un noyau de scepticisme ; et ce noyau de scepticisme est la cause de l'effroi qu'inspire à la Religion la Science. Obligée d'abandonner une à une les superstitions qu'elle défendait autrefois opiniâtrement, et voyant chaque jour ses plus chères croyances de plus en plus ébranlées, la Religion laisse percer la crainte qu'un jour ne vienne où toutes les choses seront expliquées, révélant ainsi qu'au fond elle doute de l'incompréhensibilité réelle de la cause incompréhensible dont elle a conscience. » (1)

Si jamais on a pu craindre ou espérer qu'on était sur le point de « tout expliquer » ce n'est certes pas à notre époque. Le progrès des sciences nous a rendus, sous ce rapport, modestes. Quant au Christianisme, il fait profession d'enseigner plusieurs choses impossibles à expliquer et il n'a aucune crainte ni aucun espoir de voir cette situation modifiée.

**

L'évolution religieuse et l'influence de la Science.

Spencer esquisse en quelques traits l'évolution religieuse au point de vue que nous envisageons. Depuis le fétichisme, prétend-il, jusqu'aux formes les plus élevées de la religion, la Cause Première a été conçue *de plus en plus* comme enveloppée de mystère. « L'histoire religieuse n'est au fond que de la série des phases de la disparition des dogmes positifs qui ôtaient le mystère du mystère. » (2)

Nous avouons ne pas reconnaitre cette loi dans l'histoire infiniment complexe des idées religieuses. Si nous considérons l'évolution du Christianisme, nous voyons que ses dogmes se sont, au contraire, précisés toujours davantage, surtout pendant les premiers siècles de son existence. On

---

(1) P. P. p. p. 107, 108 § 28 — F. P. p. 75.
(2) P. P. p. 106 § 28 — F. P. p. 74.

lui reproche plutôt d'en avoir ajouté à son enseignement que d'en avoir abandonné. Cela ne l'empêche pas, à la vérité, de reconnaître que Dieu est l'être ineffable et mystérieux par excellence. Mais si l'on voulait, à cet égard, considérer le Christianisme comme le terme d'une évolution, il resterait à montrer dans l'histoire des peuples un acheminement vers cette conception religieuse. Nous croyons pour beaucoup de raisons que c'est une entreprise impossible.

L'histoire de l'humanité n'est point, hélas ! celle d'un progrès continu, moins encore en fait de religion qu'à d'autres points de vue. C'est dire que nous ne saurions admettre le rôle que Spencer attribue à la Science d'avoir « épuré » sans cesse les idées religieuses en démontrant l'absurdité des conceptions déterminées de la Cause Première.

« La religion ignore, dit-il, la dette immense qu'elle a contractée envers la Science ; et celle-ci sait à peine tout ce que la Religion lui doit. On prouverait cependant que tous les degrés de développement parcourus par la Religion, depuis sa conception primitive et la plus grossière, jusqu'aux idées relativement élevées qu'elle professe aujourd'hui, elle les a parcourues grâce à la Science, ou plutôt forcée par la Science. De nos jours encore, la Science ne la presse-t-elle pas de s'avancer dans le même sens ? » (1)

La Science dont il s'agit ici doit être principalement la Philosophie : elle seule s'occupe de la Cause Première. Il n'est, hélas ! que trop évident que la Religion ne doit à la Philosophie aucune reconnaissance. La Philosophie grecque s'est trouvée pendant des siècles en contradiction avec la religion régnante ; qu'a-t-elle tenté pour la modifier et quelle influence a-t-elle exercée ?

Si elle s'est trouvée mieux d'accord avec le Christianisme, il serait cependant difficile de dire en quoi elle a « épuré » la conception de la Divinité de cette religion ; et si on parle de la philosophie contemporaine, y a-t-il, en dehors de l'école catholique, une métaphysique sur laquelle deux philosophes soient d'accord ?

P. P. p. 108 § 29 — F. P. p. 76.

Le seul exemple que donne Spencer de cette « épuration » progressive que réalise la science n'est point emprunté à la Philosophie et n'est pas très heureux. Le voici : « Autrefois on regardait le soleil comme le char d'un dieu ; on le croyait traîné par des chevaux. Nous n'avons pas à rechercher jusqu'à quel point on idéalisait l'idée qu'on exprimait si grossièrement. Il suffit de remarquer qu'en expliquant ainsi le mouvement apparent du soleil par une puissance semblable à des forces terrestres et visibles, on rabaissait une merveille de tous les jours au niveau des intelligences les plus vulgaires. Quand, plusieurs siècles après, Képler découvrit que les planètes tournent autour du soleil suivant des ellipses et qu'elles décrivent des aires égales en des temps égaux, il conclut que dans chaque planète il devait y avoir un esprit pour en guider les mouvements. Nous voyons par cet exemple comment les progrès de la Science ont fait disparaître l'idée d'une traction mécanique grossière comme celle qui donnait autrefois le mouvement au soleil ; nous voyons ensuite que lorsque à cette idée grossière on substitua celle d'une force indéfinie et moins facile à concevoir, on crut encore nécessaire de supposer qu'un agent personnel était la cause de l'irrégularité régulière du mouvement. Quand enfin on prouva que les révolutions planétaires avec leurs variations et leurs pertubations obéissent à une loi universelle, quand les esprits directeurs conçus par Képler furent mis de côté, et qu'à leur place on installa la force de la gravitation, le changement fut en réalité l'abolition d'une puissance qu'on pouvait se figurer et l'avènement d'une puissance qu'on ne pouvait pas se figurer. Car si la *loi* de la gravitation tombe sous les prises de notre entendement, il est impossible de se faire une idée d'une *force* de gravitation. Newton lui-même avouait que cette force est incompréhensible sans l'entremise d'un éther ; mais nous avons vu que l'hypothèse de cet éther ne nous fait pas avancer d'un pas. » (1)

---

(1) P. P. p. 109-110 § 29 — F. P. p. 76-77.

Il serait peut-être téméraire d'affirmer que la conception du soleil traîné par des chevaux a été jamais autre chose qu'une fiction poétique. On peut dire que jamais les hommes n'ont douté de la régularité de la marche de cet astre. Si néammoins ils ont continué à le considérer comme le char d'un dieu, c'est donc que Spencer a tort lorsqu'il écrit : « Quand l'expérience eut prouvé que certains changements familiers arrivent toujours dans la même succession, la conception d'une personnalité spéciale dont la volonté gouverne ces changements tendit à s'effacer de l'esprit » (1).

Quoique qu'il en soit, Aristote, au IVe siècle avant J.-C. développe la théorie suivant laquelle le mouvement circulaire est la loi des corps sidéraux, comme le mouvement en ligne droite vers le centre ou vers la périphérie est la loi des corps terrestres. (2) L'explication qu'il propose, quoique très-différente de celle de Newton, est donc absolument du même ordre. C'est sur cette *loi* du mouvement circulaire que repose toute l'astronomie ancienne et toutes les complications d'épicycles qui encombrent le système de Ptolémée n'ont pas d'autre origine. Copernic lui-même la tenait pour certaine. « Le soleil, dit-il, la lune et les étoiles ont la forme sphérique parce qu'ils sont les parties les plus parfaites (*absolutissimae*) de l'Univers..... Rappelons encore que le mouvement propre des corps célestes est circulaire. Car le mouvement propre d'un corps sphérique est de se mouvoir en cercle. Par cet acte même il manifeste sa forme de corps très-simple..... » (3)

Quant à l'idée d'après laquelle les astres sont guidés par des esprits, Spencer en ignore, semble-t-il, l'origine et, en tous cas, il n'en a pas compris la portée. Cette opinion a été enseignée au moyen-âge par les scolastiques. Elle avait une base purement philosophique. C'était une interprétation de la doctrine péripatéticienne qui considé-

---

(1) P. P. p. 109 § 29 — F. P. p. 76.
(2) Περί οὐρανοῦ, l. 1 c. II.
(3) COPERNIC. *De revolutionibus Orvium Coelestium*. Nuremberg. 1543 p.p. 1-2.

rait le Ciel comme un être vivant et lui attribuait une nature supérieure à celle des corps sublunaires. Elle n'empêchait nullement ses partisans d'adopter l'explication qu'Aristote donne de la forme des mouvements astraux.

Ce n'est pas la découverte de Newton mais plutôt l'hypothèse copernicienne qui, ruinant de fond en comble la physique d'Aristote, fit abandonner les théories qui s'y rattachaient.

Képler, loin d'avoir inventé la théorie des esprits directeurs, enseigne, dans son principal ouvrage, que la cause des mouvements planétaires est une force résidant dans le soleil et soumise à des lois géometriques. (1)

Il est vrai qu'ailleurs, repoussant l'opinion de ceux qui enchâssent les astres dans des sphères solides de peur qu'ils ne s'écartent de leurs routes, Képler dit : « Admettons que le monde tout entier soit pourvu d'une âme qui entraîne tout ce que nous voyons d'étoiles et de comètes et cela avec la vitesse que requiert la distance au soleil et l'intensité de la force à cet endroit (*et ibi fortitudo virtutis*). Admettons encore que chaque planète a une âme particulière, grâce à laquelle l'astre parcourt son orbite, et on aura le même résultat tout en supprimant les sphères. » (2) Mais Képler ne fait ici que se servir d'une idée courante. En outre, il met en note : « Entendez par âme du monde l'image immatérielle du soleil s'étendant comme la lumière et vous aurez en deux mots le résumé de ma physique céleste. » Cette âme et ces esprits n'étaient donc plus pour lui que des métaphores.

Duhem a montré comment la théorie de Newton est sortie par une évolution continuelle des idées d'Aristote et qu'elle est en somme de même nature. Il observe que Képler a formulé une doctrine de la gravité qui se rapproche beaucoup de celle du grand astronome anglais. (1)

---

(1) *Astronomia Nova*. Prague 1609 c. XXXIII p. 170.
(2) KEPLER. *Mysterium Cosmographium*. Francfort 1621 p. 85.
(3) *La théorie physique*. Paris. 1906 pp. 367 sq.

L'hypothèse newtonienne constitue sans nul doute un grand progrès, mais au point de vue de la « concevabilité » elle est absolument sur la même ligne que celle d'Aristote. Que les corps aient la propriété de s'attirer, ou de se diriger vers un point central, ou de tourner autour d'un point, l'une chose n'est ni plus ni moins inconcevable que l'autre et l'on voit que le progrès scientifique n'est pas toujours un acheminement vers « l'inconcevabilité » des explications.

*
* *

La Science — nous prenons ici ce mot dans sa signification générale — s'occupe de rechercher ce qu'on appelle les causes des phénomènes, c'est-à-dire, les agents qui déterminent certaines catégories de faits, ou, si l'on veut, les lois auxquelles ils obéissent. Ces lois ou ces causes sont de plus en plus générales à mesure qu'elles s'étendent à un plus grand nombre de phénomènes. Il en résulte une subordination en vertu de laquelle certaines lois ne sont que des conséquences ou des cas particuliers de lois supérieures, certaines causes ne sont elles-mêmes que des manifestations d'une cause plus profonde et dont l'action est plus étendue.

Dans ses recherches, la Science va du composé au simple, du particulier au général. Elle voit d'abord les phénomènes, puis leurs causes immédiates, puis seulement leurs causes lointaines. Elle a étudié les phénomènes du son et a fixé les lois qui les régissent, elle s'est appliquée aux phénomènes de la lumière et a reconnu les lois qui les gouvernent, avant de savoir que les uns et les autres consistent dans un mouvement ondulatoire et obéissent, dès lors, à certaines lois communes.

Ainsi le progrès scientifique, lorsqu'il ne consiste pas simplement à substituer une interprétation meilleure à une autre du même ordre, amène l'esprit à reconnaître des causes ou des lois de plus en plus générales et, en ce sens, de plus en plus abstraites.

Mais nous ne voyons pas de raison d'affirmer avec Spencer que « des causes de plus en plus abstraites sont des causes de plus en plus inconcevables, » (1) ni, par conséquent, que « la conception la plus abstraite vers laquelle la Science s'avance graduellement est celle qui se confond avec l'inconcevable et l'inintelligible, par suite de la suppression de tous les éléments concrets de la pensée. » (2) Nous avouons ne pas comprendre ce que c'est qu'une pensée abstraite à éléments concrets, ni comment une idée abstraite est possible si seuls les éléments concrets jouissent de la concevabilité.

Voyons la justification historique de cette manière d'envisager le progrès scientifique. « A ses débuts, dit Spencer, quand la Science eut commencé à enseigner les relations constantes des phénomènes, et par suite discrédité la croyance aux personnalités distinctes qu'on regardait comme leurs causes, elle leur substitua la croyance à des puissances causales qui, si elles n'étaient pas personnelles, étaient au moins concrètes. Quand on disait que certains faits montraient que *la nature a horreur du vide*, quand on expliquait la propriété de l'or par une entité appelée *l'aureité*, quand on attribuait les phénomènes de la vie à un *principe vital*, on établissait un mode d'interprétation du fait, qui, s'il était en opposition avec le mode religieux, parce qu'il attribuait ce fait à d'autres puissances, n'en était pas moins inscientifique, parce qu'il faisait profession de connaître ce sur quoi rien n'était connu. La Science a abandonné ces puissances métaphysiques, elle a reconnu qu'elles n'avaient pas d'existence indépendante, qu'elles n'étaient que des combinaisons tout-à-fait particulières de causes générales ; en conséquence, elle a plus récemment attribué de vastes groupes de phénomènes à l'électricité, à l'affinité chimique et à d'autres forces générales analogues. Mais en faisant de ces forces des entités indépendantes et dernières, la Science a gardé

---

(1) P. P. p. 110 § 29 — F. P. p. 77.
(2) P. P. p. 110 § 29 — F. P. p. 77.

en somme la même attitude qu'auparavant. En expliquant ainsi tous les phénomènes, y compris ceux de la vie et de la pensée, non seulement elle a persévéré dans son antagonisme apparent avec la Religion, parce qu'elle a eu recours à des puissances d'une espèce radicalement différente, mais encore elle est restée inscientifique, parce qu'elle s'est donné sans le dire, l'air de savoir quelque chose de la nature de ces puissances. A présent, il est vrai, les savants les plus avancés abandonnent ces dernières conceptions comme leurs prédécesseurs avaient abandonné les premières. Le magnétisme, la chaleur, la lumière, qu'on avait quelque temps regardés comme autant d'impondérables distincts, commencent aujourd'hui à n'être plus pour les physiciens que des modes différents de manifestation d'une force universelle. Les physiciens cessent donc de se figurer cette force comme compréhensible. » (1)

Le passage que nous venons de citer réflète les idées d'A. Comte : nous reviendrons plus tard sur ce point. Nous ne croyons pas qu'en dehors de l'école positiviste quelqu'un ait jamais considéré les idées scientifiques, auxquelles Spencer fait allusion, comme opposées aux idées religieuses. Il est évident que cette opposition n'existe pas ; ce qui le prouve péremptoirement ce sont les convictions religieuses de la plupart des savants qui ont réalisé les progrès scientifiques.

D'autre part, l'électricité, l'affinité chimique sont-elles plus ou moins inconcevables que l'horreur du vide, l'auréité et le principe vital, — abstraction faite, bien entendu, de la valeur scientifique de ces conceptions? Et si tous les phénomènes matériels sont, pour certains physiciens, « les modes différents de manifestation d'une force universelle », n'est-il pas vrai que plusieurs prétendent déterminer la nature de cette force et disent qu'elle est le mouvement (2) ou plus généralement qu'elle se réduit à des forces mécaniques? En quoi le mouvement ou des forces attractives

---

(1) P. P. p. 111 § 20 — F. P. p. 78.
(2) Cf. SECCHI. *L'Unité des forces physiques.*

et répulsives sont-ils plus inconcevables que l'affinité chimique ou que l'horreur du vide?

« L'interprétation d'un phénomène, dit encore Spencer, est devenue meilleure lorsque, d'une part, elle a rejeté une cause relativement concevable dans sa nature, mais inconnue quant à l'ordre de ses actions, et que, d'autre part, elle en a adopté une connue quant à l'ordre de ses actions, mais relativement inconcevable dans sa nature » (1) Cette dernière formule est un peu mitigée mais elle n'est pas plus satisfaisante. Quand le système de Copernic prit la place du système de Ptolémée, quand la théorie des ondulations prévalut sur la théorie de l'émission, quand l'hypothèse atomique remplaça la doctrine des équivalents, l'interprétation des phénomènes devint incontestablement meilleure. Pourtant on se demande en vain en quoi la cause qu'on a rejetée était plus concevable dans sa nature que celle qui lui a été substituée, et pourquoi l'on pouvait dire que la première était « inconnue quant à l'ordre de ses actions » tandis que la seconde est connue sous ce rapport.

S'il y a eu une époque où l'on attribuait tous les phénomènes à des agents surnaturels, c'est qu'alors la Science n'existait pas. L'esprit scientifique consiste à attribuer les faits naturels aux agents naturels ce qui — est-il besoin de le dire? — ne les soustrait pas à l'influence de la Cause Première.

L'existence d'événements surnaturels — c'est-à-dire, déterminés par les agents surnaturels à l'exclusion des agents naturels — est une question de fait qu'aucun principe scientifique ne permet de résoudre ni dans un sens ni dans l'autre. Spencer ne préjuge-t-il pas la question lorsqu'il écrit : « A mesure que la Science s'élève vers son apogée, tous les faits inexplicables et en apparence surnaturels rentrent dans la catégorie des faits explicables et naturels » ? (2) Puisque « en même temps on acquiert

---

(1) P. P. p. 112 § 30 — F. P. p. 79.
(2) P. P. p. 113 § 30 — F. P. p. 79.

la certitude que tous les faits explicables et naturels *sont à leur origine première inexplicables et surnaturels* », (1) la question se réduira donc à savoir à quel point de l'espace et du temps se trouve cette origine. Car, rien ne nous dit que tous les faits ont une origine simultanée.

Quant à la réalité de la Cause Première Infinie et Absolue, elle n'est pas contestée par la science philosophique, du moins celle qui a l'approbation de Spencer — et la nôtre ; mais au contraire elle y trouve sa démonstration.

En principe il n'y a donc aucune opposition entre la Science et la Religion. Il pourra y avoir contradiction entre la Science et les dogmes que certaines religions proclament. C'est encore une fois une question de fait à examiner en détail et qu'on ne peut pas résoudre *à priori*.

Le progrès scientifique dans les derniers siècles et même auparavant s'est surtout réalisé dans le domaine des sciences d'observation qui n'a guère de territoire commun avec les croyances religieuses, de sorte que les conflits n'y sont pas beaucoup à craindre. Les affirmations que contiennent les dogmes religieux sont plutôt sur le terrain philosophique. Nous avons déjà dit ce que nous pensons de la prétendue opposition entre la science philosophique et la Religion. La première condition pour qu'il y eût conflit entre les enseignements de la Religion et ceux de la Philosophie serait que les philosophes eussent une doctrine commune qu'on pût proposer comme l'enseignement de cette science. Or, c'est précisément ce qui leur fait le plus défaut, surtout à notre époque.

Il peut y avoir et il y a conflit entre certains dogmes religieux et certains philosophes, mais non point entre la Religion et la Philosophie. Il nous est impossible de voir dans l'histoire des idées ni « que la Religion a toujours été forcée par la Science d'abandonner l'un après l'autre ses dogmes », (2) ni que la Science ait été

---

(1) *Ibid.*
(2) P. P. p. 114 § 30. Ce passage a été supprimé dans l'édition de 1900.

« pressée..... par la critique de la Religion qui mettait souvent en question ses hypothèses » et ainsi « obligée de renoncer aux efforts qu'elle avait faits pour enfermer l'inconnaissable dans les limites de la connaissance positive. » (2)

*
* *

L'Inconnaissable.

Toute cette théorie de l'antagonisme entre la Religion et la Science et de leur épuration réciproque est une construction qui manque de bases objectives.

Non point certes qu'on ne puisse affirmer, ce qui est la thèse de Spencer, l'accord *fondamental* de l'une et de l'autre. C'est notre conviction que, recherchant les causes, la Science aboutit logiquement à la Cause Première et rejoint ainsi la Religion. Nous croyons que cet accord ne consiste pas uniquement en ce que l'une et l'autre reconnaissent un mystère au fond des choses. Une telle affirmation est si vague que l'accord qui en résulte est à peine plus que négatif. Nous croyons que, sans dissiper le mystère, la Religion enseigne sur la Cause Première certaines choses que la Science approuve et d'autres qu'elle ne contredit point.

Pas plus que Spencer nous ne pouvons admettre qu'il y ait une obligation morale de proclamer un Dieu personnel et infini s'il a été démontré d'ailleurs qu'un tel objet est de toutes manières hors des atteintes de notre esprit. Spencer, nous l'avons vu, se séparant en cela de Mansel et de Hamilton qu'il avait suivis jusqu'alors, tient que nous atteignons l'Infini au moyen d'une conscience *indéfinie*.

Qu'à l'Être Infini et Absolu on ne puisse pas appliquer sans restriction des dénominations empruntées aux choses qui nous entourent, c'est ce que les théologiens ont enseigné de tous temps, ainsi que nous l'avons fait remarquer. Ils ne feront aucune difficulté pour approuver Spencer lorsqu'il écrit : « Dans l'idée qu'on se fait d'une cause

(1) *Ibid.*

ultime, on ne reste pas pris dans une alternative embarrassante, on la dépasse. Ceux qui s'arrêtent à cette alternative supposent à tort qu'il faut choisir entre une personnalité et quelque chose de moins qu'une personnalité ; tandis que c'est entre une personnalité et quelque chose de supérieur qu'il faut choisir. Ne peut-il pas y avoir un mode d'existence aussi supérieur à l'Intelligence et à la Volonté, que ces modes sont supérieurs au mouvement mécanique ? Nous sommes, il est vrai, incapables de concevoir ce mode supérieur d'existence. Mais ce n'est pas une raison de le révoquer en doute ; c'est bien plutôt le contraire..... N'en résulte-t-il pas que la cause ultime ne peut en rien être conçue par nous, parce qu'elle est, en tout, plus que ce qui peut être conçu ? Et, par conséquent, n'avons-nous pas raison de nous garder de lui assigner des attributs, quels qu'ils soient, par le motif que ces attributs, dérivés comme ils le sont de notre propre nature, ne l'élèvent pas, mais la ravalent ? » (1)

Dans l'Ecole on cite volontiers le texte du pseudo-Denys (2) déclarant qu'il faut plutôt nier qu'affirmer de Dieu les prédicats *juste*, *sage*, *bon*, etc. si on leur attribue une signification identique à celle qu'ils ont lorsqu'ils sont appliqués aux êtres finis ; et cela non pas parce que l'Être Infini manque de ces perfections, mais parce qu'il les dépasse. Or, c'est précisément dans ce dernier sens que nous employons ces attributs. « Nous connaissons au sujet de Dieu, dit S. Thomas d'Aquin, (3) son existence et ce qui lui convient nécessairement comme Cause Première dépassant tous ses effets. Nous connaissons donc de lui cette relation aux créatures, qu'il est leur cause à toutes, et la différence entre les créatures et lui, c'est-à-dire, *qu'il n'est lui-même rien de ce qu'il a causé*, et on doit nier de lui ces choses non point par défaut, mais parce qu'il les dépasse *(quia superexcedit)*. »

Dès qu'on affirme l'existence d'une chose on est bien

---

(1) P. P. p. 116 § 31 — F. P, p. 80.
(2) *Cœlor. Hierarch.* c. II.
(3) *Sum. Theol.* p. I. q. XII a. 12. Milan. 1878 vol. I col. 702.

obligé de la déterminer par certains caractères, sinon l'affirmation de son existence n'a plus aucune signification. Spencer lui-même, comme nous l'avons déjà fait remarquer plusieurs fois, admet que l'Être Infini est absolu et cause première des phénomènes. Or ce dernier caractère comporte une relation de causalité ; et puisque d'après Spencer *absolu* signifie : qui n'a pas de relation nécessaire, il suit donc que l'Être Infini, cause première des phénomènes, n'en est pas nécessairement cause. Que disons-nous de plus lorsque nous lui attribuons la liberté? Et la liberté se conçoit-elle sans intelligence ou sans une perfection plus haute que l'intelligence et analogue? Nous disons donc que l'Être Infini est personnel en ce sens qu'il n'est point une cause aveugle ou fatale, mais sans vouloir le moins du monde rabaisser sa personnalité à la nôtre.

Tout comme Spencer nous repoussons les conceptions anthropomorphiques de la Divinité. Si l'on prête à Dieu des sentiments de regret, de colère ou d'autres émotions, ce ne peut être légitimement que par métaphore. La chose signifiée par ces images n'est autre que les effets de la puissance divine qui sont semblables à ceux déterminés par ces sentiments chez l'homme. Toute attribution qui implique la succession, le changement, ou une imperfection quelconque ne peut avoir à l'égard de l'Être Infini que la valeur d'une figure de langage. Mais la liberté et l'intelligence ne doivent pas être rangées dans cette catégorie. Il est vrai que la manière dont ces activités s'exercent dans l'homme emporte des changements et des imperfections ; mais ces imperfections ne leur sont point essentielles, et si nous ne connaissons pas d'une façon positive la forme qu'elles revêtent en Dieu, du moins nous pouvons par voie de négation écarter les défectuosités de l'intelligence et de la volonté humaines et attribuer avec vérité à Dieu une connaissance sans vicissitudes et sans bornes et une volonté parfaite, indépendante et immuable.

Dans un chapitre des *Institutions Ecclésiastiques* intitulé :

Passé et avenir de la Religion, (1) Spencer refuse d'attribuer à Dieu la volonté et l'intelligence. « Celui qui conçoit, dit-il, une volonté autre que la sienne la conçoit en fonction de la sienne, la seule qu'il connaisse, puisque toutes les autres ne sont pour lui que des thèses d'induction. Mais la volonté, telle que chaque homme la perçoit en lui-même, suppose un motif, un désir moteur d'un certain genre. » (2)

Nous ne pouvons en effet concevoir la volonté divine que par analogie avec la nôtre, ce qui n'empêche pas que nous n'en écartions les imperfections qui caractérisent cette dernière. Parmi ces imperfections, il faut signaler l'action qu'exerce sur la volonté humaine, par l'intermédiaire de l'intelligence, le but qui *meut*, qui attire. Pour la volonté divine, le but est un simple terme, (3) ce qui exclut en effet tout « désir » et *en ce sens* implique « l'indifférence » mais n'exclut pas la détermination de la volonté.

« De plus, ajoute Spencer » la volonté, en tant qu'elle implique un désir moteur, connote quelque fin considérée comme but à atteindre, et cesse d'être dès que le but est atteint, pour céder la place à quelque autre volonté en relation avec une autre fin. C'est-à-dire que la volonté, comme l'émotion, suppose nécessairement une série d'actes de conscience. L'idée d'une volonté divine, dérivée de l'idée d'une volonté humaine, implique comme celle-ci une localisation dans l'espace et le temps. La volonté d'une fin exclut de la conscience, pour un instant, la volonté d'autres fins, ce qui la rend incompatible avec une activité omniprésente travaillant en même temps à réaliser une infinité de fins » (4).

Ce que Spencer décrit est bien ce qui se passe dans

---

(1) *Principes de Sociologie*. Trad. Cazelles Paris 1887 p. 167 sq.
(2) *Ibid.* p. 206 § 658.
(3) cf. S. Thomas. *Suma Théol.* p. 1 q. 19 a 3. Milan 1878 vol. 1 col. 787.
(4) *Ibid.*

l'homme. Mais cela est-il essentiel à la volonté comme telle? Une volonté infiniment parfaite veut à la fois toutes les fins qu'elle a décidé de réaliser. Qu'importe que ces fins se réalisent successivement en dehors d'elle? En elle il n'y a aucune succession, on ne peut y distinguer ni passé ni futur. La volonté éternelle est une et simple et en vertu de cet acte unique, la série indéfinie de ses effets se déroule dans le temps, sans cesse..... Nous ne voyons pas que cette conception contienne quelque chose de contradictoire qui nous empêche de l'adopter.

« L'intelligence, nous dit ensuite Spencer, la seule que nous puissions concevoir, suppose des êtres indépendants et objectifs pour elle. L'intelligence se compose de changements dont le point de départ est une force extérieure, c'est-à-dire d'impressions engendrées par des choses existant en dehors de la conscience et d'idées dérivées de ces impressions. Parler d'une intelligence qui existe en l'absence de ces forces extérieures, c'est employer un mot dénué de sens. Il faut conclure que la cause première, considérée comme intelligente, doit subir sans cesse l'impression des forces objectives et indépendantes ; et si l'on objecte que ces forces sont devenues objectives et indépendantes par un acte de création, et qu'avant cet acte elles étaient renfermées dans la cause première, on peut répondre que, dans ce cas, la cause première ne pouvait, avant cette création, rien rencontrer qui engendrât en elle les changements qui constituent l'intelligence, et par conséquent qu'elle a dû être inintelligente au moment où il était le plus nécessaire qu'elle fût intelligente. Il est donc évident que l'intelligence attribuée à Dieu ne répond à rien de ce que nous appelons de ce nom. C'est une intelligence vidée de tout ce qui constitue l'intelligence » (1).

Encore une fois, dans ce qui précède, Spencer ne sépare pas la notion d'intelligence de la manière dont cette puissance s'exerce chez l'homme. Si l'intelligence divine doit recevoir ses déterminations des objets exté-

---

(1) *Ibid.*

rieurs de même que l'esprit humain, il est bien clair qu'elle en dépend, qu'elle ne peut leur être antérieure et que Dieu manquerait d'intelligence au moment où il en aurait le plus besoin, c'est-à-dire, au moment où ces objets doivent être creés par lui. La science de l'homme est en effet produite soit directement, soit indirectement, par l'action que les objets matériels exercent sur ses organes. Mais rien n'empêche de concevoir une connaissance des choses qui soit indépendante de ces impressions. Qu'est-ce donc qui défend de se représenter la science divine comme existant par elle-même en vertu de l'infinie perfection de l'Être Absolu ? Il y a précisément entre la science de Dieu et la nôtre cette différence que, tandis que les objets sont la cause de notre science, la science de Dieu au contraire est la cause de objets. (1) Il est bien évident aussi que l'Esprit Suprême ne peut pas être conçu comme « une série simple d'états de conscience. » (2) L'acte de l'Intelligence divine est unique ; mais comme il est infini, il enveloppe l'infinité de toutes les choses. Spencer ne semble pas se douter qu'il existe des travaux de la plus haute valeur métaphysique consacrés à l'étude de l'intelligence et de la volonté divines et dans lesquels sont résolues les difficultés qu'il objecte ici et bien d'autres plus redoutables. Il est regrettable que le philosophe anglais ait crû pouvoir traiter ces matières difficiles sans avoir pris connaissance des études approfondies dont elles ont fait l'objet.

Tout ce que Spencer démontre c'est que l'intelligence et la volonté n'existent pas en Dieu avec les imperfections qui les caractérisent chez l'homme. A ce sujet il ne peut pas y avoir de doute. Dès lors, d'après la doctrine expresse des philosophes spiritualistes que nous avons rapportée, si par intelligence et volonté ont entend des facultés telles qu'elles sont réalisées en nous, il faut les

---

(1) S. Thomas. *Summa Theol.* p. 1 q. 14 a. 8 Milan 1878 vol I col 738.

(2) H. Spencer. *Essais.* Trad. Burdeau. Paris 1879 t. III p. 33.

nier de Dieu plutôt que de les affirmer. Mais puisque aussi bien les perfections divines sont quelque chose de plus élevé et qui contient en les dépassant toutes les prérogatives des êtres finis, nous pouvons, sans erreur et faute de mieux, appliquer à Dieu les dénominations empruntées à ce qu'il y a de plus élevé dans les créatures, les imperfections qui s'y rencontrent n'étant d'ailleurs pas nécessairement impliquées dans ces dénominations.

Spencer ne donne-t-il pas à l'Être Infini le nom de Force ? « Il est une vérité, dit-il, qui doit devenir toujours plus lumineuse : c'est qu'il existe un Être inscrutable partout manifesté, dont on ne peut concevoir le commencement ni la fin. Au milieu des mystères qui deviennent d'autant plus obscurs qu'on les fouille plus profondément par la pensée, se dresse une certitude absolue, à savoir que nous sommes toujours en présence de la Force infinie et éternelle, d'où procèdent toutes choses. » (1)

Comment Spencer justifiera-t-il cette manière de parler si ce n'est de la façon dont nous-même l'avons fait quand nous avons appelé Dieu : Intelligence et Volonté ?

Si nous pouvions croire qu'ainsi nous sommes d'accord avec Spencer, il ne nous resterait qu'à demander pourquoi cette doctrine nous est proposée comme la conséquence des chapitres précédents.

Spencer accuse les théologiens de manquer « d'humilité » quand ils prétendent porter la lumière dans les mystères insondables de la Divinité et rabaissent Dieu à notre mesure. Il peut y avoir du vrai dans ce reproche et certainement l'auteur dont il cite des extraits le mérite. Mais il n'est pas moins évident qu'un Être réellement *inconnaissable*, de la nature, de la pensée, de la volonté duquel nous n'avons aucune idée ne peut pas être l'objet d'une religion proprement dite. (2) Il ne faut donc point décourager les

---

(1) *Principes de Sociologie. ibid.* p. 215 § 660.
(2) Cf. VORENKAMP. *Het Agnosticisme van H. Spencer* Assen 1896. p. p. 140 s. q. — RENOUVIER *op. cit.* 1886 v. II pp. 339 sq.

efforts de l'intelligence modeste qui cherche à s'approcher du terme final de toute investigation philosophique et ne point oublier que les théologiens prétendent avoir pour guides dans leurs recherches des lumières qui ne sont point empruntées à la raison, Si c'est là vérité ou illusion c'est encore une question de fait qui ne se laisse point écarter par une fin de non-recevoir.

Un des plus illustres disciples de Darwin et son collaborateur, J. G. Romanes, quoique professant en philosophie des tendances agnostiques, écrit : « Il m'a toujours semblé que la doctrine de l'Inconnaissable en tant qu'elle diffère de la doctrine de l'Inconnu est hautement antiphilosophique. De quel droit affirme-t-on que la Divinité, si elle existe, ne peut pas demain révéler le fait de son existence, — et cela d'une façon indubitable — à toute la race humaine? Ou, s'il y a un Dieu, qui peut dire avec certitude qu'il n'y a pas une vie future dans laquelle tout individu aura la preuve évidente du théisme? C'est une attitude philosophique légitime de prétendre qu'actuellement on ne voit aucune preuve du théisme ; mais dire que certainement la race humaine n'aura jamais cette preuve est une attitude très antiphilosophique » (1).

Si Dieu peut révéler demain, ajoutons-nous, il a pu le faire hier ; c'est donc une question à examiner.

Les dernières pages du chapitre que nous étudions — et qui est lui-même le dernier de la première partie des Premiers Principes — développent une sorte de conclusion pratique : Les formes de religion qui se sont succédées sont des étapes vers la Religion de l'inconnaissable. Ce progrès ne doit point être brusqué sous peine d'enlever à l'homme une religion qu'il comprend pour lui en présenter une qu'il est incapable de comprendre et qui n'exercera donc aucune influence sur sa vie. La tolérance doit être la règle, mais aussi la liberté ou le devoir pour celui qui est en possession de la vérité plus pure de contribuer, en la faisant connaître, à l'évolution religieuse.

(.) *Mind. Motion and Monism.* Londres 1896 p. 117.

Il est certain, dirons-nous, qu'une intelligence peu développée s'assimile difficilement les idées abstraites et qu'il est souvent nécessaire, lorsqu'on veut les faire saisir par les enfants ou les foules, de les incarner, pour ainsi dire, dans quelque symbole qui s'adresse à l'imagination. Mais il ne faudrait point en conclure que tous ces symboles ont la même valeur, ni surtout que toutes les idées qu'ils enveloppe sont également vraies.

Le progrès religieux ne consiste donc pas seulement à s'élever du symbole à l'idée abstraite, mais encore à échanger un symbole contre un autre plus convenable, et surtout à remplacer l'erreur par la vérité — qu'elles soient conçues d'une manière abstraite ou sous forme symbolique.

A cet égard il ne faut point affirmer que « d'une manière générale, la religion reçue à une époque et chez un peuple donné a toujours été l'expression la plus rapprochée de la vérité que ce même peuple, à cette époque, était capable de concevoir. » (1) Tous les degrés de civilisation que l'histoire connaît sont compatibles avec des idées fausses et avec des idées vraies en matière religieuse comme en toute autre matière. Et comme la Religion a l'influence la plus considérable sur toute la vie de l'homme, ce sera toujours un grand service à lui rendre que de combattre l'erreur religieuse pour lui substituer la vérité. Mais pour se charger de cette mission, il faut être sûr de pouvoir distinguer entre la vérité et l'erreur ; et l'homme modeste en voudra sans doute avoir dans ces matières difficiles d'autres garanties que sa confiance dans les spéculations métaphysiques auxquelles il s'est livré.

---

(1) P. P. p. 123 § 32 — F. P. p. 86.

IIe PARTIE

LA THÉORIE DE L'EVOLUTION

CHAPITRE I

LES DONNÉES

Le connaissable. — L'évolution comme objet de la philosophie. — La vérité. — Le moi et le non-moi. — L'espace et le temps. — La matière. — Le mouvement. — La force.

Le connaissable.
La thèse développée dans la première partie des Premiers Principes, quoiqu'elle contienne l'affirmation d'une réalité, est cependant plutôt négative que positive, puisque cette réalité nous est donnée comme ne pouvant être connue. Le connaissable, conséquemment, n'est point réel mais seulement phénoménal.

Nous ne nous sommes pas ralliés à cette théorie. Et peut-être le lecteur jugera-t-il qu'un dissentiment si fondamental rend impossible dorénavant toute entente sur un objet quelconque des spéculations philosophiques. En un sens il en est ainsi. Quelle que soit, en effet, la chose que l'on étudie, tandis que nous la considérons comme une réalité existant hors de nous et indépendante de notre connaissance, pour Spencer elle ne sera rien absolument qu'une représentation manifestant une réalité inconnue.

Et il semble bien qu'il ne faille pas raisonner de même dans les deux hypothèses. Cependant il n'est point impossible d'étudier l'Univers que nos connaissances représentent et de découvrir les lois suivant lesquelles les phénomènes s'ordonnent dans le temps et dans l'espace, en faisant abstraction de leur réalité ou du moins sans résoudre explicitement cette question. On pourra toujours, lorsqu'il le faudra, signaler les divergences qui résultent du point de vue différent auquel on s'est placé. « C'est à tort, dit R. Ferro, que quelques uns ont considéré la partie négative des *Premiers Principes* comme la quintessence de la philosophie spencérienne ; la doctrine de l'inconnaissable n'en est pas même une partie essentielle, mais forme seulement une espèce d'introduction. « (1)

O. Gaupp énonce le même jugement (2) et il semble bien que ce soit la manière de voir de Spencer lui-même. « Les questions dont nous allons nous occuper, dit-il dans le Post-Scriptum qu'i a ajouté à la Première Partie, sont indépendantes des questions discutées jusqu'à présent ; et le lecteur peut rejeter en tout ou en partie ce qui précède et rester néanmoins libre d'accepter en tout ou en partie ce qui va suivre.......

« Une description de la Transformation des Choses telle qu'elle est donnée dans les pages qui suivent est simplement une relation ordonnée des faits, et l'interprétation de ceux-ci n'est autre chose que la constatation des conformités ultimes qu'ils présentent, des lois auxquelles ils obéissent. Le lecteur est-il athée ? L'exposition de ces faits et de ces lois n'apportera pas de confirmation à son opinion et ne la détruira pas davantage. Est-il panthéiste ? Les phénomènes et leurs conséquences qui vont être décrits ne lui imposeront rien qui implique le rejet de cette opinion. Pense-t-il que Dieu est immanent en toutes choses depuis la concentration des nébuleuses jus-

---

(1) *La critica della Conoscenza in E. Kant e H. Spencer*. Savone 1900 p 62.
(2) *Herbert Spencer*. Stuttgart 1900 p. 75.

qu'aux pensées des poètes ? La théorie que nous allons développer ne contient aucune désapprobation de cette manière de voir. Croit-il à l'existence d'une Divinité qui a donné des lois immuables à l'Univers ? Il ne trouvera rien qui ne s'accorde avec sa croyance dans une exposition de ces lois et une description de leurs effets. » (1)

Néanmoins il résulte de notre désaccord avec Spencer que nous ne pouvons pas considérer les phénomènes qui nous entourent comme constituant à eux seuls tout le connaissable, et nous n'avons pas dès lors conservé à cette Seconde Partie le titre : *Le Connaissable* que Spencer lui a donné.

Nous pouvons donc suivre Spencer dans cette étude, adopter ou repousser les résultats auxquels il aboutit, sans que, en général, nos conclusions soient influencées par la désapprobation que nous avons prononcée sur la théorie de l'Inconnaissable. Plus d'une fois on retrouvera celle-ci dans ce qui nous reste à examiner et nous aurons parfois l'occasion de confirmer ce que nous avons dit déjà. En général, cependant, nous ne reviendrons pas sur les considérations émises et le lecteur voudra bien s'y rapporter.

La conception que Spencer développe dans cette seconde partie est grandiose et originale. Après avoir établi quelques notions préliminaires, il étudie les principes généraux qui dominent l'Univers et les ramène à un seul : la persistance de la Force. Ensuite, constatant que l'histoire de tout être est comprise entre son commencement et sa fin et se compose d'une série de changements (l'évolution) qui se termine par sa destruction (la dissolution), il cherche quelle est la loi générale de ce procès. Enfin il tente de faire voir que les lois de l'évolution et de la dissolution sont une conséquence de la persistance de la Force. Tous les phénomènes de l'Univers et l'évolution de l'Univers lui-même se trouvent ainsi

---

(1) F. P. p. 95. Post-script to Part I.

ramenés à un principe unique, ce qui est le but de la Philosophie.

∗ ∗

L'évolution comme objet de la philosophie.

Les progrès des sciences d'observation ont attiré davantage l'attention de l'homme sur cette vérité : que chaque être parcourt durant son existence une série d'états successifs depuis son origine jusqu'à sa destruction. Cette *évolution* se manifeste avec le plus d'évidence chez les êtres vivants qui, avant d'atteindre la forme adulte, traversent une longue suite de formes embryonnaires, qui, même à l'âge adulte, se transforment encore d'une manière sensible, passent par la jeunesse, par l'âge mûr, par la vieillesse, jusqu'à ce que la mort les fasse rentrer dans le règne inorganique.

En réalité aucune partie de l'Univers n'est à l'abri du changement. Toutes, jusqu'aux cristaux les plus durs, après avoir pris naissance par le jeu des forces matérielles, sont soumises à des modifications peut-être insensibles mais réelles qui aboutissent finalement à leur destruction. Nous savons que l'histoire de notre globe réalise également ce programme et qu'il en est ainsi de tous les astres qui roulent dans le ciel.

Il n'y a pas non plus de différence essentielle sous ce rapport entre les œuvres de la nature et les œuvres de l'homme. Comme les premières, celles-ci ont une histoire qui les prend à leur naissance et les conduit jusqu'à leur ruine.

Ce n'est pas seulement pour les individus que l'évolution existe, mais encore pour les groupes d'individus soit qu'ils se succèdent dans le temps, soit qu'ils se réunissent dans l'espace. Les sociétés humaines naissent, se déploient et se dissolvent. La Science peut fixer pour beaucoup de formes organiques l'époque de leur apparition, le temps de leur règne et le moment de leur disparition.

Sans doute, les hommes ont toujours connu la mutabilité des êtres, mais ils n'avaient pas été frappés par ce fait que tous, tant qu'ils sont, individus ou groupements, parcourent une carrière plus ou moins complexe et ils ne s'étaient pas habitués à l'embrasser tout entière d'un coup d'œil. L'évolution des être vivants était considérée autrefois comme se réduisant à la croissance et à la nutrition. La vie embryonnaire était presque inconnue et l'on n'avait pas remarqué que si pour beaucoup d'organismes elle s'étend à une partie relativement restreinte de leur existence, pour d'autres c'est le contraire qui se produit. Au point de vue scientifique la vie embryonnaire offre dorénavant un intérêt presque égal à celui qu'offre l'âge adulte, ou plutôt, ce qu'il importe de considérer, c'est l'évolution complète de l'être depuis le moment où il a une existence propre, jusqu'au moment où il disparaît. Et il en est des êtres collectifs comme des êtres individuels.

Le caractère universel de l'évolution la place dans le domaine de la métaphysique.

La philosophie comme l'expose Spencer dans le premier chapitre de cette Seconde Partie, revendique comme son objet propre les principes qui se vérifient à la fois pour tous les ordres de phénomènes dont s'occupent les sciences particulières. Elle est, dans la mesure du possible, la connaissance « complètement unifiée ». La métaphysique générale étudie les vérités les plus hautes en elles-mêmes, tandis que la métaphysique spéciale comprend l'interprétation des principaux groupes de phénomènes au moyen de ces vérités. Cette définition comprend, sinon la philosophie toute entière, du moins tout le domaine de la philosophie réelle.

Rien ne permet d'affirmer *a priori* que les causes de l'évolution sont partout les mêmes, ni qu'elles peuvent être ramenées à une cause générale. Mais quelque différentes qu'on les suppose, il est possible ou même probable qu'elles suivent dans leur action certaines lois communes. Il appartient au philosophe de les rechercher.

L'étude de l'évolution appartient donc sans aucun doute à la Philosophie, et même, si l'on songe que c'est par les changements auxquels elles sont soumises que les choses acquièrent leur nature et leurs propriétés, cette étude a une portée qui s'étend à la philosophie tout entière des êtres qui sont l'objet de notre expérience.

D'autre part une étude qui envisage toutes les formes de l'évolution doit se proposer uniquement comme but de découvrir des lois très générales.

La description d'un groupe d'animaux ou de plantes comprend des caractères d'autant plus universels et par là même plus simples qu'il s'agit d'un groupe plus vaste. La présence de ces caractères dans tous les groupes n'empêche pas la présence d'autres caractères moins universels, qui introduisent dans ce groupe des subdivisions, lesquelles vont se subdivisant elles-mêmes jusqu'à l'individu. Celui-ci se distingue également de tous les autres par certaines notes. Ainsi en est-il des lois qui gouvernent les phénomènes. Si l'évolution d'une société politique et celle d'une société commerciale suivent certaines lois communes, chacune cependant a en outre des lois particulières de développement. Celles-ci ne contredisent pas les lois générales et même leur sont subordonnées ; elles n'en sont pas pourtant de simples corollaires, mais résultent de la nature propre de chaque société. A plus forte raison, les lois très générales qui s'appliquent à tous les genres d'évolution ne peuvent pas prétendre les gouverner *à elles seules*, à l'exclusion des lois particulières.

Cette remarque est de la plus haute importance, et si Spencer ne la fait pas ici c'est qu'elle se justifie d'elle-même. Il écrit ailleurs : « Nous ne devons pas nous attendre à ce que la loi générale du progrès (de l'évolution) nous fournisse une explication immédiate de telle ou telle forme de progrès fort peu semblables entre elles : étant en rapport avec des ordres de faits très divers, elle n'a de rapport particulier avec aucun ordre de faits spécial » (1).

En outre, il importe de remarquer que les lois, quelles

---

(1) *Essais de morale, de science et d'esthétique*. Trad. BURDEAU. Paris 1891 p. 42.

qu'elles soient, générales ou particulières, ne suffisent pas pour expliquer les phénomènes dans leur forme déterminée. Il faut tenir compte des agents et des circonstances. Un problème de mécanique n'est point défini si l'on connaît les lois suivant lesquelles agissent les uns sur les autres les êtres matériels ; il faut en outre dire quels sont les corps particuliers que le problème envisage, quel est leur nombre, leur situation, leur masse, les mouvements dont ils sont animés, les forces extérieures à l'action desquelles ils sont soumis. Pour décrire les mouvements des planètes, il ne suffit pas de connaître la loi de la gravitation qui est commune à tous les systèmes, mais il faut en outre savoir les masses relatives du soleil et des planètes, le nombre de celles-ci, leur situation à un moment donné et en général tous les éléments caractéristiques du système solaire.

L'histoire intérieure d'une société ne dépend pas seulement des lois qui fixent les droits et les devoirs de chaque classe de citoyens, mais encore, — indépendamment de la liberté, — du nombre et de la qualité des hommes que chaque classe comprend et toutes les circonstances dans lesquelles ils agissent.

Ainsi en est-il, d'une manière générale, dans la question qui nous occupe. La marche des phénomènes qui constituent une évolution quelconque est déterminée non pas uniquement par les lois qui la régissent, mais bien aussi par les éléments qui y interviennent et surtout par la situation que l'on prend comme point de départ.

Néanmoins, dans les phénomènes, les lois sont ce qu'il y a de plus général et de relativement immuable. Elles sont par excellence l'objet de l'étude scientifique, parce que seules elles confèrent à la Science ce caractère d'universalité et de nécessité qui est son apanage.

Avant d'étudier l'évolution en elle-même, il est indispensable de considérer les éléments qui y interviennent et les lois auxquelles ils se conforment. Tel sera l'objet de ce chapitre et du suivant. Nous allons dorénavant nous trouver fréquemment d'accord avec Spencer. Lorsque nous n'approuverons pas ses idées, nous aurons toujours soin, comme nous l'avons fait jusqu'ici, de justifier notre appréciation et d'opposer à l'opinion de Spencer celle que nous croyons devoir préférer. Quant aux doctrines que nous adopterons, nous tâcherons de les confirmer de notre mieux et de les compléter, si possible. Nous n'avons pas pu, dans ce dernier cas, éviter toujours un entrelacement de nos propres idées avec les enseignements de Spencer. L'inconvénient qui en résulte est minime et la lecture des Premiers Principes suffirait en tous cas pour y remédier.

Avant d'aborder l'examen des éléments de l'évolution, Spencer commence par proposer des notions de la vérité et de la distinction entre le monde objectif et subjectif qu'il nous faut brièvement examiner.

*
* *

La vérité. On appelle communément *vraie* la connaissance qui affirme ce qui est ou nie ce qui n'est pas, *fausse* au contraire celle qui affirme ce qui n'est pas ou nie ce qui est. Le bon sens fait donc consister la vérité dans la conformité entre la connaissance prise objectivement et la réalité: *adaequatio intellectus et rei*.

Si l'on professe que nos connaissances n'atteignent pas la réalité, cette définition de la vérité doit être abandonnée. « Exclus, dit Spencer, comme nous le sommes de tout ce qui dépasse le relatif, la vérité, dans sa forme la plus élevée, ne peut être pour nous rien de plus que la concordance parfaite dans tout le champ de notre expérience, entre les représentations des choses que nous appelons idéales et les présentations des choses que nous appelons réelles. Si, quand nous découvrons qu'une propositon n'est pas vraie, nous voulons dire tout simplement que nous avons découvert une différence entre une chose attendue et une chose perçue et rien de plus, il faut qu'un corps de conclusions, dans lequel il ne se présente jamais de différence de cette nature, soit ce que nous appelons un corps de conclusions entièrement vrai. » (1)

Il ne faut point oublier que si on fait consister la vérité d'une proposition *idéale* dans sa concordance avec une expérience, c'est parce qu'on suppose que l'expérience manifeste la réalité. Si les « présentations de choses que nous appelons réelles » ne manifestent rien de réel, toute raison d'appeler vraies les représentations qui sont d'accord avec elles disparait.

En outre, autre chose est la fausseté d'une proposition, autre chose la reconnaissance de cette fausseté. Une proposition ne peut être reconnue fausse que si elle contredit une autre connaissance de l'esprit, mais rien n'empêche qu'elle ne *soit* fausse en l'absence de cette condition. Une théorie qui repose sur des observations erronées forme un corps de doctrine « où il ne se présente aucune différence » tant que les observations n'ont pas été corrigées. Et cependant cette théorie est fausse, parce qu'elle n'est pas d'accord avec la réalité. On dira peut-être qu'elle contredit des connaissances futures ou possibles. Mais qu'est-ce qui permet d'affirmer que ces dernières sont possibles, si ce n'est l'existence d'une réalité avec laquelle les premières observations ne sont pas d'accord?

La définition de la vérité que donne Kant, plus générale que celle de Spencer, n'échappe pas à la même critique : « L'accord avec les lois de l'entendement, dit-il, constitue le formel de toute vérité. » (2) Mais précisément les lois de l'entendement reposent sur l'hypothèse de la réalité des objets que l'entendement représente

Ce qu'il faut accorder à Spencer, c'est qu'une proposition n'est *jugée fausse* que lorsqu'elle contredit une autre proposition qu'on juge vraie, et qu'au contraire, toute proposition est *jugée vraie* qui non seulement ne contredit pas mais s'accorde positivement avec une autre connaissance admise comme telle.

(1) P. P. p. 116 § 40 — F. P. p. 109.
(2) *Dialect. transcendant. Introd.* Ed. Tissot. vol. II. p. 2.

Spencer fait remarquer, non sans raison, que nos connaissances les plus générales se supposent souvent les unes les autres, de sorte qu'il est difficile d'en retenir une en faisant abstraction du reste et qu'on s'expose, lorsqu'on veut les justifier, à commettre un cercle vicieux en s'appuyant sur des propositions qui contiennent déjà implicitement celle qu'on veut démontrer. Il est donc préférable d'admettre d'abord provisoirement ces connaissances générales. Elles se trouveront justifiées par les conclusions auxquelles elles mènent et qui ne sont jamais démenties par l'expérience ni contradictoires entre elles.

On pourrait ajouter que ces affirmations générales : *il existe quelque chose ; il existe plusieurs choses ; certaines choses diffèrent et d'autres se ressemblent*, et ainsi de suite, s'imposent à l'esprit comme absolument évidentes et qu'il est inutile de chercher par des analyses subtiles ou des raisonnements à obtenir plus que l'évidence complète.

L'évidence de la vérité d'une proposition n'est point autre chose que l'évidence de la proposition elle-même ; et puisque, en fin de compte, l'évidence est, dans nos connaissances, le résultat au delà duquel on ne peut rien espérer, dès qu'une proposition se manifeste comme évidente, il est absurde de se demander s'il est bien sûr qu'elle exprime la vérité. L'analyse doit plutôt s'attacher à démêler dans la conscience ce qui est évident de ce qui ne l'est pas et à l'exprimer convenablement.

Parmi ces postulats provisoires, se trouve, d'après Spencer la véracité du « témoignage que rend la conscience lorsqu'elle affirme que certains de ses états sont semblables ou dissemblables » (1).

Spencer entend par *états de conscience* toute notion d'un objet. Dès lors, exprimer que des états de conscience sont semblables ou dissemblables c'est formuler un jugement affirmatif ou négatif. Si ces jugements ne contiennent que ce que la conscience voit, on les appelle

---

(1) P. P. p. 147 § 41 F. P. p. 110.

évidents. Que leur vérité doit être admise sans qu'il soit nécessaire ni possible de la démontrer, c'est précisément ce que nous venons de dire. « On ne peut pas prouver qu'elle (la conscience) est mensongère en ceci qui est son acte primordial, puisque..... la preuve implique une acceptation redoublée de cet acte primordial » (1).

* *
*

Le moi et non-moi.
Une des premières et des plus fondamentales *différences* que la conscience affirme est celle du *moi* et du *non-moi*, du sujet et de l'objet.

Cette distinction, d'après Spencer, est basée sur l'existence d'une double classe d'états de conscience, les uns forts, les autres faibles. Les premiers sont les sensations proprement dites, les autres sont désignées par Spencer sous le nom d'*idées*. Cette dernière catégorie comprend donc toutes les connaissances qui ne sont pas des sensations ; elle réunit et même confond des choses fort différentes : les représentations concrètes de l'imagination, les concepts abstraits, les jugements. L'épithète *faible* convient bien aux perceptions imaginatives qui ne sont que la reproduction diminuée de sensations précédentes ; mais il n'y a pas de raison de l'appliquer aux idées abstraites ni aux jugements. Aussi sont-ce principalement les premières que Spencer a en vue.

Entre les deux catégories il découvre des différences qu'il expose longuement et résume comme suit : 1. « Les manifestations de l'un (des ordres) sont vives et celles de l'autre sont faibles. » 2. « Celles de l'un (les manifestations d'un des deux ordres) sont des originaux, tandis que celles de l'autre sont des copies. » 3. « Les premières forment entre elles une série ou un courant hétérogène qui n'est jamais interrompu, ou, pour parler avec rigueur, dont on ne connaît jamais directement l'interruption. » 4. « Celles du premier ordre adhèrent entre elles

---

(1) P. P. p. 148 § 41 — F. P. p. 110.

non seulement dans le sens longitudinal, mais aussi dans le transversal ; celles du second s'unissent de la même manière. » 5. « Ces adhérences sont indissolubles pour le premier ordre, mais pour le second elles sont pour la plupart très faciles à rompre. » 6. « Tandis que les termes de chaque série, les parties de chaque courant, sont unis par des adhérences si intimes que le courant ne peut se diviser, les deux courants glissant en réalité côte à côte ne contractent que de faible adhérences ; le grand courant vif résiste absolument au faible et celui-ci peut presque s'isoler du vif. » 7. Les conditions sous lesquelles les manifestations de chacun des deux ordres se présentent appartiennent elles-mêmes à cet ordre ; mais si dans l'ordre faible les conditions sont toujours présentes, dans l'ordre vif il arrive souvent que les conditions ne le sont pas, et qu'elles sont quelque part en dehors de la série. Sept caractères distincts servent donc de signe à ces deux ordres de manifestations et les distinguent l'un de l'autre. » (1)

Quoique ces différences suffisent en général pour classer une perception dans l'une des deux catégories, elles ne sont cependant pas, même réunies, tellement nettes que ce classement puisse toujours se faire sans incertitude. Les caractères 4 et 6 sont des ressemblances entre les deux séries plutôt que des différences ; de même le caractère 3 appartient, de l'aveu de Spencer, (2) aussi bien à la seconde qu'à la première. Lui-même fait observer que le caractère 1 est insuffisant. (3) La différence 2 n'existe que quand nous percevons un objet pour la première fois. Le caractère 5 n'est pas absolu pour les perceptions de la seconde série, et enfin le caractère 7, qui est le principal, ne se vérifie pas toujours en ce qui concerne la série vive, comme il est évident ; et quoique

---

(1) P. P. p. 161-162. § 43 — F. P. pp. 119-120. Nous avons ajouté les numéros au texte de Spencer.
(2) P. P. p. 155 § 43 — F. P. p. 115
(3) P. P. p. 152 § 43 — F. P. p. 113

— 141 —

Spencer en dise, il ne se vérifie pas non plus uniformément en ce qui concerne la série faible, dans laquelle surgissent très souvent des *idées* dont il nous est impossible de trouver l'origine.

La division n'est pas nette et cette raison suffit pour que nous ne la confondions pas avec la distinction entre le moi et le non-moi qui est tout-à-fait claire.

D'ailleurs, que signifie exactement l'affirmation qu' « en employant les mots *moi* et *non-moi* nous voulons dire, par le premier, la force (l'Inconnaissable) qui se manifeste dans les formes faibles et par le second la force qui se manifeste dans les formes vives » ? Toute connaissance, en tant qu'état de conscience, appartient au moi, qu'elle soit vive ou faible. Quand je vois une maison, l'objet que je vois appartient au non-moi, mais l'acte de vision appartient au moi. C'est ce que j'exprime en disant : *Je* vois.

La connaissance peut représenter soit un objet extérieur, soit une affection du sujet lui-même et cela, encore une fois, qu'elle soit faible ou vive. Personne ne rangera parmi les représentations faibles la connaissance que j'exprime lorsque je dis : je vois, j'entends, je marche ; et cependant leur objet est le moi ; l'on range au contraire parmi les représentations faibles le souvenir que je conserve d'un paysage, quoique, dans ce cas, l'objet appartienne au non-moi.

La distinction entre le moi et le non-moi est évidente, et l'on peut en général séparer nos représentations en fortes et en faibles ; mais il nous est impossible d'admettre que ces deux divisions se correspondent.

* *

'espace
le temps.

Les êtres dont nous avons l'expérience sont des êtres matériels ; leur évolution implique des mouvements déterminés par des forces ; elle s'accomplit dans l'espace et dans le temps. Spencer consacre donc un chapitre à fixer la signification qu'il faut attacher aux mots : *espace, temps, matière, mouvement, force*. On se rappelle que notre auteur a prétendu, dans la Première Partie, montrer l'inconcevabilité des objets qu'ils désignent. « J'ai montré, dit-il, que nous ne connaissons rien de ces formes considérées en elles-mêmes. Cependant comme nous sommes obligés de continuer à employer les mots qui leur servent de signes, il est néanmoins nécessaire de dire le sens que nous leur donnons. » (1) Le sens d'un mot, c'est précisément la chose dont ce mot est le signe. Si nous ne connaissons rien au sujet de cette chose, comment expliquerons-nous le sens du mot ? Nous touchons encore une fois du doigt la contradiction qui se trouve au fond de la théorie de l'Inconnaissable.

Spencer emploie encore inutilement quelques pages à la mettre d'accord avec le bon sens. Elle n'empêche pas, prétend-il, de dire que les objets de nos connaissances sont réels. « Que veut dire le mot réel ?..... Par réalité nous entendons *persistance* dans la conscience : une persistance, ou bien inconditionnelle comme l'intuition de l'espace, ou bien conditionnelle comme l'intuition d'un corps que nous tenons à la main. Ce qui distingue le ciel tel que nous le concevons, c'est le caractère de la persistance ; c'est par ce caractère que nous le séparons de ce que nous appelons non-réel. Nous distinguons une personne placée devant nous de l'idée de cette personne, parce que nous pouvons écarter l'idée de la conscience, tandis que nous ne pouvons pas en écarter la personne quand nous la regardons. » (2)

Il faudra d'après cela juger non-réelle la personne dont nous n'avons qu' « une idée », un souvenir que nous pouvons écarter de la conscience ; une chose ne sera réelle qu'autant qu'elle persiste dans la conscience, elle cessera d'être réelle dès qu'elle n'y persiste plus ! Nous ne contesterons pas que ce ne soient là des conséquences légitimes du *phénoménalisme*, mais ce n'en sont pas moins des propositions absurdes.

---

(1) P. P. p. 166 § 45 — F. P. p. 122.
(2) P. P. p. 169 § 46 — F. P. p. 125.

Spencer nous le savons repousse la théorie kantienne qui fait de l'espace et du temps des formes subjectives de la sensibilité.

Nous avons déjà cité le passage où il définit le temps comme la conception abstraite de toutes les séquences, et l'espace comme la conception abstraite de toutes les coexistences. Pourvu qu'on comprenne que, dans cette dernière définition, il s'agit des coexistences d'êtres étendus, on peut admettre ces notions.

Spencer pense que notre perception de l'étendue est dépendante du sens musculaire. C'est par l'expérience de tensions musculaires adaptées à la résistance qu'offrent les contours de l'objet et d'autres mouvements adaptés à l'étendue que naît en nous cette perception. Ainsi l'intuition de l'espace aurait son origine dans des expériences de *force* (il vaudrait mieux dire *d'effort*).

Cela ne doit pas être admis sans restriction. Il ne faut point confondre le sens musculaire avec le toucher. Si je repose la main sur un objet sans faire aucun effort musculaire, je perçois la surface étendue de cet objet par le seul toucher.

La vue aussi perçoit les objets étendus, du moins en longueur et en largeur Spencer (1) prétend à la vérité que la vue ne perçoit l'étendue qu'en connexion avec des expériences de mouvement ; mais il confond à notre avis, l'appréciation des distances et des dimensions qui dépend probablement de ces expériences, avec la perception de l'étendue. L'image visuelle, comme l'impression de contact, est étendue indépendamment de toute association. D'autre part, il faut reconnaître que l'expérience des mouvements exécutés par le sujet sentant semble nécessaire pour acquérir la connaissance d'une étendue à trois dimensions qui est, en somme, l'espace véritable.

N'importe quels mouvements conscients de nos membres sont capables de nous donner cette perception. Il n'est

---

(1) *Principes de psychologie*. Trad. RIBOT et ESPINAS. Paris 1875 vol. II p. 171 § 326.

pas nécessaire pour expliquer sa genèse de recourir à des efforts qui rencontrant un obstacle extérieur nous renseignent sur l'étendue résistante des corps solides. La notion d'espace sera donc liée à l'expérience de *l'effort nécessaire pour mouvoir nos membres*, mais non pas nécessairement à l'expérience d'une force de résistance extérieure. Enfin, de cette connexion d'origine on ne peut pas déduire que la notion d'espace a pour *objet* un effort ou une force. La représentation que nous en avons actuellement n'éveille plus en nous aucune image semblable, mais seulement des images visuelles ou tactiles. Puisque l'œil perçoit des objets situés en dehors les uns les autres, l'imagination pourra représenter des objets distincts dans des plans différents, une fois acquise la notion de profondeur, et c'est bien ainsi qu'actuellement nous *voyons* les objets.

Spencer suppose dans la suite que l'idée de temps a de même son origine dans une expérience de force ; mais il ne dit rien ici pour appuyer cette manière de voir. *La conception abstraite de toutes les séquences* ou successions n'a qu'un rapport indirect avec l'idée d'une force qu'on peut concevoir comme la cause des changements impliqués dans ces séquences. Dans les *Principes de Psychologie* (1) Spencer insiste sur l'union étroite qui existe entre la perception de temps et celle d'espace.

Ces deux notions sont certainement très voisines, mais nous ne voyons cependant pas de raison d'admettre que la première dépend de la seconde. Tous les changements ne sont pas perçus par nous comme des mouvements. Si nous nous représentons d'ordinaire une suite d'événements comme une série d'objets alignés dans l'espace, ce fait est dû sans doute à la prédominance dans l'imagination des images visuelles, mais on aurait tort d'en conclure que l'idée de temps dépend essentiellement de l'idée d'étendue. Cette question relève de la psychologie. Bergson, notamment, en a fait l'objet d'une analyse très

---

(1) *Ibid.* p. 212 sq. § 336.

subtile. (1) Il nous suffit ici d'avoir rappelé, d'accord, en somme, avec Spencer, que l'espace n'est pas autre chose que l'étendue des corps conçue d'une manière abstraite, et que le temps dans son acception propre est la durée des changements continus qui s'y produisent.

* * *

matière.
« Nous concevons la matière, dit Spencer, comme des positions coexistantes qui opposent de la résistance ; c'est l'idée la plus simple que nous puissions nous en faire ; nous la distinguons ainsi de notre conception de l'espace dans laquelle les positions coexistantes n'offrent aucune résistance. Nous concevons le corps comme borné par des surfaces qui résistent et comme composé entièrement de parties qui résistent. » (2)

On attribue parfois à la matière l'*impénétrabilité* comme caractère essentiel et l'idée qu'on s'en fait est sans doute très voisine de ce que Spencer appelle ici *la résistance*. Nous préférons cette dernière dénomination parce qu'elle constate le fait sans impliquer aucune théorie métaphysique.

Des deux caractères essentiels de la matière, l'étendue et la résistance, lequel faut-il considérer comme primordial ? Spencer prétend que c'est la résistance, parce que, dit-il, « les expériences d'où nous tirons par abstraction notre conception de l'espace ne nous viennent que des impressions de résistance produites sur l'organisme. » (3) Nous venons de dire ce que nous pensons de cette affirmation. Mais fût-il vrai que nous *connaissons* l'étendue secondairement, il ne s'ensuivrait pas encore que la résistance est *réellement* l'attribut primordial de la matière.

Si par *résistance* on entend *l'impénétrabilité* proprement

---

(1) *Essai sur les données immédiates de la Conscience.* Paris 1906 pp. 69 sq.
(2) P. P. p. 175 § 48. — F. P. p. 129.
(3) P. P. p. 176 § 48. — F. P. p. 130.

dite, c'est-à-dire l'impossibilité de faire *pénétrer* un corps dans l'espace actuellement occupé par un autre, on peut soutenir que cette propriété n'est pas différente de l'étendue concrète. (1) Si, au contraire, l'on veut signifier la répulsion que les corps exercent les uns sur les autres et en vertu de laquelle ils se maintiennent toujours à distance réelle quoique souvent insensible, ce qui est probablement le fait, l'exercice de cette *force suppose* l'existence du corps auquel elle appartient et sa présence à tel endroit. Ainsi considérée la résistance serait donc *dans la réalité* postérieure à l'étendue.

Spencer se représente la matière comme composée « d'atomes étendus et résistants » et admet « un éther universel composé de molécules ». (2) C'est, on s'en souvient, la conception même que nous avons défendue contre les critiques de Spencer dans la première partie de ce travail. Il est vrai que là elle est présentée comme une réalité, tandis qu'ici elle est « la manifestation d'un mode de l'Inconnaissable uni à la matière par la relation de cause à effet ». (3) Mais comment les contradictions qu'on prétendait y découvrir disparaissent-elles par sa transposition de la réalité dans le phénomène ? Spencer objectait que si les unités qui composent la matière sont étendues, elles seront incompressibles et qu'alors « la loi de continuité dont la négation est inconcevable sera violée dans tous les cas de collision ». (4) Est-ce que cette difficulté n'existe plus pour la matière-phénomène ? Les idées de la loi de continuité, de collision, de compressibilité n'ont-elles pas pour objet des phénomènes ? Et, dès lors, le raisonnement tout entier ne s'applique-t-il pas au monde phénoménal ? N'est-ce point une incohérence de réfuter au moyen de notions tirées de l'expérience une hypothèse qu'on déclare d'autre part être « le résultat nécessaire de notre expérience » ? (5)

---

(1) Cf. Bergson *op. cit* p. 66 67.
(2) P. P. p. 177 § 18 — F. P. pp. 131.
(3) *Ibid.*
(4) p. 54 § 16 passage. supprimé dans l'édition de 1900.
(5) P. P. p. 177 § 18 — F. P. p. 131.

Admettons donc avec Spencer l'hypothèse atomique telle qu'elle est communément reçue aujourd'hui. Si elle a besoin d'être précisée et peut-être corrigée par le progrès scientifique, elle peut néanmoins être considérée comme acquise définitivement quand à ses données essentielles : des atomes pondérables, des forces, une matière impondérable occupant les interstices interatomiques et les espaces interastraux. Admettons aussi que la matière ne se manifeste à nous que par des forces et notamment par la force de résistance, quoique ces forces ne soient pas toujours, ni même en général, perçues directement comme telles.

*
* *

L'idée de mouvement implique l'idée d'étendue puisque le mouvement consiste à parcourir l'étendue, — de temps, puisqu'il constitue une succession de positions, — et de matière, puisqu'on ne peut concevoir le mouvement que d'un être situé dans l'espace et, par conséquent, étendu.

La perception des mouvements que nous exécutons est accompagnée d'une expérience d'effort musculaire, mais il n'en est pas de même pour les mouvements que nous percevons hors de nous et nous croyons que la notion de mouvement est indépendante de cette notion d'effort, aussi bien que la notion d'espace et de temps.

La conscience que nous avons d'exécuter des mouvements peut certainement nous fournir, par abstraction, l'idée générale de force, mais cette idée peut se déduire de toute expérience de mouvements se produisant régulièrement dans certaines circonstances déterminées. Cela n'empêche pas d'admettre que la perception du mouvement est une « manifestation de force » puisque aussi bien le mouvement est lui même une force.

*
* *

La force.   Spencer termine l'analyse sommaire de ces idées scientifiques fondamentales par l'examen de la notion de *force*. Nous avons déjà signalé dans la Première Partie la confusion qu'il fait entre cette notion et la conscience de l'effort. L'effort détermine la mise en œuvre d'une force appartenant au sujet, et c'est comme phénomène subjectif qu'il est perçu par la conscience. S'il s'agit de l'effort musculaire, le seul dont Spencer fasse mention, il a exclusivement pour objet le mouvement des membres et il est évidemment impossible de l'identifier, par exemple, avec l'attraction qu'un corps exerce sur un autre. L'effort que perçoit la conscience ne peut même pas se confondre avec la force que déploie le muscle et ne lui est pas proportionnel.

Le vulgaire s'accorde avec les savants pour concevoir la force dans son acception générale comme *la cause* (productrice ou modificatrice) *du mouvement*. Nous sommes capables nous-mêmes d'exécuter certains mouvements et nous avons conscience, sous forme d'effort plus ou moins intense, de l'activité déployée par notre faculté motrice. Mais nous ne nous figurons pas que dans les gaz qui font éclater une bombe, il se rencontre quelque chose de semblable.

Si la force est le « principe des principes » (1), ce n'est certainement pas l'effort dont nous avons conscience. Dès lors nous ne voyons pas l'importance que Spencer attache à nous faire considérer les notions d'espace, de temps, de matière et de mouvement comme dérivées de la perception d'effort ou de mouvement musculaire. Si la matière nous est connue comme une manifestation de la force, cela doit s'entendre avant tout de la force de résistance, comme nous l'avons dit. Même si cette résistance était « mesurée par la tension musculaire » (2) ce qui est au moins inexact, il ne s'ensuivrait pas encore qu'il faut la confondre avec elle.

---

(1) P. P. p. 179 § 50 — F. P. p. 132.
(2) P. P. p. 174 § 47 — F. P. p. 128.

L'espace et le temps, comme le dit très bien Spencer, (2) ne sont que les conditions sous lesquelles se présentent la matière et le mouvement ; et puisque le mouvement aussi bien que la matière se manifestent à nous sous forme de force, nous sommes amenés à considérer l'Univers en tant qu'objet de notre expérience sensible, comme une manifestation, non point d'effort, mais de force ; quoique, bien entendu, la sensibilité ne la perçoive pas sous cette formalité générale, mais bien sous les formes concrètes de couleur, son, résistance, chaleur, etc. dont plusieurs ne sont connues comme forces que grâce au raisonnement.

De même que la matière désigne l'ensemble de tous les corps, de même on peut appeler *la force* l'ensemble de toutes les forces de l'Univers. Il ne faudrait pas conclure de cette manière de parler qu'il n'y a qu'une espèce de corps ou qu'une espèce de forces. On a parfois émis l'idée que toutes les forces de l'Univers ne sont que du mouvement. Mais cette conception ne résiste pas à l'examen et elle est aujourd'hui, croyons-nous, complètement abandonnée. Il y a donc d'autres forces que le mouvement. Nous pouvons en nommer plusieurs : l'attraction universelle, l'élasticité de l'éther et ainsi de suite, mais sans être certain que ce sont des forces élémentaires. Elles ne sont peut-être que des résultantes de forces plus complexes ou des cas particuliers de forces plus générales. En ce sens il est vrai de dire que nous ignorons la nature intime des forces. En outre, la relation de cause qu'elles contiennent, quoique de notion fort simple et imposée par l'expérience et par l'analyse, n'en reste pas moins enveloppée d'obscurité.

Dans les formules de mécanique, la force ne figure qu'en tant qu'elle est représentée par son effet qui lui sert de mesure et qui est la quantité de mouvement : $f = mg$, le temps étant 1. On peut ainsi faire abstraction de la notion de cause. Mais en philosophie il n'en est pas de

---

(1) P. P. p. 179 § 50 — F. P. p. 132.

même ; le principe de causalité ne permet pas d'admettre des mouvements sans causes et à moins de professer l'occasionalisme, il faut admettre que les causes des mouvements se trouvent dans les corps. Telle est la notion de force.

Nous pouvons distinguer dans la nature trois catégories de forces : 1° les forces mécaniques *stricto sensu* dont l'action consiste à imprimer aux masses corporelles un mouvement suivant une ligne déterminée par le siège de la force et son point d'application. Le mouvement produit par une telle force se combine évidemment avec les mouvements déterminés par d'autres forces, mais il est en lui-même absolument déterminé. Il est probable que toutes les forces de la nature inorganique (physico-chimiques) appartiennent à cette catégorie.

2° Les forces organiques ou plastiques dont l'action consiste à produire une certaine forme ou organisation ou à exercer certaines fonctions en vue de la forme. Pour réaliser leur effet propre, elles doivent imprimer aux masses matérielles des mouvements différents suivant les circonstances dans lesquelles elles agissent.

3° Les forces psychiques ou intentionnelles dont l'action est guidée par la connaissance : perceptions sensibles ou connaissances rationnelles ; dans ce dernier cas nous tenons qu'elles jouissent de la liberté.

Cette division laisse ouverte la question de la nature intime de ces forces, ainsi que la question de leur différence essentielle. Le mécanisme consiste à admettre que tous les phénomènes matériels qui s'accomplissent dans les corps vivants ou non vivants peuvent s'expliquer par les forces de la première catégorie et se réduisent donc, en dernière analyse, aux phénomènes physico-chimiques. Les forces organiques ne sont autre chose, d'après cette philosophie, que des combinaisons complexes de forces mécaniques. Quant aux phénomènes psychiques ils ne seraient que l'envers, c'est-à-dire le côté subjectif des phénomènes mécaniques eux-mêmes.

Ce mécanisme est adopté par Spencer. Nous aurons dans la suite l'occasion de l'apprécier.

S'il est vrai que l'Univers se présente à nous comme une manifestation de force, il n'est cependant pas possible de le considérer comme constitué par la force seule. L'expérience nous apprend que le mouvement, comme force, comprend deux éléments: la masse et la vitesse. Celle-ci n'est qu'une modalité du mouvement et en est inséparable, mais la première en est séparable, et, isolée, elle ne constitue pas une force. La masse peut être et est en effet le siège de certaines forces et l'objet sur lequel elles s'exercent, mais elle ne leur est point identique. On définit parfois la masse comme la quantité d'inertie. Cette définition ne nous plait pas parce que l'inertie est une propriété négative qui n'admet pas de degré. Nous préférons considérer la masse comme un élément irréductible et caractéristique des corps qui se manifeste à nous par le fait qu'il faut une force plus ou moins grande pour leur communiquer une certaine vitesse, et qui, dès lors, est représentée par le rapport de la force à l'accélération.

En outre nous avons vu que l'étendue, tout en se manifestant par la force de résistance, ne doit pas être confondue avec elle, et d'autre part nous ne savons pas quelles sont les relations de l'étendue réelle avec la masse, ni même si ces relations existent. Les notions de l'une et de l'autre sont en tous cas différentes. De sorte que dans l'Univers matériel, nous rencontrons quatre éléments distincts: *l'étendue, la masse, le mouvement* et *des forces* qui ne sont pas du mouvement.

Tous les phénomènes matériels comportent des déplacements de masses corporelles et, en tant qu'objets de l'expérience externe, ils se réduisent à cela. On peut donc à cet égard les décrire en termes de matière et de mouvement. Cette manière de les envisager ne préjuge en rien la question de savoir quelle est leur nature intime ou la nature des forces par lesquelles ils sont produits. A plus forte raison ne préjuge-t-elle pas la question de savoir s'il n'y a pas d'autres phénomènes que les phénomènes matériels, inaccessibles ceux-là à l'observation externe, du moins en eux-mêmes, mais manifestés dans la conscience. Cependant cette activité immatérielle, qui est exercée d'après nous par la raison et par la volonté de l'homme, n'appartient à la présente étude que par les relations qu'elle a avec les phénomènes matériels ou phénomènes de mouvement. L'étendue, la masse, le mouvement, des forces qui peuvent être mécaniques, organiques ou plastiques : tels sont donc les éléments de l'évolution.

Quoique le mouvement soit une force en tant que les mouvements des corps se modifient réciproquement, cependant toutes les forces ne sont pas des mouvements : la raison d'être de certains mouvements ne se trouve pas *uniquement* dans d'autres mouvements. Il y a donc des causes de mouvement qui ne sont pas du mouvement et qui constituent la catégorie des *forces*. Nous avons fait remarquer aussi que la masse ne peut se confondre ni avec la force ni avec l'étendue, de sorte que les quatre éléments signalés ici doivent être considérés comme irréductibles.

Cela ne veut point dire qu'ils n'ont entre eux aucune relation, bien au contraire. D'abord ils sont toujours réunis : il n'y a pas dans l'Univers de corps immobiles, tous ont un volume, une masse et sont le siège de forces.

Les corps occupent l'espace par leur étendue qui est donc la condition essentielle du mouvement. Celui est l'effet de la force, tandis que la masse s'exprime par une relation entre la force et le mouvement. Quoique le volume apparent soit variable, on admet généralement que le volume réel d'un corps est constant tout comme sa masse. Les forces, au contraire, et les mouvements varient sans cesse.

CHAPITRE II.

LES PRINCIPES

§ I. L'indestructibilité de la matière comme principe à priori. — L'indestructibilité de la matière comme résultat d'induction. — L'indestructibilité de la matière et la persistance de la force.

Après avoir examiné les éléments des phénomènes matériels, Spencer étudie les principes généraux qui les gouvernent et qu'il faut supposer comme base dans la recherche de la loi d'évolution.

Le premier est *l'indestructibilité de la matière*.

Que dans les phénomènes il y a des transformations de matière et jamais de destruction ni de création, c'est une vérité expérimentale reconnue plus clairement à mesure que l'on a étudié les faits avec plus de soin. Elle est donc certainement une loi fondamentale de l'ordre naturel.

Est-elle une proposition certaine *à priori*, c'est-à-dire indépendante de l'induction consciente et devons-nous dire que la destruction d'une partie de la matière est « inconcevable »? Une remarque est ici nécessaire. On ne peut pas concevoir une *transformation* de la matière aboutissant au non-être; ce serait une transformation sans terme, ce qui est contradictoire. Il est donc vrai que la matière ne peut pas *devenir* rien, de même que rien ne peut pas *devenir* quelque chose. Toute transformation suppose deux termes: un point de départ et un point d'arrivée. Si l'on a en vue les actions transformatrices, telles qu'en exercent les agents naturels, il faut, sans nul doute, affirmer que la matière est indestructible. J'ajoute que toute action positive qui se termine à la matière ne peut être qu'une transformation, puisqu'elle a la matière comme sujet passif. On ne peut donc pas concevoir que la matière, ni une substance quelconque soit purement et simplement détruite, c'est-à-dire réduite à rien, par une action positive.

Mais est-il concevable qu'une partie quelconque de la matière n'existe pas, qu'ayant existé aujourd'hui elle n'existe plus demain? La réponse affirmative s'impose. Le raisonnement qui amène Spencer à la repousser n'a aucune valeur. Le voici tel qu'il a été remanié en 1875: « Concevez l'espace débarrassé de tous les corps excepté un. Maintenant imaginez ce corps restant ne changeant pas de place, mais fondant en rien, tout en restant en place. Vous n'y réussirez pas. L'espace qui était solide ne peut être conçu comme vide sans déplacement de ce qui le rendait solide. Ce qui est appelé l'extrême incompressibilité de la matière est une loi admise par la pensée. A quelque petitesse de volume que nous concevions réduite une portion de matière, il est impossible de la concevoir comme réduite à rien. Alors que nous pouvons nous représenter ses parties comme rapprochées, nous ne pouvons pas nous représenter la quantité de matière comme devenant moindre. Pour le faire, il faudrait imaginer quelques unes des parties comprimées jusqu'à l'anéantissement, ce qui n'est pas plus possible que d'imaginer la compression de tout jusqu'à son anéantissement. » (1)

---

(1) F. P. p. 138 § 53.

Encore une fois : autre chose est comprendre et autre chose est se représenter par l'imagination. D'ailleurs qu'est-ce qui empêche d'imaginer une « quantité de matière comme devenant moindre » ? C'est un phénomène que nous constatons tous les jours. Il est vrai qu'aujourd'hui on l'explique par une contraction purement apparente qui consiste dans le « rapprochement des particules »; mais cela est affaire d'hypothèse et ne concerne en rien l'expérience ni l'imagination. Spencer ne note-t-il pas lui-même que l'observation vulgaire est en faveur de l'annihilation de la matière ? Si, d'après son système, l'évidence à *priori* n'est que l'accumulation héréditaire d'expériences innombrables, (1) quelles sont donc les circonstances nombreuses où nous *constatons* que la matière qui semble disparaître, non seulement n'est pas annihilée, mais a conservé la même quantité ? et comment est-il possible que ces expériences qui, en réalité, sont relativement clairsemées aient pu détruire l'évidence opposée qui devrait résulter des expériences contraires bien autrement nombreuses ? La vérité est que Spencer en défendant l'indestructibilité de la matière comme vérité à *priori*, renverse sa propre théorie sur l'origine expérimentale de ces vérités.

« La pensée, dit-il encore, est une position de relations. On ne peut poser de relation et par conséquent penser quand l'un des termes relatifs est absent de la conscience. Il est donc impossible que quelque chose devienne rien, par la même raison qu'il est impossible de penser que rien devient quelque chose ; et cette raison c'est que *rien* ne peut devenir un objet de conscience. » (2)

L'expression : « quelque chose devenant rien » est incorrecte. Une chose qui *devient* ne peut devenir que quelque chose. Devenir rien est donc, à la rigueur, contradictoire. Aussi ne s'agit-il pas de savoir si « quelque chose devient rien » ou si « rien devient quelque chose »,

---

(1) cf. *ibid* note p. 139.
(2) P. P. p. 186 § 53 — F. P. p. 138.

mais seulement si quelque chose peut cesser ou commencer d'être.

En outre *rien,* comme toute autre négation, est un objet de conscience. Il n'est même que cela puisqu'il n'est point un objet réel. C'est pourquoi on l'appelle, de même que les autres négations, un *être de raison* : il n'a d'objectivité que dans la raison, c'est-à-dire dans l'intelligence ou la conscience. Si le non être ou *rien* n'est pas un objet de conscience comment en parlerait-on ?

L'idée qu'on en a n'est pas une pseudo-idée. Les pseudo-idées sont des idées contradictoires ; ce ne sont pas vraiment des idées, du moins des idées précises, mais plutôt des mots accolés ou des notions unies non dans l'esprit mais seulement dans le langage. Il n'y a aucune contradiction dans l'idée de non-être. Elle est claire et a une signification déterminée.

On peut donc concevoir que la matière existant en ce moment n'existe plus au moment suivant et cesse, par conséquent, d'exister ; de même on peut concevoir que la matière n'existant pas maintenant existe dans la suite, c'est-à-dire, commence à exister. Dans ce sens, on peut concevoir que la matière est créée ou est détruite. « Je peux parfaitement me représenter, dit Renouvier, que telle chose qui tout à l'heure n'était pas, maintenant soit, et telle autre qui était ne soit plus ; c'est ainsi que j'envisage le changement, quand je pense aux phénomènes qui paraissent ou disparaissent dans l'ordre de l'expérience. » (1)

L'Univers est, d'après Spencer, une manifestation de l'Inconnaissable. Cette manifestation est nécessaire ou libre. Quelle raison avons-nous d'affirmer qu'elle est nécessaire ? Si elle est libre, elle peut être temporaire et avoir par conséquent un commencement et une fin. En cela, encore une fois, il n'y a rien d'inconcevable.

L'indestructibilité de la matière peut être considérée comme un principe *à priori* si on entend par là qu'aucune cause naturelle ne peut détruire la matière pas plus

---

(1) *op. cit.* 1886 t I p. 123

qu'elle ne peut la créer, mais non pas en ce sens qu'il soit impossible de concevoir la matière cessant d'exister. Et avant tout, la permanence de la matière et une vérité d'ordre expérimental.

*
* *

*estructi-
ilité
matière
e résul-
tat
duction.*

Jusqu'à quel point est-elle le fruit du progrès scientifique récemment accompli ? Spencer verse manifestement dans l'erreur à ce sujet. Nous n'examinerons pas jusqu'à quel point « les superstitions primitives ou la croyance à la magie.... supposent que sous l'action d'un charme puissant la matière peut être évoquée du non être ou rejetée dans la non existence » (1). Nous avouons n'avoir aucune lumière pour confirmer ou démentir ce renseignement. Mais il est faux que la destructibilité de la matière « domine l'enseignement de la théologie sur le commencement et la fin du monde » (2) ; il est faux aussi que la vérité contraire « n'a été mise hors de doute que dans les temps modernes et seulement par les hommes de science » (3).

Le commencement et la fin du monde n'ont rien à voir avec les lois de la nature et, en outre, personne n'a jamais cru que l'Univers est destiné à être annihilé.

Nous ne connaissons aucun philosophe qui, s'occupant des phénomènes naturels, n'ait enseigné que, dans tous, la matière se transforme et par conséquent ne s'annihile point. Les idées des atomistes grecs dont le poète Lucrèce nous a conservé les enseignements, ne diffèrent pas en substance, sur le point que nous considérons, des conceptions modernes.

Quant à l'école péripatéticienne, elle admettait dans la nature des transformations substantielles, mais pas de

---

(1) P. P. p. 183 § 52 — F. P. p. 134.
(2) P. P. p. 184 § 52 — F. P. p. 134.
(3) P. P. p. 187 § 53, passage modifié dans l'édition de 1900. Nous nous occupons plus loin de ce que ce remaniement contient de nouveau.

destruction ni de création de matière. Il est vrai qu'elle admettait la compressibilité réelle des corps ; mais, quoique Spencer en pense, comprimer un corps ne consiste dans aucune hypothèse « à faire disparaître certaines de ses parties. » (1)

Il n'y aurait pas, dans ce cas, de compression. La compression, comme la concevaient les péripatéticiens tout en diminuant le volume réel, respecte la substance ; elle n'a donc rien à voir avec la destructibilité de la matière.

Les théories de cette école étaient communément admises au moyen âge et comptent encore aujourd'hui des partisans. Quant à l'atomisme, il a été repris et perfectionné *à partir du XVIIe siècle.*

La découverte récente, due aux chimistes et principalement à Lavoisier, ce n'est pas l'indestructibilité de la matière, c'est la permanence du poids, ou, comme on dit mieux aujourd'hui, la permanence de la masse.

Spencer comprend dans l'indestructibilité de la matière la permanence de celle-ci « soit dans ses masses, soit dans ses atomes. » (2) La permanence des atomes est une hypothèse comme les atomes eux-mêmes, tandis que la permanence des masses est admise comme un fait. Il n'y a pas davantage lieu de distinguer la permanence « des quantités et des poids ». Si dans cet énoncé la quantité n'est pas la même chose que le poids ou la masse, qu'est-elle ? Pas, à coup sûr, le volume apparent qui est variable, ni le volume réel qui nous est inconnu.

Les anciens n'avaient aucune idée précise de la masse, mais ils admettaient que le poids des corps, qui est une conséquence de leur masse, peut varier lorsque les corps subissent des transformations sous l'action des causes naturelles ; et cela, à coup sûr, n'est pas inconcevable.

Néanmoins la chimie moderne enseigne que, de fait, le poids des corps reste constant à travers toutes les modifications qu'ils subissent. Aucun raisonnement *à priori*

---

(1) P. P. p. 186 § 53 — F. P. p. 183.
(2) P. P. p. 183 § 52 — F. P. p. 134.

ne peut amener cette conclusion, (1) mais seulement l'expérience.

Dans l'édition de 1900 Spencer ajoute à la fin de ce paragraphe la remarque suivante : « Il faut dire encore qu'aucune vérification expérimentale de l'indestructibilité de la matière n'est possible sans la supposition tacite de cette vérité. Car toute vérification exige des pesées et une pesée suppose que la matière formant le poids reste la même. » (2) Nous reviendrons bientôt sur cette observation. Qu'il nous suffise de dire ici qu'une pesée suppose non pas l'indestructibilité de la matière ou la persistance de la masse comme principe général, mais seulement l'identité de la masse du corps qui sert de poids pendant le temps de l'expérience.

Nous ne pouvons pas admettre la manière dont Renouvier présente la question de la permanence de la masse. « Ne connaissant, dit-il, la matière que par les corps et les corps que par leurs propriétés, il est clair que la seule manière que nous ayons de donner un sens à l'impossibilité empirique de la supprimer, c'est d'entendre par là l'existence permanente d'une propriété susceptible de mesure et qui se trouve constamment la même pour un même groupe de phénomènes bien circonscrit, quelques changements qu'éprouvent d'ailleurs les corps qui y prennent part. Cette propriété existe en effet, et c'est la pesanteur. » (3)

D'abord la pesanteur n'est pas constante, mais seulement la masse. Ensuite, l'impossibilité empirique de supprimer la matière a un sens dès que nous concevons qu'aucune partie de la matière ne s'annihile, ce qui n'empêche pas que toutes ses propriétés ne se modifient, y compris la masse. Enfin nous admettons qu'un corps comprend outre ses propriétés multiples et changeantes, un sujet unique

---

(1) cf. J. WARD. *Naturalism and Agnosticism*. Londres 1903 p.p. 86 sq.
(2) F. P. p. 138 § 53.
(3) *La Critique Philosophique*. 1880 vol. I. p. 120.

et permanent. La permanence de ce sujet à travers les changements qu'il subit, voilà l'indestructibilité de la matière, tandis que la permanence de la masse n'est que l'invariabilité d'une de ses propriétés.

∗ ∗

L'indestructibilité de la matière et la permanence de la force.

« Le fait qu'il nous importe le plus d'observer, dit Spencer, c'est la nature des perceptions qui nous fournissent perpétuellement des exemples de la permanence de la matière, d'où la Science tire la conclusion que la matière est indestructible. Ces perceptions, sous toutes leurs formes, reviennent simplement à ceci que la force exercée par une quantité donnée de matière est toujours la même. Telle est la preuve sur laquelle se fondent à la fois le sens commun et la science exacte. Quand par exemple nous disons qu'un individu qui existait il y a quelques années existe encore parce que nous l'avons vu hier, notre assertion revient à dire qu'un objet qui, dans un temps passé, a opéré dans notre conscience un certain groupe de changements, existe encore parce qu'un groupe semblable de changements a été produit de nouveau sur notre conscience : nous regardons la continuation du pouvoir de nous impressionner comme une preuve de la continuation de l'objet..... Nous voyons encore plus clairement que c'est en définitive par la force que nous mesurons la matière, dans les cas où la forme de la matière a changé. On remet à un orfèvre un morceau d'or pour en faire un bijou ; quand il le rapporte, le bijou paraît plus petit que le morceau d'or ; on le met dans une balance ; s'il fait équilibre à un poids bien moindre qu'auparavant, quand il était à l'état brut, on en conclut qu'il a perdu beaucoup, soit dans la manipulation, soit par une soustraction.

« Cela montre que la quantité de matière peut se déterminer finalement par la quantité de force gravitative qu'elle présente. C'est là l'espèce de preuve sur laquelle la Science base l'induction expérimentale de l'indestructibilité de la matière.....

« Ainsi donc par indestructibilité de la matière nous voulons dire l'indestructibilité de la *force* par laquelle la matière nous affecte. De même que nous n'avons conscience de la matière que par la résistance qu'elle oppose à notre activité musculaire, de même nous n'avons conscience de la permanence de la matière que par la persistance de la résistance qui se manifeste à nous directement ou indirectement. Cette vérité devient manifeste non seulement par l'analyse de la connaissance *a posteriori*, mais aussi par l'analyse de la connaissance *a priori*. Car ce dont nous ne pouvons concevoir la diminution par l'effet de la compression continuée de la matière, ce n'est pas sa propriété d'occuper l'espace, c'est son aptitude à résister. » (1)

Il est inexact de dire que la force exercée par une quantité donnée de matière est toujours la même. La pression d'un gaz est une force et varie avec la température ; les forces attractives et répulsives varient avec la distance ; l'affinité chimique des corps varie d'après les combinaisons dans lesquelles ils sont engagés.

Dans l'édition de 1900 la phrase que nous critiquons a été corrigée. Il y est dit que l'indestructibilité de la matière se manifeste en ce que « la force qui est contenue dans une quantité donnée de matière est toujours la même *dans les mêmes conditions.* » (2) Si ces derniers mots signifient : en l'absence de tout changement, alors, mais alors seulement il est vrai de dire que la même matière dans les mêmes conditions contient toujours la même force. Mais dans ce cas l'affirmation se réduit à une pure tautologie et il serait à coup sûr puéril de prétendre que l'indestructibilité de la matière se manifeste en ce qu'une quantité de matière *qui ne subit aucun changement* conserve la même force. Aussi nous est-il impossible de voir aucune preuve de cette indestructibilité dans le fait que le diamant se reconnait toujours à sa dureté et à sa réfringence, ce qui est l'exemple ajouté par Spencer.

---

(1) P. P. p. 189-190 § 54
(2) F. P. p. 138

Il est vrai que la masse ne varie pas *quelles que soient les circonstances et quels que soient les changements que subissent les corps,* et que l'invariabilité de la masse se manifeste par l'invariabilité du poids. Mais celle-ci n'indique la permanence d'aucune force, pas même de la force de gravité. Les variations de la gravité n'affectent en aucune manière le poids. Cela est trop connu pour qu'il soit nécessaire d'y insister.

La masse d'un corps, nous l'avons déjà dit, n'est pas une force, mais bien un rapport entre une force qui agit sur ce corps et l'accélération qu'elle y produit dans l'unité de temps; ou, si l'on préfère, la masse est une propriété du corps qui a son expression mathématique dans ce rapport.

S'il est vrai que l'attraction de deux corps est en raison directe de leurs masses, il est vrai aussi qu'elle est en raison inverse de leur distance qui est variable, les masses restant les mêmes. Autre chose est dire que la matière est indestructible dans sa masse, autre chose qu'elle ne peut subir aucun changement. Il est évident au contraire qu'elle en subit, et de très considérables. Un homme, non prévenu, mis en présence de l'ozone n'y reconnaitra certainement pas l'oxygène qu'il respire continuellement. Aussi l'ozone exerce-t-il des forces très différentes de celles de l'oxygène. Le poids de l'ozone est le même que celui de l'oxygène qui lui a donné naissance, mais cela, encore une fois, ne prouve la permanence d'aucune force. Pour l'expliquer il suffit de dire que les masses n'ont point varié et que la gravité est à chaque instant proportionnelle aux masses quelque changement qu'elle subisse d'ailleurs.

Sans doute, toute masse de matière offre toujours une certaine résistance, mais il serait puéril de prétendre que cette résistance telle qu'elle se manifeste à l'expérience, est toujours la même. La permanence de la masse n'est donc pas manifestée par la permanence de la résistance.

La matière étant indestructible, une partie quelconque de la matière exerce toujours certaines forces et offre toujours une certaine résistance et c'est ainsi que se manifeste son indestructibilité. Mais ce que Spencer a en vue c'est de faire admettre que *l'invariabilité* de la masse se manifeste par *l'invariabilité* de la force et cela est manifestement faux.

*
* *

§ II. La conservation du mouvement a priori et devant l'induction.

Un corps en mouvement, soustrait à toute influence extérieure, continue à se mouvoir indéfiniment en ligne droite d'un mouvement uniforme. Rien n'empêche d'appeler « continuité du mouvement » ce qui est exprimé par cet énoncé. Il affirme, en effet, qu'en dehors de toute action étrangère, donc de sa nature, le mouvement reste indéfiniment ce qu'il est.

Cette loi n'est qu'une conséquence du principe plus général d'inertie en vertu duquel aucun corps ne peut changer son propre état de repos ou de mouvement. Nous devons ces notions au génie de Galilée.

Spencer a raison de dire qu'elles étaient ignorées des Grecs. Aristote qui, parmi les anciens, a le mieux traité les questions physiques, admettait deux sortes de mouvements simples dont tous les autres sont composés, l'un naturel au corps, l'autre contre nature ou violent. (1) Il pensait que le corps réagit contre ce dernier qui, dès lors, tend à prendre fin. Un corps lourd qui s'élève verticalement est animé d'un mouvement contre nature, parce que le corps lourd tend vers le Centre et cette tendance naturelle ramène bientôt le corps au repos en attendant qu'elle lui imprime un mouvement opposé. Le mouvement naturel ou bien est rectiligne et dirigé vers un endroit déterminé, comme par exemple le Centre de la Terre et alors il s'arrête lorsque cet endroit est atteint ; ou bien il est circulaire et n'est dirigé vers aucun endroit ; c'est le mouvement des corps célestes et celui-là seul est de sa nature perpétuel.

---

(1) Περὶ οὐρανοῦ l. III c. II Edit. PRANTL. Leipsig 1857 p. 206.

Ces idées d'Aristote ont été pendant longtemps admises universellement. Elles supposent une conception de la gravité et de la légèreté des corps différente de celle que l'on a aujourd'hui. Nous considérons avec raison la gravité des corps comme la manifestation d'une force générale d'attraction et comme résultant d'une action mutuelle des corps les uns sur les autres ; tandis que, pour les anciens, la gravité et la légèreté étaient des tendances inhérentes aux corps indépendamment de toute action exercée sur eux.

En outre, ils concevaient le mouvement comme étant, ou, du moins, pouvant être *une tendance vers un endroit déterminé de l'espace*, tandis que nous le concevons comme fixé uniquement en vitesse et en direction.

Il est désormais certain que nos idées en cette matière sont conformes aux faits, tandis que celles des anciens ne le sont pas. Faut-il ajouter que les lois du mouvement telles que nous les formulons sont des principes absolus susceptibles d'une démonstration *a priori*? C'est ce qu'il serait peut-être téméraire d'affirmer. En tous cas, il est important de ne pas détourner le principe de la continuité du mouvement de son véritable sens en affirmant que le mouvement persiste comme tel en toute hypothèse. Il y a bien en mécanique une loi qu'on appelle *la conservation de la quantité totale de mouvement* et en vertu de laquelle, dans un système soustrait aux influences extérieures, *la somme algébrique* des quantités de mouvement reste constante. On y considère les mouvements de sens opposé comme étant de signe contraire et se neutralisant par conséquent dans la somme. Celle-ci ne nous apprend donc rien au sujet de la quantité absolue du mouvement et dès lors la loi précitée n'en confirme en rien la persistance.

Dans la première rédaction du chapitre que nous étudions, Spencer n'évitait pas la confusion signalée ici. Il disait : « Cette loi (de la continuité du mouvement) a été absorbée de nos jours par une loi plus compréhensive : que *le mouvement comme la matière est indestructible*, et que tout ce qui est perdu par une partie quelconque de la matière se transmet à d'autres parties. Bien que cette nouvelle loi semble en désaccord avec les faits qui nous montrent des corps s'arrêtant subitement après avoir frappé un objet immobile, elle se concilie avec ces faits depuis qu'on a découvert que le mouvement perdu en apparence *se continue sous de nouvelles formes,* lesquelles ne sont pourtant pas directement appréciables. » (1)

L'indestructibilité du mouvement était représentée comme une vérité *a priori* au même titre et pour les mêmes raisons que l'indestructibilité de la matière : la destruction du mouvement est une « pseudo-idée », « une pure forme verbale » ; que la réalité relative de ce que nous appelons mouvement ne peut jamais arriver à l'existence ou cesser d'exister, c'est une vérité impliquée dans a nature même de notre conscience, etc. (2)

Ces passages ont disparu dans l'édition de 1875. Spencer reconnaît que le mouvement peut être détruit sans se continuer sous une autre forme de mouvement : il en apporte comme exemple le pendule qui s'arrête au bout de sa course sans que son mouvement soit transmis à d'autres corps.

Par une contradiction difficilement explicable, Spencer maintient dans ce chapitre d'autres passages qui renferment l'erreur ancienne d'après laquelle tout mouvement qui disparaît est remplacé par d'autres formes de mouvement.

Parlant des variations dans le mouvement des planètes, il dit : « Nous arrivons alors à conclure l'indestructibilité du mouvement, non à cause de la vitesse uniforme de la planète, mais à cause de la *quantité constante de mouvement manifesté en tenant compte du mouvement communiqué aux autres corps célestes ou transmis par eux* » (3). Et plus loin : « Ce dont la pensée ne peut pas se défaire c'est la force que le mouvement indique. Le changement

---

(1) P. P. p. 103 § 55 — C'est nous qui soulignons.
(2) *Ibid.*
(3) P. P. p. 105 § 57 — F. P. § 60 p. 147.

incessant de position, considéré à part, peut être effacé de la pensée sans difficulté. Nous pouvons facilement imaginer que le ralentissement et l'arrêt sont des résultats de l'action des corps extérieurs. Mais cela n'est pas possible si l'on ne fait pas abstraction de la force impliquée dans le mouvement. *Nous sommes obligés de concevoir cette force comme imprimée sous forme de réaction dans les corps qui causent l'arrêt.* Nous sommes forcés de regarder *le mouvement qui leur est communiqué,* non comme communiqué directement, mais comme un produit de la force communiquée. Nous pouvons par la pensée diminuer la vitesse de l'élément-espace du mouvement, en répartissant le moment ou l'élément-force sur une plus grande masse de matière ; mais la quantité de cet élément-force que nous regardons comme la cause du mouvement, est invariable dans la pensée » (1).

Lorsque le mouvement d'un corps est arrêté par un autre, il y a en effet réaction du premier sur le second ; mais c'est une erreur de croire que cette réaction détermine toujours un accroissement de mouvement dans le second ; rien n'empêche que le contraire n'ait lieu. Dans ce cas loin que la réaction « imprime aucune force », elle diminue la force vive constituée par le mouvement. Dans le fait du pendule, le mouvement après avoir cessé, reprend ; il reste vrai néanmoins que sa quantité a varié sans cesse et qu'à un moment donné il est totalement détruit ; et si par un mécanisme facile à imaginer on arrête le pendule au moment où il a achevé une oscillation, son mouvement reste nul aussi longtemps qu'on le veut. Il n'est même pas difficile de citer des cas où le mouvement disparaît de telle sorte qu'il faut l'intervention d'une cause extérieure pour le faire reparaître. Supposons admis que la chaleur consiste dans un mouvement de molécules. Je puis employer la chaleur fournie par la combustion d'une certaine quantité de charbon dans des circonstances déterminées, à décomposer l'eau. Dans cette

---

(1) P.P. p.p. 195-196 § 57 — F. P. § 59 p. 147. C'est nous qui soulignons.

opération une certaine quantité de mouvement disparait sans être transmise à aucun corps du moins en quantité équivalente, et j'obtiens comme résultat trois gaz : l'anhydride carbonique, l'oxygène et l'hydrogène. Le mouvement perdu reparaitra lorsque l'hydrogène et l'oxygène se combineront de nouveau, ce qui n'a pas lieu spontanément, mais exige l'excitation d'une force extérieure.

Les exemples choisis montrent que le mouvement perdu est remplacé par autre chose : soit une certaine position du pendule, soit une certaine constitution chimique. Cette position du pendule et cette constitution chimique peuvent, dans certaines circonstances et grâce aux forces de la matière, déterminer la production d'une quantité de mouvement exactement égale à celle qui a été employée à les produire, et en ce sens le mouvement a été conservé *virtuellement*. Mais il n'en est pas moins vrai que le mouvement, comme tel, a disparu et on ne peut pas dire « qu'il se continue sous de nouvelles formes. » Une position n'est pas une forme de mouvement et une constitution chimique pas davantage. Il n'est donc pas exact de dire que le mouvement est indestructible.

Cette observation, nécessaire pour que le principe de la continuité du mouvement ne soit pas détourné de son véritable sens, prouve également l'inanité du raisonnement par lequel Spencer prétendait ériger l'indestructibilité du mouvement à la auteur d'un principe absolu. L'argumentation est la même que celle qui sert de base à l'affirmation *à priori* de l'indestructibilité de la matière. Nous avons dit ce qu'il faut en penser. Spencer y a renoncé en ce qui concerne le mouvement ; on se demande pourquoi il a continué à le maintenir dans le chapitre qui traite de l'indestructibilité de la matière. Loin que la destruction ou la diminution du mouvement soient inconcevables, ces phénomènes doivent être conçus *a priori* comme pouvant avoir leur cause dans la nature. La métaphysique est donc d'accord avec l'expérience. Le mouvement n'est point une réalité subsistant en elle-même mais une modalité des corps qui se meuvent, de sorte qu'une destruction du mouvement n'est qu'une modification accidentelle du mobile et peut être réalisée par les causes naturelles.

Le mouvement est une forme de force à condition qu'on tienne compte non seulement de la vitesse, mais également de la masse du corps en mouvement. Comme le mouvement est destructible, il faut en dire autant de la force qu'il représente. Lorsqu'il disparaît, il est toujours remplacé par une quantité équivalente d'énergie potentielle. Mais celle-ci n'est point une force, ni surtout une force nouvelle ; elle est un *travail possible* et sa valeur dépend non seulement des forces mais encore de la situation des corps entre lesquels elles s'exercent. L'énergie potentielle peut donc augmenter sans que la force augmente, ou même lorsque la force diminue.

Spencer n'aime pas le mot : *énergie potentielle*. Aussi au lieu de s'en tenir aux notions adoptées par les physiciens, il remplace, dans la nouvelle rédaction de ce chapitre, l'indestructibilité du mouvement par la persistance du « principe d'ativité », qui existe tantôt sous forme visible (mouvement), tantôt sous forme de « *tension* qu'on peut concevoir comme le produit de son intensité par la distance à laquelle elle agit. » (1)

On ne peut que désapprouver hautement l'inexactitude de ces conceptions. 1° Le mot *tension* qui s'applique convenablement à certaines formes d'énergie potentielle, ne convient guère à d'autres, par exemple, à l'affinité chimique ; 2° Comment concevra-t-on qu'une *tension* a pour mesure son intensité multipliée par la distance à laquelle elle agit ? Dans le cas des forces attractives, si l'on néglige leur variation en fonction de la distance, l'énergie potentielle augmente, il est vrai, avec la distance, mais la *tension* n'augmente pas. Prenant pour exemple le « principe d'activité » qui remplace le mouvement perdu par un corps lancé en l'air, Spencer nous invite à le considérer comme équivalent à la tension de cordes élastiques d'une certaine longueur, dont le nombre serait proportionnel à la

---

(1) F. P. p. 145 § 57

distance entre le corps et la terre. Or en tendant des cordes les unes à la suite des autres, la *force* de tension est proportionnelle au nombre des cordes tendues tandis que la force d'attraction n'augmente pas avec la distance. 3° Dans le cas des forces répulsives l'énergie potentielle est d'autant plus grande que la distance est plus petite.

Contentons-nous de ces remarques. La raison pour laquelle Spencer préfère des notions inexactes, alors que les notions exactes sont à la portée de tout le monde, c'est qu'il veut sauver absolument le principe de persistance. « Il est inconcevable, dit-il, qu'une *force* (mouvement) se change en *relation d'espace*. » La vérité est non pas qu'une force *se change en* relation d'espace, mais que le mouvement est détruit et qu'en même temps il se produit une relation d'espace telle que les forces du système peuvent regénérer le mouvement. C'est ce qu'on appelle l'énergie potentielle. On voit qu'elle implique la notion de force et que Spencer se trompe une fois de plus en affirmant que les physiciens conçoivent l'énergie potentielle comme constituée par des relations dans l'espace à l'exclusion de l'idée de force.

*
* *

§ III. Véritable sens du principe de la persistance de la force. — Ce principe est-il un postulatum ? — La force et l'inconnaissable.

Jetons un coup d'œil sur le chemin parcouru. Nous avons précisé le principe de l'indestructibilité de la matière : il affirme l'invariabilité de la masse. Nous avons vu que cette persistance de la masse n'est liée à aucune *persistance* de force. Nous avons reconnu que le principe d'inertie a comme conséquence la continuité du mouvement lorsque le mobile n'est soumis à l'action d'aucune force extérieure. En dehors de ce cas, nous avons constaté que le mouvement peut être détruit à condition d'être remplacé par une situation nouvelle qui est capable d'en déterminer la reproduction dans certaines conditions. L'énergie potentielle étant une quantité qui dépend de facteurs autres que la force, la persistance virtuelle du mouvement dans l'énergie potentielle n'implique pas une persistance de la force. Enfin nous avons accordé à ces conclusions la valeur de vérités expérimentales, mais non celles de principes *a priori*.

Il nous faut maintenant examiner le principe de la persistance de la force. Le chapitre que Spencer y consacre a subi des remaniements plus considérables encore que les deux précédents. La plus grande partie a disparu et quelques considérations nouvelles ont été ajoutées.

D'après Spencer, la persistance de la force est un principe qui « étant la base de la Science ne peut-être établi par la Science. » (1) Cela ne nous paraît pas admissible. Il est question ici de l'étude de la nature. Pour qu'on puisse avec fruit chercher à connaître les lois des phénomènes, il n'est pas nécessaire de supposer que les forces par lesquelles ils sont produits ne varient pas, mais seulement que dans la nature ces forces ne varient que suivant les lois fixes. En d'autres termes, la base des sciences naturelles n'est pas l'invariabilité des forces, mais l'invariabilité des lois. D'elle dépend la certitude de toutes les conclusions scientifiques, entre autres de l'invariabilité, de la masse et des lois de la transformation du mouvement.

Et l'on pourrait croire que peut-être Spencer, en parlant de la persistance de la force, n'a pas autre chose en vue que l'invariabilité des lois suivant lesquelles les forces agissent. Mais dans ce cas il ne dit pas assez, car non seulement les forces agissent suivant certaines lois fixes, mais en outre toutes leurs variations (ou, si l'on veut, les variations de leur activité) sont soumises à la loi de la conservation de l'énergie que Spencer n'énonce nulle part sous une forme précise et qui est cependant la vraie loi suprême des phénomènes matériels.

On démontre en mécanique que dans tout système

---

(1) P. P. p. 201 § 59.

soumis uniquement à l'action de forces intérieures (attractives ou répulsives) proportionnelles aux masses et ne variant qu'avec les distances des corps entre lesquelles elles s'exercent, l'énergie totale est invariable. L'énergie totale est une somme qui comprend deux espèces de termes : les uns portent le nom d'énergie ou de force vive et s'expriment en fonction de la masse et de la vitesse ($\frac{mv^2}{2}$), les autres s'appellent l'énergie potentielle et expriment le travail maximum que peuvent produire toutes les forces du système à partir de la position que l'on considère jusqu'à l'état d'équilibre stable. Ainsi formulé le principe de la conservation de l'énergie est un théorème mathématique.

La conservation de l'énergie est-elle réalisée dans l'Univers ? La somme de l'énergie vive et de l'énergie potentielle y est-elle constante ? Faute de pouvoir *a priori* déterminer la nature des forces qui y agissent, nous devons recourir *à l'expérience* pour résoudre cette question. Or, nous connaissons avec une exactitude suffisante les phénomènes d'ordre matériel (nous faisons pour le moment abstraction des phénomènes vitaux dont nous aurons l'occasion de parler dans la suite) pour pouvoir affirmer que, de fait, l'énergie ne s'y crée point et ne s'y annihile pas davantage, mais qu'elle se transforme et que ces transformations sont soumises à la loi d'équivalence. Cette affirmation a la valeur qu'ont les lois physiques en général.

Nous pouvons en conclure que les conditions de la conservation de l'énergie sont réalisées dans l'Univers, et que, par conséquent, les forces attractives et répulsives *qui président aux transformations de l'énergie* sont proportionnelles aux masses, qu'elles ne dépendent quant à leur intensité ni du temps, ni de l'orientation de leur direction, ni du mouvement dont les corps sont animés, ni de quelque circonstance que ce soit autre que la distance des corps entre lesquels elles s'exercent. Nous savons que la masse des corps est invariable ; mais leurs distances changent sans cesse et par conséquent aussi les forces qui dépendent de ce facteur.

Notons encore que certaines forces tout en modifiant la direction du mouvement n'en altèrent pas la quantité et ne transforment par conséquent pas l'énergie vive en énergie potentielle ni inversement. Telle est la force centripète dans le mouvement circulaire. Cette force a un travail nul et elle pourrait disparaître sans que la quantité d'énergie s'en trouvât altérée.

Le principe de la persistance de la force a donc besoin d'être interprété dans le sens du principe de la conservation de l'énergie et dans ce sens il est susceptible d'une démonstration.

En remaniant le chapitre que nous étudions, Spencer a introduit, de même que dans le chapitre précédent, la notion d'énergie actuelle et potentielle ; mais la définition exacte de l'une et de l'autre fait toujours défaut et il en résulte une confusion inextricable.

Le nom de *force* est donné à l'énergie totale. Or on a vu plus haut que l'énergie totale n'est pas une force, et il est facile de comprendre qu'un système peut contenir des forces qui ne représentent aucune forme d'énergie pour une situation donnée. Il est inutile que nous nous arrêtions à la distinction que fait Spencer. « Dans les deux chapitres précédents, dit-il, nous nous sommes occupés de deux classes fondamentalement différentes de manifestations de force, — la force par laquelle la matière nous démontre qu'elle est existante et la force par laquelle elle nous démontre qu'elle est active. » (1) La matière ne peut démontrer son existence qu'en agissant directement ou indirectement sur nos organes et elle démontre par là même son activité.

D'après Spencer, la persistance de la première classe de manifestations de force correspond à l'indestructibilité de la matière, tandis que la persistance de la seconde correspond à la persistance du mouvement actuel ou potentiel. S'il en est ainsi, on ne voit pas pourquoi la persistance de la force fait l'objet d'un chapitre spécial.

---

(1) F. P. p. 140 § 60.

Spencer en donne comme motif que les raisonnements établissant l'indestructibilité de la matière et du mouvement supposent la persistance de la force. Dans le développement de cet argument il ne parle que des preuves expérimentales. Le paragraphe où était rappelée la preuve qui prétend établir l'inconcevabilité d'une destruction de la matière ou du mouvement a été supprimé. Or, ce que dit Spencer au sujet des preuves expérimentales ne peut être approuvé, comme nous allons le voir.

* * *

Persistance de la force est-elle un postulatum ?

Il est certain que pour mesurer les grandeurs matérielles : dimensions, masses, forces, nous nous servons de certaines grandeurs prises pour unités et que nos mensurations n'ont de valeur que si nos unités restent invariables. La question est de savoir si nous avons de bonnes raisons de croire qu'elles ne changent pas — les conditions restant les mêmes — ou si, comme le prétend Spencer, leur invariabilité est un *postulatum* indémontrable.

Il n'est point absurde d'affirmer la persistance de la masse d'un corps que nous ne voyons subir aucun changement et qui n'est soumis à aucune action à laquelle nous puissions attribuer une modification de sa masse ; surtout si nous constatons en outre que sa masse reste dans un rapport constant avec la masse des autres corps qui ne subissent aucune modification sensible et qu'il continue à se comporter de la même manière sous l'action des différentes forces auxquelles on peut le soumettre. Car si l'on prétend que sa masse varie, il faudra admettre que les masses de tous les autres corps varient dans la même proportion quoique ne subissant aucun changement sensible et de même toutes les forces qui agissent sur eux. Si, au contraire, dans les conditions que nous venons d'indiquer, on admet que la masse d'un corps est invariable, ce corps pourra nous servir pour vérifier la masse des autres corps qui subissent des changements sensibles, afin de constater si oui ou non ces changements ont affecté leur masse.

Examinons de près, comme Spencer nous y invite, cette vérification dans le cas des changements chimiques. « Dans les recherches, dit Spencer, qui conduisent le chimiste à conclure qu'aucune partie du charbon, disparu pendant la combustion, ne s'est perdue, et que, dans le produit qui en résulte, l'acide carbonique, on retrouve la totalité du charbon, quelle preuve invoque-t-on sans cesse? La preuve fournie par la balance. En fonction de quoi s'exprime le verdict de la balance? En unités de poids, en unités de force gravitative. Et quel est le sens du verdict? Que le charbon présente encore autant d'unités de force gravitative qu'il en présentait auparavant. On dit que la quantité de matière est la même si le nombre des unités de force qu'elle contrebalance est la même. Par conséquent, la validité de la conclusion dépend entièrement de la *constance des unités de force*. Si la force avec laquelle la parcelle de métal qui représente l'unité de poids tend vers la terre a varié, l'expérience de l'indestructibilité de la matière est vicieuse. Tout revient au principe ou à la supposition que la gravitation des poids est persistante ; mais de cette persistance, nous n'avons et ne pouvons avoir aucune preuve. » (1) D'abord, ce raisonnement confond l'unité de poids avec l'unité de force gravitative. La définition du gramme ne change pas quelles que soient les variations de la gravité. La même masse de matière a toujours le même poids, tant que la gravité, quoique variant, reste proportionnelle aux masses des différents corps sur lesquels elle s'exerce. La détermination des masses au moyen du poids suppose donc la constance *de la loi* d'après laquelle la gravitation est à chaque instant en raison directe des masses, mais ne suppose nullement la constance de la force de gravité.

Ensuite, il est vrai que la détermination de la masse des corps que l'on pèse suppose l'invariabilité de la masse des corps qu'on emploie comme unités de poids. Mais la masse n'est pas une force. Ce n'est donc en aucun cas

(1) P. P. p. 199 § 50

la persistance de la force qui est postulée. D'ailleurs, s'il n'est pas « inconcevable » que la masse des pièces de métal employées varie, nous n'avons cependant aucune raison de l'admettre, d'autant plus que cette supposition toute gratuite en entraînerait une autre : c'est que le carbone et l'oxygène auraient en se combinant subi la même modification dans leur masse que le morceau de métal qui a servi à les peser avant et après la combinaison. Or cela n'a aucune probabilité.

Il est donc vrai que dans toutes les mensurations on suppose que l'unité de mesure reste invariable (ou ne varie que dans la même proportion que les choses qu'on mesure), mais en général l'invariabilité de cette mesure se trouve confirmée par les innombrables conclusions qu'on en a tirées et dont la vérité a été contrôlée par des expériences indépendantes de cette mesure. Il en est de même de l'invariabilité des lois naturelles. L'expérience leur sert continuellement de contrôle.

Les astronomes supposent dans leurs calculs la persistance des masses et de la loi d'attraction qui dit que celle-ci est proportionnelle aux masses et ne varie qu'avec la distance. Si les résultats de leurs calculs sont toujours vérifiés par l'expérience, c'est donc que leur supposition est conforme à la réalité. A mesure que ces vérifications se multiplient, la probalité augmente et si elle n'atteint jamais à la certitude absolue cela prouve simplement qu'il y a une différence entre une loi expérimentale et une conclusion mathématique.

La persistance de la force serait encore, d'après Spencer, impliquée dans le principe de l'action et de la réaction. Ce principe peut s'énoncer comme suit : chaque fois qu'un corps A attire ou repousse un corps B, celui-ci attire ou repousse le corps A avec une force égale.

« Affirmer, dit Spencer, que l'action et la réaction sont égales et opposées, c'est affirmer la persistance de la force. En réalité, l'affirmation revient à ceci, qu'il ne peut y avoir une force isolée, partant de rien et aboutissant à rien, mais qu'une force manifestée implique une force antécédente égale, d'où elle dérive et contre laquelle elle réagit. De plus cette force ne peut disparaître sans résultat ; il faut qu'elle se dépense en quelque autre manifestation de force, qui, une fois produite, constitue sa réaction ; et ainsi de suite. Il est donc évident que la persistance de la force est une vérité dernière qui ne peut avoir de preuve inductive. » (1)

Il faudrait plutôt conclure le contraire si le raisonnement de Spencer était juste, car le principe de l'action et de la réaction n'est pas un *postulatum* mais une vérité d'expérience. D'ailleurs, lorsque deux corps s'attirent ou se repoussent on peut indifféremment attribuer l'action et la réaction à l'un et à l'autre ; il n'y a donc pas de « force antécédente » ; en outre, personne ne donne le nom de réaction à la force que peut faire naître la disparition d'une autre force équivalente.

Nous concluons : 1° Rien ne nous autorise à considérer le principe de la persistance de la force, quelque sens qu'on lui donne, comme un postulat fondamental sur lequel repose tout l'édifice de la science.

2° Ce principe n'est vrai qu'interprété dans le sens précis de la conversation de l'énergie. Spencer ne tente même pas de montrer que le principe de la conservation de l'énergie est ce postulat universel dont il parle.

3° Le principe de la conservation de l'énergie *appliqué à l'Univers* est une vérité d'expérience ayant la même certitude que les autres lois naturelles. Néanmoins l'induction ne permet pas jusqu'à présent d'étendre cette loi aux phénomènes organiques. Nous aurons à revenir sur ce point ; mais il est nécessaire de constater que Spencer n'a cité jusqu'à présent aucun fait, ni fourni aucun raisonnement qui permette de la leur appliquer. Nous verrons que les preuves expérimentales données plus loin ne sont pas démonstratives.

4° Puisque certaines forces ne produisent aucun travail et n'apportent aucune modification à la quantité d'énergie

---

(1) P. P. p. 200-201 § 50.

vive ou d'énergie potentielle, le principe de la conservation de l'énergie ne nous apprend rien au sujet de ces forces.

*
* *

Force et connaissable. — La force qui persiste n'est autre, d'après Spencer, que l'Inconnaissable. De fait, nous ne connaissons pas les forces naturelles en elles-mêmes, directement, mais seulement par les effets qu'elles produisent. Il en est ainsi également de la force musculaire que nous déployons. Nous avons conscience de l'effort, mais non pas de la force que nous mettons en jeu. Spencer confond encore ici ces deux choses. « Nous ne connaissons *immédiatement*, dit-il, aucune force, à *l'exception* de celle dont nous avons conscience pendant nos efforts musculaires. » (1) Cette exception n'est pas justifiée et elle contredit l'assimilation de la force avec l'Inconnaissable.

Si nous ne connaissons pas directement les forces, nous les connaissons cependant assez par leurs effets pour savoir qu'elles sont limitées et changeantes et qu'on ne peut par conséquent pas les identifier avec la Cause Première à laquelle le nom d'Inconnaissable a été réservé.

Spencer, dit Berthelot, « prétend relier les deux parties de son œuvre par l'idée de force, mais ce n'est qu'à condition de confondre dans ce mot équivoque la force mécanique, simple rapport mathématique entre des changements physiques, et la force inconnaissable, inconsciente, divine des romantiques, principe commun de l'esprit et de la matière. » (2)

James Ward a vivement critiqué cette identification. Spencer n'a pu la réaliser, dit-il, qu'en accomplissant « deux ou trois tours de jonglerie philosophique..... La *persistance* dans le sens de *permanence* est affirmée d'abord au sujet de la Réalité Inconditionnée dont la non-existence est inconcevable, quoique toute connaissance à son sujet

---

(1) P. P. p. 198 § 59.
(2) Bulletin de la Société française de Philosophie 1904 p. 77.

soit impossible, — puisque connaître c'est conditionner. Ensuite la persistance, mais dans le sens de *constance quantitative*, est transférée de la Réalité Inconnaissable à ses manifestations phénoménales, et cela en affirmant à leur sujet un principe (la constance de l'énergie) que l'expérience ne donne pas le droit d'affirmer avec une rigueur absolue.......... Nous obtenons l'existence absolue de la Force, avec majuscule, à condition de ne rien connaître de ce qui la concerne. Ensuite nous obtenons la constance absolue de la force, avec minuscule, à condition d'énoncer des affirmations précises au sujet de l'Inconnaissable. Le saut périlleux intellectuel ainsi accompli rapidement est couvert en assumant que l'existence continuée implique la quantité invariable. » (1)

On se rappelle que Spencer a identifié avec la force tous les éléments du monde phénoménal ; dès lors la persistance de la matière et du mouvement ne sont plus que des corollaires de la persistance de la force. D'autre part, l'Inconnaissable qui se manifeste objectivement dans l'Univers, se manifeste subjectivement dans la conscience ; en sorte que la persistance de la conscience dont nous avons l'expérience se confond fondamentalement avec la persistance de la force et en même temps nous impose la nécessité de l'affirmer.

Spencer a supprimé le passage où il développait cette synthèse finale. Elle ne manque pas de grandeur dans sa simplicité, mais nous avons fait voir dans les pages précédentes qu'elle ne résiste pas à l'examen. Ce qui en demeure lorsqu'elle a été passée au creuset est plus modeste mais aussi plus solide : Les phénomènes matériels sont régis par deux grandes lois : la conservation de la masse et la conservation de l'énergie. Celle-ci comprend la conservation au moins virtuelle du mouvement, l'invariabilité des forces à égalité de distance et leur intensité proportionnelle à la masse, ce qui permet de constater la persistance de cette dernière.

---

(1) *Naturalism and agnosticism*, p. p. 219-220.

§ IV. — La constance des lois (relations entre les forces).

L'évolution consiste dans une série ininterrompue de changements à travers laquelle persistent les lois. Si nous suivons par la pensée l'évolution du système solaire d'après l'hypothèse de Laplace, depuis la nébuleuse primitive jusqu'à la situation actuelle, si nous considérons la longue série des modifications qu'a dû subir chaque astre et en particulier la terre, avant d'avoir réalisé la solidification de sa surface et tous les détails de sa configuration, nous ne rencontrons pas, pendant cette immense période de temps, deux situations identiques et nous ne pouvons y signaler aucun point d'arrêt. Cependant depuis l'origine tous les phénomènes se sont accomplis suivant des lois qui sont demeurées les mêmes jusqu'aujourd'hui.

Nous concevons que dans d'autres parties de l'Univers, d'autres systèmes dans des conditions diverses, ont subi des évolutions analogues mais non parfaitement semblables, avec des phases plus nombreuses ou plus simples, dans des proportions plus vastes ou moindres. Et nous admettons que toutes ces évolutions ont été régies par les mêmes lois.

Tandis que les événements, les situations concrètes varient d'une époque à l'autre, sont différents ici et là-bas, les lois au contraire sont indépendantes du temps et de l'espace : elles se vérifient dans la nature *partout* et *toujours*.

Spencer déduit la constance des lois de la persistance de la force : c'est la raison pour laquelle il en est question à cet endroit. En réalité elle en est indépendante.

D'une manière générale, les phénomènes naturels sont l'effet des forces de la nature. La constance des lois auxquelles se conforment les phénomènes, exige donc que l'action des forces naturelles soit indépendante de l'espace et du temps. La conservation de l'énergie dans l'Univers provient de ce que les forces n'y varient pas autrement qu'en fonction des distances. La constance des lois naturelles est donc renfermée dans le principe expérimental de la conservation de l'énergie. Elle n'en dépend pas pourtant.

Dès qu'on admet que tout ce qui se passe dans l'ordre naturel a son explication, c'est-à-dire sa cause, dans la nature, et en particulier, que les mêmes causes produisent partout et toujours les mêmes effets, la constance des lois de la nature est garantie, ou plutôt, elle n'est pas au fond autre chose que cela. Elle repose donc en dernière analyse sur le principe de causalité et sur la croyance que les phénomènes ont dans la nature des causes fatales, non douées de liberté. Cette conviction est le fruit de l'expérience sauf en ce qui concerne les actions libres de l'homme, lesquelles ne sont pas déterminées par les lois physiques.

※
＊＊

§ V. — **La transformabilité équivalente de l'énergie.** — **Les phénomènes physico-chimiques et les phénomènes psychiques.** — **Les phénomènes organiques.** — **Les phénomènes sociaux.** — **Spencer et le matérialisme.** — **Matérialité des phénomènes psychiques.** — **Etude inductive de la loi de transformation.** — **Son application aux phénomènes organiques.** — **Son application aux phénomènes psychiques.** — **Son application aux phénomènes sociaux.**

La transformation équivalente de l'énergie.

Les agents naturels : chaleur, lumière, électricité, mouvement visible etc., peuvent se transformer l'un en l'autre, ou plus exactement, si on veut se borner à l'affirmation du fait, ils se substituent l'un à l'autre de telle sorte qu'il y ait équivalence, c'est-à-dire, que la même quantité d'électricité, par exemple, produise toujours la même quantité de chaleur, laquelle à son tour peut reproduire la quantité d'électricité qui lui a donné naissance, et ainsi pour les autres. C'est là une vérité bien connue aujourd'hui et en même temps une des plus belles conquêtes de la Science.

Il en résulte que ces divers agents naturels ont leur équivalent mécanique, et représentent, en faisant abstraction de toute hypothèse, une certaine quantité d'énergie La quantité totale d'énergie reste la même dans tous ces changements successifs. A cause de cela on les nomme transformations de l'énergie plutôt que transformations de la force, comme les appelle Spencer. L'idée est d'ailleurs la même.

Ce fait d'expérience apporte un appoint solide à l'hypothèse, confirmée par d'autres faits nombreux, d'après laquelle tous les phénomènes matériels (abstraction faite de la vie) sont exclusivement des phénomènes de mouvement déterminés par les forces inhérentes aux ultimes particules de la matière, et sont explicables par les lois de la mécanique, certaines positions ou certains mouvements des particules étant supposés comme point de départ.

Les transformations de l'énergie ne sont plus dès lors que des transformations de mouvements, et elles nous deviennent plus intelligibles parce qu'elles rentrent dans la catégorie des phénomènes que constate l'expérience quotidienne. Nous voyons le mouvement du vent produire le mouvement des ailes du moulin et ensuite se transformer de mille façons dans les engrenages et sous les meules. Dans une multitude de circonstances pareilles, le mouvement joue sous nos yeux le rôle d'un Protée dont les métamorphoses sont soumises à des règles fixes qui nous sont connues et qui nous permettent de les prévoir à l'avance.

Cependant il importe de ne pas confondre l'hypothèse d'après laquelle les phénomènes physico-chimiques se réduisent à des phénomènes *spatiaux*, avec le fait d'expérience, c'est-à-dire le remplacement du mouvement perçu comme tel par la chaleur, la lumière, etc., qui ne sont pas perçues comme des mouvements.

C'est donc à tort que Renouvier proteste contre la manière dont Spencer présente le principe d'équivalence. « On se figure, dit-il, que le mouvement s'interrompt et que telle autre chose : chaleur, lumière, etc., en prend la place..... » En réalité « le mouvement des masses *arrêté* ne doit pas être dit avoir pour *produits* la chaleur, l'électricité, etc. ; il a simplement pour remplaçant un mouvement vibratoire..... Et il est ridicule de dire que le mouvement des masses, quand il est engendré, préexistait comme *quelque autre mode de force*, puisqu'il *préexistait* au contraire, dans le sens le plus ordinaire et toujours le même de force, à savoir comme mouvement, seulement avec une distribution différente des parties mobiles et des vitesses. »

Que la lumière et l'électricité sont des mouvements de masses insensibles, ce n'est qu'une hypothèse — que nous admettons volontiers — mais de la vérité de laquelle ne dépend pas la loi expérimentale de la conservation de l'énergie. En outre, il ne faut pas oublier que le mouvement peut cesser et être remplacé par l'énergie potentielle ou énergie de position qui n'est pas un mouvement.

* *

Les phénomènes physico-chimiques et les phénomènes psychiques.

Après avoir établi le fait de la transformation de l'énergie au moyen d'exemples nombreux, Spencer inaugure la méthode qu'il va suivre jusqu'à la fin de ce traité. Elle consiste à faire l'application du principe qu'il expose aux différents ordres de phénomènes, depuis la condensation des astres jusqu'à l'histoire des sociétés humaines. Nous devons faire à ce sujet une remarque importante.

Avec Spencer nous avons reconnu qu'une des plus fondamentales différences parmi les objets de nos perceptions est la distinction entre le moi et le non-moi. Nous n'avons pas admis que cette distinction se confond avec celle que que l'on peut faire entre nos perceptions vives et nos perceptions faibles. Il nous faut ici considérer ce sujet d'un peu plus près.

Laissons de côté, pour le moment, les connaissances abstraites et ne nous occupons que des perceptions concrètes qui se terminent à des objets individuels. C'est parmi ces dernières qu'existe la séparation qui nous occupe. Les unes, en effet, sont des perceptions de choses extérieures au moi, telle la vision d'une maison blanche ; ou, du moins, si les choses perçues font partie du moi, elles ne sont pas perçues comme telles, par exemple, la vision de ma main blanche. L'objet propre de ces perceptions sont des manières d'être que j'attribue *aux choses extérieures pour en avoir l'expérience directe.* Je dis : Cette maison est blanche, ma main est blanche. J'affirme ce que je vois.

Les autres sont des perceptions de faits intérieurs au moi ; telle la conscience que j'ai de voir une maison blanche, d'entendre le son d'une cloche, de désirer goûter d'un fruit. L'objet propre de ces perceptions sont des manières d'être que j'attribue *à moi-même pour en avoir l'expérience directe.* Quand je dis : je vois une maison blanche, j'affirme ce que je ressens.

Il est évident que cette proposition : *Je vois une maison blanche*, et cette autre : *Cette maison est blanche*, ne peuvent pas être confondues. Elles ne se vérifient même pas toujours simultanément.

Les manières d'être que nous attribuons aux choses extérieures pour en avoir l'expérience directe, sont l'objet des sens qui, à cause de cela même, portent le nom de *sens externes* ; tandis que les manières d'être dont nous n'avons l'expérience directe que relativement à nous-mêmes sont l'objet de la sensibilité interne ou mieux et plus généralement de la conscience *stricto sensu.*

On dit que la blancheur de la maison consiste en réalité en une certaine disposition de ses molécules superficielles qui réfléchit les vibrations lumineuses de telle sorte que celles-ci, frappant l'extrémité des fibrilles du nerf optique, me donnent l'impression de blancheur.

Ainsi *la cause* extérieure de ma perception de blancheur est un mouvement des particules matérielles. Cela peut être vrai ou faux, mais cela n'est point absurde.

On dit aussi que les rayons lumineux ne produisent

pas autre chose dans les nerfs que des déplacements d'atomes et que ces déplacements d'atomes qui pourraient être provoqués par une autre cause, (par exemple, par un courant électrique) nous donnent l'impression de blancheur ; et c'a encore est plausible. Mais dire que l'impression ou la perception de blancheur elle-même n'est qu'un mouvement d'atomes, cela est aussi absurde que de prétendre qu'un triangle est la même chose qu'une journée, et nous ne pensons pas que personne ait pu l'affirmer en se rendant compte de ce qu'il disait. Une sensation et un mouvement sont des choses irréductibles ; c'est ce que Spencer lui-même affirme en plus d'un endroit. (1)

Quoique la perception de blancheur, toutes les autres sensations et, en général, les faits subjectifs que la conscience proprement dite atteste ne soient perçus directement que dans le moi, cependant nous attribuons des états d'âme semblables à des êtres qui font partie du non-moi. Non pas, à la vérité, à tous, mais seulement à ceux qui possèdent des organes analogues à nos organes des sens ou chez lesquels nous constatons des mouvements que nous jugeons avec une probabilité plus ou moins grande être la manifestation de situations psychiques.

Ainsi nous attribuons à tous les hommes, c'est-à-dire aux êtres que nous voyons posséder la même organisation que nous, des sensations, des désirs, des passions semblables aux nôtres. Constatant que l'organe de nos impressions visuelles est l'œil, nous attribuons des impressions semblables à tous les animaux chez lesquels une partie du corps possède une configuration analogue. Voyant que les animaux inférieurs réagissent par leurs mouvements au moindre contact, nous leur attribuons des phénomènes psychiques plus ou moins semblables à nos sensations tactiles.

---

(1) cf. *Principes de Psychologie.* vol. I p. 680 § 272 — *Principes de Biologie.* vol. I p. 119 § 39.

Ces jugements par analogie sont regardés avec raison comme absolument certains lorsqu'il s'agit d'animaux d'une organisation et d'une activité extérieure très-voisines des nôtres. Mais à mesure que cette ressemblance diminue, cette certitude s'évanouit, de telle sorte que pour beaucoup d'organismes nous ne savons s'il faut leur attribuer ou leur refuser la vie psychique. Les phénomènes qui constituent celle-ci ne sont donc pas l'objet de notre expérience immédiate, sauf lorsqu'il s'agit de nous-mêmes ; nous ne les connaissons chez les autres êtres que par une conjecture basée sur l'analogie qu'ils ont avec nous. Par la raison contraire, nous n'attribuons aucun phénomène psychique aux corps inorganiques. Et cela confirme encore, quoiqu'elle n'ait besoin d'aucune confirmation, la distinction entre ces phénomènes et les mouvements des atomes ou des molécules. Ces mouvements, en effet, existent dans tous les corps. Ils échappent en général à nos sens à cause de leur petitesse et de leur rapidité ; parfois cependant, ils sont perçus sous forme de chaleur, lumière etc. En tous cas ils rentrent dans la catégorie des faits qui, par leur nature et comme tels, sont l'objet de l'expérience externe.

D'après Spencer, et c'est sans doute ce qui est au fond de la pensée de ceux qui ne veulent voir dans la vie psychique que des vibrations nerveuses, il est à la vérité impossible de confondre un déplacement de corpuscules avec un état psychique, mais c'est néamoins la même réalité qui se manifeste sous ces deux formes : objectivement, ébranlement des nerfs ; subjectivement, sensation de chaleur ou de lumière. Ce sont, d'après lui, les deux faces d'une même chose. « Quoiqu'il nous soit encore impossible, dit-il, de prouver que l'état de conscience et l'action nerveuse ont les faces interne et externe du même changement, cependant cette hypothèse s'accorde avec tous les faits observés. » (1) Telle qu'elle vient d'être formulée, cette conception est inadmissible. D'abord, si

---

(1) *Principes de Psychologie*, vol. 1 p. 127-128 § 51.

les mouvements atomiques ont un revers qui est un état psychique, ils doivent l'avoir partout où ils se produisent. Le rayon de lumière qui frappe la rétine d'un cadavre ébranle sans doute les fibrilles nerveuses, mais n'y produit aucune sensation. On répondra que ce mouvement n'est pas le même que celui produit pendant la vie, et nous admettrons cela quoiqu'il soit peut-être difficile de l'établir. Mais quelle raison imaginera-t-on pour expliquer que certains mouvements atomiques sont par leur revers des états psychiques et que d'autres ne le sont pas? Il est probable que les modifications produites sur les nerfs par les excitations périphériques sont d'ordre chimique, analogues par conséquent à celles que la lumière produit sur une plaque photographique. Pourquoi y a-t-il sensation dans le premier cas et pas dans le second? Pourquoi dans l'animal vivant y a-t-il sensation lorsque l'ébranlement arrive jusqu'aux centres cérébraux et pas sensation lorsqu'il s'arrête aux centres de la moelle épinière? Ce sont des atomes semblables qui vibrent ou se déplacent de part et d'autre; tout au plus leurs dispositions ou leurs trajectoires diffèrent-elles dans quelques détails. Est-ce là que nous chercherons la raison de l'état psychique qui se réalise d'un côté et qui fait défaut de l'autre?

Si le cerveau d'un animal n'est pas autre chose qu'un amas d'atomes disposés de telle ou de telle sorte, comment concevoir qu'un rayon de lumière y éveille la vie psychique dont lui-même est dépourvu? Lorsque frappant un mélange d'hydrogène et de chlore, ce rayon provoque la combinaison de gaz et l'explosion du récipient, l'effet produit est dans le même ordre que la cause : ce ne sont que des mouvements de part et d'autre. Mais il n'en est plus ainsi lorsque l'effet produit est une sensation de lumière.

Que faut-il donc dire? C'est qu'évidemment la sensation est le fait d'une activité *sui generis* existant dans le cerveau vivant ; que l'ébranlement des nerfs est, non pas l'endroit d'un phénomène dont elle serait l'envers, mais bien l'accompagnement nécessaire, la condition, la détermination intrinsèque du fait psychique.

L'impossibilité d'identifier celui-ci avec le phénomène physico-chimique résulte encore du degré d'unité que le premier possède et que le second ne possède pas. Où se passe la sensation ? C'est un problème difficile à résoudre ; mais on admet généralement qu'elle a son siège dans les centres nerveux. Tant que la sensation existe, il y a dans ces organes des phénomènes matériels complexes, juxtaposés dans l'espace et se succédant dans le temps, mais ne réalisant aucune intégration qui en ferait une action unique. Tout autrement en est-il de l'état psychique correspondant qui possède, lui, une unité véritable : c'est une seule sensation qu'un seul individu éprouve tout entière.

On a parfois voulu expliquer la sensibilité des animaux en attribuant une sensibilité rudimentaire à chaque atome. Hypothèse gratuite et, en outre, inutile. Si même, dans l'animal, chaque atome sentait, cela ne suffirait pas pour que l'animal sente. L'organisme comprendrait une multitude d'êtres sentants et de sensations, mais on n'aurait pas encore le principe de la sensation unique de l'animal.

Ensuite, si l'acte psychique n'est que le revers du phénomène psychique, non seulement il doit y avoir correspondance exacte entre l'acte psychique considéré dans sa totalité et les mouvements de la substance nerveuse, mais il faut qu'à chaque partie élémentaire de ces mouvements, à chaque atome qui y prend part et à chaque partie du mouvement qui l'anime, voire même à chaque dimension de l'espace qu'ils occupent, à leur masse, à leur situation et ainsi de suite, corresponde un élément distinct de phénomène psychique. Or un tel parallélisme est manifestement impossible à établir (1).

Enfin, c'est une chose évidente, admise par le bon sens et par la philosophie, que la vie psychique exerce une influence réelle sur les mouvements de l'animal. En effet, elle ne comprend pas seulement des actes de perception dans lesquels l'être vivant est passif et ne fait autre

---

(1) Cette dernière considération est développée par A. E. TAYLOR. *Mind and Body in recent Psycology*. Mind. Octobre 1901. p.p. 483 sq.

chose que ressentir les impressions qui viennent de l'extérieur. Les connaissances qui sont ainsi acquises éveillent des désirs, déterminent des réactions intentionnelles. Les mouvements de l'animal ne sont point comme ceux d'une machine, ils sont guidés par la connaissance et par les tendances qu'elle fait naître.

Si les lois physico-chimiques et les forces inhérentes aux atomes suffisent pour expliquer toutes les manifestations extérieures de la vie, le rôle des facultés animales est tout à fait superflu. Il sera faux de dire que l'animal s'empare de sa nourriture et la dévore parce que la faim le pousse ou qu'il a eu l'expérience du goût agréable de la viande. Il faudra admettre qu'en réalité et en dernière analyse ce sont les forces attractives et repulsives des atomes qui déterminent à elles-seules tout ce que l'on considère comme la manifestation de la sensibilité et de l'intelligence. Lorsque Virgile écrivait l'Enéide, sa plume était donc conduite exclusivement par les affinités chimiques et les propriétés physiques des tissus musculaires et nerveux, et d'une manière générale, toutes les œuvres du génie de l'homme se seraient réalisées absolument de même si l'intelligence de l'homme n'avait jamais existé, puisque dès l'origine et avant qu'un être vivant existât sur notre globe jusqu'aujourd'hui, tous les mouvements de tous les atomes ont toujours été déterminés par les forces physico-chimiques, et qu'il est inconcevable qu'une situation quelconque d'atomes *entraîne par elle-même* l'intelligence.

Cette conception se trouve donc exclue par le propre argument de Spencer ajouté dans l'édition de 1900 à l'endroit des Premiers Principes que nous étudions. Il repousse l'opinion de Huxley suivant lequel la sensation n'est qu'un phénomène concomitant de l'action nerveuse et n'est donc pas un facteur de l'activité déployée par l'animal. « S'il en est ainsi, dit Spencer, il faut, dans l'hypothèse surnaturelle, dire que la sensibilité a été donnée aux animaux sans aucun but, et dans l'hypothèse naturelle il faudra admettre qu'elle a pris naissance pour ne rien produire » (1).

Nous dirons de même : si la sensation n'est que l'envers du mouvement moléculaire, tout se passe donc extérieurement comme si cet envers n'existait pas. Comment expliquer dès lors l'origine ou l'existence de la sensibilité puisqu'elle ne joue aucun rôle dans la série des phénomènes objectifs qui constituent la vie de l'animal ?

Nous avouons ne pas parvenir à concilier l'opinion de Spencer d'après laquelle la sensation n'est que l'envers de l'ébranlement nerveux avec celle qui attribue à la sensation un rôle effectif et qu'il adopte ici. Le passage suivant qui apparait aussi pour la première fois dans l'édition de 1900, semble d'ailleurs indiquer un changement dans ses idées.

« Que la sensation soit seulement un accompagnement de certaines actions nerveuses, ou qu'elle soit, comme nous venons de conclure, un facteur dans ces actions, la connexion entre les deux est inscrutable. Si nous supposons que la chose qui est le siège de la sensation est une réalité immatérielle qui n'est pas enveloppée dans ces actions nerveuses mais qui est néanmoins affectée par elles de manière à produire la sensation, alors nous sommes obligés d'amettre que des changements matériels — des mouvements moléculaires — produisent des changements dans une chose où il n'y rien qui puisse être mis en mouvement ; et nous ne pouvons pas concevoir cela. Si, d'autre part, nous concevons une relation entre cette chose capable de conscience et certains changements nerveux de telle sorte que les sensations qui y naissent déterminent par ce moyen des mouvements musculaires, nous rencontrons la même difficulté par son côté opposé. Nous aurons à admettre une réalité immatérielle — dans laquelle il n'existe pas de mouvement moléculaire — capable d'influencer des mouvements moléculaires : nous devons lui attribuer le pouvoir de produire des effets qui, pour autant que nos connaissances s'étendent, peuvent unique-

---

(1) F. P. p. 176. cf. ROMANES. *Mind Motion and Monism*. Londres, 1896 p. 71

ment être produits par des forces matérielles. De sorte que cette alternative est en dernière analyse inconcevable.

« La seule supposition ayant de la consistance est que la sensation est inhérente à l'éther qui pénètre tout. Nous savons qu'il peut subir l'action des molécules de matière en mouvement et que de son côté il peut agir sur les mouvements des molécules, témoin l'action de la lumière sur la rétine. D'après cette hypothèse nous pouvons admettre que l'éther qui pénètre non seulement par tout l'espace mais encore dans toute matière, est capable d'être affecté par les changements nerveux dans certaines conditions et dans certaines parties du système nerveux de manière à concevoir des sensations et que réciproquement il est capable dans ces conditions d'influencer les changements nerveux. Mais si nous adoptons cette explication, nous devons admettre que le pouvoir de sentir est universel, et que l'évolution de la sensibilité dans l'éther n'a lieu que dans des conditions très complexes qui se réalisent dans certains centres nerveux. Néanmoins ce n'est là qu'un semblant d'explication, puisque nous ne savons pas ce qu'est l'éther et puisque de l'aveu de ceux qui sont les plus capables d'en juger, aucune des hypothèses imaginées ne rend compte de toutes ses propriétés. » (1)

Nous remarquons ici : 1° Si la sensation est inhérente à l'éther, elle n'est donc pas à proprement parler « le même changement » que l'action nerveuse.

2° La vibration nerveuse détermine-t-elle dans l'éther des mouvements qui à leur tour se transmettent aux nerfs d'après les lois de la mécanique ? Si oui, quel est le rôle de la sensation ? Si non, comment est-il vrai de dire que ce qui se manifeste à notre conscience sous forme de sensation et de pensée est la même chose que ce qui se manifeste extérieurement sous forme de matière et de mouvement ? (2)

3° Nous ne concevons aucune raison d'attribuer la

---
(1) F. P. p. 177
(2) Cf. *Princ. de Biol.* vol. I p. 598. Appendice

sensibilité à l'éther plutôt qu'à la substance vivante pondérable des nerfs. Il y a au contraire de bonnes raisons pour ne pas attribuer à l'éther la sensibilité ; car elle appartient évidemment aux seuls animaux, de manière à être une fonction propre à chaque animal, puisque chaque animal constitue un individu sentant distinct de tous les autres.

4° Comme nous allons le voir, la doctrine spiritualiste qui enseigne l'existence d'un principe de vie distinct de la matière, n'exige nullement que le mouvement des atomes affecte une substance immatérielle. La difficulté des relations effectives entre l'esprit et la matière n'existe que pour l'homme dont l'âme est spirituelle. Les philosophes spiritualistes et notamment l'école péripatéticienne ont donné à cette difficulté des solutions très acceptables et certainement moins inconcevables que ce que Spencer admet au sujet de l'éther.

Il y a, à notre avis, corrélation entre la nature de l'animal et l'activité psychique qui le caractérise. Qu'on réunisse tous les atomes nécessaires pour former un organisme et qu'on parvienne à les mettre exactement dans la disposition voulue, pouvons-nous concevoir que ce seul arrangement d'atomes constituera la vie, la sensibilité ? Non. Il faudra donc en outre que l'organisme ainsi constitué soit animé, qu'il possède son principe de vie s'unissant intimement avec les atomes de manière à constituer une seule substance qui sera le corps vivant. De même, pouvons-nous concevoir qu'un ébranlement d'une certaine forme constitue une sensation ? Pas davantage. Il faut que ce soit l'ébranlement des nerfs de l'animal vivant, il faut que cet ébranlement soit comme animé par l'exercice de l'activité psychique. Comme il n'y a pas d'animal sans corps, ainsi il n'y a pas de sensation sans ébranlement nerveux. Mais de même que le corps seul ne constitue pas l'animal et que sa vie n'est pas simplement l'envers de la matière qui apparaît aux yeux, mais consiste dans un principe substantiel propre, ainsi l'ébranlement nerveux n'est pas à lui seul l'acte de la sensation. Et il en est de même des autres activités psychiques.

On comprend par ce que nous avons dit que nous considérons la vie psychique comme une force, c'est-à-dire comme une cause de mouvement. On pourra admettre en général que les mouvements qui ont leur siège dans les nerfs centripètes, qu'ils soient ou ne soient pas accompagnés de sensations, sont absolument déterminés par l'agent excitateur. Mais une fois l'ébranlement transmis aux centres, l'animal réagit et il faut dès lors admettre que dans cette réaction les mouvements des atomes dépendent de l'activité psychique. De savoir où son influence s'exerce, c'est une question secondaire ; mais puisque la réponse à l'excitation part des centres nerveux, c'est là, en tous cas, que cette intervention se produit, ce qui n'empêche pas qu'elle n'ait lieu encore ailleurs.

* *

Les phénomènes physico-chimiques et les phénomènes organiques.

Si maintenant nous limitons nos considérations aux faits qui constituent le non-moi, nous devons encore nous garder de juger *a priori* qu'ils sont tous de même nature, que tous obéissent aux mêmes lois. Nous devons aussi nous abstenir de résoudre ces questions à la légère et d'après un coup d'œil superficiel.

Quoiqu'il soit peut-être difficile d'indiquer les limites précises qui séparent les corps vivants des corps non vivants, cependant ces deux catégories d'êtres matériels se distinguent clairement l'une de l'autre dans leur ensemble. Les corps vivants possèdent, d'une manière générale, toutes les propriétés des corps inorganiques ; mais ils manifestent en outre une activité propre à laquelle on a donné le nom de *vie organique* et qui existe avec des différences relativement peu importantes chez les animaux et chez les plantes.

Cette activité est-elle due tout entière et exclusivement aux forces élémentaires des atomes qui constituent l'organisme ? L'affirmer *a priori* serait illégitime et prétendre qu'on le démontrera par l'expérience serait au moins téméraire. Au contraire, depuis Spencer, la Science, sans être arrivée à resoudre définitivement cette question, a néanmoins fait du chemin vers la solution opposée. De plus en plus les biologistes renoncent à expliquer les phénomènes vitaux par les propriétés physico-chimiques de la matière et inclinent à restaurer la *force vitale*. (1)

Ce qui a déconsidéré cette dernière, c'est le rôle excessif et arbitraire qu'on lui attribuait en l'invoquant comme le *deus ex machina* chaque fois qu'on ne parvenait pas à rendre compte d'un phénomène biologique. On a été ainsi amené à attribuer à l'activité propre du *principe vital* des phénomènes qui ont pu être réalisés plus tard dans les laboratoires. En outre, par l'exagération d'une idée juste au fond, on concevait la force vitale comme étant constamment en lutte avec les forces physico-chimiques ; on considérait même cette lutte comme constituant la vie dans ce qu'elle a d'essentiel.

On ne pourra recourir de plein droit à la force vitale dans les explications scientifiques, que lorsqu'on aura défini sa nature et les bornes de son influence. En attendant, plusieurs biologistes s'appliquent à démontrer qu'elle existe et qu'il faut renoncer à interpréter mécaniquement les phénomènes organiques.

Le seul moyen de démontrer positivement qu'il ne faut pas admettre de force vitale, ce serait, ou bien d'expliquer les phénomènes organiques au moyen des forces de la matière brute, ou bien de montrer celle-ci engendrant dans le fait un être vivant. On est aujourd'hui plus éloigné que jamais de pouvoir satisfaire à l'une ou à l'autre de ces conditions.

En 1872, Spencer répondait à Martineau que l'abîme séparant la vie organique du monde organique va se comblant sans cesse. (2) Cette appréciation ne peut plus se soutenir. Spencer déclare avoir omis la partie de sa synthèse dans

---

(1) cf. GRÉGOIRE. *Le mouvement antimécaniciste en Biologie*. Revue des Questions Scientifiques. Octobre 1903.
(2) Contemporary Review. Juin 1872. Article repris dans *Essais*. Trad. BURDEAU Paris 1879 T. III p. 20.

laquelle aurait dû être traitée la question de l'évolution inorganique. Le dernier chapitre de cet ouvrage, dit-il, « traiterait de l'évolution de la matière inorganique, l'étape qui précède l'évolution des formes vivantes. Ayant toujours présente à ma pensée la matière de ce chapitre qui n'a pas été écrit, je me suis quelquefois exprimé comme si le lecteur l'avait devant les yeux et je me suis exposé par là à voir quelques unes de mes propositions mal comprises. » (1)

J. Ward (2) raille spirituellement Spencer à ce sujet. Qui est le plus à plaindre du lecteur exposé à mal comprendre Spencer depuis trente ans que manquent ces deux volumes, ou du philosophe lui-même qui gros de cet ouvrage qu'il n'écrit pas doit se résigner à voir ses doctrines défigurées ? En attendant les biologistes ont peiné dur et sans résultat pour résoudre le problème qui reste un mystère pour tout le monde excepté pour Spencer.

Celui-ci ne doute pas que les forces atomiques ne suffisent à produire à la longue des formes vivantes. Dans la lettre-appendice qui se trouve à la fin du premier volume des *Principes de Biologie*, l'organisation, caractéristique de l'être vivant est attribuée aux lois d'équilibre qui détermineraient la configuration de l'organisme, comme elles déterminent celles du cristal. La complication plus grande du premier serait due uniquement à la complexité extrême des molécules constituant les tissus.

La même doctrine se trouve indiquée également dans le corps de l'ouvrage. « La forme de chaque organisme, dit Spencer, est déterminée par une particularité dans la constitution de ses unités, et ces unités ont une structure spéciale dans laquelle elles tendent à s'arranger comme en ont les unités de matière inorganique.... Une plante ou un animal d'une espèce quelconque se compose d'unités spéciales dans chacune desquelles réside une aptitude intrinsèque à s'agréger dans la forme de cette espèce : c'est

---

(1) *Principes de Biol.* vol 1 p. 578. Appendice.
(2) *Naturalism and Agnosticism*, p. 263.

ainsi que dans les atomes d'un sel réside une aptitude intrinsèque à cristalliser d'une façon particulière. Il semble difficile de concevoir qu'il puisse en être ainsi ; mais nous voyons qu'il en *est* ainsi » (1).

Le fait, c'est que l'être vivant possède le pouvoir de réaliser une structure déterminée, et que dans les organismes relativement inferieurs une partie même assez petite peut régénérer le tout. Mais on ne peut affirmer comme fait ni la production de cette structure par des *unités physiologiques* qui seraient un « intermédiaire entre les unités chimiques et les unités morphologiques (cellules) » (2), ni l'assimilation des forces qui produisent l'organisme à celles qui produisent le cristal.

Un cristal se distingue d'un organisme de bien des façons. D'abord une condition de sa structure c'est l'homogénéité de sa composition. C'est parce qu'il est composé de molécules identiques ou très-voisines que sa forme régulière est possible : le cristal est essentiellement homogène. Or, les organismes sont caractérisés par une hétérogénéité très grande. Cette circonstance s'oppose à la conception d'unités physiologiques qui seraient caractéristiques de l'organisme et qui devraient donc se trouver identiques dans tous les tissus malgré les différences de structure et de composition chimique.

Tout au plus pourrait-on admettre que ces unités se rencontrent dans les tissus, mais n'en constituent qu'une petite partie, ce qui augmente d'autant la difficulté d'expliquer comment l'organisation toute entière est déterminée par leur structure caractéristique. De ce qu'un morceau de la feuille du bégonia mise en terre suffit pour reproduire la plante, on conclut logiquement que les principes déterminants de l'organisation de cette plante se trouvent dans les parties qu'on en détache. Mais ce fait ne nous donne aucun renseignement sur la nature de ces principes ni sur les forces qu'ils mettent en jeu pour produire ce résultat. Qu'il soit dû exclusivement à la

---

(1) *Princ. de Biol.* vol. 1 p. 217-218 § 63.
(2) *Ibid.* p 221 § 66.

stucture d'unités physiologiques comme la forme du cristal est due à la structure de ses molécules, c'est ce qu'on ne peut conclure qu'en admettant *a priori* l'identité des forces organiques avec les forces de la matière brute. Nous pouvons expliquer au moyen des lois de la mécanique comment la forme des cristaux est une conséquence de la structure de leurs molécules. Les théories cristallographiques permettent de déterminer *a priori* quelles sont les formes que peut revêtir la matière cristallisée. Rien de pareil n'existe pour les formes vivantes. L'invraisemblance qu'il y a à ce que la forme d'une plante ou d'un animal puisse jamais être déduite, au moyen des lois de la mécanique, de la structure de ses unités physiologiques qui, en toute hypothèse, ne constituent qu'une petite partie de sa masse, rend au moins très probable l'existence de forces autres que celles qu'on rencontre dans les cristaux.

Ensuite, la forme cristalline est essentiellement une situation d'équilibre, tandis que l'organisme ne présente pas dans son ensemble une situation d'équilibre proprement dit, mais seulement d'équilibre mobile qui implique des changements continuels.

En troisième lieu, quoiqu'une même substance chimique puisse affecter des formes cristallines différentes, cependant celles-ci sont toutes dérivées d'une forme primitive géométriquement déterminée et dépendant de la structure de la molécule. Elles sont toujours d'une grande simplicité. Lorsque les molécules se compliquent, nous ne voyons pas les formes cristallines affecter une complication corrélative. Les formes restent simples, mais deviennent de plus en plus difficiles à réaliser, de sorte que pour les corps très complexes de la chimie organique le phénomène de la cristallisation n'existe plus. L'organisme au contraire est largement plastique ; sa forme n'a rien de géométrique et elle est extrêmement compliquée.

Enfin, un cristal n'est à aucun degré un organisme. La forme de celui-ci est corrélative à des fonctions qu'il doit exercer, tandis que la forme d'un cristal n'est relative à aucune fonction, mais seulement à la structure des molécules.

Pour que la conception de Spencer fût admissible, il faudrait expliquer comment une configuration exigée par l'équilibre des unités physiologiques est en même temps adaptée à l'exercice de l'activité vitale. Prenons un exemple concret. D'après Spencer, (1) la circulation de la sève dans des directions déterminées a eu pour résultat que certaines parties du tissu végétal se sont petit-à-petit différenciées en canaux. Ce caractère qui a été en s'accentuant dans les générations successives grâce à l'hérédité est devenue une partie essentielle de la structure des végétaux supérieurs. Si nous admettons cette explication, nous pouvons comprendre comment une structure spécifique s'est formée en vue d'une fonction. Mais comment concevrons-nous que cette structure est exigée en même temps par l'équilibre des unités physiologiques ? Nous devons admettre que la sève qui perce les cellules et les transforme en canaux, modifie par là-même toutes les unités physiologiques du végétal de manière que la forme d'équilibre soit dorénavant un tissu vasculaire. Supposant que la circulation de la sève exerce une influence sur la structure des unités physiologiques, quelle relation concevrons-nous entre le creusement de canaux et une modification de ces unités telle que leur situation d'équilibre représente une structure vasculaire ? Et cependant l'un et l'autre effet devraient être attribués à la même cause. Pour toutes ces raisons il est impossible de considérer l'organisme comme le résultat de la cristallisation d'une substance organique d'ailleurs impossible à définir.

La science par là même qu'elle cherche à formuler des propositions générales est faite de rapprochements. Mais pour que ces rapprochements soient légitimes, il faut qu'ils ne s'arrêtent point à la surface. Si certaines similitudes peuvent parfois suggérer utilement des généralisations qu'une étude plus approfondie viendra confirmer, il faut se rappeler aussi qu'il n'est pas moins

---
(1) *Princ. de Biol.* vol. § II p. 306-308 § 280.

important, au point de vue scientifique, de reconnaitre les différences des phénomènes que leurs ressemblances. Il peut être intéressant de rapprocher l'organisation des êtres vivants de la structure cristalline en tant que dans l'une et dans l'autre il y a une forme caractérisant une espèce, de comparer la cicatrisation des cristaux avec la régénération des tissus vivants, la nutrition de ceux-ci avec l'augmentation des corps cristallins dans les solutions, la multiplication des plantes et des animaux avec la production des cristaux dans les solutions sursaturées ou dans les liquides à l'état de surfusion par le contact d'une particule cristalline. (1) Mais au fond, ce ne sont là que des analogies lointaines et plûtot faites pour frapper l'imagination que pour satisfaire l'esprit.

Quelle utilité scientifique peut-il y avoir à comparer la naissance des planètes par séparation d'avec la masse centrale dans un système astronomique en formation, avec la multiplication des cellules par bourgeonnement, comme le fait G. H. Darwin (2) ? Au moyen d'interprétations ingénieuses il est possible, sans doute, de faire la « physiologie des métaux », de décrire leur fatigue et ses remèdes, leur pathologie, leurs empoisonnements, leur sensibilité, leur mort. (3) Mais n'est-ce pas faire de la science un peu fantaisiste ?

En tous cas, ces assimilations ne font en rien avancer la question de l'explication de la vie organique au moyen des forces de la matière brute et ce n'est pas au moyen de considérations aussi superficielles qu'on parviendra jamais à la résoudre. « Les biologistes modernes, écrit Lord Kelvin, en arrivent, je pense, une fois de plus à la croyance certaine qu'il y a quelque chose au delà des forces gravitatives, chimiques et physiques, et cette chose inconnue est un principe vital..... Il y a quarante ans

---

(1) cf DASTRE. *La vie de la matière*. Revue des Deux Mondes. 15 Oct. 1902.
(2) *L'évolution dans le monde sidéral*. Ciel et Terre. 16 mars 1906 p. 27
(3) cf DE VARIGNY. *La nature de la Vie*. Paris 1905 p. 25 sq.

je demandai à Liebig, en me promenant avec lui à la campagne, s'il croyait que l'herbe et les fleurs que nous voyions autour de nous croissaient en vertu des seules forces chimiques. Il me répondit : non, pas plus que je ne puis croire qu'un traité de botanique qui les décrit puisse être engendré par ces forces. » (1)

* * *

<small>phénomè-nes sociaux.</small>   Ce que nous venons de dire des faits d'ordre organique et psychique doit s'appliquer à plus forte raison à l'évolution des sociétés humaines. Nous disons : à plus forte raison, parce que cette évolution ne dépend pas seulement de ces mêmes phénomènes, mais en outre d'un facteur que nous n'avons pas mentionné jusqu'ici : la liberté de l'homme.

Les faits sociaux ne sont pas des phénomènes primitifs ou élémentaires. De même que la société est composée d'individus, de même l'activité sociale n'est que la somme organisée des activités individuelles. Celles-ci étant irréductibles aux forces de la matière organique, il faut en dire autant de celles-là.

Spencer, nous l'avons déjà dit, confond, dans l'ordre psychique, les phénomènes de la sensibilité avec ceux de la vie intelligente et nie la liberté. Mais il y a de bonnes raisons de ne pas le suivre dans ces théories. Il est donc impossible de considérer les faits sociaux comme n'étant qu'une transformation de l'énergie physico-chimique.

Nous n'aurons pas de difficulté à montrer l'insuffisance des arguments sur lesquels Spencer tente d'appuyer l'identité foncière de tous les faits à quelque ordre qu'ils appartiennent.

* * *

<small>matéria-lisme de Spencer.</small>   Le lecteur peut juger par l'exposé que nous en faisons de ce que la philosophie de Spencer est en fait. La

---

(1) Nineteenth Century 1903 vol I p. 1069

question de savoir comment il faut l'appeler est de moindre importance. Nous ne nous y arrêterons pas longtemps. Mais puisque nous parlons ici de la manière dont Spencer interprète les différents ordres de phénomènes, c'est le moment d'en dire un mot.

Spencer proteste à plusieurs reprises, et même vivement, contre la qualification de *matérialiste* donnée à sa philosophie. (1) Le matérialisme n'est pas la négation de l'esprit, — cela serait trop absurde, — mais il est l'affirmation de l'existence d'une seule réalité, celle que nous connaissons par l'expérience sensible, la matière, et d'une seule espèce de phénomènes, les mouvements des particules matérielles, qui constituent la pensée comme ils constituent la chaleur et la lumière.

Spencer admet que « la réalité manifestée hors de la conscience sous les formes de matière et de mouvement est la même que celle qui se manifeste dans la conscience sous forme de sentiment et de pensée » (2) ; « qu'il y a une seule et même réalité ultime qui se manifeste à nous subjectivement et objectivement. » (3) Cette thèse, c'est le *monisme*. Or le monisme de Spencer est mécanique, c'est-à-dire matérialiste. Il tient que tous les effets de l'Inconnaissable « se réduisent à une seule espèce d'effets, » et toutes les lois auxquelles ces effets obéissent « à une seule espèce de loi. » (4) Or ces lois sont les lois du mouvement, et ces effets sont des mouvements dans le sens propre, c'est-à-dire des phénomènes matériels.

Que répond Spencer à ce raisonnement ? « L'interprétation de tous les phénomènes, dit-il, en fonction de matière, de mouvement et de force n'est rien de plus que la réduction de nos idées symboliques complexes à des symboles plus simples, et, lorsque l'équation à été réduite

---

(1) *Principes de Biologie*, vol. I pp. 597 sq. App.
(2) *Princ. de Biol.* vol. I p. 588. App.
(3) *Principes de Psychologie* vol. I p. 683 § 272.
(4) *Princ. de Biol.* vol. I p. 599 App.

à sa plus simple expression, les symboles n'en sont pas moins des symboles. Par suite, les raisonnements qu'on peut suivre dans les pages précédentes ne fournissent aucun appui à aucune des hypothèses rivales sur la nature ultime des choses. Ils n'impliquent pas plus le matérialisme que le spiritualisme et pas plus le spiritualisme que le matérialisme. Tout argument qui semble militer en faveur d'une de ces hypothèses est aussitôt neutralisé par un argument de même valeur en faveur de l'autre. Le matérialiste voyant que par une déduction nécessaire de la loi de corrélation, ce qui existe dans la conscience sous forme de sentiment peut se transformer en un équivalent mécanique, et par conséquent en équivalent de toutes les autres forces manifestées par la matière, peut croire démontrée la matérialité des phénomènes de conscience. Mais le spiritualiste partant de la même donnée, peut soutenir avec la même autorité que si les forces déployées par la matière ne sont connaissables que sous la forme de ces mêmes équivalents de conscience qu'elles produisent, il faut en conclure que ces forces, quand elles existent hors de la conscience, sont de la même nature que lorsqu'elles existent dans la conscience ; et qu'ainsi se justifie la conception spiritualiste, d'après laquelle le monde extérieur consiste dans quelque chose d'essentiellement identique avec ce que nous appelons l'esprit. Evidemment le principe de la corrélation et de l'équivalence des forces du monde intérieur et du monde extérieur peut servir à les assimiler les unes aux autres, selon que nous partons de l'un ou de l'autre. Mais ceux qui comprennent bien la doctrine de cet ouvrage verront qu'aucun de ces deux termes ne doit être pris comme fondement. Bien que la relation du sujet et de l'objet nous oblige à ces conceptions antithétiques de l'Esprit et de la Matière, l'une est tout autant que l'autre le signe de la Réalité inconnue qui les supporte l'une et l'autre. » (1)

---

(1) P. P. p. 598-599 § 194 — F. P. p.p. 445-446.

Spencer caractérise très-inexactement la théorie spiritualiste. Celle-ci n'enseigne pas l'identité du monde extérieur avec l'esprit, mais bien la distinction entre l'esprit et la matière, entre les phénomènes matériels et les phénomènes spirituels.

Cette distinction n'est pas équivalente à celle qui sépare le sujet et l'objet. L'esprit n'existe pas seulement dans le sujet et tous les phénomènes subjectifs ne sont pas des phénomènes spirituels. Le spiritualisme professe donc qu'outre les êtres matériels que perçoit l'expérience sensible, il y a des êtres spirituels qui échappent à la sensibilité. De ce nombre est la Cause Première et, d'une façon générale, les substances douées d'intelligence et de liberté. Chacune de celles-ci a conscience de sa propre activité et dans ce sens seulement, les phénomènes intellectuels peuvent être appelés subjectifs. Mais pour chacune aussi l'activité des autres substances appartient au monde objectif au même titre que les phénomènes matériels.

« L'interprétation de tous les phénomènes », y compris les phénomènes intellectuels, « en fonction de matière, de mouvement et de force », c'est bien le matérialisme. Il ne trouve aucune justification en ce que prétendument « ce qui existe dans la conscience sous forme de sentiment peut se transformer en un équivalent de mouvement mécanique »; car une telle transformation n'a pas lieu. Dans l'homme toute activité subjective comporte un certain mouvement organique, mais cette circonstance ne permet pas de les identifier.

La connaissance étant un phénomène subjectif, les objets extérieurs ne peuvent être représentés que par des états de conscience, ce qui n'est pas la même chose que de les représenter « sous forme d'états de conscience » et ne donne donc aucun droit de les assimiler à l'esprit.

Nous ne pouvons, d'après Spencer, nous représenter, dans l'ordre phénoménal, la cause des états de conscience que comme une de celles « qui se manifestent dans des existences que nous rangeons dans la catégorie de la matière, soit notre propre corps, soit les objets environnants. » (1) Encore une fois, c'est bien le matérialisme.

Toute la réponse de Spencer revient à faire observer que, d'après lui, nos connaissances ne représentent pas la réalité et que celle-ci n'est pas plus matière qu'esprit. C'est à cela aussi que se réduit sa réplique à J. Ward. A l'objection qu'il n'est pas possible de tirer d'une théorie ce qu'elle ne contient point, ni de déduire la vie et l'esprit d'éléments mécaniques, temps, espace, masse, (2) que répond Spencer ? « La force ou l'énergie, dit-il, telle que la théorie mécanique la comprend, ne peut pas être cette cause ultime d'où toutes choses procèdent ; il y a autant de raison d'appeler cette cause dernière spirituelle que de l'appeler matérielle. » (3) Cette réponse est insuffisante. La philosophie de Spencer est mécaniste parce qu'elle prétend expliquer l'origine de la vie et de l'esprit et rendre compte de leur nature, telle que nous la connaissons, au moyen de l'évolution mécanique de la matière. Peu importe, après cela, qu'il y ajoute la thèse idéaliste de la relativité de nos connaissances qui implique notre ignorance de la réalité. Une philosophie de la vie et de l'esprit est caractérisée par la manière dont elle interprète l'une et l'autre dans l'ordre phénoménal.

Il est parfaitement légitime de substituer, dans l'interprétation des faits matériels, des lois mécaniques à des agents immatériels, d'expliquer les faits biologiques par des lois biologiques. Macpherson se trompe lorsqu'il prétend tirer de là une justification de Spencer : « Lorsque, dit-il, Newton mit sa conception de la gravitation à la place de la théorie angélique des mouvements planétaires, il introduisit dans l'étude du monde un élément mécanique véritable en termes de force. Cela suffit-il pour que Newton soit matérialiste ? Lorsque Darwin substitua à la théorie spiritualiste des créations particulières la conception

---
(1) *Princ. de Psychol.* vol. I p. 682 § 272.
(2) *Naturalism and Agnosticism.* p. p. 243 — 246.
(3) Forthnithly Review. 1899 novembre p. 898.

tion dynamique d'une lutte entre les organismes pour une quantité determinée de force nécessaire à la sustentation de la vie, était-il nécessairement un matérialiste ? Or, ce que Spencer a fait, c'est simplement de fondre les généralisations de la sience en une seule generalisation universelle. » (1)

Spencer a en effet tâché d'englober toutes les synthèses particulières dans une synthèse generale, et nous verrons dans quel sens cette entreprise est legitime et jusqu'à quel point il a réussi. Mais il fait davantage ; il a affirmé l'identité essentielle de tous les phénomènes, et comme les premiers dans l'ordre d'evolution sont les phénomènes purement mécaniques, il a pretendu que tous les autres ne sont que des combinaisons de ceux-là. C'est ainsi que la philosophie de Spencer fut interprétée dès l'apparition des *Premiers Principes*. D'après M. Spencer, écrit Laugel en 1864, la loi de la metamorphose qui s'applique à toutes les forces physiques, unit aussi ces dernières aux forces mentales..... Si tant de physiologistes hésitent à ranger la force vitale au même niveau que les forces physico-chimiques, l'hesitation n'est-elle pas plus légitime encore, s'il sagit d'y placer aussi cette puissance mysterieuse qui fait notre grandeur et notre dignité ?..... On recule involontairement devant l'assimilation la plus lointaine du phénomène subtil et transcendant de la pensée aux phénomènes grossiers du monde matériel. » (2) Laugel cite le passage où Spencer se défend d'être matérialiste. « A la faveur de ces réserves et de ces explications, dit-il, on sera peut-être moins disposé à repousser sans examen une théorie qui assimile aux autres forces naturelles les forces vitales et mentales. » (3) Il ajoute qu'en tous cas une telle assimilation ne peut pas être faite au nom de la philosophie positive dont il suppose Spencer d'être un adepte.

Le disciple de Comte, F. Harrison, dit : « Expliquer le

---

(1) *Herbert Spencer. The man and his Work.* Londres 1901 p. 65
(2) Revue des deux mondes. 15 Février 1864 p. 951.
3 Ibid p. 956.

progrès social et moral en langage de physique et de mécanique, cela, dans l'école où j'ai été formé, est reconnu pour être du matérialisme dans le sens strict de ce mot, ce qui consiste à raisonner sur l'âme de l'homme comme si ses fonctions étaient simplement celles des unités matérielles » (1).

La philosophie des Premiers Principes, dit Renouvier, « est du genre matérialiste et non pas autre ».

Nous ne calomnions donc pas Spencer en disant que sa philosophie est mecaniste et matérialiste. (2)

*
* *

Matérialité des phénomènes vitaux.

S'il n'est pas possible d'admettre cette philosophie, si nous devons considérer l'activité des corps bruts, la vie organique (au moins très probablement), les faits psychiques (certainement), comme autant de catégories différentes de nature et irréductibles, nous ne nions pas pour cela que tous ces phénomènes ne puissent être soumis à certaines lois communes, surtout si ces lois sont très générales, telles que le sont nécessairement les premiers principes. La solution de ce problème n'est point préjugée par les remarques que nous avons faites.

Une chose incontestable et qui a été de tous temps l'occasion de l'erreur matérialiste, c'est que, dans les êtres corporels — les seuls que nous connaissons par l'expérience — aucun phénomène n'est complètement indépendant de la matière, ni de ses forces élémentaires.

Toute activité des êtres vivants ou bien consiste dans des mouvements, ou bien exige ces mouvements comme condition nécessaire, ou bien les entraîne comme conséquence — qu'il s'agisse de mouvements visibles ou invisibles. La vie organique comprend des déplacements de matière et des transformations de forces physico-chimiques ; la vie

---

(1) *The Herbert Spencer Lecture.* Oxford 1905 p. 25.
(2) *op. cit.* 1886. v. II p. 356. cf. PH. B. Revue de Théologie et de philosophie. Janvier 1901 p. 77.

sensitive exige des mouvements atomiques comme condition intrinsèque et determine des mouvements visibles ; la vie intellectuelle de l'homme a pour base la sensibilité et a sous sa dépendance — par la volonté — beaucoup de mouvements du corps ; toute action psychique a sa répercussion nécessaire dans l'organisme.

Qu'est-ce que le développement de l'embryon et de l'adulte, qu'est-ce que la nutrition, la respiration, la circulation et tous les autres phénomènes physiologiques si ce n'est un ensemble compliqué de mouvements visibles et invisibles, de transports de matériaux, de transformations chimiques, une mise en œuvre continuelle de toutes les forces atomiques ?

Toute sensation ne requiert-elle pas l'ébranlement des nerfs correspondants et la transmission de cet ébranlement au cerveau ? Les circonstances qui entravent l'activité nerveuse des centres cérébraux entravent l'exercice de la sensibilité ; tout ce qui stimule celle-là renforce celle-ci. L'évolution de la sensibilité et celle du système nerveux sont parallèles.

Quoique les idées générales et toutes les formes de l'intelligence proprement dite aient des caractères de simplicité et d'immatérialité qui, à notre avis, ne permettent pas de les attribuer à des facultés organiques, néanmoins tout exercice de l'intelligence est accompagné de représentations sensibles correspondantes, de sorte qu'il n'y a aucun acte psychique que n'accompagne un déploiement d'activité nerveuse. Toute la vie de l'être vivant est donc intimement liée aux forces de la matière.

On sait combien l'histoire des peuples dépend des conditions matérielles dans lesquelles ils vivent. Elle est comme une résultante des agents naturels et de l'activité humaine et à ce double point de vue elle se trouve soit directement soit indirectement sous l'influence des forces matérielles.

Par conséquent, s'il est certain que toutes ces classes de phénomènes ayant leur nature propre ont aussi leur lois distinctes, il n'en est pas moins évident que dépendant, comme nous venons de le dire, des phénomènes purement matériels, ils sont également soumis dans une certaine mesure aux lois qui gouvernent ces derniers.

Les êtres dont s'occupe la philosophie et dont nous avons entrepris d'étudier l'évolution, sont des êtres corporels, ce qui ne veut pas dire qu'ils ne sont *que* matière, ni surtout qu'ils ne sont *que* des agrégats d'atomes, mais seulement qu'ils sont matière et agrégats d'atomes. Leur activité est toujours matérielle par quelque côté, c'est-à-dire qu'elle implique toujours des redistributions de matière et de mouvement. Dès lors, leur évolution est nécessairement soumise aux lois générales qui s'appliquent à la matière et au mouvement comme tels, pour ne pas parler des lois métaphysiques communes à tous les êtres.

Il ne faut pas concevoir la matière et la vie, même la vie intellectuelle de l'homme, comme des choses séparées, mais au contraire comme substantiellement unies, de sorte que c'est réellement la vie qui est soumise aux lois de la matière à raison de son côté matériel. C'est précisément à ce point de vue que nous étudions ici l'évolution.

*
* *

<small>tude ctive de loi de sformation</small>

Les remarques précédentes étant faites nous pouvons reprendre l'étude de la loi de transformation et d'équivalence dans les différents ordres de faits. Les expériences qui ont permis de l'énoncer ont eu pour objet des séries de phénomènes nettement limitées et accessibles dans toutes leurs parties. Si l'on considère l'ensemble des transformations de l'énergie dans l'Univers, ou même dans leur totalité les principales classes de faits où elles s'accomplissent, il est évidemment impossible de constater l'équivalence avec rigueur. « Le plus que nous puissions espérer, dit Spencer, c'est d'établir une corrélation qualitative, vaguement quantitative, et quantitative seulement en ce qu'elle établit une proportion convenable entre les causes et les effets. » (1)

---
(1) P. P. p 217 § 67 — F. P p. 164

L'hypothèse d'une nébuleuse comme point de départ de la formation du système solaire implique que l'attraction qui précipe à l'origine toutes les particules matérielles vers le centre commun de gravité, est, avec le mouvement rotatoire, la cause des états successifs par lesquels le système tout entier et les astres qui le composent ont passé jusqu'aujourd'hui. Cette attraction des particules largement disséminées représente une énorme quantité d'énergie potentielle.

Le mouvement rotatoire étant donné, la concentration doit avoir déterminé une rotation de vitesse angulaire croissante. La rotation elle-même a déterminé la formation de centres secondaires d'attraction autour desquels la matière s'est condensée tout en continuant à tourner autour du centre commun.

Dans cette première transformation de l'énergie nous constatons que les particules matérielles qui, s'étant approchées davantage du centre ont vraisemblablement emmagasiné plus de vitesse dans leur chute, possèdent un mouvement de translation plus rapide que celles qui sont restées très éloignées. Jupiter dont la distance au Soleil est un peu plus de cinq fois celle de la Terre n'accomplit sa révolution qu'en douze années. Neptune met cent soixante cinq ans à parcourir une orbite trente fois plus longue que l'orbite terrestre.

Pour la même raison, les planètes qui contiennent plus de matière auront un mouvement de rotation sur elles-mêmes plus rapide, les particules ayant parcouru en moyenne de plus grandes distances pour s'y réunir. Ainsi Jupiter entraîne en dix heures autour de son axe un volume 1114 fois plus grand que celui de la Terre.

La condensation a pu également produire l'énergie vibratoire sous forme de chaleur et de lumière. Cette énergie s'est répandue dans l'espace et les astres se sont refroidis plus ou moins rapidement suivant l'importance de leur masse. Tandis que le Soleil est encore incandescent aucune planète n'est actuellement lumineuse. Tout au moins la surface des petites planètes s'est solidifiée, tandis que celle de Jupiter, par exemple, est probablement encore liquide. Le refroidissement a permis à la matière de se condenser davantage et a déterminé ainsi à la surface de la Terre les dépressions, les ridements de l'écorce, tout le travail tectonique. La chaleur conservée à l'intérieur du globe se manifeste par les éruptions des volcans et les phénomènes accessoires, tandis que la chaleur emmagasinée dans le Soleil, produisant les vents qui lancent les flots contre les rivages et la vapeur d'eau qui retombe en pluie et ruisselle à la surface du continent, est l'origine du travail géologique accompli par les agents extérieurs à l'écorce.

Tous ces phénomènes dans leur complication infinie et qui sous d'autres formes se réalisent dans les autres astres, ne sont que des transformations de l'énergie contenue dans la nébuleuse primitive.

La loi d'équivalence n'est que vaguement aperçue dans ces phénomènes qui échappent à nos mesures ; mais quel exemple grandiose de l'aptitude de l'énergie mécanique à se revêtir de mille formes diverses !

Remarquons-le cependant : les faits qu'après Spencer nous avons décrits dans leurs grandes lignes et en rectifiant quelques détails, ne sont pas produits par l'action d'une seule force. La gravitation universelle suffit pour que les particules de matière se précipitent vers le centre ; mais elle seule ne peut pas expliquer l'origine des mouvements de rotation ni de l'énergie vibratoire. Celle-ci n'est pas possible sans élasticité ou sans forces répulsives.

Les phénomènes de rayonnement exigent — Spencer a adopté lui-même cette conception — une matière impondérable possédant des forces caractéristiques.

Les affinités chimiques qui ont joué un si grand rôle dans la formation de l'écorce terrestre ne sont-elles qu'une forme particulière de la force gravitative ? On n'oserait pas l'affirmer. Sommes-nous autorisés à attribuer à la force gravitative les phénomènes d'électricité, de magnétisme et d'autres qui sont encore pleines de mystère pour nos physiciens ? Pas davantage. Peut-être pourrait-on dire que la concentration de la matière par la force d'attraction est une condition nécessaire pour l'action des autres forces, mais il serait difficile de préciser cette affirmation.

Il est bon de le répéter encore : il ne faut pas qu'à force de parler de « la matière » et de « la force » nous nous figurions qu'il n'y a qu'une sorte d'êtres étendus et que toutes les forces se réduisent en dernière analyse à une seule. L'unité ne doit pas nous empêcher de voir la variété.

.*.

La loi d'équivalence et les phénomènes organiques.

Cette remarque est plus nécessaire lorsqu'il s'agit des phénomènes organiques dans lesquels Spencer nous montre une autre application de la transformation de l'énergie.

Que les animaux et les plantes ne créent pas de toutes pièces l'énergie qu'ils déploient, mais l'empruntent, d'une façon générale, au milieu dans lequel ils vivent, c'est ce que personne aujourd'hui ne contestera et c'est ce que démontrent les faits relatés par Spencer. Tant à l'animal qu'à la plante l'énergie doit être fournie sous forme d'aliments, de chaleur, de lumière. Sans la lumière du soleil il n'y a pas d'élaboration chlorophyllienne, pas de vie végétale et, comme conséquence, pas de vie animale.

Dans certaines limites, la vie dans les deux règnes est d'autant plus intense et plus luxuriante que l'énergie extérieure lui est plus abondamment fournie. Mais faut-il conclure de là que les organismes ne mettent point en jeu d'autres forces que celles qu'ils trouvent dans le milieu ? Evidemment la conclusion dépasserait les prémisses.

Nous avons vu plus haut les raisons qu'il y a d'admettre des forces différentes de celles de la matière brute, raisons péremptoires lorsqu'il s'agit de la vie psychique, opinion d'un grand nombre de savants lorsqu'il s'agit de la vie organique. On peut se demander dans quelle mesure l'existence de ces forces est conciliable avec la conservation de l'énergie. Ce n'est pas sans raison qu'en adoptant ce principe nous avons fait une réserve pour les manifestations de la vie. En effet, les expériences faites jusqu'aujourd'hui sur les vivants sont loin d'être aussi nombreuses et aussi exactes que celles qui ont eu pour objet la matière inorganique.

Lorsque Spencer écrit : « La quantité quelconque de force qu'un organisme dépense sous une forme est corrélative et équivalente à une force que cet organisme a reçue du dehors » (1), il se laisse détourner du chemin sûr de l'expérience par des considérations *a priori* que nous avons contredites. On pourrait admettre que la force vitale produit dans l'organisme de légères variations d'énergie sans se trouver en contradiction avec l'expérience.

Le rôle d'une force dans le mouvement n'est pas toujours en rapport avec la quantité d'énergie qu'elle produit, c'est-à-dire avec le travail positif ou négatif qu'elle effectue. Le conducteur d'une automobile la fait évoluer à sa guise et joue donc dans les mouvements de la machine un rôle prépondérant. Le travail qu'il fournit est pourtant insignifiant. Ainsi les forces vitales peuvent gouverner l'activité de l'être vivant en développant très peu d'énergie.

Les forces peuvent même diriger le mouvement sans exécuter aucun travail, lorsque leur direction est constamment perpendiculaire à celle du mouvement, par exemple la force centripète dans le mouvement circulaire. C'est ce qui a amené certains auteurs à distinguer, dans la question qui nous occupe, la qualité du mouvement, c'est à dire, sa direction, et sa quantité qui ne dépend que de la vitesse et de la masse. L'expression de l'énergie vive ($\frac{mv^2}{2}$) est indépendante du signe de v, et, par conséquent, de la direction du mouvement. Si des expériences plus précises nous apprennent que dans les phénomènes vitaux il n'y a aucune perte ni aucun gain d'énergie, il faudra en conclure que la force vitale, soit psychique soit organique, a le pouvoir de modifier

---
(1) *Princ. de Biol.* vol. 1 p. 68 § 23.

la direction du mouvement sans altérer la quantité d'énergie vive ni la quantité d'énergie potentielle.

De fait c'est précisément ce rôle de principe directeur qui est assigné à ' . force vitale par les biologistes qui l'admettent, et c'est sous cette forme que nous concevons l'intervention des facteurs psychiques dans les mouvements de l'animal. Lorsque celui-ci contracte ses muscles et exécute les mouvements les plus compliqués, il déploie l'énergie qui lui a été fournie sous forme de nourriture ; mais qu'il marche plutôt dans une direction que dans une autre, que ses mouvements expriment plutôt la joie que la colère ou la tristesse, c'est ce qu'on ne peut point attribuer au seul jeu des force atomiques, ainsi que nous l'avons vu.

Spencer n'est donc pas justifié à dire: « Les forces manifestées dans les actions vitales, végétales ou animales, se déduisent..... d'une manière..... évidente de la chaleur solaire ». (1) Nous sommes impuissants à faire cette déduction. « Rien ne nous permet, dit ailleurs Spencer, de suivre la manière d'après laquelle le mouvement moléculaire se transforme chez les animaux en mouvement de masse. Nous ne pouvons ramener à des causes connues l'action rythmique d'un disque de méduse..... nous ne sommes pas mieux en état de dire comment le mouvement insensible transmis par un nerf donne naissance à un mouvement sensible dans un muscle..... » (2) Ce qui est vrai, c'est que l'énergie déployée par les êtres vivants a son origine si pas unique, au moins principale, dans le rayonnement solaire. Mais les transformations de cette énergie s'opèrent sous l'action de principes directeurs, ainsi que nous l'avons expliqué.

Les phénomènes organiques dépendent réellement de la conservation de la matière et, au moins dans une large mesure, de la conservation de l'énergie. Mais ces lois seules ne suffisent pas à les expliquer. Prenons pour

---

(1) P. P. p. 222 § 70 — F P. p. 168.
(2) *Princ. de Biol* vol. 1 p. 66 § 22.

exemple le phénomène de la croissance. *Coeteris paribus*, l'augmentation du volume d'un organisme dépend de la quantité de matière assimilable qu'il a à sa disposition ; elle varie, en tous cas selon l'excès de la nutrition sur la dépense. Or la dépense est réglée par la quantité d'énergie déployée, de sorte que la croissance sera ralentie à mesure que cette énergie augmente. D'autre part, l'excès de la nutrition pourra être de prime abord d'autant plus considérable en valeur absolue, que l'organisme possède une plus grande masse en commençant sa vie. Beaucoup de circonstances de la croissance se trouvent donc expliquées par la conservation de la matière et de l'énergie, mais non point toutes. Ni l'organisation, ni l'adaptation de l'être vivant à son milieu n'admettent une augmentation indéfinie de volume. Pour contribuer à la croissance, la nourriture doit pouvoir être assimilée et distribuée dans les différentes parties de l'animal ou de la plante. Le genre de vie que mènent les parasites des animaux supérieurs ou les lapins qui habitent des terriers, ne leur permet pas de dépasser beaucoup la taille qu'ils possèdent.(1) On ne voit pas comment ces facteurs pourraient être ramenés aux précédents.

*
* *

La loi équivalence et les phénomènes psychiques.

Vient ensuite la transformation des forces matérielles en « forces mentales. » (2) Sous ce nom Spencer comprend tous les états de conscience.

Nous avons exposé les relations qui existent, à notre avis, entre l'ébranlement nerveux et l'activité psychique. Nous pouvons faire voir facilement que les faits invoqués par Spencer s'interprètent également bien dans notre doctrine.

L'ébranlement nerveux détermine la sensation ; celle-ci sera, *grosso modo*, d'autant plus intense que l'ébranlement sera plus fort. Cette corrélation a été l'objet d'études précises.

(1) cf. *Principes de Biol.* vol I p. 127 sq. § 43.
(2) P P. p 226 § 71 -- F P. p. 170.

Nous savons que l'animal réagit par les nerfs centrifuges lorsque les nerfs centripètes ont été impressionnés. D'une manière générale, la réaction sera plus violente lorsque l'excitation croîtra en intensité. Il y a cependant de nombreuses exceptions. Des impressions faibles déterminent parfois des mouvements impétueux. Nous ne prétendons pas d'ailleurs, on l'a vu plus haut, que dans ce dernier cas l'âme crée l'énergie mise en liberté. L'organisme est un réservoir d'énergie potentielle ; l'impression nerveuse n'est souvent que l'étincelle qui allume l'incendie.

L'activité psychique, s'exerçant par le système nerveux, dépend de l'état de celui-ci ; tous les agents dont l'influence atteint les centres nerveux modifient les états de conscience, et ceux qui suppriment l'activité nerveuse suppriment du coup l'activité psychique.

L'énergie mécanique qui pénètre dans l'organisme par la voie des nerfs ne se transforme pas en pensées et en sentiments, mais bien en des formes d'énergie de même ordre et peut-être équivalentes. Ces effets matériels pour autant qu'ils se produisent dans le système nerveux, déterminent l'activité psychique ou s'accomplissent sous sa direction, mais nous ne sommes pas autorisés à les confondre avec elle.

La vie psychique est donc, par son côté matériel, soumise comme la vie organique à la conservation de la matière et de l'énergie et encore à d'autres lois physiques, comme nous le verrons plus loin.

**

La loi d'équivalence et les phénomènes sociaux.

Les choses exposées jusqu'à présent nous dispensent de nous arrêter longtemps aux transformations d'énergie qui ont lieu dans l'évolution sociale. « Tout ce qui survient dans une société, dit Spencer, est l'effet des forces organiques ou inorganiques, ou de la combinaison de ces deux ordres de forces, le résultat ou bien des forces physiques ambiantes non dirigées, de ces forces physiques soumises à la direction de l'homme, ou bien des forces des hommes eux-mêmes. » (1) En d'autres termes, l'évolution sociale est la résultante de l'activité physico-chimique, organique et psychique que nous avons déjà étudiées au point de vue de la transformation de l'énergie.

Nous avons seulement à insister un peu sur l'intervention de la liberté. Si nous avions admis sans restriction la conception de Spencer, si nous considérions tous les phénomènes vitaux comme résultant de la transformation de l'énergie mécanique sans l'intervention d'aucun autre facteur, il n'y aurait évidemment pas lieu de parler de liberté. Mais d'autre part, si l'on a trouvé plausible la manière dont nous avons exposé nous-même la relation entre l'activité vitale et la loi d'équivalence, la thèse de la liberté ne doit soulever aucune difficulté nouvelle.

Nous ne voulons pas dire que toute influence directrice capable d'agir sur les atomes et de modifier leurs mouvements est douée de liberté. Mais l'existence de cette prérogative est une question qui intéresse la métaphysique et la psychologie, et qui — dans cet état de la question — n'a pas de rapport spécial avec la conservation de l'énergie.

Il est bon de faire observer aussi que l'existence de la liberté n'empêche pas que les actions humaines, considérées dans leur ensemble, ne soient soumises non seulement à des lois qui expriment ce qu'elles doivent être au point de vue moral, mais encore à des lois qui expriment ce qu'elles sont en réalité. Evidemment, si on applique ces lois aux cas particuliers, les conclusions auxquelles elles conduisent n'ont plus qu'une probabilité plus ou moins grande, lorsqu'il s'agit d'une matière sur laquelle la liberté peut s'exercer. Cette probabilité qui existe pour les cas particuliers correspond à une influence plus ou moins forte à laquelle la volonté peut résister, mais à laquelle elle cèdera de fait d'autant plus fréquemment que cette influence est plus impérieuse. Il en résulte une direction générale qui peut fournir l'énoncé d'une loi ayant une certitude véritable quoique de nature particulière et

---

(1) P. P. p. 223 § 72 — F. P. p. 178.

qu'on ne peut pas confondre avec la certitude physique ou métaphysique.

L'activité déployée par une société dépend évidemment du nombre de ses membres. Elle dépend aussi dans une large mesure des ressources matérielles. L'importance de la situation économique a été peut-être exagérée par certains historiens; elle est certainement considérable. Or, la plus grande partie de la richesse matérielle, qu'elle consiste en charbon ou en énergie mécanique (chutes d'eau, etc.) ou surtout en récoltes, est empruntée au rayonnement solaire; celle qui est représentée par les métaux, les pierres précieuses ou utiles, n'a pas, en somme, une origine différente, puisque, en tous cas, ces minéraux résultent de la condensation de la matière qui est également la cause de la chaleur et de la lumière du soleil.

On comprend encore que la richesse matérielle facilite à l'homme la vie du corps; elle lui permet ainsi de consacrer plus de travail à la vie de l'intelligence. Et si l'on se rappelle que cette activité intellectuelle dépend, par son côté matériel, de l'énergie qu'elle emprunte au dehors, il est impossible de ne pas être frappé d'admiration devant le spectacle majestueux de cette unité qui relie les uns aux autres les phénomènes de tout ordre.

Spencer reconnaît qu'il est impossible de déduire de l'expérience le mécanisme outré qu'il défend. « La doctrine contenue dans ce chapitre, dit-il, rencontrera plus d'un incrédule si on la donne pour une induction. Plusieurs de ceux aux yeux de qui la transformation des forces est maintenant démontrée, pour les forces physiques au moins, diront peut-être que l'on n'a pas poussé assez loin les recherches pour avoir le droit d'affirmer l'équivalence. Pour les forces dites vitales, mentales et sociales, ils ne verront dans nos preuves rien qui démontre d'une manière décisive la transformation et, moins encore, l'équivalence. On leur répondra en montrant que le principe général dont nous venons de présenter tant d'exemples divers qui en font comprendre toutes les formes, est un corollaire nécessaire de la persistance de la force. » (1)

C'est donc sur des considérations *a priori* que repose la généralisation excessive que nous avons combattue et que nous avons tenté de réduire à ses justes proportions. Celles-ci sont assez vastes pour offrir un beau coup-d'œil à l'intelligence, un large champ à la spéculation philosophique ; et surtout, elles ne dépassent pas la base solide des faits. Quant au principe *a priori* de la persistance de la force, ce que nous en avons dit plus haut nous dispense de nous y arrêter davantage.

∴

§ VI. Les lois du mouvement. — La tendance du mouvement à suivre une ligne déjà parcourue — Le mouvement suivant la résultante des forces. — Les lois de la direction du mouvement dans l'activité vitale.

Les lois du mouvement.

Tous les phénomènes physico-chimiques comprenant des mouvements visibles et invisibles, doivent probablement s'expliquer par l'existence de forces attractives et répulsives entre les éléments matériels. C'est la conception qu'adopte Spencer tout en la déclarant inconcevable. « Si la proposition, dit-il, que la pression (attraction) et la tension (répulsion) coexistent partout est intelligible verbalement, nous ne pouvons..... pas nous figurer » (c'est-à-dire, dans le langage de Spencer, concevoir) « une unité irréductible de matière attirant une autre unité de matière et la repoussant en même temps. Cependant nous sommes forcés de conserver cette dernière croyance. On ne peut concevoir la matière que comme manifestant des forces d'attraction et de répulsion » (2).

Une chose inconcevable est donc la seule chose concevable! Tel est le genre de conclusions auxquelles aboutit la doctrine de la relativité de nos connaissances.

---

(1) p. p. 236-237 § 73 — F. P. p. 180.
(2) P. P. p. 240 § 74 — F. P. 1812.

Un élément matériel ne peut pas à la fois attirer et repousser un autre élément ; mais ce n'est pas là non plus une conséquence de l'existence de forces attractives et répulsives. Nous avons indiqué (1) une idée plausible qu'on peut se faire de celle-ci et qui n'entraîne pas cette contradiction.

L'action simultanée de toutes les forces attractives et répulsives, auxquelles viennent s'ajouter les forces vitales dans les corps organiques, se combine à chaque instant avec le mouvement existant compté en fonction de la masse et de la vitesse (mv). Ainsi toute particule matérielle a son mouvement déterminé en vitesse et en direction. Ne considérant que cette dernière, on trouve qu'elle est soumise à certaines lois. Spencer les résume comme suit : « Nous avons à remarquer comment chaque mouvement s'opère le long de la ligne de plus grande traction » (lorsqu'il est déterminé par des forces d'attraction) « ou de plus faible résistance » (lorsqu'il est déterminé par des forces de répulsion) « ou de leur résultante ; — comment le commencement d'un mouvement sur une certaine ligne devient une cause de mouvement le long de cette ligne ; — comment, néanmoins, le changement des relations avec les forces extérieures fait dévier de cette ligne ; — et comment le degré de déviation s'accroît toutes les fois qu'une nouvelle influence vient s'ajouter à celles qui s'exerçaient déjà » (2).

*
* *

La tendance du mouvement à suivre une ligne déjà parcourue

De ces quatre lois, la seconde seule présente quelque difficulté à l'intelligence. Elle comprend trois cas : 1° la continuation du mouvement en vertu de l'inertie ; 2° le mouvement d'un corps au travers d'obstacles qu'il écarte en s'y frayant une route : celle-ci sera ouverte dorénavant à des mouvements semblables ; 3° la propagation des ondulations le long de la ligne qu'elles ont commencé à suivre.

---

(1) v. pl. haut p 64.
(2) P. P. p. 244 — F. P. p. 184 § 75.

Le premier de ces trois cas inclut non seulement la continuation du mouvememement dans un même mobile, mais aussi le fait de sa communication à d'autres mobiles par le choc. Dès lors le premier et le second c ne donnent, semble-t-il, lieu à aucune objection, surtout si l'on tient compte des autres lois qui prévoient les modifications de la ligne de mouvement par des forces extérieures. Parmis celles-ci il faudra ranger les reactions éventuelles du milieu traversé par le mobile et des corps élastiques déformes par les chocs.

Reste le cas du mouvement ondulatoire. L'énoncé de Spencer est ambigu. « L'établissement des ondulations sur certaines lignes, dit-il, détermine leur continuation le long de ces lignes, ce que tendent à démontrer les phénomènes magnétiques. » (1)

S'il s'agissait de la propagation d'une ondulation le long d'une ligne indéfinie, pourvu, toujours, qu'on tienne compte des forces perturbatrices, la chose ne présenterait pas de difficulté. Mais Spencer entend que la transmission des ondulations le long d'une ligne facilite pour l'avenir la propagation de mouvements semblables le long de la même ligne. A la fin de ce chapitre, lorsqu'il rattache les lois de la direction du mouvement à la persistance de la force, il s'objecte à lui-même que dans le tissu nerveux l'ébranlement transmis par les nerfs produit des changements chimiques qui les rendent *moins capables* de le transmettre immédiatement après, de même que l'échauffement des fils par le courant électrique augmente leur résistance à se laisser traverser par ce même courant. Il répond : « La vraie question est pourtant de savoir quelle modification de structure, s'il y en a, se produit dans la matière traversée, en dehors des forces perturbatrices *accidentelles*, en dehors de tout ce qui n'est pas la résistance *nécessaire* de la matière, à savoir la résistance qui résulte de l'inertie de ses unités. Si nous bornons notre attention à cette partie du mouvement qui,

---

(1) P P. p. 243 § 75 F. P. p 185

échappant à la transformation, continue son cours, nous pouvons déduire du principe de la persistance de la force que la partie de ce mouvement restant qui se perd à changer les positions des unités, doit les laisser dans un état qui leur permet bien moins de gêner un mouvement subséquent dans la même direction. » (1)

Spencer ne prouve pas cette dernière affirmation et il ne montre pas davantage comment elle suit du principe de la persistance de la force.

Dans l'aimantation des barres neutres, il se produit, d'après l'hypothèse aujourd'hui admise, une orientation des éléments magnétiques, mais il ne s'agit pas, dans ce cas, de la transmission d'un mouvement ondulatoire. On pourrait citer le fait que l'étincelle électrique passe plus facilement au travers d'un gaz lorsqu'elle l'a traversé une première fois. Le phénomène s'explique par l'ionisation du gaz au moyen de la première décharge. D'autre part le passage du courant électrique dans un milieu gazeux ionisé y détermine une polarisation donnant lieu à une force électromotrice *contraire*. (2) On pourrait peut-être, produire d'autres exemples qui trouveraient de même leur interprétation dans des circonstances *accidentelles*. Mais il n'y a aucune loi ni aucune théorie physique qui confirme d'une manière générale l'affirmation que Spencer émet ici. Nous verrons tout à l'heure quelle place importante elle tient dans sa Psychologie. On ne peut que regretter le peu de soin qu'il a pris de lui trouver une formule acceptable, et de lui donner une base expérimentale solide.

.*.

Le mouvement suivant la résultante des forces.

Un point matériel ne pouvant se mouvoir à la fois que sur une seule ligne, son mouvement se fait, par

---
(1) P P. p. 267 § 81 — F. P. p. 199
(2) WILLAERT S. J. Annales de la Société scientifique 1905-1906 1re Fascicule. *Recherches sur la polarisation etc.* p. 99.

définition, suivant la résultante de toutes les forces auxquelles il est soumis. Le calcul détermine la direction de sa trajectoire et, si elle n'est pas une ligne droite, sa forme.

Si deux forces ont une action diamétralement opposée, c'est la plus grande qui l'emporte et le mobile suit la ligne de plus forte traction ou de plus faible résistance. Et ce ne sont là encore, en somme, que des définitions, puisqu'on mesure les forces par l'action qu'elles produisent sur le mobile. Dans tous les autres cas, le mobile ne suit la direction d'aucune force en particulier, mais seulement de leur résultante. Pour la déterminer on estime l'intensité des forces individuelles par le mouvement qu'elles sont capables de produire dans le mobile lorsqu'elles agissent seules et la résultante se détermine d'après le théorème du parallélogramme.

Dans cette détermination, on doit évidemment tenir compte des nouvelles forces qui interviennent à un moment quelconque, ainsi que des résistances qui ne sont, en somme, que des forces répulsives.

De sorte que la direction du mouvement est toujours déterminée par des lois qui s'établissent à *priori*. D'après Spencer, leur démonstration implique la persistance de la force. « La force résultante, dit-il, résultat de la neutralisation de toutes les autres, doit mouvoir le corps dans la direction sur laquelle elle agit. Affirmer le contraire c'est affirmer qu'une force peut se dépenser sans effet, sans engendrer une force équivalente, ce qui impliquerait qu'une force peut cesser d'être, c'est-à-dire une négation de la persistance de la force. » (1)

Ce raisonnement n'est qu'un sophisme. La force résultante n'existe pas. Elle n'est qu'une fiction. Ce qui est réel c'est le mouvement résultant de l'action simultanée de plusieurs forces. On appelle force résultante celle qui *serait* capable de produire à elle seule le mouvement résultant.

Pour que les forces produisent un mouvement résultant, il faut qu'elles agissent ; si elles n'agissent pas ce

---

(1) P. P. p. 264 § 81 F. P. P. 107.

ne sont plus des forces, au sens mécanique de ce mot. On suppose donc comme données du problème *l'existence* de certaines forces et non la *persistance* d'une force quelconque. Si une ou plusieurs forces cessent d'agir, c'est-à-dire d'exister, les données du problème changent, mais aucune loi ne se trouve contredite.

En réalité dans la théorie de la composition des forces telle qu'on l'entend ici, on suppose la continuité du mouvement. (1) Celui-ci, d'après Spencer, n'est qu'un cas particulier de la persistance de la force. Nous la considérons, au contraire, comme une conséquence de l'inertie. Or le principe d'inertie est plus général que la loi de la conservation de l'énergie (seul sens admissible du principe de la conservation de la force), et il en est indépendant. Aussi, tandis que, à notre avis, la conservation de l'énergie dans l'Univers ne peut pas se démontrer *a priori*, nous inclinons à croire que le principe d'inertie est susceptible d'une telle démonstration.

Il faut bien remarquer aussi que la direction du mouvement n'est déterminée par les forces que pour autant qu'on y comprend le mouvement lui-même. Sur une surface accidentée la ligne de plus forte pente (appelons *pente* la résultante, en chaque point, de la gravité et de la résistance de la surface) sera en général sinueuse. Un corps placé au sommet de cette ligne et abandonné à l'action de la gravité ne suivra pas cette ligne, mais s'en écartera continuellement en vertu de la vitesse acquise, tandis que son poids tend à l'y ramener.

Tel est donc dans sa rigueur le principe de la direction du mouvement. Il a lieu à chaque instant suivant la résultante du mouvement existant déjà et de toutes les forces qui agissent sur le mobile. C'est le seul principe ayant une portée tout à fait générale.

Néanmoins on a souvent plus spécialement en vue le cas où il est possible de comparer des résistances ou

---

(2) cf. plus haut p. 163.

des tractions qui s'établissent suivant des directions différentes. Lorsqu'un gaz est comprimé dans un récipient, la pression s'exerce normalement aux parois en chacun de leurs points et est équilibré partout par une résistance diamétralement opposée. Si les parois cèdent à la pression, ce sera à l'endroit où la résistance est moindre et le jet de gaz se fera suivant la ligne de moindre résistance.

Lorsque des tractions s'exercent sur un mobile dans des directions opposées, c'est suivant la direction de la plus forte traction que le mouvement aura lieu.

La loi qui veut que le mouvement se fasse suivant la ligne de moindre résistance ou de plus forte traction a donc une signification vraie, mais restreinte. Lorsque des pressions ou des tractions égales se produisent dans différents sens et se trouvent en lutte dans chaque direction avec des résistances différentes, c'est suivant la ligne de moindre résistance que le mouvement se produira de préférence. Que si les résistances sont égales de toutes parts tandis que les pressions ou les tractions diffèrent, le mouvement se fera suivant la ligne de plus forte traction ou pression.

**

lois de la ection du uvement s l activité vitale.

L'on peut trouver dans la nature des cas nombreux où se vérifie soit le principe général du mouvement résultant, soit ces lois restreintes. Le mouvement des planètes autour du soleil est une application continuelle de la composition de la force d'attraction avec le mouvement acquis. Leur orbite, elliptique en vertu de l'attraction solaire, subit de légères perturbations à cause de l'action variable des autres astres du système.

Les mouvements des êtres vivants dépendent des forces physico-chimiques et en outre des forces d'ordre physiologique, sensitif et intellectuel. Ils s'accomplissent donc suivant la résultante de toutes ces actions réunies. Cette conclusion n'a besoin d'aucune autre démonstration. Les mouvements des membres de l'animal suivent à chaque instant la résultante de la force de gravité et de l'effort musculaire déployé. La croissance des arbres se fait suivant la résultante de la pesanteur et des forces internes mises en œuvre par le végétal.

Souvent, pour ne pas dire la plupart du temps, les forces inhérentes au milieu agissent sur l'évolution des organismes par l'intermédiaire des forces vitales dont elles déterminent la réaction. Cette évolution dépend ainsi du milieu de deux manières : directement par des mouvements déterminés ou modifiés dans le sens où s'exercent les forces du milieu ; indirectement par la réaction des forces organiques à l'action du milieu. L'influence de la gravité *(géotropisme)* et celle de la lumière *(héliotropisme)* est particulièrement importante à chacun de ces deux points de vue.

La forme individuelle d'un organisme est aussi la résultante d'influences héréditaires nombreuses qui s'exercent sur son développement.

S'il est difficile, en cette matière, de préciser les exemples, cela provient, non pas de ce que le principe soit douteux, mais de ce que nous ne connaissons que très imparfaitement les forces spéciales aux êtres vivants et les lois suivant lesquelles elles agissent.

On pourra leur appliquer également — sans prétendre l'employer à résoudre tous les problèmes de direction — la loi d'après laquelle le mouvement se fait suivant la ligne de moindre résistance ou de plus forte traction.

Très souvent les forces vitales ont à lutter contre des résistances extérieures d'ordre purement mécanique. Elles produisent alors leur mouvement suivant la ligne où cette résistance est la moindre. C'est ainsi que l'arbre qui cherche à étendre ses racines de toutes parts dans le sol, les glisse dans les interstices, les conduit autour des obstacles, les pousse, en somme, suivant les lignes de moindre résistance.

Le vol d'un oiseau enfermé dans une cage finira par se produire au travers de la seule ouverture qu'on y a laissée.

Ces exemples qu'il serait aisé de multiplier ne suffisent pas à faire comprendre la loi. Pour en saisir toute la portée, il faut remarquer que les forces vivantes rencontrent des résistances d'ordre physiologique, sensitif ou intellectuel fort différentes des résistances mécaniques, mais qui agissent suivant la même loi. Des tendances héréditaires, des instincts, un sentiment de frayeur, des objets repoussants, des difficultés prévues ou soupçonnées peuvent constituer autant d'obstacles à l'action des forces de même ordre et fournir des applications de la loi de direction du mouvement. Sauf l'exercice de la liberté par l'homme, cette direction sera déterminée d'une manière aussi nécessaire que lorsque seules les forces physico-chimiques sont en jeu ; et nous pouvons voir que souvent elle coïncide avec la ligne de moindre résistance ou de plus forte traction. Un animal entouré d'ennemis fuit du côté où le danger paraît moindre ; l'être intelligent qui veut atteindre un but, choisit pour y arriver les moyens les plus faciles ; l'homme se rapproche de ceux de ses semblables qui lui inspirent le plus de sympathie ou le moins de répulsion.

On peut ainsi, comme on le voit, étendre beaucoup la signification de la loi. Il n'est pas du tout nécessaire pour cela de considérer, avec Spencer, tous les phénomènes comme purement mécaniques. Une même loi générale peut s'appliquer à des forces de nature différente. Sa signification s'adapte d'elle-même aux cas variés qu'elle gouverne. Une interprétation rigoureusement mécanique ne convient pas à tous les ordres de phénomènes.

Spencer fait de vains efforts, par exemple, pour rendre compte, au moyen d'explications purement mécaniques, de la transmission de l'influx nerveux, depuis l'impression sur l'extrémité des nerfs centripètes jusqu'à la réponse qui se produit à l'extrémité des nerfs centrifuges. Il avoue que l'entreprise est ardue et ajoute un peu naïvement : « Les difficultés sont telles qu'il n'est pas possible de faire plus que d'indiquer brièvement les preuves qu'on pourrait donner si l'espace le permettait. » (1)

(1) P. P. p. 252 § 79. — F. P. p. 190.

L'espace n'est jamais mieux employé qu'à expliquer des choses difficiles, et au surplus, le style de Spencer ne peut faire soupçonner à personne qu'il se trouve à l'étroit.

Il suffit que nous examinions la première partie de cet essai d'explication mécanique de l'action nerveuse : tout le reste en dépend. « Supposez, dit Spencer, que les diverses forces qui règnent dans un organisme soient préalablement en équilibre. Si une partie de cet organisme devient le siège d'une nouvelle force, ajoutée ou dégagée, c'est de là que la force, rencontrant des résistances des forces ambiantes plus petites, commencera un mouvement vers une autre partie de l'organisme. S'il y a dans une autre partie de l'organisme un point où se dépense une force, c'est-à-dire un point qui soit diminué d'une force qu'il possédait auparavant, au lieu d'être augmenté d'une force qu'il ne possédait pas, et qui par ce fait devienne un point où la réaction contre les forces ambiantes soit moindre, le mouvement qui s'opère entre le premier et le dernier de ces points se fera manifestement dans le sens de la plus faible résistance. Or, une sensation implique l'addition ou le dégagement d'une force dans la partie de l'organisme qui en est le siège, tandisqu'un mouvement mécanique implique une dépense ou une perte de force dans la partie de l'organisme qui en est le siège. Il en résulte que si, comme nous le constatons, le mouvement se propage d'ordinaire de ces parties d'un organisme auquel le monde extérieur ajoute des forces sous formes d'impressions nerveuses, à ces autres parties de l'organisme qui réagissent sur le monde extérieur par les contractions musculaires, il ne fait qu'obéir à la loi que nous avons énoncée. » (1)

N'insistons pas sur le manque d'exactitude qui défigure ce raisonnement, ni sur les objections de moindre importance qu'il suggère. Observons d'abord que le point essentiel, c'est à dire la transmission de l'ébranlement

---

(1) P. P. P. 252 § 79. — F. P. p. 100.

de l'endroit où il est produit à celui où l'organisme
« dépense une force, » n'est pas du tout élucidé. Un
muscle ou un tissu analogue qui se contracte exécute un
travail au dépens de l'énergie potentielle qu'il contenait
sous forme chimique. En quoi cette circonstance constitue-
t-elle une résistance moindre à la transmission d'un mouvement analogue à un ébranlement nerveux ? C'est ce qu'il
faudrait dire tout d'abord et ce que Spencer ne dit pas.
Qu'un muscle qui se contracte « devient un point où la
réaction contre les forces extérieures est moindre, » c'est
ce qu'il est impossible de comprendre. Quelles sont ces
forces ambiantes, en quoi consiste cette réaction et pourquoi diminue-t-elle ? Il ne nous est donné aucun renseignement à ce sujet.

Spencer répète le passage que nous critiquons au commencement du chapitre des *Principes de Psychologie* qui
traite de la génèse des nerfs, (1) sans lui donner aucun
développement. L'endroit des *Principes de Biologie* auquel
il renvoie part de l'affirmation que dans une masse de
matière organique, un ébranlement moléculaire doit se
transmettre davantage suivant certaines lignes, mais il
n'est pas question de la circonstance que ces lignes sont
dirigées vers l'endroit où le protoplasme réagit contre une
force extérieure, ce qu'il s'agit précisément d'expliquer ici.

Ensuite, la transmission de l'ébranlement dans l'organisme
suivant certaines lignes n'explique l'établissement de directions constantes nécessaires à l'activité nerveuse, que si
on admet le principe critiqué par nous plus haut, à savoir
que le passage d'une ondulation le long d'une ligne facilite
la transmission d'ondulations semblables le long de cette
même ligne. Si cela n'est pas admis — et nous avons
vu qu'il n'y a aucune raison de l'admettre — l'interprétation mécanique de la vie animale s'écroule.

Spencer essaie, dans l'ouvrage que nous venons de citer, (2) d'établir ce principe pour ce qui concerne l'activité

---

(1) vol. I p. 553-554 § 223.
(2) *Princ. de Biol.* vol. II p. 400 sq. § 302.

nerveuse, en montrant comment on pourrait concevoir la différenciation du tissu nerveux dans la masse du protoplasme. L'explication est longue et un peu confuse. Voici comment on peut la résumer :

1° L'excitation nerveuse est un ébranlement qui produit une modification chimique des molécules colloïdes du protoplasme. Il s'y propage à cause de l'instabilité chimique de ces molécules.

2° Cet ébranlement « se diffusera plus loin sur certaines lignes que sur d'autres, si les éléments du protoplasme ne sont pas dispersés d'une façon tout à fait homogène et si certains d'entre eux se transforment isomériquement plus aisément ou avec moins de dépense de mouvement que d'autres. »

3° « La même influence qui tend à propager les transformations isomériques, tend aussi à former de nouvelles molécules du même genre au dépens des éléments adjacents. »

4° Donc une onde de perturbation moléculaire diffusée d'un centre et voyageant le long d'une ligne autour de laquelle se trouvent le plus grand nombre de molécules susceptibles de subir facilement la transformation isomérique, aura pour effet, en même temps, de différencier davantage cette ligne et de rendre son caractère plus prononcé qu'il n'était.

5° Il faut supposer que les molécules considérées reprennent leur structure primitive dès que l'onde a passé.

Contentons-nous de signaler les défauts essentiels de ce raisonnement en négligeant les remarques accessoires.

1° Comme on le voit, Spencer prend comme point de départ une différenciation existant déjà. Si les éléments les plus facilement transformables du protoplasme sont distribués dans sa masse d'une façon quelconque, il n'y aura aucune différence appréciable entre la façon dont l'ébranlement se transmettra dans une direction et dans une autre. Afin qu'il se transmette davantage suivant une direction déterminée, il faut *présupposer* une concentration des molécules instables le long de cette ligne. Or, en somme, c'est précisément une concentration de cette sorte qu'il s'agit d'expliquer.

2° Après avoir supposé une concentration de molécules aisément transformables le long d'une ligne, Spencer ne s'occupe plus que de ce qui se passe sur cette ligne et néglige absolument de considérer les autres directions, sur lesquelles cependant se produiront les mêmes phénomènes que sur la direction privilégiée quoique à un degré moindre. Cette omission est nécessaire pour faire concevoir la structure du système nerveux qui affecte la forme de cordons linéaires minces et allongés, mais elle est injustifiable logiquement.

3° La tendance des molécules à produire autour d'elles des molécules semblables est indépendante d'un ébranlement qui en modifiera la structure. Cette tendance aura donc pleinement produit son effet avant tout ébranlement. Dès lors on ne voit pas du tout en quoi celui-ci contribue à la différenciation de protoplasme. Il est donc impossible de trouver dans l'explication de Spencer un appui quelconque pour la conclusion qu'il formule en ces termes : « toute répétition de l'agitation aidera à accroître, à intégrer, à définir plus complètement le cours du mouvement moléculaire, c'est à dire, prolongera sa partie la plus éloignée tout en rendant sa partie la plus prochaine plus perméable. »

Le système nerveux, comme toute autre partie de l'organisme, se développe par l'exercice et nous n'avons aucune raison d'exclure ce facteur de son évolution. Mais il s'agit ici de savoir si l'excitation elle-même est capable d'en expliquer l'origine et si celle-ci est un exemple d'un mouvement ondulatoire créant les voies suivant lesquelles il se propagera. C'est ce que Spencer ne parvient pas à montrer.

Enfin, si on concédait à Spencer tout ce qu'il dit dans le passage des *Premiers Principes* à l'occasion duquel nous avons examiné cette question, il en résulterait qu'il s'établit dans l'organisme des trajets par lesquels se transmet l'énergie vibratoire des impressions extérieures, mais loin que la contraction musculaire doive être considérée, d'après cette explication, comme le résultat de ce phénomène, elle y figure comme en étant la cause.

Nous avons montré auparavant qu'*a priori* on ne peut pas admettre une explication de l'activité nerveuse qui prétend négliger le côté subjectif (1). Nous voyons ici combien est insuffisant l'essai qu'en tente Spencer.

Si on donne à loi de la direction du mouvement la signification plus large que nous avons indiquée, on peut l'étendre aux mouvements produits par les forces vitales tout en maintenant la nature particulière de celles-ci.

Rien même n'empêche de la généraliser encore davantage et de l'appliquer aux collections d'hommes et d'animaux.

Le pouvoir qu'ont les espèces vivantes de se multiplier et par suite de s'étendre sur des espaces de plus en plus considérables, la propriété aussi qu'elles manifestent de se transformer peu à peu suivant des directions divergentes et ramifiées sont des forces véritables puisqu'elles sont causes de mouvement.

L'expansion rencontre des obstacles de toute sorte tant physiques (hautes chaînes de montagnes, océans, continents) que physiologiques (manque de nourriture appropriée, climat trop chaud ou trop froid, trop sec ou trop humide, organismes ennemis etc.). Le mouvement se produira dans la direction de la moindre résistance, c'est-à-dire des moindres difficultés.

La transformation des espèces est constamment limitée par les conditions d'existence et la concurrence vitale, de sorte qu'elle ne se fait que suivant certaines directions privilégiées qui sont également des lignes de moindre résistance

De même les sociétés humaines nous présentent de nombreux mouvements qui s'effectuent d'après ce principe, tant dans les efforts qu'elles font pour s'étendre ou se déplacer que dans les phénomènes intérieurs qu'on y observe. L'engouement qui se manifeste pour certaines carrières, l'affluence vers les centres industriels, l'écou-

---

(1) V. pp. 182 sq.

lement des marchandises, les lignes suivant lesquelles se transportent les choses et les hommes, le mouvement des capitaux sont autant de phénomènes dans lesquels on reconnaîtra aisément la loi de la moindre résistance ou de la plus forte traction.

Il faut donc lui reconnaître la valeur d'un énoncé général utile à l'interprétation d'un grand nombre de phénomènes de différents ordres. Mais il serait déraisonnable d'en vouloir exagérer l'importance jusqu'à y vouloir découvrir l'explication de tous les mouvements fût-ce d'un ordre déterminé. Le raisonnement de James Hinton cité par Spencer est aussi faux qu'il est tranchant. « La forme organique, dit-il, est le résultat du mouvement. Le mouvement prend la direction de la moindre résistance. Par conséquent, la forme organique est le résultat du mouvement, dans la direction de la moindre résistance. » (1)

Au lieu de se borner à noter quelques faits généraux dans lesquels la croissance des organismes est réellement influencée par les résistances qu'elle rencontre, qu'on essaie de rendre compte, au moyen de cette loi, des différences de forme que présentent les êtres vivants dans le même milieu. Ou bien l'on se convaincra de son insuffisance, ou bien on sera amené à lui attribuer cette signification générale que *chaque élément matériel suit la résultante de toutes les forces qui agissent sur lui*. Ce dernier principe est utile pour l'étude des mouvements, mais il ne nous apprend rien au sujet de la nature ni du mode d'action des forces qui y entrent en jeu.

*
* *

§ VII. Rythme du mouvement. — Justification de la loi du rythme. — Exceptions.

<small>Rythme du mouvement.</small> Des chapitres des *Premiers Principes* étudiés jusqu'à présent, le plus intéressant, le plus suggestif et qui prête le moins le flanc à la critique est celui qui est intitulé : *Rythme du mouvement*.

---

(1) P. P. p. 248 § 78 — F. P. p. 188.

Le mouvement est rythmique, c'est à dire, les changements que subissent les êtres sont périodiques et les ramènent après des temps égaux dans des situations semblables. Spencer s'attache principalement à montrer l'universalité de cette loi. Pour en comprendre la signification il nous sera utile d'analyser brièvement un cas très simple.

Un rythme élémentaire est constitué par le mouvement du pendule. Nous y remarquons les choses suivantes : un système en équilibre sous l'action de la gravité et de la résistance du fil suspenseur, une cause quelconque écartant la masse suspendue de sa position d'équilibre, la pesanteur ramenant le pendule à sa situation primitive en lui imprimant un mouvement accéléré, la position d'équilibre dépassée en sens contraire, par suite de la vitesse acquise, d'une quanté égale au déplacement primitif, le retour en arrière, le va-et-vient indéfini.

Des phases analogues se produisent dans un nombre immense de phénomènes. Depuis la précession des équinoxes qui après 25920 ans ramène au même point de l'écliptique l'intersection de celle-ci avec l'equateur, jusqu'aux vibrations lumineuses qui s'acomplissent par centaines de milliards en un millième de seconde, nous connaissons une infinité de mouvements rythmiques s'accomplissant dans une période de temps plus ou moins longue. Les phénomènes de gravitation, de son, de chaleur, de lumière, beaucoup de phénomènes d'électricité consistent dans des mouvements rythmiques. Les planètes se balancent d'un côté à l'autre de leurs orbites, les corps conçoivent et transmettent des mouvements vibratoires plus ou moins rapides qui affectent les organes de la sensibilité.

Le mouvement des vagues à la surface de l'Océan, l'agitation des feuilles, le balancement des troncs d'arbre, les plis ondulés des drapeaux sont des mouvements rythmiques provoqués par le vent. Lui-même est lié à l'exitence des grandes vagues largement rythmiques de l'atmosphère et des vibrations sonores animent toute la masse de l'air qu'il transporte.

La rotation de la terre autour de son axe ramène régulièrement le jour et la nuit, son mouvement autour du soleil engendre les saison. tandis que la lune soulève et abaisse les eaux de l'océan.

La périodicité des jours et des saisons produit des mouvements rythmiques dans la vie des plantes et des animaux. Le sommeil et la veille, les gains et les pertes périodiques d'énergie, la courbe de l'existence, la matière alternativement saisie par les forces vitales et abandonnée au monde inorganique, les générations qui se succèdent comme les feuilles que le printemps fait éclore et dont l'automne emporte les débris, les espèces qui naissent, se développent et meurent — les vibrations des nerfs, les contractions des muscles, les périodes d'ardeur et de fatigue, d'excitation et d'abattement, de trouble et de calme, d'attention et distraction — les fluctuations du marché, l'abondance et la rareté des objets, les crises industrielles, les alternatives de guerre et de paix, de progrès et de décadence, les périodes d'enthousiasme et de reaction, tous ces phénomènes de l'ordre le plus varié ont un caractère rythmique plus ou moins régulier mais assez évident pour qu'il soit inutile d'y insister.

Il arrive fréquemment que plusieurs rythmes se superposent. Ils peuvent alors être plus ou moins facilement distingués l'un de l'autre dans le mouvement qui résulte de leur combinaison. Parfois ils ne se cachent pas du tout parce que leurs périodes sont très différentes, ou bien parce qu'elles sont subordonnées, c'est-à-dire que le second rythme est une modification périodique du mouvement qui constitue le premier, et ainsi de suite pour les autres.

Dans un concert les repos alternent avec les morceaux de musique. On a choisi ceux-ci de manière à faire entendre un morceau d'allure vive après un morceau d'un mouvement plus lent. Dans chaque morceau les *forte* et les *piano* alternent, les différentes parties des phrases musicales se répondent ; dans chaque mesure les temps forts et les temps faibles reviennent à intervalles égaux et enfin chaque note est constituée par des ondulations de l'air. Nous n'avons pas de difficulté à reconnaître tous ces rythmes simultanés et ils nous procurent une jouissance parce que l'activité rythmée convient à nos facultés psychiques.

Lorsqu'on examine à la loupe la ligne ondulée que trace la pointe du phonographe, on distingue les éléments vibratoires des trois ou quatre sons que l'instrument a enregistrés simultanément. Notre oreille les isole plus facilement que notre œil.

Les mouvements alternatifs assez irréguliers du baromètre cachent complètement, à première vue, deux ondulations diurnes régulières qui se superposent plus ou moins elles-mêmes et ne peuvent être reconnues que grâce à de minutieuses observations.

Il résulte de cette coexistence de rythmes différents que généralement le mouvement rythmique ne ramène pas des phases exactement pareilles. Une saison est constituée principalement par la situation de la terre par rapport au soleil, mais elle dépend aussi des fluctuations de la pression atmosphérique, de certaines périodes alternatives peu connues d'humidité et de sécheresse, de variations à rythme très lent dans les courants marins, dans la ligne des rivages et de bien d'autres facteurs. De telle sorte que jamais deux hivers ou deux étés ne se ressemblent complètement. Malgré ces irrégularités, dans nos contrées les saisons se distinguent aisément l'une de l'autre ; il n'en est pas de même dans des régions plus voisines de l'équateur, où leur rythme, moins marqué à cause de la latitude, disparaît parfois complètement dans les changements accidentels du temps.

Le caractère oscillatoire du mouvement peut être, on le voit, plus ou moins manifeste et plus ou moins complexe. Il est extrêmement intéressant d'en rechercher l'existence dans les phénomènes les plus divers. Il correspond certainement à une grande loi qui gouverne tous les êtres matériels, et nous croyons que c'est à Spencer que revient l'honneur de l'avoir mise en lumière dans toute son étendue.

Les objections que Renouvier oppose à cette loi ne sont pas bien considérables. « En fait, dit-il, la chute d'un grave, la trajectoire d'un corps sous une impulsion passant par son centre de gravité, la révolution d'une sphère autour d'un de ses diamètres, sont-ce des mouvements rythmiques? Sensiblement, non ; insensiblement on peut le concevoir à l'aide d'hypothèses précises sur la composition chimique, sur la loi de communication du mouvement, sur la résistance des milieux, sur la variation des actions en fonction des distances. On ne voit pas que M. S. se voit occupé de ces petites conditions du problème qu'il voulait résoudre. Une faute capitale d'une autre espèce c'est d'avoir généralisé la notion du rythme au point d'en faire disparaître cet élément essentiel, la régularité, la loi numérique. » (1)

La chute d'un grave est un mouvement rythmique de sa nature, comme le mouvement du pendule. Si le rythme n'y apparaît pas, c'est parce que le mouvement du corps qui se dirige vers le centre de gravité de la Terre est arrêté à sa surface et transformé en un autre mouvement rythmique : la chaleur. Cette transformation se rattache à une catégorie d'exceptions à la loi, comme nous le verrons.

Quant à la trajection d'un corps sous la seule impulsion d'une force qui passe par son centre de gravité, s'il s'agit d'une force continue, le mouvement sera en général alternatif ; s'il s'agit d'une force instantanée, on peut répondre qu'un tel mouvement n'existe pas dans la nature.

La rotation d'une sphère est un mouvement rythmique en ce sens que chacun de ses points se trouve alternativement d'un côté et de l'autre de l'axe du mouvement.

Le mouvement rythmique n'a jamais une régularité mathématique. Il est sensiblement régulier lorsqu'il est principalement déterminé par des forces peu complexes. Ainsi une corde tendue qu'on éloigne de sa position d'équilibre par une impulsion unique y revient par des

(1) *Examen des Premiers Principes de H. Spencer.* La critique philosophique 1886 vol. II pp. 247-248.

mouvements *sensiblement* réguliers. Au contraire les alternatives de prospérité et de décadence d'une nation dépendent de causes très nombreuses et d'intensité très variable, de sorte que la *régularité* du mouvement de va-et-vient n'existe plus. Elle n'existe pas non plus dans le mouvement des flots ou dans celui des épis sous le souffle du vent. Ne pas vouloir qu'on les appelle rythmiques parce qu'ils ne sont pas réguliers, cela nous paraît abusif et en tous cas c'est une question de mots. Renouvier trouve que c'est une banalité que de constater l'universalité du rythme dans le sens large. Nous ne saurions être de son avis.

***

Justification de la loi du rythme

Spencer considère le rythme du mouvement comme une conséquence de la persistance de la force. De fait, en l'absence de la force, le mouvement se poursuit indéfiniment dans la même direction. Le rythme suppose aussi l'inertie en vertu de laquelle le mouvement se poursuit au delà de la position d'équilibre. Enfin il est une des formes de la conservation de l'énergie.

D'après Spencer, tout mouvement, dans la nature, est nécessairement rythmique. « Tout transport dans l'espace, dit-il, doit altérer la proportion des forces en jeu, augmenter ou diminuer la prépondérance d'une force sur l'autre, empêcher l'uniformité du mouvement. Si le mouvement ne peut être uniforme, en l'absence d'accélération ou de retardation continuées pendant un temps infini et à travers un espace infini (résultats qu'on ne peut concevoir), il n'y a pas d'autre alternative que le rythme. » (1)

On pourrait reprocher à cet argument de ne pas tenir compte du mouvement qui disparait comme tel, c'est à dire, qui se transforme en énergie potentielle. Mais comme l'énergie potentielle peut régénérer le mouvement

---

(1) p. 273 § 82 F. P. p. 204.

qui lui a donné naissance ou un autre équivalent c'est un cas de transformation alternative qui rentre dans la loi.

Une objection plus grave résulte des mouvements qui se transforment en d'autres de telle sorte que la transformation inverse ne soit plus possible. Spencer fait remarquer à propos d'un cas semblable (1) que la nouvelle forme de mouvement est elle-même rythmique. Mais cela ne résout pas la difficulté, surtout si la transformation dont il s'agit n'est pas accidentelle mais normale.

Enfin l'argument ne mentionne explicitement qu'un seul élément du rythme, la vitesse du mouvement (accélération et retard). Le rythme peut résulter aussi de la direction du mouvement. Il implique aussi une certaine périodicité et il consiste, en général, dans des écarts alternatifs par rapport à une situation moyenne qui peut être une position d'équilibre réalisable ou non.

Nous croyons que c'est dans cette dernière condition du mouvement rythmique qu'on peut trouver la raison de son universalité.

En effet, tout être individuel, naturel ou artificiel, correspond à une situation d'équilibre stable autour de laquelle il oscille parce que des forces extérieures tendent continuellement à l'en écarter, tandis que les forces intérieures l'y ramènent. D'une façon plus générale, les forces naturelles sollicitent les corps vers des situations d'équilibre stable et déterminent, par conséquent, des mouvements de va-et-vient autour de cette situation.

Un organisme, un édifice, une société sont des exemples d'êtres individuels. Le premier comprend une certaine quantité d'énergie potentielle grâce à laquelle il exerce ses fonctions, ou encore une certaine disposition intérieure et extérieure des parties. La réaction contre les agents externes épuise cette énergie et il la répare par la nutrition sous toutes ses formes ; de là l'oscillation entre les périodes de travail et de repos, de désassimilation prédominante et d'assimilation prédominante. Les agents exté-

---

(1) P. P. p. 271 § 82 — F. P. p. 202.

rieurs tendent à altérer la disposition de ses parties, d'où les alternatives de maladie et de santé, de lésion et de reconstitution des organes. Le rythme respiratoire correspond à l'action alternative d'éliminer l'excès d'oxygène combiné et d'absorber l'oxygène libre qui fait défaut.

L'édifice est constitué par une certaine disposition des matériaux. Le vent, les mouvements du sol lui impriment de légères déviations qui déterminent des mouvements oscillatoires tant qu'elles ne dépassent pas la limite d'élasticité de la construction.

L'équilibre social comprend l'égalité des besoins et des ressources, une liberté suffisante des citoyens sous l'empire des lois, certains moyens de défense et d'attaque, une activité convenable dans les différentes branches qui contribuent à la prospérité de la nation. Lorsque des excès ou des défaillances se produisent d'une part ou d'autre, la société réagit par ses forces conservatrices et il en résulte encore une fois un mouvement d'oscillation autour de la situation moyenne qui n'est jamais réalisée exactement.

Les forces d'attraction en attirant vers le centre, c'est à dire vers la situation d'équilibre, les atomes de la nébuleuse primitive ont déterminé des mouvements oscillatoires des planètes autour de cette position.

Tout mouvement ondulatoire soit visible, soit invisible se fait autour d'une situation d'équilibre, qu'elle soit représentée par la surface unie de la mer, par la densité des corps que traverse le son ou par la tension des cordes de violon sur le chevalet.

L'existence d'une situation d'équilibre vers laquelle se dirige le mouvement est la cause de son caractère oscillatoire, parce que le mobile dépasse la position d'équilibre en vertu de la vitesse acquise par l'action des forces qui l'y sollicitent.

Le besoin d'une denrée dans une société se manifeste par une hausse de prix. Cette circonstance détermine une augmentation croissante de la production, de telle sorte qu'après un certain temps, non seulement les besoins sont satisfaits, mais le marché est encombré. Immédiatement les prix baissent, la production se rallentit et tombe bientôt en-dessous des besoins, ce qui ramène toute la série de ces phénomènes économiques.

Le travail épuise l'activité nerveuse et amène le sommeil réparateur. La réparation achevée détermine le réveil et la reprise du travail. Cette série physiologique comprend deux oscillations correspondantes: travail et repos, dépense et gain d'énergie nerveuse. Elles se font autour d'une position moyenne, d'ailleurs irréalisable, dans laquelle le travail ne dépenserait qu'une quantité d'énergie qui pourrait continuellement être réparée.

* * *

<small>ceptions la loi du ythme.</small>

La considération précédente, en faisant connaître les conditions du mouvement oscillatoire, nous permet aussi d'indiquer les cas où elles ne sont pas réalisées et qui constituent, par conséquent, des exceptions à la loi.

La première de ces conditions est que les forces qui maintiennent la situation d'équilibre soient capables de ramener en arrière le mouvement qui s'en écarte, ou, en d'autres termes, que la limite d'élasticité du système ne soit pas dépassée. Un organisme trop fortement ébranlé ou trop affaibli ou trop mutilé périt ; une maison trop secouée par le vent s'écroule, une société attaquée par des ennemis trop puissants, troublée pas des agitations intérieures excessives, se disloque et se dissout. Dans ces cas le retour en arrière ne se fait pas et il n'y a pas de mouvement alternatif.

Tant que l'archet se promène légèrement sur la corde du violon, celle-ci vibre autour de sa position d'équilibre, mais un effort trop violent rompt la corde ; les vibrations cessent et aucun mouvement oscillatoire ne correspond à la rupture.

La seconde condition est que la situation d'équilibre vers laquelle marche le mouvement puisse être dépassée. Si par sa nature elle constitue un état final, le mouvement au delà est impossible, et par conséquent aussi le mouvement en retour et l'oscillation rythmique. Dans ces cas le terme était atteint, le mouvement cessera. Sans doute, il ne sera pas réduit à rien, il sera transformé. Mais il n'existera plus sous sa forme spécifique et il n'aura pas possédé le caractère oscillatoire.

Le Soleil rayonne sa chaleur à travers l'espace. Ce mouvement tend à établir l'équilibre de température entre cet astre et le milieu où il se meut. Cet équilibre étant réalisé, il ne se produit plus aucune communication de chaleur : c'est une situation de sa nature définitive qui ne comporte aucune oscillation de température. Le mouvement d'échauffement progressif s'est transformé en vibrations calorifiques uniformément distribuées.

Telle est aussi la transformation générale du mouvement visible en mouvement vibratoire. Ici la transformation inverse est possible et donne lieu a des oscillations, mais elle n'est jamais complète : le mouvement visible tend à disparaître tout entier et à être remplacé par du mouvement invisible. Telle est est la situation vers laquelle l'Univers marche ; elle est, de sa nature, définitive. « On ne rencontre dans la nature, dit Auerbach, que des procès qui ne sont pas ou ne sont qu'imparfaitement réversibles. Ce qui est passé est passé et l'énergie dissipée ne peut plus être rassemblée de nouveau, du moins complètement. C'est comme si une autorité supérieure levait un impôt sur chaque phénomène naturel, et quand on essaie d'éluder cet impôt par l'introduction de procédés forcés et inverses, l'agent du fisc s'attache à leur suite. » (1).

C'est ce qu'on appelle la dégradation de l'énergie ou l'accroissement de *l'entropie*. L'énergie de l'Univers reste constante mais elle tend à se transformer en chaleur qui tend elle-même à se répandre uniformément. Elle devient ainsi intransformable en une autre forme d'énergie, de sorte qu'en dernière analyse l'Univers tend vers une situation où aucune transformation d'énergie n'aura plus lieu.

---

(1) *Die Weltherrin und ihre Schatten*. Jena 1902 p. 35.

Ce sera le repos complet dans une température uniforme (1).

Cette situation comporte, il est vrai, des oscillations moléculaires, et sous ce rapport la loi sera toujours vérifiée ; mais le mouvement vers cet état n'est pas un mouvement rythmique.

Dans la dernière édition des *Premiers principes*, Spencer reconnaît que la disparition du mouvement visible dans certaines circonstances constitue une restriction à la loi du rythme. Il fait remarquer que le mouvement invisible, par lequel il est remplacé, est lui-même rythmique. (2) Nous venons de dire que cela n'empêche pas l'exception d'exister.

Spencer en signale une autre dans l'existence des comètes non périodiques, et conclut qu'il faut entendre la loi d'un système fermé (3). Ce cas peut se ramener aux ruptures d'équilibre dont nous avons parlé.

---

(1) cf. *ibid.* p. 41.
(2) F. P. p. 216.
(3) *Ibid.*

Chapitre III.

L'ÉVOLUTION

Récapitulation. — Evolution, dissolution et loi d'évolution d'après Spencer. — La redistribution principale : l'intégration. — La perte du mouvement. — Confirmation inductive de la loi d'intégration. — Les forces qui agissent dans l'intégration. — L'évolution composée. Les conditions. — La différenciation. — Confirmation inductive de la loi de différenciation. — La définition et la coordination des parties. — La redistribution du mouvement. — Les forces qui agissent dans les redistributions secondaires. — La loi d'évolution amendée.

Récapitulation.

La métaphysique de Spencer est nécessairement incomplète. Par sa théorie de l'Inconnaissable qui repose sur la thèse kantienne de la relativité de nos connaissances, Spencer s'est interdit toute recherche sur la Cause Première et sur la réalité des êtres que nous percevons comme corps (par la sensibilité) ou comme esprit (par la conscience réflexive). Il affirme cependant l'identité de la réalité qui correspond à ce qui est perçu objectivement comme corps et de la réalité qui correspond à ce qui est perçu subjectivement comme esprit. Et cela est à la fois une thèse métaphysique que nous avons jugée fausse et une inconséquence, car on ne peut affirmer l'identité de choses inconnaissables.

Spencer confond aussi la réalité qui se manifeste sous forme de corps et d'esprit avec la Cause Première ; et c'est là encore une fois une thèse métaphysique condamnable et une inconséquence du même genre.

La doctrine que nous avons exposée dans ces derniers chapitres et que nous allons récapituler avec les corrections que nous y avons apportées ne concerne donc que le monde corporel, comme il se manifeste à l'expérience. Pour autant qu'elle est une philosophie, et nous sommes d'avis qu'on ne peut pas lui refuser cette dénomination, elle est une philosophie des corps et plus particulièrement du mouvement. Cependant les propositions qu'elle énonce ont rapport à la vie et à l'intelligence — prise dans son acception la plus large — mais seulement en tant que l'activité de celles-ci est liée à la matière et au mouvement.

Voici la doctrine que nous avons adoptée : L'Univers corporel comprend quatre éléments irréductibles : l'étendue, la masse, le mouvement, les forces.

Le premier principe général est la conservation de la matière quant à la masse ; c'est ce que Spencer appelle l'indestructibilité de la matière.

Le second, qui est l'indestructibilité du mouvement, comprend le principe de l'inertie. Au surplus, pour être universel, il doit s'entendre d'une persistance du mouvement qui peut n'être que virtuelle.

Le troisième principe, qui est appelé par Spencer la persistance de la force, doit s'interpréter comme signifiant la conservation de l'énergie. Ce principe est certainement applicable aux phénomènes inorganiques, mais sa vérification *exacte* dans les phénomènes vitaux est douteuse.

La même restriction doit s'appliquer au principe de la transformation équivalente des forces, ou mieux, de l'énergie.

La persistance de la force, en y comprenant sa conséquence qui est la persistance des relations entre les forces, implique encore un principe général qui est la constance des lois de la nature.

Le principe de la direction du mouvement a une signification tout à fait générale quand il affirme que le mouvement se fait suivant la résultante de toutes les forces. Il a une signification moins universelle, mais donnant lieu à des applications nombreuses et intéressantes, lorsqu'il énonce que le mouvement se fait suivant la ligne de moindre résistance ou de plus forte traction.

Enfin le principe d'après lequel tout mouvement est rythmique ou se transforme en mouvement rythmique semble se vérifier, de la manière dont nous l'avons expliqué, dans tous les phénomènes matériels. Tel est le chemin parcouru jusqu'à présent ; tels sont les résultats obtenus.

*
* *

lution, lution et évolution après encer.

Nous abordons maintenant une autre série de considérations. Après avoir passé en revue les données de l'évolution et les lois les plus générales qui les régissent, il faut étudier l'évolution elle-même. Il ne suffit pas d'indiquer les éléments dont se compose l'Univers et les principes qui le gouvernent, il est nécessaire de rechercher en outre de quelle manière les éléments concourent à produire les phénomènes et quel est le résultat des principes que l'on a établis.

Après avoir fait l'analyse, il faut étudier la synthèse ; non point la synthèse spéciale à chaque être, mais une synthèse générale que réalisent tous les êtres. Il faut trouver ou du moins chercher une formule à laquelle toute existence se conforme et qui se vérifie de toutes les existences réunies. « Chaque objet, dit Spencer, non moins que l'agrégat de tous les objets, subit à chaque instant quelque changement d'état..... La question qui se pose est : quel principe dynamique vrai de la métamorphose considérée dans sa totalité et dans ses détails, exprime ces relations toujours changeantes ? » (1)

---

(1) P. P. p. 297 § 92 — F. P. p. 221

Spencer entreprend donc une généralisation de grande envergure. Il sera indispensable que nous nous écartions de la méthode que nous avons suivie jusqu'à présent et qui a consisté à suivre Spencer et à mener notre critique parallèlement au développement de ses idées. Ici il est nécessaire que nous exposions d'abord dans son entier la conception de Spencer en résumant autant que possible les développements considérables qu'il lui donne. Après cela nous en étudierons séparément les différentes parties. Voici donc les grandes lignes de sa doctrine :

La masse de la matière ne subit aucun changement. Son étendue ne se manifeste à nous que par la situation relative des corps dans l'espace ; les forces, par le mouvement qu'elles produisent ; de sorte que les phénomènes matériels peuvent être considérés comme déterminés par la disposition des éléments matériels et la forme de leurs mouvements.

La loi que l'on cherche est donc celle qui exprime *la redistribution continue de la matière et du mouvement*.

Une connaissance complète d'un être embrasse son origine et sa fin et comprend tous les changements qu'il subit entre ces deux termes. Que le commencement d'une chose soit ou ne soit pas l'objet de notre expérience directe, que sa fin puisse être constatée ou seulement prévue, que les changements qu'elle subit s'accomplissent sous nos yeux ou ne nous soient connus que par induction, la science que nous en avons, sous peine d'être défectueuse, ne peut négliger aucune des phases qu'il traverse. Dans l'étude des êtres en particulier aussi bien que de leur ensemble, la philosophie doit les prendre à leur origine et les suivre jusqu'à leur destruction.

Lorsque dans la nature une chose commence d'être, les éléments qui la composent existaient déjà auparavant; mais au lieu de se trouver réunis, ils étaient dispersés. Les atomes qui constituent l'animal étaient répandus dans l'air, dans le sol, dans des végétaux, dans d'autres animaux. Les matériaux qui composent une maison proviennent des forêts, des carrières, de gisements de minerais. Pour constituer l'édifice, ils ont été réunis, assemblés.

Le phénomène inverse va se produire lorsque la chose cessera d'avoir une existence propre. La substance organique se décompose, les gaz qu'elle contient sont mis en liberté et se répandent dans l'espace ; les matières solides sont réduites en poussière et dispersées. Les liens qui retenaient ensemble les matériaux d'une construction se relâchent et se brisent. Les pierres, les poutres se disjoignent et finalement se dispersent.

Avant leur réunion, les éléments, indépendants les uns des autres, étaient animés de mouvements relatifs plus ou moins considérables ; après leur réunion, ces mouvements sont restreints dans des limites étroites. Les éléments reprennent leur liberté lorsque l'être est détruit.

De cette manière simple d'envisager l'existence d'une chose quelconque, Spencer déduit la formule suivante : « Le passage d'un état diffus, imperceptible » (c'est-à-dire non distinct) « à un état concentré, perceptible, est une intégration de matière et une dissipation concomitante de mouvement ; et le passage d'un état concentré, perceptible, à un état diffus, imperceptible est une absorption de mouvement et une désintégration concomitante de matière. » (1)

La première opération porte, faute de mieux, le nom d'*évolution* ; la seconde est désignée sous le nom de *dissolution*.

D'après cela, l'évolution est le procès par lequel un être est produit et progresse, la dissolution, le procès par lequel il se détruit et finit par disparaître. Néanmoins le mot *évolution* est employé également pour désigner l'ensemble de ces deux procès et nous l'employons nous-même dans ce sens lorsqu'il n'y a pas lieu de les distinguer.

L'état d'un être corporel n'est jamais absolument constant ; il subit sans cesse des changements peu considérables peut-être, mais réels, par exemple, dans sa masse et

---

(1) P. P. p. 301 § 94 — F. P. p. 225

dans sa température. Ces changements — sans prétendre par là les définir complètement — sont souvent soit des intégrations de matière avec perte de mouvement, soit des absorptions de mouvement avec désintégration de matière. La première commence par dominer, puis, après des alternatives de prépondérance tantôt de l'une, tantôt de l'autre, la seconde l'emporte définitivement.

Lorsque l'évolution d'un agrégat se réduit à une intégration de matière avec perte de mouvement on lui donne le nom d'*évolution simple*. La plupart du temps l'existence d'un être nous offre une complexité beaucoup plus grande. C'est qu'à côté de cette redistribution principale de matière et de mouvement que nous venons de définir, les forces qui agissent sur l'être matériel en produisent d'autres concomitantes, intérieures à sa masse, affectant différemment ses différentes parties ; on a alors *l'évolution composée*.

Tous les êtres ne présentent pas au même degré les redistributions secondaires. Elles sont insignifiantes dans les corps fortement intégrés dans lesquels les molécules ne jouissent presque d'aucune mobilité les unes par rapport aux autres, ou encore dans les cas d'intégration rapide sous l'action d'une force prédominante.

Elles deviennent au contraire très importantes et très complexes dans les êtres dont les parties sont très mobiles, qui contiennent, comme dit Spencer, « une grande quantité de mouvement actuel, ou potentiel ou les deux à la fois. » (1) Ainsi, les redistributions secondaires s'accomplissent plus aisément dans un agrégat qui subit un ébranlement dû à des mouvements visibles ou vibratoires. La stabilité chimique, par exemple, décroit souvent à mesure que la température augmente ; elle décroit aussi à mesure qu'augmente la chaleur absorbée par la combinaison.

L'état fluide est une situation favorable aux redistributions secondaires, avec cette restriction, que si elles y sont nombreuses et étendues, elles y manquent de stabilité et

---

(1) P. P. p. 309 § 99 — F. P. p. 231.

n'y laissent point de traces, l'état de ces corps rendant impossible toute structure.

Les circonstances les plus favorables à des redistribution qui, étant nombreuses et très complexes, offrent cependant en même temps une certaine permanence, sont réalisées par les êtres vivants, lesquels contiennent une grande quantité de mouvement latent et présentent une cohésion intermédiaire entre l'état solide et la fluidité.

Ces conditions sont réalisées au plus haut degré chez les animaux.

Nous avons ainsi, laissant pour le moment de côté la dissolution, une idée compréhensive mais assez vague de l'évolution. Elle comporte, dans sa forme complète, deux procès en un certain sens opposés : une intégration d'ensemble avec perte de mouvement, c'est la redistribution primaire ; une différenciation progressive des parties dues aux redistributions secondaires.

Cette conception obtenue, comme on vient de le voir, par voie déductive, se confirme et se précise par l'induction. Considérant d'abord la redistribution primaire, on se convainc que ses conditions sont réalisées dans tous les ordres de choses : la formation de notre système sidéral, la consolidation du globe terrestre, la vie organique, la vie sociale, la formation du langage, les progrès de la science et des arts. Nous retrouvons partout « un changement partant d'une forme moins cohérente pour aller à une forme plus cohérente par suite de la dissipation du mouvement et de l'intégration de la matière. » (1)

Passons aux redistributions secondaires. Celles qui sont permanentes produisent des modifications de structure. A mesure qu'elles se multiplient et s'accentuent, elles déterminent nécessairement une hétérogénéité croissante des parties. Cette loi se vérifie, comme la précédente, dans toutes les catégories de phénomènes depuis la formation du système solaire jusqu'à l'évolution des sociétés et des produits de l'intelligence humaine.

---

(1) P. P. p. 349 § 115 — F. P. p. 263

— 250 —

Donc « partout où l'évolution est composée, c'est-à-dire dans l'immense majorité des cas, tandis qu'il se fait une condensation progressive de l'agrégat, soit par un rapprochement plus intime de la matière dans ses limites, soit par l'annexion d'une plus grande quantité de matière, soit par les deux procédés, et tandis que les parties plus ou moins distinctes qui résultent de la division et de la subdivision de l'agrégat se contractent chacune de son côté, ces parties deviennent dissemblables, — dissemblables par le volume, la forme, la structure, la composition, par plusieurs de ces caractères ou par tous. La même opération se montre dans l'ensemble et dans les parties. L'ensemble va s'intégrant et se différenciant des autres ensembles ; et chaque partie de l'ensemble s'intègre en même temps qu'elle se différencie des autres. » (1)

Néanmoins, si toute évolution composée est une marche dans le sens de la différenciation, toute différenciation ne constitue pas un progrès de l'évolution, mais au contraire elle est quelquefois un commencement de dissolution. Pour qu'il y ait progrès, il faut que la différenciation amène non seulement une « multiplication de parties dissemblables, mais encore un accroissement de la netteté avec laquelle ces parties se distinguent les unes des autres. » (2) L'anarchie dans une société se manifeste par des phénomènes variés qui accroissent, peut-on dire, l'hétérogénéité ; mais elle tend d'autre part à confondre les degrés de la hiérarchie sociale.

La marche de l'indéfini vers le défini caractérisant la différenciation évolutive, tel est le caractère qu'on retrouve, encore une fois, dans les divers ordres de choses qu'il nous est permis d'étudier.

Enfin, la redistribution de la matière implique nécessairement une redistribution du mouvement qui n'est pas dissipé. L'intégration de la matière est accompagnée d'une transformation de mouvement moléculaire en mouvement

---

(1) P. P. P. 381 § 127 — F. P. p. 201
(2) P. P. p. 387 § 120 — F. P. p. 203.

visible ; les mouvements rythmiques des parties se différencient nécessairement avec la différenciation des parties elles-mêmes et deviennent plus définis à mesure que les parties s'intègrent. Un examen des différentes catégories de phénomènes permet de confirmer ces affirmations inductivement.

Les considérations qui précèdent conduisent à la formule suivante à laquelle Spencer donne le nom de loi d'évolution : « L'évolution est une intégration de matière accompagnée d'une dissipation de mouvement, pendant laquelle la matière passe d'une homogénéité indéfinie, incohérente à une hétérogénéité définie, cohérente, et pendant laquelle aussi le mouvement retenu subit une transformation analogue. » (1)

Dans l'exposé succinct des raisonnements sur lesquels cette loi repose nous n'avons fait qu'indiquer sans aucun développement la partie où se manifeste le mieux l'esprit synthétique de Spencer : leur justification au moyen d'une induction universelle. Ayant isolé les idées de Spencer de leurs applications concrètes, nous leur avons enlevé la plus grande partie de leur intérêt ; il est même à craindre que, malgré les efforts que nous avons faits pour les exposer clairement, nous ne les ayons rendues peu intelligibles. La critique que nous allons en faire remédiera dans une large mesure à cet inconvénient qui était ici inévitable.

Avant de l'aborder écartons une idée fausse. Quoique incontestablement les différents ordres de choses offrent le spectacle d'un progrès dans l'évolution, ce serait néanmoins une erreur de croire que ce progrès est continu. Beaucoup de redistributions secondaires qui se produisent dans les agrégats au lieu d'appartenir au procès évolutif, sont plutôt un acheminement vers la dissolution, au lieu de marquer un progrès elles marquent un recul, ou bien elles ne produisent ni l'un ni l'autre. « On conçoit ordinairement l'évolution, dit Spencer, comme l'effet d'une tendance intrinsèque en vertu de laquelle tout devient

---

(1) P. P. p. 424 § 145 F. P. p. 321.

supérieur ; c'est s'en faire une idée erronée » (1) Quoiqu'il en soit de l'existence de tendances intrinsèques, il est certain qu'elles n'ont pas pour résultat un progrès continuel et que non seulement beaucoup d'agrégats se dissolvent, mais encore qu'ils présentent souvent dans leur existence des alternatives de progrès et de recul.

Spencer applique cette remarque à l'évolution de notre race. « Il y a des raisons, dit-il, qui permettent de penser que les hommes des types inférieurs existant aujourd'hui, et qui forment des groupes sociaux de l'ordre le plus simple, ne sont pas des spécimens de l'homme tel qu'il fut dans le principe. Il est probable que la plupart d'entre eux, sinon tous, eurent des ancêtres qui étaient parvenus à un état supérieur, et l'on retrouve au nombre de leurs croyances des idées qui ont été élaborées durant ces états supérieurs. Si la théorie de la dégradation, telle qu'on la présente d'ordinaire, est insoutenable, la théorie de la progression, dans sa forme la plus absolue, me semble tout aussi insoutenable. Si d'une part on ne peut mettre en harmonie avec les faits la notion qui fait venir l'état sauvage d'une chute de l'homme à l'état de civilisation, d'autre part rien ne nous autorise à penser que les degrés les plus bas de la sauvagerie aient toujours été aussi bas qu'aujourd'hui. Il est bien possible, et, selon moi, très probable que le recul ait été aussi fréquent que le progrès. » (2)

Nous allons maintenant étudier plus en détail les différentes parties de l'évolution.

*
* *

La redistribution principale.   Examinons d'abord le procès d'intégration. Le caractère génial de la généralisation de Spencer ne doit pas nous empêcher d'en apercevoir les défauts.

En ne voyant dans tous les phénomènes matériels *que*

---

(1) *Princ. de Sociol.* Trad. CAZELLE. Paris, 1883 T. 1 p. 130 § 50.
(2) *Ibid.* p. 138 § 50.

des redistributions de matière et de mouvement, Spencer se montre conséquent avec sa conception purement mécanique de l'Univers. Dès qu'elle devient exclusive, cette manière d'envisager les choses est illégitime. Elle est en tous cas incomplète, comme nous l'avons déjà montré et comme nous le verrons encore bientôt.

Nous avons, en premier lieu, à examiner jusqu'à quel point on peut définir l'existence sensible en disant qu'elle comprend une intégration de matière et une dissipation de mouvement (évolution) suivies d'une désintégration de matière avec absorption de mouvement (dissolution).

Lorsqu'on voit dans l'être le résultat de l'intégration, on le considère au point de vue de l'unité qu'il réalise et qui disparaît dans la désintégration. L'unité est un caractère essentiel de l'être et se confond avec lui. Dire qu'il y a plusieurs hommes revient à dire qu'il y a plusieurs fois un homme : sans unité, il n'y a ni un ni plusieurs ; il n'y a rien absolument.

Tout être, comme tel, est un. Il y a donc autant de modes d'unité qu'il y a de manières d'être. Nous bornant aux existences sensibles dont il est question ici exclusivement, nous trouvons au plus bas échelon de l'unité, par exemple, une masse liquide. Elle n'a point d'autre unité que celle qui résulte de la juxtaposition quelconque et de la cohésion de ses molécules. Un solide ayant une forme déterminée, régulière, manifeste un degré d'unité de plus : l'unité de la configuration extérieure. Telle masse d'or est en même temps une boule d'or. Si la forme extérieure est le résultat de la réaction des forces internes de la masse matérielle, comme dans le cristal, cette circonstance constituera un nouveau degré d'unité.

Un édifice suppose un arrangement de multiples parties en vue d'un but ; c'est une unité qui est réalisée à un degré plus élevé par une machine dont les parties agencées travaillent de concert pour obtenir un résultat. Une coopération analogue, mais bien plus merveilleuse, se rencontre dans tout organisme vivant.

Que si nous considérons les organismes doués de

sensibilité, il se manifeste dans leur connaissance une unité nouvelle de l'être sentant ou intelligent, différente peut-être des autres, mais non moins évidente à coup sûr. Si la conscience seule perçoit cette unité directement, elle peut cependant être reconnue par l'observation de l'activité extérieure des animaux et de l'homme, laquelle est inexplicable sans une intelligence ou une sensibilité qui la dirige.

Enfin les animaux vivent en troupe; les êtres intelligents vivent en société : nouvelles formes d'existence et, par conséquent, nouvelles formes d'unité.

Nous nous garderons bien de mettre sur la même ligne tous les modes d'unité que nous venons d'énumérer. Puisqu'il y a dans la nature des substances, par exemple l'homme, et des accidents, par exemple le mouvement, il y aura nécessairement deux modes d'unité radicalement distincts, l'unité de la substance et l'unité réalisée par l'accident.

Notons enfin qu'aucune unité résultant de l'union de principes préexistants n'est primitive, car elle dépend de l'unité de chacun des éléments qui la constituent.

Ces remarques nous révèlent un double défaut dans le point de départ de Spencer. D'abord il n'est pas premier. Toute intégration de matière suppose des éléments matériels antérieurement dispersés Il ne servirait à rien de dire que dans cet état de dispersion ces éléments n'étaient pas *sensibles*. Même au point de vue de la théorie phénoménaliste, ces éléments étaient quelque chose; car ils étaient capables de devenir sensibles par leur réunion. Ils avaient donc une existence indirectement ou potentiellement sensible que la métaphysique ne peut pas négliger. « Notre théorie des choses dit Spencer, considérées individuellement ou dans leur totalité est incontestablement incomplète tant que des parties quelconques du passé et du futur de leur existence sensible restent sans explication. » (1) Or, dans la doctrine que nous examinons,

---

(1) P. P. p. 300 § 93 — F. P. p. 222.

l'existence des éléments matériels qui par leur intégration constituent l'existence sensible reste sans aucune explication. Cette doctrine est donc incomplète.

Dans l'édition de 1900, Spencer reconnait qu'il en est ainsi ; mais, ajoute-t-il, cela est inévitable. « Une connaissance complète du commencement et de la fin des objets individuels ne peut dans beaucoup de cas pas être obtenue ; leurs états initial et final restent vagues après que l'investigation a fait de qu'elle a pu. A plus forte raison, lorsqu'il s'agit de la totalité des choses, devons-nous conclure que les états initial et final sont en dehors des atteintes de notre intelligence (*beyond the reach of our intelligence*). Comme nous ne pouvons pas mesurer l'infini ni dans le passé ni dans le futur, il suit que la naissance et la fin de la totalité des existences sensibles doivent toujours rester des matières de spéculation plus ou moins justifiée par le raisonnement sur des données établies, mais toujours de spéculation. » (1)

On ne lit pas ce passage sans quelque étonnement. Si le commencement et la fin des choses sont en dehors des atteintes de notre intelligence, ils ne peuvent être l'objet d'une spéculation légitime. En outre, si le passé de l'univers est infini, il n'a donc pas eu de commencement, de même que si son avenir est infini il n'aura point de fin. Dans cette hypothèse, le commencement et la fin de toutes choses étant niés ne peuvent évidemment pas être l'objet d'une spéculation.

Nous tenons que l'univers n'aura pas de fin ; dans ce sens la question de son état final n'en n'est pas une. Mais nous sommes convaincu qu'il a eu un commencement, parce qu'on peut démontrer qu'il n'a pas fourni une carrière infinie.

Dès lors, la question du pourquoi de son commencement se pose et il appartient à la métaphysique de la résoudre. Enfin, même si l'on admettait que l'univers n'a pas eu de commencement, il resterait toujours la question du pour-

---
(1) F. P. p. 224 § 93.

quoi de son existence qui ne peut pas davantage être écartée par une fin de non recevoir. Toute formule de redistribution de la matière et du mouvement laisse ouverte la question de l'existence de la matière et du mouvement et ne suffit donc pas pour constituer une philosophie.

Voici maintenant un second défaut de la doctrine spencérienne : elle ne mentionne que l'unité accidentelle résultant de certaines relations entre les éléments matériels. De quelle manière cette unité est réalisée dans les existences sensibles, c'est ce que nous allons examiner tout à l'heure ; mais il est nécessaire de constater que pour beaucoup d'êtres elle n'est pas la seule qu'ils possèdent. L'unité de l'homme ne peut pas plus se réduire à l'intégration de la matière que son être n'est constitué tout entier par les atomes. Spencer, nous le savons, prétend qu'il en est ainsi et en cela il est d'accord avec l'école matérialiste, mais nous avons repoussé cette opinion et nous trouvons ici une nouvelle raison pour ne pas l'admettre, c'est qu'elle ruine l'unité substantielle de l'homme.

Tous les êtres visibles étant composés de parties matérielles, il est indispensable qu'il existe une union entre ces parties pour qu'elles appartiennent à un même tout. L'indication sommaire que nous avons donnée des différents degrés d'unité que présentent les êtres corporels a déjà fait comprendre combien variés peuvent être ces liens qui rattachent les parties les unes aux autres. « L'intégration de la matière » représente des choses assez différentes suivant les cas. Tantôt c'est le simple rapprochement des molécules, tantôt c'est la liquéfaction d'un gaz ou la solidification d'un liquide, tantôt une disposition convenable des parties, tantôt leur mutuelle dépendance, soit physique soit morale. Dans le langage, c'est le raccourcissement des mots par la fusion des syllabes, ou la cohésion de la phrase par les relations qui existent entre ces parties ; dans la science, dans l'industrie, dans l'art, partout Spencer rencontre des phénomènes qu'il appelle des intégrations. Leur caractère commun est qu'ils constituent un acheminement vers un degré supérieur d'unité par l'établissement de liens entre des éléments auparavant isolés, ou par la consolidation de liens préexistants ou par la fusion de parties précédemment distinctes.

Dans ce sens on peut admettre que la naissance d'un être sensible implique toujours une intégration de matière, quoique, comme nous l'avons dit, cette intégration de matière ne constitue pas toujours toute l'unité que la nouvelle existence possède.

Les critiques de Spencer n'ont pas manqué de faire remarquer la différence de signification de la loi d'intégration et plus généralement de toutes les parties de la loi d'évolution, lorsqu'on les applique aux différents ordres de phénomènes. Ils en ont conclu que cette loi n'a aucun sens précis. C'est le reproche sur lequel Renouvier insiste le plus. Nous ne croyons pas qu'il soit entièrement fondé. Il va de soi qu'une loi très générale qui s'applique à des choses très diverses doit s'entendre pour chaque catégorie d'objets conformément à leur nature propre ; elle doit s'interpréter *in subjecta materia*. Il ne suffit pas de lui attribuer une signification vague qui reste la même dans toutes les applications, mais qui à cause même de son imprécision n'a plus vraiment aucun sens déterminé. Il faut donner à la loi la signification qu'elle a dans chaque ordre d'idées. Le progrès social est évidemment un phénomène très différent de la cristallisation d'une substance chimique. De part et d'autre cependant le procès consiste dans l'établissement de liens plus stables et plus réguliers entre les parties. La loi d'intégration ne consiste donc pas simplement à dire que « toutes les productions de la nature sont des compositions de phénomènes ; » (1) mais plutôt à affirmer que dans tous les agrégats matériels il y a une tendance à augmenter l'unité, soit par l'adjonction de parties nouvelles, soit par l'union plus étroite des parties préexistantes, tendance qui sera réalisée diversement suivant les agrégats dont il s'agit.

---

(1) RENOUVIER. *Examen des Premiers Principes de H. Spencer.* La critique philosophique. 1886 vol. II p. 253.

— 258 —

Si cela est vrai, il est intéressant de le constater. Nous ne nions pas que, par suite des interprétations nécessaires de la loi, celle-ci ne possède pas la rigueur des lois mécaniques. Mais cela ne suffit pas pour lui dénier toute valeur et toute signification.

*
* *

La perte du mouvement. L'intégration de la matière est donnée par Spencer comme corrélative de la perte du mouvement. « Les parties constituantes, dit-il, ne peuvent s'agréger sans perdre de leur mouvement relatif ; et elles ne peuvent se séparer sans recevoir plus de mouvement relatif. Il n'est pas question ici d'un mouvement des éléments d'une masse par rapport à d'autres masses ; il n'est question que du mouvement qui les anime les unes par rapport aux autres. Bornant notre attention à ce mouvement interne et à la matière qui le possède, il est un axiome que nous avons à reconnaître, c'est qu'une consolidation progressive implique une décroissance du mouvement interne, et que l'accroissement du mouvement interne implique une déconsolidation progressive. » (1)

Quelques remarques nous paraissent ici nécessaires. Elles sont suggérées par un cas des plus simples. Considérons la congélation de l'eau. Ce phénomène est une intégration de matière. L'état solide comporte une situation stable (dans certaines limites) des molécules les unes par rapport aux autres et une cohésion assez grande; stabilité et cohésion qui existent à un degré beaucoup moindre dans l'état liquide. Les liens entre les molécules se sont donc consolidés.

Il y a aussi perte du mouvement intérieur. D'abord pour que la solidification de l'eau soit possible, le mouvement calorifique a dû diminuer. Ensuite, la solidification a pour effet de rendre impossibles les mouvements étendus des molécules qui s'accomplissent sans cesse dans les liquides et

---

(1) P. P. p. 301 § 91 — F. P. p. 225

qui donnent lieu aux phénomènes de diffusion, d'osmose etc. Laquelle de ces pertes de mouvement Spencer a-t-il en vue? Il semble considérer l'intégration de la matière comme la conséquence de la perte de mouvement: « perte de mouvement, dit-il, et intégration *consécutive* (*consequent*). »(1) Cela ne peut évidemment s'entendre que du mouvement calorifique dont la perte a, en effet, entraîné la congélation, et non pas de la suppression des grandes excursions moléculaires qui est la conséquence et non la cause de la solidification.

Quoique la chose soit évidente, il n'est peut-être pas inutile de faire remarquer que la perte de chaleur est la condition et non pas, à proprement parler, la cause de la congélation de l'eau. Si les molécules deviennent adhérentes et occupent des positions stables, c'est évidemment grâce à l'action des forces intérieures de la masse. Cette action attractive était équilibrée auparavant par la répulsion résultant des vibrations calorifiques; leur diminution permet à cette action de devenir prépondérante.

On en conclura que lorsque l'intégration n'est pas le résultat des forces inhérentes à la matière qui s'intègre, mais doit être accomplie par des influences venant du dehors, l'absence de mouvement relatif n'est pas une condition suffisante pour que les parties s'intègrent, quoique l'existence d'un tel mouvement puisse faire obstacle à l'intégration. L'absence de mouvement relatif des matériaux d'un édifice, quoique nécessaire pour que la construction soit possible, ne suffit pas pour que le bâtiment s'élève.

Quant aux mouvements que l'intégration rend impossibles, rien n'autorise à affirmer qu'ils existent dans tous les cas où l'intégration fait défaut. Il est même évident qu'il n'en est pas ainsi.

On voit donc que l'intégration de la matière n'est pas nécessairement accompagnée de perte de mouvement. Les éléments que la plante absorbe dans le sol n'ont pas plus

---

(1) P. P. p. 301 § 94 — F. P. p. 225.

de mouvement relatif avant qu'après, et il en est ainsi dans bien des cas. Même, la solidification d'une masse liquide à l'état de surfusion est accompagnée d'un *accroissement* de température et par conséquent de mouvement.

Il serait plus juste de dire que l'intégration diminue la mobilité, c'est à dire le mouvement relatif *possible* des éléments intégrés, et cette diminution doit être considérée non comme antérieure à l'intégration mais comme sa conséquence.

Cette perte de mobilité correspondra à des choses assez différentes dans les divers ordres de phénomènes. Pour que l'intégration comprenne tous les cas, nous avons dû la concevoir d'une façon très générale, comme correspondant à un accroissement d'unité par la production ou la consolidation de liens entre les éléments ; de même nous interprèterons la perte correspondante de mobilité comme une diminution de leur indépendance relative.

En tenant compte des critiques que nous venons de faire, nous modifierons la formule de Spencer et nous dirons : l'évolution de toute existence sensible comporte une intégration de matière exigeant souvent comme condition une perte de mouvement et entraînant en tous cas une moindre mobilité des éléments ; la désintégration de la matière, résultant en général d'une absorption de mouvement et produisant en tous cas une plus grande mobilité des éléments, constitue la dissolution.

Nous n'aurons pas de peine à comprendre que dans l'existence d'un être quelconque et plus spécialement d'un être vivant, les deux procès existent toujours simultanément et que, jusqu'à la dissolution définitive, c'est tantôt l'un tantôt l'autre qui prédomine.

* *

Confirmation inductive de la loi d'intégration. Au lieu de suivre l'ordre adopté par Spencer et d'aborder l'étude déductive de l'évolution composée, nous croyons préférable de compléter par une induction sommaire la notion que nous nous sommes faite de l'intégration. Dans le chapitre que Spencer y consacre, il l'envisage non seulement dans l'être total, mais également dans ses parties, sans cependant s'occuper explicitement de la division du tout en ses parties qui appartient à l'évolution composée.

La redistribution principale est facilement reconnaissable dans la formation du système solaire d'après l'hypotèse de Laplace, (1) soit qu'on considère l'ensemble, soit qu'on considère les différents astres qui s'y meuvent. On y constate l'intégration de matière consistant en une condensation progressive rendue possible par la perte du mouvement calorifique. Cette condensation a pour conséquence une diminution progressive de la mobilité des molécules gênées de plus en plus dans leurs déplacements par leurs voisines, jusqu'à se trouver enfin invariablement unies dans la solidification. Le procès d'intégration du globe terrestre a marché de pair avec des intégrations partielles de l'écorce, de l'eau, qui ont elles-mêmes rendu possibles d'autres phénomènes semblables : la constitution des masses continentales, la sédimentation et ainsi de suite.

Si nous passons aux êtres vivants nous voyons sans peine que la même formule peut leur être appliquée : l'évolution organique comporte une intégration de matière primitivement dispersée dans l'air, dans l'eau, dans le sol, dans d'autres organismes. Mais ce sont surtout les intégrations secondaires des différentes parties qui offrent ici de l'intérêt. On peut les suivre dans l'évolution de l'individu. Dans l'embryon, des organes qui sont d'abord représentés par des cellules ou d'autres éléments organiques plus ou moins indépendants, s'intègrent par l'union de ces éléments : ainsi la tête des vertébrés se forme par fusion des vertèbres antérieures. Ce procès, surtout en qui concerne les os, se poursuit pendant la vie adulte, même jusqu'à la vieillesse.

---

(1) Par *hypothèse de Laplace*, nous entendons *l'hypothèse nébulaire* ; nous n'avons pas à choisir entre les différentes formes sous lesquelles elle a été proposée par les astronomes.

L'intégration peut aussi s'observer dans l'évolution de la forme, ou, comme on dit, de l'espèce. Au point de vue anatomique elle présente deux modes principaux. C'est d'abord l'intégration longitudinale qui s'observe, par exemple, chez les articulés dans la réduction progressive des segments depuis les mille-pieds jusqu'aux arachnides. Le groupe des crustacés est particulièrement intéressant sous ce rapport. On y constate à différents degrés soit la fusion, soit la réduction du nombre des segments. (1) La fusion des vertèbres chez les animaux supérieurs fournit des exemples nombreux de la même loi.

C'est ensuite l'intégration transversale, grâce à laquelle des organes doubles s'unissent ou se fusionnent. On en a un exemple dans l'évolution de la cavité utérine depuis les monotrèmes où elle est double, jusqu'aux primates où toute trace de division disparait.

Au point de vue physiologique, le progrès de l'intégration consiste dans les rapports plus étroits que l'on observe entre les différentes parties de l'organisme à mesure que l'évolution de la forme progresse.

Pourvu qu'on donne à l'intégration la signification large que nous avons indiquée plus haut, on la trouvera encore réalisée dans les relations de dépendance que contractent les différents groupes d'organismes animaux et végétaux, ou dans les liens qui s'établissent entre individus de la même espèce. On est ainsi amené à considérer les sociétés humaines et on constate qu'elles obéissent, elles aussi, à la loi d'intégration. Ce sont d'abord les familles qui s'unissent en tribus, puis les tribus en peuplades, les peuplades en nations ; les nations contractent entre elles des rapports qui tendent à la formation d'une organisation sociale plus élevée. En même temps, des intégrations partielles s'accomplissent à l'intérieur de la société. Ce sont des unions qui s'y forment de personnes vouées aux mêmes fonctions, ou des agglomérations d'hommes

---

(1) Cf. GILSON. *L'unité du groupe des crustacés*. Annales de la Société entomologique de Belgique. XLVIII p. 133 sq.

participant sous des formes diverses à une même industrie, ou d'autres organismes secondaires qui naissent et se développent.

La vérification de la loi d'intégration peut se poursuivre également dans les œuvres de l'intelligence humaine : le langage, la science, les arts. « Sans doute, dit Spencer — et nous attirons l'attention du lecteur sur cette remarque — on ne peut pas dire que l'évolution des produits variés de l'activité humaine fournit un exemple direct de l'intégration de la matière et de la dissipation du mouvement ; ils en sont cependant des exemples indirects. En effet le progrès du langage, des sciences et des arts est un procès-verbal objectif de changements subjectifs. Les changements de structure des êtres humains et les altérations concomitantes de structure dans les agrégats des êtres humains produisent conjointement des changements correspondants dans toutes les créations de l'humanité. » (1) Ou du moins, dirons-nous, les modifications de l'activité intellectuelle individuelle ou collective, ne vont pas sans modifications correspondantes du système nerveux ou de l'organisme social. En outre, pour autant que les produits de l'intelligence humaine sont des êtres matériels, ils peuvent fournir des exemples directs de la loi d'intégration. Le langage manifeste cette loi, soit dans la simplification des mots par la fusion des syllabes, soit par les modifications des mots tendant à établir entre les parties de la phrase des relations de dépendance mutuelle, soit par l'union des propositions en phrases complexes.

Les idées s'intègrent par la synthèse et l'on sait que le progrès scientifique, s'il exige la connaissance d'un grand nombre de faits, consiste cependant surtout dans des généralisations qui englobent ces faits et les réduisent à l'unité. Spencer rappelle qu'il a énoncé des principes qui s'appliquent aux phénomènes de tous les ordres : l'indestructibilité de la matière, la persistance de la force etc. Cela ne suffit pas. « Si la philosophie, telle que nous la concevons, est possible,

---

(1) P. P. p. 340 § 111 — F. P. p. 136.

— 264 —

ajoute-t-il, on arrivera nécessairement à une intégration universelle. » (1)

Enfin dans les arts tant industriels qu'esthétiques, l'intégration se manifeste. Ce sont les diverses formes de travail rassemblées et organisées dans les machines ou dans les ateliers. Ce sont des créations à la fois plus complexes et plus cohérentes dans la peinture, la musique, la littérature...

S'il est facile, dans toutes ces évolutions diverses que nous venons de parcourir avec Spencer, de voir en quoi consiste l'intégration et même, du moins pour les premières, l'intégration de la matière, il est moins aisé d'y reconnaître la dissipation du mouvement. Et à vrai dire, Spencer ne nous y aide pas. En quoi l'intégration des cavités utérines, par exemple, est-elle *consécutive* à une perte de mouvement ? C'est ce qui n'apparaît point et il en est de même pour la plupart des autres cas. Souvent, comme dans l'intégration des vertèbres, il est difficile de décider jusqu'à quel point la perte de mouvement relatif est une condition ou une conséquence de la fusion. Il n'y a guère que la condensation des astres où la corrélation soit incontestable. C'est pour nous une raison de plus de préférer la formule de la redistribution principale telle que nous l'avons modifiée. Lorsque les syllabes sont fusionnées, elles ne peuvent plus être prononcées séparément; lorsque les mots ont pris des formes essentiellement relatives à d'autres mots, ils n'ont plus de sens employés isolément. Les sciences qui s'intègrent reconnaissent par là même des principes communs dont elles ne peuvent plus s'écarter. Plus il y a d'unité dans une œuvre d'art, plus aussi les différentes parties sont inintelligibles l'une sans l'autre.

*
* *

Les forces qui agissent dans l'intégration. On doit regretter que Spencer n'ait pas jugé à propos, en décrivant l'évolution des différentes classes d'existences, de mentionner les forces grâce auxquelles elle s'accomplit.

(1) P. P. p. 340 § 111 — F. P. p. 261.

Nous avons dit, en effet, qu'en tous cas la perte de mouvement n'est qu'une condition et non une cause de l'intégration. Ces forces sont différentes dans les différents cas, et, à notre avis, irréductibles, quoique leur mode d'action soit analogue. Et c'est ce qui nous oblige à considérer les différentes évolutions comme des phénomènes foncièrement différents quoique obéissant à la même loi.

Autre chose est l'attraction qui produit la condensation de la matière inorganique, autre chose la vie qui produit l'intégration dans les êtres organisés, autre chose l'instinct qui groupe les animaux et l'intelligence qui réunit les hommes en société. On ne voit pas du tout comment on peut attribuer à la même cause la fusion des syllabes et la cohérence des œuvres d'art. Ce qu'il faut dire, quoique ce soit assez vague, c'est que tous les êtres par le fait de leur coexistence et des forces qu'ils possèdent, de même que les différentes manifestations de l'activité humaine, exercent les uns sur les autres des influences réciproques qui déterminent des relations, des liens, et par conséquent, une certaine forme d'intégration.

Nous ferons chose utile et nous aurons des idées plus précises, en distinguant les formes d'évolution suivant les forces qui les déterminent. Parfois ces forces sont inhérentes aux éléments qui subissent l'intégration, et par conséquent, antérieures à l'existence concrète qu'elles engendrent. Ainsi l'évolution du système solaire est due à l'attraction mutuelle de ses parties ; l'origine des sociétés humaines est due aux tendances qui poussent les hommes à s'unir pour s'assister et se défendre. Cette évolution peut être appelée *spontanée*.

Parfois en l'absence d'une action qu'exercent les éléments les uns sur les autres, ceux-ci sont intégrés dans un être préexistant, grâce aux forces dont il dispose. L'accroissement des organismes aux dépens du milieu, l'agrandissement des nations par l'absorption d'autres nations plus faibles nous en fournissent des exemples. Cette forme d'évolution n'est pas primitive, puisqu'elle suppose comme condition préalable l'existence de l'être où elle se produit. Nous lui donnerons le nom d'évolution *naturelle*.

L'intégration peut être due aussi à des causes qui sont extérieures aux éléments et à l'existence concrète qui résulte de leur réunion. C'est ainsi qu'un édifice s'élève grâce au travail des ouvriers et à la direction des architectes; qu'un nid s'assemble par l'instinct des oiseaux, qu'une machine se construit. Cette troisième forme d'évolution sera convenablement appelée *artificielle*.

Dans certains cas interviennent à la fois des forces intégrantes extérieures et intérieures soit inhérentes aux éléments, soit propres à l'être qui évolue. Certaines combinaisons chimiques qui ne s'engendrent pas dans la nature, mais seulement dans les laboratoires des chimistes, sont dues à l'affinité des éléments, mais aussi à l'activité du savant qui a mis en présence les éléments dans des conditions très spéciales et compliquées. En accumulant la nourriture auprès des animaux, en stimulant leur appétit ou même en les gavant on produit un engraissement dû évidemment à la force assimilatrice de l'organisme, mais aussi aux conditions exceptionnelles et intentionnelles dans lesquelles on l'a placé. Souvent on dit de ces résultats qu'ils sont artificiels. Nous leur donnerons plus exactement le nom d'évolution *mixte*.

Enfin il peut se faire que des éléments s'unissent par hasard, c'est à dire sans aucune cause qui tende à cette union comme telle, par exemple, la disposition des étoiles en constellations. Ces agrégats sont nécessairement très rares dès qu'ils représentent un degré d'intégration un peu élevé ; car à mesure qu'ils comprennent plus d'éléments et des relations entre les éléments plus nombreuses et plus déterminées, la probabilité de leur production diminue rapidement jusqu'à devenir pratiquement nulle.

On réservera à ce dernier cas le nom d'évolution *accidentelle*. Et il sera bon d'observer que l'élément hasard peut se combiner plus ou moins avec les formes d'évolution précédentes.

La considération des causes du procès d'intégration qui

est l'élément fondamental de l'évolution, permet de concevoir qu'un agrégat soit le siège de modifications multiples, d'origine différente et plus ou moins opposées. Elle donne la solution de certaines objections qu'on a faites à la loi d'évolution.

On a dit, par exemple, que, d'après Spencer lui-même, dans l'organisme social le régime industriel tend à remplacer le régime militaire. Or ce dernier est caractérisé par une centralisation et une force plus grande du Pouvoir. Dès lors l'évolution sociale consiste plutôt dans un procès de désintégration que dans un procès d'intégration.

La difficulté disparaît, si l'on fait attention aux causes des changements. La société s'intègre, c'est à dire que les liens sociaux se raffermissent sous une double influence, l'une extérieure : dangers provenant des états voisins, l'autre intérieure : relations croissantes entre les différentes parties de la nation. La première de ces causes détermine l'intégration caractéristique du régime militaire : prédominance et force du pouvoir central, tandis qu'elle est peu favorable au développement du commerce et de l'industrie ; la seconde produit l'intégration propre au régime industriel : interdépendance économique des citoyens. Or, il est naturel que grâce au progrès de la civilisation, les dangers provenant d'agressions possibles de la part des peuples voisins diminuent. Dès lors, on conçoit que le procès d'intégration qu'ils déterminent s'arrête et même soit remplacé par une modification en sens contraire et que la liberté individuelle s'affirme en face du Pouvoir, tandis que le commerce et l'industrie prospèrent. Il n'y a donc rien dans l'évolution sociale qui contredise réellement la doctrine de Spencer.

*
* *

L'évolution composée.

Souvent on réserve le nom d'*évolution* à l'évolution composée, dont il faut maintenant, avec Spencer, préciser et développer la connaissance. Après en avoir exposé l'idée générale et les conditions où elle se produit, nous l'étudierons d'abord inductivement dans les différentes catégories d'être matériels ; ensuite nous aurons à examiner quelles relations elle a avec les principes précédemment établis.

L'évolution, nous l'avons dit, est simple lorsqu'elle consiste uniquement dans les mouvements d'intégration et de dissolution. Elle est composée lorsqu'elle est accompagnée d'autres mouvements. Un type d'évolution simple est, par exemple, la solidification à laquelle succède la liquéfaction (dissolution). L'évolution d'une société, au contraire, parce qu'elle comprend, outre l'intégration progressive, beaucoup de changements secondaires, est une évolution composée.

Conditions de l'évolution composée.

Pour que ces changements concomitants soient possibles, il faut évidemment qu'il existe une certaine indépendance des éléments les uns par rapport aux autres. Dès que la cire commence à se solidifier, ses molécules perdent presque complètement leur indépendance et l'intégration se poursuit, simple, jusqu'à la dureté complète. Dans une société, au contraire, les liens sociaux sont loin d'enlever aux membres toute leur indépendance, de sorte que des mouvements secondaires s'y produisent facilement. Tous les agrégats ne sont donc pas également aptes à l'évolution composée.

« Comment, se demande Spencer, pourrions-nous exprimer cette différence de la manière la plus générale ? Quand un agrégat est diffus sur une large étendue ou n'est que faiblement intégré, c'est qu'il contient une grande quantité de mouvement actuel, ou potentiel, ou des deux à la fois. Quand un agrégat est complètement intégré ou dense, c'est qu'il ne contient relativement que peu de mouvement : la plus grande partie du mouvement que ses parties possédaient s'est perdue pendant que s'est opérée l'intégration qui l'a fait dense. Par suite, toutes choses égales d'ailleurs, la quantité de changement secondaire dans l'arrangement des parties d'un agrégat, qui accompagne le changement primaire opéré dans leur arrangement, sera proportionnelle à la quantité de mouvement que l'agrégat contient. Par suite aussi, toutes choses égales d'ailleurs, la quantité de la redistribution secondaire qui accompagne la redistribution primaire sera proportionnelle au temps durant lequel le mouvement interne est conservé ». (1)

Il n'y a rien à observer au sujet de la seconde de ces conditions. La première appelle quelques remarques.

Le mouvement actuel favorise les redistributions secondaires pour autant qu'il maintient l'indépendance des éléments ; par exemple, le mouvement thermique est nécessaire à l'existence de l'état gazeux ou liquide.

Ensuite, il est possible que le mouvement (énergie) potentiel aussi bien que le mouvement actuel soient transformables en mouvements qui constituent des redistributions secondaires. Cela n'est cependant pas toujours le cas. Ainsi l'énergie potentielle constituée par l'état liquide se transforme en chaleur dans l'acte de solidification. Or la solidification elle-même est un obstacle à l'évolution composée. Dans l'état liquide, la température, qui est du mouvement actuel, assure la possibilité de changements secondaires ; mais l'énergie potentielle dont nous venons de parler ne favorise en rien ces changements. D'autre part, indépendamment du mouvement actuel ou potentiel, l'agrégat peut présenter une indépendance des éléments qui rend possibles les redistributions secondaires. Il n'est donc pas vrai que l'aptitude à l'évolution composée est proportionnelle à la quantité de mouvement actuel ou potentiel, quoique l'existence de ce mouvement soit souvent, ou même généralement, une condition favorable à cette évolution.

Nous préférons dire que l'importance des redistributions secondaires est proportionnelle à la *mobilité* des éléments, en donnant à ce mot sa signification la plus générale. Et notamment, il y a lieu de distinguer une mobilité passive par rapport aux forces extérieures et une mobilité active

---

(1) P. P. p. 309 § 99 — F. P. p. 231.

provenant des forces intérieures et du mouvement interne *transformable* que possède l'agrégat.

La correction que nous apportons ici à la conception de Spencer est corrélative à celle que nous avons faite dans la définition de la redistribution principale où nous avons remplacé « perte de mouvement » par « perte de mobilité. »

Les exemples que Spencer développe s'accordent mieux avec la formule telle que nous l'avons modifiée. On favorise le tassement de petits objets jetés pêle-mêle dans un récipient en les agitant. Les vibrations produites dans les solides au moyen de chocs répétés y favorisent les redistributions de molécules en cristaux, ou la disposition régulière qui caractérise les aimants s'il s'agit de barres de fer. Le mouvement thermique favorise en général les réarrangements intérieurs de la masse.

Dans tous ces cas, si l'augmentation de mouvement favorise les redistributions de matière, ce n'est pas que le mouvement communiqué à la masse y soit utilisé lui-même. En effet, ces redistributions sont déterminées par la gravité, la magnétisme, l'attraction moléculaire, forces indépendantes du mouvement vibratoire. Mais celui-ci contribue à détacher les éléments les uns des autres, à les rendre indépendants, de manière à permettre à ces forces d'exercer leur action ; cela revient à dire qu'il augmente la mobilité des éléments.

De même, si l'état liquide ou la suspension des solides dans un liquide favorise les redistributions secondaires, ce n'est pas parce que l'état liquide représente du mouvement potentiel (mouvement thermique qui sera mis en liberté dans l'acte de la solidification), mais bien parce que cet état consiste dans une mobilité caractéristique des molécules, ou parce que les éléments solides suspendus dans un liquide sont très mobiles les uns par rapport aux autres. Aussi l'aptitude aux mouvements intérieurs n'augmente pas chez les liquides en proportion de la quantité de chaleur produite par la solidification (mouvement potentiel qu'ils contiennent), mais seulement avec la fluidité plus ou moins parfaite.

Spencer dit : « Le mouvement moléculaire qui accompagne la mobilité qui est le propre de l'état liquide permet un réarrangement facile » (1). Mais il est évident que si le réarrangement est facilité par le mouvement moléculaire, ce n'est qu'indirectement, parce que ce mouvement rend les molécules plus indépendantes en augmentant leur distance moyenne, et, dès lors, plus mobiles. Cette mobilité dépend encore d'autres conditions que de la quantité de chaleur et n'est donc pas proportionnelle à celle-ci.

L'aptitude variable aux changements chimiques donne lieu à des observations analogues. La stabilité chimique diminue dans beaucoup de corps avec l'augmentation de température. Il y a dans ce cas augmentation de mouvement vibratoire, lequel est souvent absorbé en partie par le changement chimique qu'il détermine. Nous nous représenterons convenablement les choses en considérant ce mouvement comme employé à rompre ou à affaiblir des liens dans lesquels les atomes se trouvaient engagés, à augmenter, par conséquent, leur mobilité relative.

L'instabilité des combinaisons d'éléments gazeux comparée à la stabilité des corps formés d'éléments solides est due, d'après Spencer, à ce que « l'état gazeux de la matière contient relativement plus de mouvement moléculaire, tandis que la forme solide en suppose une quantité relativement faible. » (2) Or, si cela est vrai lorsqu'on compare entre eux l'état gazeux et l'état solide d'un même corps, ce ne l'est plus l'orsqu'on compare un corps gazeux avec un autre corps solide. La quantité de mouvement moléculaire que contiennent deux poids égaux de corps différents à même température est proportionnelle à leur capacité calorifique, et celle-ci n'est pas nécessairement plus élevée dans les gaz que dans les solides.

D'après la loi de Dulong et Petit les gaz dont le poids atomique est élevé, par exemple le chlore (35,5), ont une

---

(1) P. P. p. 317 § 102 — F. P. p. 237.
(2) P. P. p. 314 § 101 — F. P. p. 235.

capacité calorifique supérieure à celle des métaux dont le poids atomique est faible, par exemple l'aluminium (20).

D'autre part, les particules des gaz sont évidemment plus mobiles que celles des liquides ou des solides.

L'application, d'ailleurs, est mal choisie ; car d'un côté il s'en faut de beaucoup que les composés formés par les gaz soient toujours les moins stables. L'eau, l'ammoniaque, les hydracides sont des exemples du contraire. D'un autre côté, l'aptitude aux redistributions doit s'expliquer par l'état actuel des particules dans la combinaison, et non par leur situation antérieure, à l'état de liberté.

Spencer mentionne encore l'instabilité des molécules complexes qui contiennent d'autant plus de mouvement qu'elles comprennent un plus grand nombre d'atomes, et l'instabilité des composés azotés qui absorbent de la chaleur, c'est à dire du mouvement, dans leur formation.

La thermochimie nous permet d'interpréter ces phénomènes d'une manière plus générale et aussi plus satisfaisante. Une réaction chimique comporte régulièrement un double travail, l'un positif, l'autre négatif, le premier correspondant à la constitution d'une molécule nouvelle, le second à la destruction d'une molécule préexistante. Ce double travail se traduit par un phénomène thermique qui représente leur différence : dégagement de chaleur lorsque le travail positif l'emporte sur le travail négatif, absorption de chaleur dans le cas contraire.

Dans la simple combinaison des éléments, le travail positif est proportionnel à l'affinité qui existe entre eux, et par conséquent à la stabilité du composé. Lorsque ce travail l'emporte sur le travail négatif correspondant à la destruction des molécules des éléments, le composé est exothermique ; il a dégagé de la chaleur dans sa formation et il représente une situation relativement stable. Lorsque le travail négatif est plus considérable que le travail positif, le composé est endothermique ; sa formation, qui ne se réalise d'ailleurs qu'indirectement, correspond à une absorption de chaleur et le composé est instable.

L'aptitude plus ou moins grande aux réarrangements

dépend ici de la quantité de mouvement moléculaire absorbée ou dégagée, parce que ces phénomènes thermiques sont l'indice du degré de solidité des liens chimiques dans lesquels les particules matérielles sont engagées, c'est à dire de la mobilité chimique qu'elles conservent. Dans les combinaisons azotées ces liens sont souvent très fragiles, les redistributions d'atomes s'y produisent donc en général facilement.

Notons cependant que cette manière de concevoir les choses, empruntée à la thermochimie, ne vaut pas toujours. Les faits s'y conforment généralement, lorsqu'ils se passent à des températures assez basses. Mais certains composés exothermiques se décomposent spontanément dès la température ordinaire, par exemple PH^4Cl qui se résout en PH^3 et HCl. Aux températures très élevées, tous les composés exothermiques se décomposent spontanément, tandis que les composés endothermiques, qui se détruisent à des températures plus basses, y prennent naissance. La mécanique chimique moderne permet de prévoir ces résultats (1). Il est inutile d'y insister pour l'objet qui nous occupe.

On peut conclure de ce que nous venons de dire quels sont les êtres matériels qui présentent des redistributions secondaires importantes. Dans le monde inorganique, les masses liquides et gazeuses en réalisent les conditions au plus haut degré, pourvu que leur existence ait une durée appréciable ; mais d'autre part, à cause de l'extrême mobilité des molécules, les réarrangements n'y ont aucune stabilité et n'y laissent point de traces. Moins rapides dans les corps solides qui ont conservé quelque plasticité, elles y produisent des effets durables (des changements de structure) et atteignent, par conséquent, en se superposant, une grande complexité.

Il n'est pas difficile de se convaincre que les êtres

---

(1) Cl. Duhm. *Thermodynamique et Chimie*. Paris 1902 p. 181. Van 't Hoff. *La chimie physique et ses applications*. Trad. Corvisy Paris 1903 p. 24.

vivants et surtout les animaux réalisent au plus haut degré les conditions des réarrangements stables et par conséquent complexes. D'une part, en effet, la plasticité y est assurée surtout par la présence d'une grande quantité d'eau dont les tissus sont imbibés. La mobilité physique des molécules y est donc considérable. D'autre part, la mobilité chimique y est extrême. Les parties actives des êtres vivants contiennent en grand nombre des composés endothermiques à molécules très complexes, fort instables et représentant beaucoup d'énergie potentielle. Ces caractères sont surtout réalisés par les matières albuminoïdes (azotées) lesquelles se rencontrent en plus grande quantité dans le règne animal.

L'expérience confirme cette vue *a priori*. Les êtres vivants, surtout les animaux, sont le siège de redistributions secondaires nombreuses et rapides, se traduisant dans des changements de structure, et cela principalement dans les parties à composition chimique complexe, abondamment pourvues d'eau et pendant l'âge où ces conditions sont le mieux réalisées.

L'influence de la température que nous avons signalée à propos de la stabilité chimique y est également évidente. Les animaux ont en général une température plus élevée que les végétaux ; les animaux à sang chaud manifestent plus de vie que les animaux à sang froid, et nous voyons que le froid suspend, pour ainsi dire, l'activité vitale de beaucoup d'organismes qui restent engourdis pendant l'hiver et se réveillent au printemps. Les mêmes remarques s'appliquent aux sociétés humaines.

L'instabilité excessive des relations sociales, telle qu'elle existe dans certaines peuplades primitives, a pour conséquence que les changements qui s'y produisent n'offrent rien de permanent, tandis qu'une société qui présente déjà une certaine stabité d'organisation est un milieu propre à la genèse de véritables modifications de struture. (1) Elles pourront se produire même dans les sociétés

---

(1) cf. *Principes de Sociol.* vol. III p. 389 § 454.

fortements organisées, surtout lorsque les circonstances auront déterminé un relâchement des liens sociaux.

***

<small>La différenciation.</small>

L'évolution composée, surtout si on restreint cette dénomination, comme le fait dorénavant Spencer, à celle qui comprend des redistributions secondaires ayant une certaine permanence, n'est pas un phénomène absolument universel, puisqu'il y a des êtres où elle n'est pas réalisée. Néanmoins ce procès présente un caractère de grande généralité et de grande importance : c'est précisément par les changements dont elles offrent le spectacle que les existences matérielles sont l'objet de nos études. Or, si l'on ne peut pas affirmer que tous ces changements sont évolutifs en ce sens qu'ils impliquent un changement de structure grand ou petit, néanmoins le plus grand nombre est dans ce cas.

Cela n'empêche pas qu'on ne les étudie à d'autres points de vue. Il est évident, par exemple, que si toute activité déployée par un être vivant laisse certaines traces plus ou moins permanentes dans l'organisme et modifie, par conséquent, plus ou moins sa structure, cependant, cette activité peut être également considérée comme une adaptation momentanée à des circonstances intérieures ou extérieures, ou d'une autre manière quelconque. Néanmoins le point de vue évolutif est important et c'est celui que nous envisageons ici.

Losque, les parties intégrantes ayant conservé une certaine mobilité relative, des redistributions secondaires ont lieu, celles-ci seront en général différentes dans les différentes regions de la masse totale ; le résultat sera une différenciation croissante. Telle est donc la forme sous laquelle se présentera l'évolution composée : en même temps que se réalise l'intégration, il se produit une différenciation des parties. Celle-ci est regardée avec raison par Spencer comme secondaire, quoique son importance et l'intérêt qu'elle présente masquent souvent celle-là.

— 276 —

Il faut que l'être matériel se constitue et qu'il continue à assurer et à développer son existence par le procès d'intégration, avant qu'on puisse le concevoir comme soumis à des redistributions secondaires qui produisent la différenciation.

*
* *

Confirmation inductive de la loi de différenciation.

Si nous considérons l'évolution hypothétique du système solaire, nous voyons que le mouvement de concentration a été accompagné de la division de la masse totale. Plusieurs de ces centres secondaires de concentration qui constituent les planètes se sont scindés à leur tour et ont donné naissance à des satellites. Ainsi s'est produite la différenciation de la masse primitivement homogène, et cette différenciation va s'accentuant par les modifications que subissent les planètes et les satellites suivant les conditions intérieures et extérieures où elles se trouvent.

Ces modifications ne nous sont guère connues qu'en ce qui concerne notre globe et leur étude nous met en face d'une seconde application de la loi générale. En même temps que l'intégration de la Terre se poursuit depuis le moment où elle était toute entière gazeuse, ses différentes parties gazeuse, liquide et solide ont acquis une existence propre. Si nous considérons l'écorce terrestre, nous constatons de même une tendance à la différenciation progressive de ses parties constituantes. La variété croissante des couches sédimentaires à mesure qu'elles sont plus récentes, la délimitation à la fois plus nette et plus complexe des continents et des mers, les contrastes de plus en plus marqués entre les climats et les saisons dont l'histoire géologique témoigne, constituent autant de vérifications de la loi d'évolution composée.

C'est surtout dans les êtres vivants qu'il est intéressant d'en poursuivre l'application. Spencer n'a aucune peine à la mettre en lumière dans l'évolution des individus organisés, soit végétaux soit animaux. L'expérience directe nous renseigne à ce sujet sans le secours d'aucune théorie. Quoiqu'on ait exagéré et que Spencer lui-même exagère l'homogénéité de la cellule unique qui sert de point de départ à l'évolution de tout être vivant, néanmoins elle n'offre évidemment aucune trace de la structure compliquée et de l'hétérogénéité qui caractérise l'individu adulte, surtout dans les formes vivantes les plus élevées. Or, cette structure se déploie petit à petit pendant la période embryonnaire et même dans la suite. Les cellules se multiplient et en même temps elles présentent des différences de position, de forme, de composition chimique. Les tissus de la plante ou de l'animal se différencient progressivement. Leur structure se complique de plus en plus. Les organes dans lesquels les différents tissus s'enchevêtrent, s'intègrent progressivement et prennent leur forme caractéristique, de sorte que l'organisme total devient bientôt d'une complexité extrême. La vérification de la loi de différenciation progressive est ici évidente.

Spencer se demande si la paléontologie permet de la reconnaître pour l'évolution de la vie en général. Dans le texte il exprime l'avis que, en ne tenant compte que de l'expérience, « les arguments pour et contre sont aussi peu concluants les uns que les autres. » (1) Cette appréciation était peut-être juste il y a quelques années mais aujourd'hui, sans nul doute, on peut trouver des confirmations intéressantes de la loi dans la succession des êtres vivants. Spencer lui-même fait remarquer dans une note ajoutée à l'édition de 1900 que les progrès de la paléontologie en ont fourni de décisives. Nous pouvons les ranger en deux catégories. On peut faire voir une différenciation progressive ou bien dans les formes qu'a réalisées successivement un organe particulier ou un type organique complet, — ou bien dans l'ensemble des individus compris, aux différentes époques, dans un groupe plus ou moins étendu.

Considérons, par exemple, la denture. Les premiers animaux, poissons ou reptiles, qui possèdent des dents,

---
1 P. P. p. 362 § 120 — F. P. p. 271.

les ont toutes pareilles. La différenciation s'accomplit chez les mammifères dont les premiers ont des dents encore fort semblables ; mais bientôt les différentes formes paraissent avec chacune sa denture caractéristique. Ils présentent en général quatre sortes de dents plus ou moins distinctes : les incisives, les canines, les prémolaires et les molaires. On peut dire que la différenciation a été en progressant, quoique inégalement dans les différents groupes. Les molaires, par exemple, ont présenté des structures de plus en plus caractéristiques et compliquées ; chez certains mammifères les incisives (éléphants) ou les canines (sangliers) se sont fortement différenciées en s'allongeant en défenses ; dans d'autres on peut signaler la différenciation relativement récente de la carnassière, l'établissement d'un espace vide de dents, etc.

Le cœur nous offre également un exemple de différenciation croissante. Cavité simple chez les arthropodes, il est divisé chez les mollusques en deux compartiments, une oreillette et un ventricule, de même que chez les poissons qui sont les premiers vertébrés ; chez les reptiles dont l'origine est plus récente, le cœur a trois cavités, deux oreillettes et un ventricule ; enfin chez les oiseaux et les mammifères qui sont les derniers venus, on observe les quatre compartiments distincts dont chacun a sa fonction spéciale.

De même, il est facile de suivre, dans les groupes de vertébrés qui apparaissent successivement, une complication croissante du cerveau, une différenciation donc de plus en plus considérable de cet organe, le plus important de tous. Les premiers mammifères possèdent tous un cerveau lisse, sans circonvolutions, tandis que dans les formes les plus récentes les circonvolutions se multiplient.

Si nous portons notre attention sur des organismes entiers, nous constatons aussi en général que les types les plus récents sont plus différenciés. Les ptérydophytes primitives ont précédé les gymnospermes et celles-ci sont plus anciennes que les angiospermes : cet ordre de succession coïncide avec une différenciation croissante tant de l'appareil végétatif que de l'appareil reproducteur.

Les poissons cartilagineux sont antérieurs aux poissons osseux dans lesquels le squelette est plus nettement distinct.

Il ne serait pas difficile de multiplier ces exemples empruntés à l'observation et qui ne supposent aucune théorie particulière.

Lorsque, au lieu de considérer l'organisation partielle ou totale des individus vivants, nous envisageons l'ensemble qu'ils constituent, le problème revient à se demander « si la flore et la faune présentes sont plus hétérogènes que les faunes et les flores passées. » (1) La preuve négative, c'est-à-dire, que dans les couches les plus anciennes on n'a pas, par exemple, rencontré de vertébrés, peut ne pas paraître péremptoire, par ce que les restes de ces animaux ont peut-être disparu ou n'ont pas encore été découverts. Mais, évidemment, la force de cette preuve va grandissant à mesure que les observations se multiplient. Quoique nos connaissances sur la faune et la flore soient d'autant plus incomplètes qu'il s'agit d'époques plus éloignées, et que nous ne connaissions rien au sujet des formes réellement primitives, cependant on ne peut pas contester certaines conclusions générales qui impliquent une réponse affirmative à la question que nous venons de poser.

En effet, tandis qu'aucun embranchement et presqu'aucune classe d'animaux ou de plantes n'ont complètement disparu, plusieurs classes au contraire et des embranchements entiers se sont ajoutés à la faune et à la flore dans le cours des siècles ; par conséquent, la diversité est allée en croissant. Il est certain que la faune cambrienne ne comprenait aucun vertébré, que la faune silurienne ne comptait aucun reptile, que l'ère secondaire a vu apparaître les oiseaux et les mammifères. La flore carbonifère ne contenait point d'angiospermes, et comme les premiers végétaux terrestres connus appartiennent au dévonien on ne s'aventurera guère en affirmant qu'ils fai-

---

(1) P. P. p. 369 § 120 — F. P. p. 271.

saient défaut à l'époque cambrienne. Il y a donc dans l'ensemble différenciation progressive.

Ce même procès s'observe si l'on considère un groupe restreint d'animaux ou de plantes, surtout un groupe assez bien connu. Si l'on remonte, par exemple, à l'origine des mammifères, on les trouve représentés par un certain nombre de types ayant des caractères fort semblables tant au point de vue de la taille, que de la conformation des membres, de la denture, du cerveau. Pendant l'ère tertiaire, les groupes se séparent de plus en plus et se subdivisent, de telle sorte que la classe toute entière ou même certains ordres, comme celui des ruminants, se présentent aujourd'hui avec une variété de formes immense.

On observe souvent en paléontologie une spécialisation croissante, c'est à dire une adaptation de plus en plus marquée ou exclusive à un genre de vie déterminé. Ce phénomène, se réalisant simultanément dans des directions multiples, entraine nécessairement une différenciation progressive des formes qui subissent cette adaptation.

Nous sommes convaincus que la différenciation progressive est réellement une loi d'évolution des groupes organiques, comme elle l'est des organismes eux-mêmes. Mais souvent ce procès peut être plus ou moins masqué par des phénomènes concomitants. En même temps que certains groupes évoluent, d'autres disparaissent, de sorte que parfois la faune ou la flore, considérées dans leur ensemble ou dans une de leurs parties, au lieu de s'enrichir, s'appauvrissent et qu'ainsi l'hétérogénéité diminue au lieu de s'accroître. Mais c'est là, comme on voit, un résultat purement apparent au point de vue qui nous occupe. Il est certain, par exemple, que la classe des reptiles possédait une plus grande variété de formes pendant l'ère secondaire qu'aujourd'hui. Mais ce résultat n'est point dû à ce que des groupes primitivement différents par l'organisation se soient rapprochés ou confondus, mais bien à la disparition de la plupart des ordres de cette classe. Si l'arbre en vieillissant perd ses branches une à une et ne conserve plus que quelques rameaux sur son tronc mutilé, cela n'empêche pas que la loi de sa croissance ne soit une ramification divergente qui tend à multiplier les branches indéfiniment.

Il peut se faire aussi qu'un type organique en s'adaptant à un genre de vie spécial, notamment au parasitisme, perde par atrophie des organes devenus inutiles et présente ainsi une différenciation moindre que ses ancêtres. Tels les *cirripèdes*, crustacés parasites, qui ont presque complètement perdu les appendices céphaliques. Ceux-ci ne sont représentés que par des restes de l'antennule et par de faibles rudiments de mandibules et de maxilles.

On comprend par ce qui précède que la loi d'intégration et la loi de différenciation produisent des résultats jusqu'à un certain point opposés. La première, en effet, unifie tandis que la seconde multiplie. Cependant il n'y a pas entre elles d'opposition diamétrale.

Si l'intégration fait parfois disparaître des différences en fusionnant des éléments distincts, elle ne produit jamais l'homogénéité des choses multiples. De même, si la différenciation divise des choses primitivement unies, elle ne produit pas la multiplication de choses semblables. L'integration tend à diminuer le nombre des vertèbres, mais non pas à en faire disparaître les différences ; la différenciation divise le cœur en cavités multiples, mais à condition d'assigner à chacune une fonction différente et une structure appropriée. Ainsi les effets de ces deux lois se combinent sans se détruire.

Spencer signale le progrès de la différenciation dans la race humaine. D'abord dans les peuples civilisés par rapport au sauvages et dans l'adulte par rapport à l'enfant, la différence entre le volume des membres inférieurs et supérieurs et le développement du cerveau comparé aux autres parties de la colonne vertébrale sont plus accentues. En outre, les races humaines divergent à partir de la souche dont elles sont issues.

C'est surtout pour les sociétés humaines que Spencer s'applique à mettre en évidence le procès de différenciation progressive. Point de société sans chef : tel est le principe de la hiérarchie sociale qui va se compliquant. Dans la suite des temps l'autorité politique et l'autorité religieuse tendent à se séparer, en même temps que s'établit l'autorité de l'étiquette ou usages sociaux, lesquels dérivent des marques de respect réservées primitivement au chef. En même temps que le gouvernement politique, le gouvernement religieux et les usages évoluent en organisations de plus en plus complexes, la division du travail produit une diversité croissante dans la vie économique. Non seulement les individus, mais même les localités, les régions, les pays se spécialisent au point de vue de la production.

Les manifestations de l'intelligence humaine présentent le même spectacle. Dans le langage ce sont les formes multiples à signification précise dérivées d'une racine commune à signification plus générale, c'est la formation des langues différentes issues d'une même souche, la multiplication des dialectes, la séparation de l'écriture d'avec la sculpture et la peinture, la diversification des écritures et des alphabets.

C'est encore la séparation progressive des arts primitivement unis: de la peinture, de la sculpture et de l'architecture, de la poésie, de la musique et de la danse ; c'est la variété et la distinction croissante des genres, la complexité grandissante des manifestations artistiques. C'est enfin la distinction réalisée entre la littérature et la science, entre la science religieuse et la science profane, la division de chacune en un grand nombre de branches qui vont se ramifiant de plus en plus. Spencer entre pour tous ces points dans beaucoup de détails, de manière à mettre la chose en pleine lumière.

L'évolution est donc à la fois un procès d'intégration et de différenciation, « un changement d'une homogénéité incohérente à une hétérogénéité cohérente » (1).

⁂

1) P. P. p. 384 § 127 — F. P. p. 291.

La définition et la coordination des parties.

Si l'évolution composée est caractérisée par une hétérogénéité croissante, peut-on dire que tout progrès d'hétérogénéité appartient à l'évolution ? Non, répond Spencer. La dissolution, surtout dans ses débuts, est souvent marquée par un progrès dans l'hétérogénéité. La maladie qui s'attaque à certaines parties du corps, les troubles sociaux qui se traduisent en manifestations variées en sont des exemples.

Pour que la différenciation soit évolutive, il faut qu'elle soit subordonnée au procès d'intégration. A mesure que les parties se multiplient et se diversifient, il faut qu'elles-mêmes et le tout qu'elles constituent continuent à s'intégrer.

Le résultat sera une délimitation de plus en plus définie des parties et une coordination progressive entre elles, en tant qu'elles constituent le tout. La différenciation sera donc caractérisée par un progrès de l'indéterminé au déterminé et de la confusion à l'ordre.

Spencer consacre un chapitre à établir inductivement cette proposition. Il insiste surtout, et à notre avis trop exclusivement, sur la distinction de plus en plus marquée des parties et ne fait pas suffisamment ressortir le caractère cohérent et ordonné de la complication progressive qui résulte de leur différenciation.

Il est presque inutile que nous nous arrêtions à la vérification du premier point. En parcourant les différents ordres de choses que nous avons déjà énumérés plusieurs fois — la formation du sytème solaire, du globe terrestre, le développement de l'organisme individuel, l'évolution des espèces, les transformations sociales, la formation progressive du langage, l'histoire des sciences, des industries et des arts — on se convaincra facilement que les parties qui s'y différencient tendent à se délimiter avec une netteté croissante.

Quant au progrès de coordination et de subordination des parties qui est requis pour que la différenciation soit évolutive, ce caractère sera réalisé plus ou moins suivant le degré d'unité que présente l'être qui évolue. Nous en trouvons des exemples dans l'organisme vivant et dans l'organisme social.

Dans les formes inférieures de la vie, la différenciation des parties est peu considérable et leur dépendance mutuelle est faible. Aussi voyons-nous les différentes fonctions exercées presque indifféremment par toutes, de telle sorte que si on les coupe en morceaux, chaque morceau continue à vivre isolément.

Cette divisibilité des formes inférieures, qui existe à un certain degré dans tous les végétaux et que l'on observe également chez les zoophytes, est un indice d'une intégration relativement faible.

Dans les organismes supérieurs au contraire, dans lesquels la différenciation des parties est très avancée, toutes les parties principales ont des relations essentielles les unes avec les autres. Chacune a sa fonction propre et toutes sont parfaitement coordonnées à la vie de l'ensemble. Aucune partie ne peut vivre isolément et l'ablation d'un organe important entraîne souvent à bref délai la destruction de l'être tout entier. Ainsi la différenciation a progressé de manière à accroître l'unité.

Cette vérité est affirmée par Spencer dans les *Principes de Biologie*. « Les divisions et les subdivisions de fonctions, dit-il, devenant définies à mesure qu'elles se multiplient, ne conduisent pas à une indépendance de fonctions de plus en plus complète, comme cela arriverait s'il ne se passait rien de plus que ce que nous avons décrit » (c'est-à-dire la différenciation). « En même temps que d'un côté elles se séparent les unes des autres, d'un autre côté elles se combinent les unes avec les autres. En même temps qu'elles se différencient, elles s'intègrent aussi. » (1)

Nous nous convaincrons facilement qu'il doit en être ainsi. Dans un organisme relativement homogène, dans lequel chaque partie est capable d'accomplir les différentes fonctions nécessaires à la vie, il n'existe par là même aucune dépendance essentielle entre les parties, de sorte que l'ensemble réalise un faible degré d'unité.

(1) *Princ. de Biol.* vol. 1 p. 194 § 59.

Mais à mesure que les parties se différencient, elles se spécialisent et *vice-versa*, c'est à dire que chacune s'adapte de plus en plus exclusivement à une fonction spéciale et devient par conséquent incapable d'exercer les autres. (1) Dès lors, pour que l'organisme continue à exister, il faut que chaque organe remplisse sa fonction spéciale non seulement pour lui-même, mais également pour les autres parties. Il faut donc nécessairement que la différenciation évolutive soit accompagnée d'une intégration qui rende les différentes parties solidaires, et établisse entre elles les rapports organiques nécessaires pour l'influence qu'elles doivent exercer les unes sur les autres.

Chez les animaux inférieurs, toutes les parties exercent à la fois la fonction digestive, respiratoire, reproductrice, sensitive et motrice. Dans les mammifères au contraire, nous voyons une partie différente du corps affectée à chacune de ces fonctions. Aussi est-il indispensable pour la vie de l'animal que les poumons fournissent non seulement l'oxygène qui leur est nécessaire à eux-mêmes, mais encore celui qui est indispensable au reste de l'organisme, et qu'ils dégagent l'acide carbonique qui se forme dans le corps tout entier. Le cœur et les vaisseaux ne fournissent pas seulement à eux-mêmes les liquides nourriciers et ne charrient pas seulement leurs propres déchets, mais ils envoient leurs ramifications dans tous les organes afin de remplir partout cette double fonction. Les organes reproducteurs transmettent les caractères de tout l'organisme. Les nerfs qui deviennent inactifs dès que la respiration ou la circulation s'arrête pendant quelques instants, confèrent à toutes les parties par leurs fibres disséminées le pouvoir de régler leur activité d'après les impressions extérieures ou intérieures. Les muscles de la poitrine qui reçoivent l'oxygène des poumons communiquent à ceux-ci les mouvements indispensables pour leur fonctionnement.

(1) Cf. TAINE, *Les origines de la France contemporaine*, T. IX. pp 173, sq.

Ces exemples suffisent pour montrer dans quelle étroite dépendance sont les différentes parties de l'organisme et quelle est l'unité admirable qui en résulte.

Nous trouvons ici un critère facile pour distinguer la différenciation évolutive de celle qui ne l'est pas. Si la différenciation des parties s'établit en l'absence des relations de dépendance mutuelle et de solidarité, au lieu de contribuer à l'évolution de l'être, elle prépare sa séparation en plusieurs agrégats indépendants, c'est à dire sa dissolution. Les tumeurs qui se développent dans le corps non seulement n'apportent aucun aide aux organes, mais même entravent leurs fonctions, de sorte qu'elles tendent a détruire l'unité de l'organisme. Aussi la différenciation qui résulte de l'apparition des tumeurs n'est pas évolutive. De même, si dans une société naissent des factions qui loin de se prêter un mutuel appui ne font que se combattre avec violence, s'il s'y forme des associations qui ont pour but de violer les lois ou d'entraver l'exercice du pouvoir, loin de considérer cette différenciation comme un indice de progrès, nous y verrons une menace de ruine.

Si, au contraire, la différenciation accentue la dépendance entre les parties, comme celle qui se produit dans les tissus de l'embryon, elle les unit par là même plus étroitement et produit une intégration plus parfaite, c'est à dire un progrès d'évolution.

Si les formes vivantes divergent à partir de souches communes, augmentant la variété du monde organique, nous voyons en même temps que celles qui occupent le même territoire ont entre elles des relations souvent étroites qui sont postérieures à la différenciation et qui constituent l'unité de la Création. Darwin insiste longuement dans son *Origine des espèces* sur ces dépendances souvent insoupçonnées parce que très indirectes qui existent entre les différents groupes d'animaux et de végétaux.

De même, dans les sociétés, à mesure que les différentes fonctions sont exercées par des individus différents, nous voyons aussi s'accroître la dépendance entre les parties de l'organisme social, tandis que dans les peuplades primitives on peut impunément retrancher une partie quelconque sans que la vie sociale en soit troublée ; même les chefs sont remplacés aisément et sur l'heure dans les fonctions peu compliquées qui leur sont dévolues.

Une marche semblable s'observe dans les manifestations de l'intelligence humaine. La transformation du langage qui tend à diversifier de plus en plus les fonctions et les formes correspondantes des mots, a en même temps pour conséquence de rendre les relations entre les mots de plus en plus nombreuses et déterminées.

La division du travail qui multiplie les industries ne les rend pas indépendantes, bien au contraire ; elles sont de plus en plus solidaires, soit par les matières qu'elles emploient, soit par les forces qu'elles mettent en jeu, soit par les objets à la fabrication desquels elles concourent. Il n'est pas difficile de s'apercevoir qu'il en est de même des sciences et des arts. Une science qui progresse tend à se spécialiser en même temps qu'elle a de plus en plus besoin des lumières venues des autres branches du savoir humain.

Ce caractère qui consiste dans l'accroissement de l'ordre, quoique implicitement contenu dans la « cohésion » progressive, est assez important pour qu'il soit expressément signalé dans la définition de l'évolution. Aussi, ajoutant un mot à la formule de Spencer, nous dirons que l'évolution est une marche vers l'hétérogénéité cohérente définie et *ordonnée*.

* * *

Redistribution du mouvement.

Jusqu'à présent nous n'avons considéré dans l'évolution que la redistribution de matière. Il est évident qu'elle comporte également une redistribution de mouvement. Spencer rappelle qu'il a fait consister l'évolution dans une intégration de matière avec perte de mouvement. C'est le mouvement dissipé. Il ne représente pas la totalité du mouvement de l'agrégat ; celui-ci en conserve une partie dont la redistribution appartient à l'évolution. C'est le mouvement retenu.

Nous avons deux raisons de ne pas adopter cette distinction sans réserves. D'abord nous n'avons pas admis que l'intégration soit nécessairement accompagnée de perte de mouvement. Ensuite la redistribution du mouvement dans l'être qui évolue ne s'étend pas seulement au mouvement retenu, mais aussi et souvent principalement au mouvement reçu du dehors.

C'est ainsi, comme Spencer le fait remarquer lui-même, que la plupart des changements qui s'accomplissent à la surface de la Terre ont leur cause dans le rayonnement solaire et notamment l'activité déployée par les êtres vivants n'a guère d'autre source que celle-là.

L'on se convainc facilement que la redistribution du mouvement suit les mêmes lois que la redistribution de la matière. La première est la loi d'intégration. Tandis que la matière s'intègre, le mouvement subit une modification analogue. L'évolution du système solaire comporte la naissance de mouvements de masse remplaçant le mouvement moléculaire. Une transformation semblable s'observe dans l'évolution de la Terre, et particulièrement dans l'évolution des êtres organisés, surtout des animaux : l'énergie mécanique qu'ils déploient existe auparavant sous forme invisible. Dans tous ces cas, ce sont des mouvements d'ensemble qui succèdent à des mouvements isolés des particules.

De même « dans les sociétés humaines, le progrès se fait toujours dans le sens de l'absorption des actions individuelles dans les actions des corps d'états. » (1)

Nous devons faire remarquer qu'il est indispensable dans ces transformations du mouvement de tenir compte du mouvement (énergie) potentiel et que Spencer eût fait chose opportune en le mentionnant ici expressément. Lorsque le système solaire s'est intégré grâce à la perte de mouvement moléculaire, ce n'est pas celui-ci qui s'est transformé en mouvement visible. Ce mouvement moléculaire s'est dissipé par rayonnement et le mouvement

---

(1) P. P. p. 110 § 110.

visible est né de l'énergie potentielle résultant des forces attractives de la matière et de la situation des molécules. Encore faut-il observer que Laplace *postulait* le mouvement rotatoire parce qu'il est impossible d'en expliquer l'origine au moyen de la gravitation.

Le raisonnement que fait Spencer n'est pas concluant. « Si l'évolution, dit-il, est un passage de la matière d'un état diffus à un état agrégé ; si, tandis que les unités diffuses perdent une partie du mouvement insensible qui les retenait à l'état diffus, les masses cohérentes de ces unités acquièrent des mouvements sensibles les unes par rapport aux autres, il faut que ces mouvements sensibles aient existé précédemment sous forme de mouvement insensible dans l'unité. » (1)

Les mouvements sensibles que conçoit la nébuleuse sont en partie le résultat du mouvement de condensation. Or, la condensation la transformation de l'énergie potentielle et suppose la dissipation de l'énergie vibratoire. Si l'énergie vibratoire de la nébuleuse ne se dissipe pas, il n'y aura pas de condensation, ni, par conséquent, de mouvement visible. C'est uniquement grâce à une dissipation d'énergie hors du système que celui-ci peut accomplir son évolution. Il importe peu que l'on considère la chaleur interne de la nébuleuse comme une situation primitive ou comme le résultat de la condensation elle-même : celle-ci ne peut se poursuivre que si la chaleur se dissipe. Nous sommes donc en présence d'un exemple d'intégration accompagnée de perte de mouvement et non pas d'une transformation du « mouvement retenu », à moins d'y comprendre, comme nous l'avons dit, l'énergie potentielle.

Le raisonnement que nous critiquons a été modifié par Spencer dans l'édition de 1900 de la manière suivante : « Si l'évolution est un passage d'un état diffus à un état agrégé, les mouvements des corps célestes doivent être causés par les mouvements conservés

---

(1) P. P. p. 108 § 140. — F. P. p. 308.

(*uncancelled*) de leurs éléments qui étaient auparavant épars. En même temps que les mouvements moléculaires existant partout, il y avait des mouvements en masse de ces vastes courants de matière nébuleuse qui furent engendrés pendant le procès de condensation — mouvements en masse dont de grandes parties se dissipèrent graduellement sous forme de chaleur en laissant d'autres parties non dissipées. Les mouvements en masse de ces courants nébuleux étaient constitués par les mouvements isolés d'innombrables parties gazeuses incohérentes, se mouvant plus ou moins indépendamment ; dès lors, lorsque la condensation en une masse céleste liquide puis solide fut réalisée, les mouvements partiellement indépendants de parties incohérentes furent absorbés par le mouvement de l'ensemble, ou en d'autres termes, des mouvements non intégrés devinrent un mouvement intégré. » (1)

L'erreur qui faisait dériver les mouvements visibles des mouvements invisibles a disparu dans la nouvelle rédaction, mais la transformation de l'énergie potentielle en mouvement actuel n'est pas signalée plus qu'auparavant et c'est une lacune évidente.

Lorsque la *mobilité* relative des éléments d'un être matériel diminue, les mouvements que ces éléments effectuent sont nécessairement de plus en plus des mouvements d'ensemble. La perte de *mouvement* relatif, au contraire, n'entraîne pas nécessairement cette conséquence. C'est encore une raison d'admettre la modification que nous avons apportée à la formule de l'intégration.

L'évolution composée qui a produit une différenciation croissante des parties, déterminera de même une différenciation croissante de leurs mouvements. Que le mouvement soit communiqué du dehors ou qu'il ait son origine dans l'être lui-même, il revêtira une forme différente suivant la nature des parties auxquelles il est transmis. De même que les pendules de différentes longueurs oscillent différemment sous l'action de la gravité, ainsi,

---

(1) F. P. p. 309.

en général, les mouvements rythmiques dépendent plus ou moins dans leur forme des corps qui les conçoivent, de sorte que la variété des parties entraîne la variété des mouvements. Et plus la différenciation des parties est définie et ordonnée, plus aussi leurs mouvements présenteront les mêmes caractères.

Il est à peine besoin d'exposer la confirmation inductive de ces conclusions. Le mouvement confus de la nébuleuse primitive a été remplacé par des mouvements nettement distincts et différents en même temps que s'intégraient les astres de notre système.

A la surface du globe les mouvements de convection de fluides et les mouvements de la température sont devenus plus distincts et plus réguliers en même temps que plus multiformes, à mesure que les éléments se sont séparés d'une manière stable et que leurs limites se sont compliquées.

Dans les organismes tant individuels que collectifs, il y a intime corrélation entre la structure des organes et la fonction qu'ils exercent. Or la première est le résultat de la redistribution de la matière, tandis que la seconde n'est autre chose que le mouvement propre qui leur est attribué ; elle est donc le résultat de la redistribution du mouvement.

On peut considérer l'évolution des organismes au point de vue statique ou plastique ; c'est ce que nous avons fait précédemment ; ou bien on peut les envisager au point de vue dynamique ; c'est ce que nous faisons en ce moment. Puisqu'il y a connexion étroite entre l'organe et la fonction qu'il exerce, la loi d'évolution sera nécessairement la même de part et d'autre. En effet, il n'est pas difficile, lorsqu'on compare entre eux les organismes inférieurs et supérieurs, de constater chez ces derniers des mouvements beaucoup plus diversifiés et en même temps plus définis et mieux ordonnés. Spencer met en parallèle les mouvements péristaltiques du système digestif qui chez les animaux inférieurs s'exécutent uniformément en rythmes mal définis le long du canal tout entier ; tandis que chez les vertébrés supérieurs, la bouche, l'œsophage, l'estomac, l'intestin, le rectum exécutent ces mouvements chacun d'une façon différente par des rythmes bien définis et parfaitement coordonnés. Il en est de même si nous considérons les sécrétions qui s'y produisent.

Le progrès des manifestations intellectuelles chez l'homme, qu'on considère soit l'individu, soit la race, marque, comme nous l'avons dit, une multiformité en même temps qu'une précision et une coordination croissantes, indices d'une évolution parallèle aussi bien dans la structure du système cérébral que dans les fonctions qui s'y exercent.

Les mouvements qui s'accomplissent dans une société ne sont autre chose que l'accomplissement des différentes fonctions sociales ; et ces dernières sont corrélatives à l'organisation sociale qui va s'intégrant, se diversifiant et se précisant, comme il a été dit.

La redistribution du mouvement est un phénomène qui accompagne l'évolution composée ; elle ne se rencontre que chez les êtres qui présentent une mobilité notable des parties et en même temps une stabilité suffisante pour réaliser une structure définie ; la différenciation du mouvement est dépendante de la différenciation de structure, comme nous l'avons vu.

Dès lors, la redistribution du mouvement a lieu principalement et presque exclusivement dans les organismes, soit individuels, soit collectifs. Ce n'est guère que chez eux qu'on trouve des fonctions proprement dites, si l'on entend par ce mot des mouvements non seulement différents, comme ceux qui se passent, par exemple, dans l'atmosphère, mais encore bien définis et coordonnés.

Il est intéressant d'observer aussi dès à présent, quoique Spencer doive nous fournir plus tard l'occasion de toucher ce point, qu'arrivé à l'âge adulte, l'organisme ne présente plus guère de redistribution *nouvelle* ni de matière ni de mouvement ; mais que néanmoins la redistribution de l'une et de l'autre se poursuit sans cesse, suivant le mode déterminé par la structure organique.

L'énergie dépensée par les êtres vivants, surtout par les

animaux, est empruntée directement aux aliments qu'ils se sont assimilés et qui font partie intégrante de leurs organes. Pour qu'ils puissent continuer à vivre, il faut que la matière qui est éliminée, après avoir cédé l'énergie qu'elle contenait, soit remplacée sans cesse. Il se produit ainsi chez les animaux, et même chez les végétaux quoique à un moindre degré, une circulation de matière et de force, c'est à dire une redistribution de matière et de mouvement qui se distingue de l'évolution proprement dite en ce qu'elle ne comporte pas de changements de structure appréciables. Néanmoins ce phénomène se rattache étroitement à l'évolution, parce qu'il en est en quelque sorte l'aboutissement. Ce que nous venons de dire de l'organisme vivant, le lecteur le transportera facilement. *mutatis mutandis*, à l'organisme social.

**

Les forces qui agissent dans les redistributions secondaires.
Si nous reprenons ici la division que nous avons établie plus haut pour l'intégration en considérant les forces qui la déterminent, nous nous apercevons qu'il n'y a plus lieu de distinguer d'autre action que celle des forces intérieures ou extérieures à l'agrégat, puisque celui-ci est supposé constitué, lorsqu'on envisage les redistributions *secondaires* de matière et de mouvement.

Ces redistributions seront donc naturelles, artificielles ou mixtes suivant qu'elles seront dues à l'influence des forces intérieures ou extérieures, ou que les unes s'y combineront avec les autres.

Dans la construction d'un édifice, on peut distinguer la redistribution primaire qui comprend l'adaptation convenable des parties les unes aux autres, et les redistributions secondaires qui consistent dans l'appropriation des différents appartements à l'usage *spécial* qu'on leur réserve ou dans l'ornementation de détail. Les secondes comme la première sont artificielles.

Naturelles au contraire, sont, presque sans restriction,

les redistributions secondaires d'un organisme physique, ou même d'une société, aussi bien que leur intégration.

La production des variétés d'une plante cultivée constitue au sein de l'espèce une redistribution secondaire qui est artificielle, du moins en bonne partie, tandis que l'intégration, c'est à dire la multiplication de l'espèce, est naturelle.

Si l'on veut avoir une connaissance convenable d'une évolution quelconque, il est extrêmement important de démêler les forces qui interviennent dans les phénomènes souvent fort compliqués dont elle se compose. Nous aurons l'occasion d'insister encore sur ce point.

.

loi d'évolution amendée.

Nous pouvons maintenant comme conclusion de cette partie de notre étude énoncer la loi d'évolution, après avoir fait observer encore une fois qu'il y est question de l'évolution des êtres matériels en tant qu'elle est une redistribution de matière et de mouvement. La formule de Spencer a été donnée plus haut ; les remarques que nous avons faites demandent qu'elle soit légèrement modifiée. Nous dirons donc : *L'évolution est une intégration de matière exigeant souvent une perte de mouvement et entraînant en tous cas une perte de mobilité des éléments intégrés ; pendant cette intégration la matière passe d'un état d'homogénéité incohérente, indéfinie et confuse à une hétérogénéité cohérente, définie et ordonnée, et le mouvement subit une transformation analogue.*

Dans l'édition de 1900, Spencer modifie la formule de l'évolution en disant qu'elle est un procès « pendant lequel la matière passe d'une homogénéité *relativement* indéfinie et incohérente à une homogénéité *relativement* définie et cohérente. » (1) Dans sa pensée la restriction : *relativement*, s'applique aussi à l'homogénéité et à l'hétérogénéité.

Il résulte de tout ce que nous avons dit, que la loi

1 F. P. p. 321.

d'évolution doit s'entendre de cette manière et qu'elle ne peut s'interpréter autrement. Spencer en fait lui-même la remarque ; il n'introduit le correctif que pour éviter des malentendus.

Une hétérogénéité *absolue* ou *absolument* définie et cohérente est inintelligible : un agrégat peut toujours devenir plus cohérent et défini.

Nous avons déjà dit et nous répèterons encore que la doctrine de l'évolution ne peut pas résoudre la question d'origine première. L'évolution part nécessairement d'une situation determinée de l'agrégat matériel. Il n'y a aucune raison ni *a priori* ni *a porteriori* de se représenter cet état sous la forme d'une homogénéité *absolue, absolument* indéfinie et incohérente. L'on ne voit même pas comment une telle situation pourrait être le point de départ d'une évolution déterminée.

Nous pouvons donc conserver la formule telle que nous l'avons énoncée.

CHAPITRE IV

L'APPLICATION DE LA LOI D'ÉVOLUTION

L'évolution des organismes. — L'évolution de la vie — La loi d'évolution en psychologie — La loi d'évolution et l'origine de la vie psychique — La loi d'évolution en sociologie — La loi d'évolution en morale.

En étudiant les différentes parties de la loi d'évolution, nous avons eu l'occasion de montrer comment elles se réalisent dans la nature et dans l'histoire. Cependant, après en avoir obtenu la formule complète, il ne sera pas sans intérêt de la confirmer et de l'interpréter encore par une vérification inductive. Le lecteur aura ainsi une perception plus claire de sa grande portée. En même temps nous pourrons signaler à grands traits les développements que Spencer a donnés à sa théorie générale dans les différentes parties de sa *Philosophie Synthétique*, et nous examinerons l'un ou l'autre problème que soulève son application dans les différentes branches des sciences générales.

Évolution des organismes.

C'est surtout en Biologie que l'évolution a été dans ces derniers temps et est encore aujourd'hui l'objet d'études assidues Il ressort des remarques faites au cours du précédent chapitre qu'on peut l'envisager d'abord dans le règne vivant tout entier ou dans une de ses subdivisions

— ensuite dans une forme vivante représentée par une série linéaire d'animaux ou de plantes issues les uns des autres et considérés généralement à l'état adulte — enfin dans tout individu vivant.

Ces trois procès d'évolution ne sont pas indépendants l'un de l'autre. L'évolution du règne organique n'est que l'ensemble des évolutions de toutes les formes particulières. Quant à l'évolution de l'individu, les transformations par lesquelles il passe pour aboutir à la forme adulte rappellent dans leur allure générale les modifications subies par la forme dans les générations successives.

Ainsi que nous l'avons déjà fait remarquer, l'évolution individuelle a été forcément reconnue de tous temps, mais c'est à notre époque seulement qu'on en a acquis une connaissance plus exacte en donnant aux stades embryonnaires leur importance réelle.

Quant à l'évolution des formes et par conséquent de l'ensemble du règne organique, si l'on entend par là la série des apparitions et disparitions de formes vivantes à la surface du globe pendant les temps géologiques, elle est un fait reconnu par la science moderne et complètement ignoré auparavant. L'hypothèse qui fait dériver ces formes vivantes les unes des autres par voie de génération a compté dans le monde des sciences des défenseurs et des adversaires éminents. Si l'on fait abstraction des questions secondaires, au sujet desquelles règne encore beaucoup d'obscurité, et qu'on envisage seulement la question de l'existence d'un procès naturel de développement comme cause des changements qu'ont subis la faune et la flore dans le cours des âges, on peut dire qu'aujourd'hui l'accord des savants est presque accompli. Mais il n'y a pas longtemps que ce résultat a été obtenu.

Aussi Spencer consacre-t-il plusieurs chapitres des *Principes de Biologie* à développer les arguments qui servent de base à l'hypothèse transformiste. (1)

---

(1) vol. I, IIIe partie ch. IV — VII. On lira avec beaucoup d'utilité l'exposé de Spencer. Les raisons d'admettre le transformisme ont

Si on l'admet, on considèrera les espèces vivantes qui ont successivement peuplé le globe comme issues de formes primitives ayant une organisation relativement simple. Cette évolution grandiose, depuis les algues monocellulaires jusqu'aux phanérogames et depuis les protozoaires jusqu'aux mammifères, vérifie parfaitement la loi formulée à la fin du chapitre précédent. C'est ce que Spencer s'applique à mettre en lumière dans le second volume des *Principes de Biologie*. Il y poursuit pour les deux règnes tant au point de vue de la structure qu'à celui des fonctions organiques, l'étude détaillée des phénomènes de développement que nous avons déjà indiqués en étudiant les différents caractères de l'évolution. La propagation de la vie à la surface du globe unit dans la substance organique des éléments épars, principalement gazeux : c'est un phénomène d'intégration constamment balancé par la désintégration qui accompagne la destruction des êtres vivants.

La multiplication divergente des formes issues d'une même souche, – la complexité croissante de structure qu'elles affectent à mesure qu'elles s'éloignent de leur origine – la genèse progressive des tissus pendant la vie embryonnaire, montrent clairement le procès de différenciation dans les trois aspects de l'évolution organique que nous avons signalés.

La spécialisation croissante des formes, c'est à dire leur adaptation plus marquée à un genre de vie déterminé, – cette adaptation progressive envisagée isolément dans les différents organes et leur délimitation plus nette – la formation des organes dans l'embryon et l'acquisition progressive par les tissus de leurs caractères distinctifs, réalisent la loi de la définition.

La dépendance mutuelle des espèces vivantes, — la coordination et la subordination des organes pour la vie

également été proposées par Darwin dans *l'Origine des Espèces* et d'une façon remarquable par Romanes qui y consacre le premier volume de son ouvrage *Darwin and after Darwin*.

de l'individu et de l'espèce, — l'aptitude croissante de l'individu à la vie à laquelle il est destiné par son origine, satisfont à la condition de cohésion et d'ordre progressifs.

Spencer ne se contente pas d'exposer les faits et de montrer qu'ils sont d'accord avec la loi, il tâche aussi de rendre compte de l'évolution, d'expliquer les changements que subissent les organismes. A cet égard nos connaissances sont encore très rudimentaires et tout ce qu'on peut dire à ce sujet, surtout lorsqu'on entre dans les détails, est nécessairement fort sujet à caution. C'est à peine si les facteurs de l'évolution organique sont connus d'une façon générale. Nous nous en occuperons dans la suite.

*
* *

L'évolution de la vie. Au lieu d'étudier l'évolution de la vie dans ses formes concrètes, on peut aussi l'envisager dans ce qu'elle a d'essentiel. Spencer rapproche la définition de la vie de celle de l'évolution. (1) Puisque celle-ci ne s'observe pas seulement dans le règne organique, mais qu'il y a, ainsi que nous l'avons vu, l'évolution superorganique des sociétés et l'évolution infraorganique de la matière brute, il ne peut pas être question d'identifier les deux phénomènes. Et s'il est vrai que l'évolution des êtres vivants ne se distingue pas de la vie elle-même, cependant la vie ne mérite le nom d'évolution que pour autant qu'elle comprend des changements de structure et de fonction.

La vie a donc une définition propre ; on peut étudier les différentes manières dont elle se trouve réalisée et retrouver encore ici la loi de l'évolution.

D'après Spencer la vie n'est autre chose que la correspondance avec le milieu, et il s'applique, dans le premier volume des *Principes de Biologie*, (2) mais surtout dans

---

(1) *Princ. de Biol.* vol. I p. 108 § 30.
(2) Ire Partie ch. V et VI.

les *Principes de Psychologie* (1) à étudier, dans les différents degrés de la vie la correspondance progressive avec le milieu d'après la loi d'évolution : *intégration, différenciation, définition, cohésion et coordination*.

De ce que la vie, est une correspondance, il ne suit pas que tel est le concept adéquat de son essence. Sans doute, les fonctions vitales sont déterminées dans leur nature par le rapport qu'elles ont avec les circonstances extérieures, mais elles le sont aussi par leurs relations avec l'effet qu'elles produisent dans l'individu vivant. La configuration des organes de la nutrition, par exemple, dépend de la situation et de la forme dans lesquelles se présentent les aliments, et, en même temps, de la nécessité d'assurer leur assimilation par l'organisme.

En définissant la vie comme étant « la combinaison définie des changements hétérogènes à la fois simultanés et successifs en correspondance avec des coexistences et des séquences externes », (2) on néglige de dire à quoi tendent, ou, si l'on veut, ce que produisent ces changements. Leur but ou du moins leur effet, c'est, d'une façon générale, le bien-être de l'individu ou de l'espèce. En n'en faisant pas mention, on néglige un caractère essentiel de la vie et, en outre, on rend si pas inintelligible, du moins extrêmement vague ce qu'il faut entendre par correspondance avec le milieu. Comment en effet distinguerons-nous les changements adaptés au milieu d'autres qui ne le sont pas ? « Notre surprise, dit Spencer, quand nous voyons un oiseau fasciné par un serpent faire des actes qui tendent à le perdre est une preuve qu'en général nous avons observé une adaptation des changements vivants aux changements survenus dans les circonstances ambiantes. » (3) Spencer considère donc comme non adaptés au milieu les mouvements qui contribuent à la perte de l'oiseau et comme adaptés ceux qui auraient pour résultat de le sauver. Ce n'est par conséquent qu'en rapport avec la fin qu'ils réalisent que ces changements peuvent être considérés comme adaptés ou

---

(1) vol II. *Synthèse générale.*
(2) *Princ. de Biol.* vol. 1 p. 89 § 27.
(3) *Princ. de Biol.* vol. 1 p. 87 § 27.

non adaptés au milieu. Or, les actions vitales peuvent avoir en vue l'existence de l'individu, son bien-être, l'existence de l'espèce, sa propagation, sa prospérité. Ces résultats peuvent être atteints à des degrés différents et de différentes manières.

Ce point de vue est évidemment essentiel dans l'activité des êtres vivants.

Nous croyons aussi que l'immanence de l'activité est le véritable caractère distinctif de la vie, et nous entendons par là que l'être vivant, tout en ayant besoin d'excitation pour agir, se meut néanmoins lui-même par une activité propre. « Dans le fait, dit Strasburger, tous les êtres vivants se présentent à nous avec une propriété déterminée qui manque aux corps non vivants et que nous désignons par le mot *irritabilité*. Elle se manifeste en ce que des impressions extérieures ou intérieures agissent sur l'organisme vivant comme des décharges (*auslosungen*) et le déterminent à des actions qu'il exécute par des moyens dont il dispose ou qu'il peut se procurer, de la manière exigée par sa structure et correspondant à ses besoins. » (1)

On ne peut pas nier que la vie ne soit une correspondance avec le milieu. Ce caractère convient essentiellement à toute la vie intentionnelle, c'est à dire à l'ensemble des mouvements dirigés par des connaissances sensibles ou intellectuelles et à ces connaissances elles-mêmes. La vie organique inconsciente ou du moins non intentionnelle manifeste de même une dépendance étroite relativement aux circonstances dans lesquelles elle se déploie.

Les animaux étant en correspondance avec le milieu par leurs facultés cognitives et motrices, plus ces facultés sont variées, plus elles sont développées de manière à pouvoir s'étendre à des objets éloignés dans l'espace ou dans le temps, plus aussi la correspondance de la vie animale avec le milieu sera étendue et variée. Il en sera de même de la vie organique à mesure que ces fonctions deviennent plus complexes.

Rien n'empêche donc de considérer l'évolution de la

---

(1) *Lehrbuch der Botanik*. Iena 1901, p. 1.

vie au point de vue de sa correspondance avec le milieu. Mais cette évolution doit être envisagé également par rapport au but qu'elle réalise et encore au point de vue du caractère d'immanence qu'elle manifeste à des degrés différents.

*
* *

La loi d'évolution et l'origine de la vie psychique.

Remarquons aussi que l'évolution d'un être suppose au préalable son existence et que les lois qui régissent la première ne peuvent pas expliquer la seconde. Autre chose est le développement de ce qui existe déjà, autre chose l'apparition d'un être absolument nouveau, comme l'est à notre avis la vie animale en tant que distincte de la vie organique.

On peut reprocher à Spencer de ne pas avoir convenablement distingué l'une de l'autre. Une partie des mouvements vitaux sont déterminés par des connaissances, tandis que les autres ne le sont pas. Quoi qu'il soit peut-être difficile de tracer la ligne de démarcation entre les deux, parce que la connaissance peut avoir plus ou moins de part à la production d'une action vitale, qu'elle peut n'avoir qu'une faible intensité et passer inaperçue, que la même action peut être tantôt déterminée par la connaissance, tantôt en être indépendante, cela n'empêche pas la distinction d'exister et d'être essentielle. La connaissance est un phénomène *sui generis* irréductible aux phénomènes organiques. A moins de la déclarer complètement inutile, il faut admettre qu'elle a une influence réelle sur certains phénomènes vitaux. Ceux-ci se distinguent donc en deux catégories irréductibles suivant qu'ils sont ou qu'ils ne sont pas gouvernés par la connaissance, c'est à dire intentionnels.

Il nous est impossible d'adopter sur ce point la manière de voir de Spencer. « Les deux grandes classes vitales appelées physiologie et psychologie, dit-il, se distinguent en gros l'une de l'autre par ceci : c'est que, tandis que l'une renferme des changements à la fois simultanés et successifs, l'autre ne renferme que des changements successifs. Les phénomènes qui sont l'objet de la physiologie se présentent sous la forme d'un nombre immense de séries réunies ensemble. Ceux qui sont l'objet de la psychologie ne se présentent que sous la forme d'une simple série. En jetant un simple coup d'œil sur les nombreuses actions dont la continuité constitue la vie du corps en général, on voit qu'elles sont simultanées ; que la digestion, la circulation, la respiration, les excrétions et sécrétion, etc., avec leurs nombreuses subdivisions, s'accomplissent à la fois et dans une dépendance mutuelle. Et il suffit de la plus courte réflexion pour voir clairement que les actions qui constituent la pensée se produisent, non ensemble, mais l'une après l'autre.

Il n'en résulte pas cependant qu'il y ait entre ces deux classes un abîme infranchissable. Quand même (et nous verrons bientôt qu'il y a des raisons d'en douter) la plus haute vie psychique serait *absolument* distincte de la vie physique dont nous venons de parler, il resterait toujours vrai que la vie psychique, dans ses phases inférieures, ne s'en distingue pas de cette manière; la distinction ne naît qu'avec le cours du progrès vital. Cette différenciation et cette intégration graduelles qui se montrent également et dans l'évolution des structures organiques et dans l'évolution de la correspondance entre leurs actions et celles de leur milieu, se voit aussi dans la séparation de cette correspondance en ses deux grands ordres. C'est par elles que se sont produites les divisions subordonnées de la correspondance; par elles aussi que s'est produite cette division fondamentale. » (1)

Si la vie psychique se définit en disant qu'elle comprend une seule série de changements, il faudra donc que chacune des séries que comprend la vie physique constitue pour son compte une vie psychique. Qui admettra cette conséquence? Et dès lors, qui reconnaîtra que la véritable différence entre les phénomènes psychologiques et physiologiques est

(1) *Princ. de Psychol.* vol. I p. 115-116 § 177.

celle indiquée par Spencer? Lui-même reconnait qu'elle n'a rien d'absolu. La vie psychique peut jusqu'à un certain point comprendre plusieurs ordres de changements simultanés et d'autre part il ne suffit évidemment pas que la vie consiste dans une seule série de changements pour qu'elle soit psychique.

Nous ne connaissons la vie psychique des êtres distincts de nous qu'indirectement : par la structure de leur système nerveux qui sert d'organe à la sensibilité et par la nature des mouvements qu'ils exécutent et que nous considérons comme intentionnels. Il semble bien que ces deux critères indiquent, à partir des animaux inférieurs, un accroissement d'intégration de la vie psychique, quoiqu'il soit fort difficile de dire exactement en quoi il consiste. Mais d'une part, le système nerveux ne semble pas être essentiel à la sensibilité, et d'autre part, les plantes manifestent une unité très grande dans la coordination de leurs différentes fonctions sans que la vie psychique existe chez elles.

Nous concluons que la différence signalée par Spencer — en admettant qu'elle soit réelle — est d'importance secondaire, tandis que la différence essentielle — l'existence ou la non existence de la connaissance — a été négligée par lui. Cela étant, il est facile d'expliquer qu'il n'a pas aperçu entre les deux vies un abîme infranchissable. En réalité cet abîme existe. La vie psychique et la vie organique, quoique étroitement unies dans l'animal, sont essentiellement différentes et ne peuvent pas être considérées comme appartenant à un seul procès d'évolution.

N'ayant pas pris soin d'envisager la vie psychique dans ce qu'elle a de réellement essentiel et caractéristique, Spencer n'a pas accordé une importance suffisante à la distinction qui existe entre ses deux parties: les connaissances et les mouvements intentionnels. Dans les premières l'animal est plutôt passif: il reçoit les connaissances du dehors; dans les seconds il est actif: il réagit sur le milieu par ses facultés motrices. Lorsqu'un être possédant un œil rudimentaire (1)

_____
(1) Cf. *Princ. de Psychol.* vol. I p. 453 § 190.

se contracte au moment où une ombre passe sur cet œil, la relation externe entre le mouvement d'un corps opaque et un choc qu'il produit correspond, au moins primitivement, non pas à *une* relation interne, mais à *deux* : la première entre la perception de l'ombre qui se déplace et le souvenir (perception affaiblie) du choc, la seconde entre le souvenir du choc et le mouvement que ce souvenir détermine. Cette distinction est négligée ou du moins n'est pas faite assez nettement dans les différents chapitres que Spencer consacre aux facultés psychiques et c'est un grave défaut de son analyse.

Spencer néglige encore la distinction entre la connaissance sensible qui a pour objet les choses concrètes et la connaissance intellectuelle qui comprend les idées abstraites, distinction radicale qui est le fondement de la distinction également essentielle entre l'instinct et la raison. C'est donc à tort que Spencer se refuse à admettre cette dernière.(1)

De ce qui précède nous tirons cette conclusion : c'est faute d'avoir aperçu le véritable caractère des diverses formes de la vie que Spencer a pu les considérer comme comprises entièrement dans un seul procès d'évolution. Cette conception ne résiste pas à un examen attentif.

* * *

La loi d'évolution en psychologie. Les *Principes de Psychologie* de Spencer débutent par la vérification de la formule de l'évolution dans le développement du système nerveux (2) depuis sa première apparition dans l'organisme jusqu'à son organisation la plus complète. On peut considérer cette évolution soit dans les différents stades que parcourt l'être individuel principalement pendant la vie embryonnaire, soit dans les différentes formes animales qui possèdent un système nerveux depuis les plus inférieures jusqu'à l'homme. On sait que cet ordre de perfection coïncide largement avec l'ordre chronologique de leur apparition sur le globe.

---

(1) Cf. *Principes de Psychologie*. vol I p. 188 § 203.
(2) Cf. *Principes de Psychologie*. vol. I ch. I et II.

Entre la petite masse centrale avec fils divergents qui constitue le système nerveux des mollusques inférieurs et le système nerveux de l'homme qui comprend des masses volumineuses d'où partent des fibres innombrables et qui sont reliées entre elles par une infinité de filaments, on rencontre tous les intermédiaires. L'évolution du système nerveux comporte d'abord une augmentation progressive de son volume, tant en valeur absolue qu'en proportion avec le volume du corps tout entier.

Un système nerveux élémentaire comprend une fibre afférente ou sensitive, un ganglion contenant au moins deux cellules et une fibre efférente ou motrice. A mesure que le système se développe, les fibres et les ganglions se multiplient à l'infini, les fibres s'unissant pendant la plus grande partie de leur trajet en faisceaux qui forment les cordons nerveux, les ganglions s'assemblant en centres plus ı moins volumineux. L'augmentation de la masse du système nerveux porte sur les fibres nerveuses qui parcourent les organes, mais principalement sur les centres, et par là s'accentue progressivement la différenciation entre les cordons et les masses centrales. Lorsque le volume de ces dernières est considérable, on constate qu'elles sont composées de deux sortes de matière, la substance grise qui constitue les centres proprement dits et la matière blanche qui comprend les fibres établissant des relations entre les différentes parties.

La différenciation se poursuit dans les cordons nerveux par la multiplication des fibres, par leur développement inégal, par les différences de structure qu'on observe surtout dans leurs extrémités. Les connaissances qu'on a sur ce dernier point ont principalement trait aux fibres sensitives. Les organes des sens : de la vue, de l'ouïe, de l'odorat, du goût, du toucher dans sa signification la plus large, ne diffèrent pas seulement par leur structure apparente, mais encore par la configuration intime des fibrilles nerveuses qui viennent y aboutir. Les fibres qui dépendent du système sympathique ne sont pas non plus entièrement semblables à celles qui dépendent du système cérébro-spinal.

Quant aux centres, ils se différencient par leur multiplication, par les divisions qui s'y établissent et dont les circonvolutions cérébrales représentent une forme typique, par la superposition des systèmes qui dépendent les uns des autres, par les différences de structure qui s'observent dans les parties centrales : les ganglions du sympathique, la moelle épinière, la moelle allongée, le cervelet et le cerveau.

Cette différenciation du système nerveux est définie cohérente et ordonnée: définie en ce que les centres et les cordons ont une situation et une structure de plus en plus déterminée, en ce que les parties se distinguent de plus en plus nettement les unes des autres ; cohérente et ordonnée, en ce que les ganglions disséminés d'abord sans ordre apparent se concentrent dans la suite, se disposent en masses symétriques, superposées les unes aux autres par ordre d'importance, reliées entre elles par des communications nombreuses. Cette disposition ordonnée des centres implique une disposition semblable des fibres qui y aboutissent. Si l'on examine le système nerveux d'un animal inférieur, on n'y perçoit souvent aucune unité, tandis qu'un coup d'œil jeté sur le système nerveux de l'homme y fait voir toutes les parties régulièrement distribuées et convergeant symétriquement vers le cerveau. Une grande partie des fibres et des cellules auxquelles elles aboutissent, n'ont d'autre raison d'être que d'établir des connexions de plus en plus nombreuses entre les éléments du système, de manière à augmenter son unité d'organisation. C'est ainsi que dans les vertébrés supérieurs nous voyons s'accroître rapidement l'importance du faisceau de fibres commissurales qui relie entre eux les hémisphères cérébraux.

La redistribution de matière que vous venons d'esquisser a été accompagnée d'une redistribution parallèle du mouvement, c'est-à-dire d'une évolution concomitante des fonctions. La fibre afférente transmet les impressions de la périphérie au centre ; les ganglions mettent en liberté l'énergie qui est transmise à la périphérie par la fibre efférente.

Les terminaisons différentes des fibres sensitives correspondent à des sensations différentes et transmettent normalement les impressions de différents agents. Les fibres motrices déterminent différentes activités suivant les organes dans lesquels elles se terminent. Quoique nos connaissances soient encore très incomplètes, nous savons aujourd'hui que les différentes parties des centres nerveux président à différentes fonctions, et si la question des localisations cérébrales est encore loin d'être élucidée, nous avons au contraire des connaissances assez complètes sur les localisations des fonctions dans les centres inférieurs.

Il se présente ici une question du plus haut intérêt, mais dont la solution est enveloppée de profondes obscurités. Nous savons que l'ébranlement d'une fibre sensitive, quelle qu'en soit d'ailleurs la cause, produit toujours une sensation de même espèce et probablement caractéristique pour chaque fibre individuelle. Les nerfs auditifs étant excités déterminent toujours une sensation auditive et l'on pense qu'à la perception de chaque son simple correspond une fibre spéciale. Il en est de même des nerfs optiques. Tout ébranlement y produit une sensation de vision et la rétine est organisée de telle sorte que les parties qui perçoivent les couleurs possèdent des fibrilles différentes pour chaque perception élémentaire. Quel que soit le siège des sensations : les fibres, les centres auxquels elles aboutissent ou à la fois les uns et les autres, on peut se demander quelle relation existe entre la nature du mouvement produit dans la masse nerveuse et la qualité de la sensation correspondante.

L'activité nerveuse étant en connexion essentielle avec les sensations et les mouvements de l'animal, on admettra facilement que des différences dans la nature de l'ébranlement nerveux correspondent toujours à des différences dans l'activité psychique. Mais faut-il dire que réciproquement à toute différence dans l'activité psychique correspond une différence dans l'ébranlement nerveux? Ou bien la seule situation d'un nerf ou d'un centre dans l'organisme peut-elle déterminer sa fonction au point de vue psychique?

Les études qu'on a faites sur le développement embryonnaire ont amené les biologistes à cette conclusion que la fonction des cellules est déterminée non seulement par leur structure mais encore par leur position. Il n'est pas improbable que ce qui se réalise pour la vie organique ait son pendant dans la vie animale. S'il en était ainsi, la différenciation fonctionnelle suivrait encore de plus près la différenciation structurale que ne le fait la différenciation du mouvement, puisque, indépendamment de toute diversité de celui-ci, il y aurait une différenciation de fonctions dépendant uniquement de la configuration de l'organisme; et même la différenciation fonctionnelle serait plus profonde que la différenciation des organes. Malheureusement nos connaissances positives ne nous permettent pas d'affirmer qu'il en est ainsi et c'est la raison pour laquelle nous ne développerons pas l'argument qu'on pourrait en tirer pour prouver que ni la vie psychique ni la vie organique ne s'expliquent par la seule activité physico-chimique des atomes.

En même temps que les fonctions du système nerveux se différencient, elles se définissent et s'ordonnent. La cohésion étroite et la subordination des facultés dans les animaux supérieurs correspondent parfaitement à la structure régulière et cohérente du système nerveux. Tandis que les centres volumineux contiennent de grandes réserves d'activité nerveuse prêtes à être mises en œuvre par des excitations même très faibles, les masses de matière blanche correspondent aux innombrables connexions qui existent entre les actes infiniment variés auxquels le système nerveux sert d'organe.

La vérification de la loi d'évolution peut se poursuivre dans l'ensemble des fonctions nerveuses ou dans le développement d'une faculté spéciale. Soit, par exemple, l'aptitude représentative de l'imagination ou de l'intelligence. A mesure qu'elle progresse, on y constate le procès d'intégration : des notes de plus en plus nombreuses au moyen desquelles l'objet de la connaissance est conçu; la variété de ces notes, leur netteté et leur cohésion réalisent la loi de la différenciation et de la définition ordonnée. (1)

L'évolution des facultés psychiques rentre dans la définition générale de l'évolution (redistribution de matière et de mouvement) en tant qu'elles ont leur siège dans le système nerveux et que leur activité comporte des mouvements dans ces tissus.

Nous avons la conviction que l'intelligence n'est pas nécessairement liée à la matière, qu'elle peut exister en dehors de la matière et que l'intelligence proprement dite qui est capable d'abstraction, de réflexion, de raisonnement, est toujours une faculté immatérielle. Nous pensons que l'activité de l'intelligence humaine n'est pas essentiellement liée à la coopération des organes. Néanmoins nos facultés sont solidaires et de fait notre intelligence n'acquiert ses connaissances que grâce à des impressions qui lui viennent de sens, de telle sorte que la sensibilité lui fournit la matière sur laquelle elle s'exerce. A cause de cela toute activité mentale s'accompagne de représentations sensibles ; et quoique ces images soient moins vives et aient des rapports plus vagues avec l'objet de la spéculation à mesure que celle-ci devient plus abstraite, elles ne s'effacent cependant jamais complètement. Il n'est pas possible de confondre la représentation intellectuelle abstraite mais très précise avec la représentation sensible imprécise (2) ; cependant l'une n'existe pas sans l'autre et à mesure que l'esprit est occupé de choses plus concrètes, les connaissances sensitives jouent un rôle de plus en plus important.

Dès lors, on conçoit que l'évolution intellectuelle proprement dite soit parallèle au développement des facultés psychiques d'ordre sensitif et par conséquent au développement des centres nerveux qui servent d'organes à ces dernières. Quoique l'acte de l'intelligence ne consiste pas

---

(1) Cf. *Principes de Psychol.* vol. II p. 537 § 181.
(2) Cf. ALFRED BINET. *Étude expérimentale de l'Intelligence.* Paris 1903 p. 139 sq.

dans une redistribution de matière et de mouvement, il est cependant de fait dans l'homme lié à ces phénomènes matériels et à cet égard l'intelligence se trouve elle-même soumise à la loi générale de l'évolution.

Si nous voulons préciser davantage cette affirmation, nous devons, semble-t-il, distinguer entre l'évolution des aptitudes intellectuelles qui se poursuit dans la race et l'évolution des connaissances intellectuelles qui s'accomplit presque exclusivement dans l'individu. L'opinion de Spencer (1) — et c'est également celle de S. Thomas d'Aquin (2) — est que, parmi les sens externes, la perfection du tact exerce une influence prépondérante sur les aptitudes intellectuelles. Elles dépendent ensuite dans une large mesure de l'imagination et de la mémoire sensitive. La finesse du tact est influencée sans doute principalement par la structure des éléments nerveux terminaux, mais l'imagination et la mémoire dépendent du développement des centres, de sorte qu'à cet égard le développement de l'intelligence est dépendant de l'organisation du cerveau. Il est beaucoup plus difficile de définir les relations qui existent entre l'évolution cérébrale de l'individu et l'évolution de ses connaissances intellectuelles, à cause du rôle variable que jouent dans celles-ci les images sensibles; mais cette corrélation n'en est pas moins réelle, quoique, sans doute, moins rigoureuse que la précédente.

* *

La loi d'évolution en Sociologie.

Le premier volume des *Principes de Sociologie* de Spencer est consacré à l'étude des idées religieuses principalement dans les premiers stades de leur développement. Spencer y fait remarquer la vérification de la loi d'évolution. La forme primitive de la Religion est, d'après lui, le culte des morts, les êtres qu'on vénérait ou qu'on craignait n'étant autres que les esprits des défunts. « De la con-

---

(1) *Princ. de Psychol.* vol I p. 372 sq. § 163.
(2) *Sum. Theol.* p. 1 q. 76. a. 5.

ception jadis uniforme, dit-il, de l'esprit revenant sont sorties les diverses conceptions d'êtres surnaturels. » (1)

D'abord ces croyances sont faibles et incertaines ; plus tard, dans les idées des peuples plus avancés, les êtres surnaturels forment un groupe qui a une tendance à s'augmenter. A mesure que le nombre des divinités s'accroît, elles deviennent différentes les unes des autres, des fonctions différentes leur sont dévolues et elles constituent une hiérarchie. « Originellement, dit Spencer, les seules distinctions qui séparaient les *doubles* des morts en bons et mauvais étaient celles que l'on trouve chez les vivants ; il n'y avait pas non plus d'autre différence dans leur puissance. Mais il ne tarde pas à se former des idées de différences dans la bonté entre les esprits des parents et ceux d'autres personnes, de même que des différences plus prononcées entre des esprits bienveillants qui appartiennent à la même race et des esprits malveillants qui appartiennent à d'autres. Dès que l'institution de rangs sociaux s'est établie, il en résulte des différences de rang et de puissance chez les êtres surnaturels, qui deviennent de plus en plus prononcées à mesure que les légendes prennent de l'extension. A la fin se forme par cette méthode une série d'ancêtres en partie divinisés, demi-dieux, grands dieux, et parmi ces derniers un dieu suprême ; de même se forme une hiérarchie de puissances diaboliques. Alors se produisent de nouvelles différenciations, celles qui spécialisent les fonctions et les habitats de ces êtres surnaturels, jusqu'à ce que toute mythologie ait ses agents divins grands et petits, depuis Apollon jusqu'à la dryade, depuis Thor jusqu'à une fée. » (2)

En même temps, les idées relatives à la puissance et à l'action des divinités deviennent plus précises et plus cohérentes : « La forme des différents genres d'êtres surnaturels devient plus définie; leurs dispositions, leurs puissances, leurs habitudes le deviennent aussi, jusqu'à ce qu'enfin, dans les mytholo-

---

(1) *Princ. de Sociol.* Trad. CAZELLES. Paris 1878 vol. 1 p. 414 § 153.
(2) *Princ. de Sociol.* v. 1 p. 577-578 § 207.

gies avancées, ils se distinguent par des caractères d'espèce et même des caractères individuels, qui sont des attributs nettement exprimés. Incontestablement, les croyances qui constituent un système de superstitions se développent de la même manière que toutes les autres choses. Par une opération d'intégration et de différenciation continue, elles forment un agrégat qui, en s'accroissant, passe d'une homogénéité indéfinie, incohérente, à une hétérogénéité définie, cohérente. » (1)

La conception que nous venons de résumer est loin de s'imposer à l'esprit. Que les idées religieuses aient évolué en se différenciant à partir d'une situation uniforme, cela est extrêmement vraisemblable et en partie confirmé par l'histoire. Mais, autre chose est qu'on puisse assigner le point de départ de cette évolution. Nous rencontrons fréquemment des peuples qui vénèrent comme dieux des ancêtres, surtout ceux qu'on considère comme les fondateurs de la race. Mais, même dans la doctrine de l'évolution, ce fait est susceptible de deux explications : ou bien, dans le culte des morts, un défunt a joui d'une vénération spéciale et croissante jusqu'à se trouver élevé à un rang qui le sépare complètement de la foule; ou bien le caractère divin — quelle que soit l'origine de l'idée de la divinité — a été attribué par extension (intégration) à des personnes pour lesquelles on professait un grand respect. Cette dernière interprétation, Spencer ne l'ignore pas, est conforme à l'opinion commune de ceux qui se sont occupés de cette matière. Les raisons pour lesquelles il l'abandonne ne sont pas du tout péremptoires: quelques remarques suffiront pour édifier le lecteur. Comme nous n'avons guère de renseignements positifs sur l'état des croyances avant l'époque historique, Spencer admet qu'elles étaient analogues à celles qu'on rencontre aujourd'hui chez les peuples sauvages. Or, rien ne permet d'affirmer qu'il en est ainsi et la remarque faite par lui-même, — que « les hommes du type inférieur existant aujourd'hui..... ne sont pas des spécimens de l'homme tel qu'il fut dans le principe » et « que

(1) *Ibid.*, p. 579 § 207.

la plupart sinon tous eurent des ancêtres qui étaient parvenus à un état supérieur » (1) — incline l'esprit à admettre plutôt le contraire.

Spencer proteste (2) contre la thèse de Max Müller d'après lequel « plus nous remontons dans le passé, plus nous examinons les premiers germes d'une religion, plus les conceptions de la divinité se montrent pures. » Mais il ne démontre pas que cela est faux. La doctrine de l'évolution n'exige pas que toute série de changements constitue un progrès.

Disons encore que l'interprétation des croyances est une chose très délicate et que, de l'avis des hommes qui ont fréquenté les sauvages, rien n'est plus difficile que d'obtenir des renseignements exacts sur les idées qu'ils professent en matière religieuse. Il convient également de se délier des phénomènes de convergence fréquents en cette matière. Ainsi, quoiqu'en pense Spencer, (3) et malgré quelque apparence superficielle, le culte des saints dans l'Eglise catholique à une origine et une signification tout à fait différente de celle qu'il attribue au culte des morts ; de même l'infaillibilité du Pape n'a rien de commun avec l'inspiration des oracles païens, ni avec aucune inspiration en général. Il faut aussi ne pas confondre une plaisanterie d'ailleurs grossière avec l'expression d'une croyance. (4)

La conception de Spencer que nous critiquons ici est sévèrement jugé par Benjamen Kidd : « On ne peut même pas dire que l'essai d'étude des phénomènes religieux fait par Herbert Spencer dans sa Sociologie soit conçu dans l'esprit de la science de l'évolution, telle que nous la concevons aujourd'hui. Il est difficile de suivre l'auteur dans sa théorie qui fait sortir les croyances religieuses du culte des esprits et des ancêtres, sans éprouver un

---

(1) v. plus haut p. 252.
(2) *Princ. de sociol.* v. I p. 612 (App. A).
(3) *Ibid.*, p. 331 § 131 et p. 562 § 203.
(4) Cf. *ibid.*, p. 610 (App.A).

sentiment de désappointement et même d'impatience en voyant quelles explications triviales et même insignifiantes il nous offre pour rendre compte du développement de faits sociaux aussi importants. Ses disciples n'ont fait que suivre son exemple..... » (1)

Dans sa discussion avec Spencer, le disciple de Comte, Harrison, a vivement attaqué la *Ghost theory* (théorie des esprits) et la méthode que Spencer emploie pour l'établir. (2)

Enfin, la doctrine de l'évolution n'enseigne pas qu'il faut considérer la naissance de toute religion comme due uniquement au développement naturel de l'esprit humain. L'existence d'un ordre surnaturel n'est pas contredit par l'existence de l'ordre naturel. Rien n'empêche d'ailleurs qu'il n'y ait des lois lois communes à l'un et à l'autre et qu'un système de doctrines ayant une origine surnaturelle ne se développe, tout en conservant son caractère propre, suivant la formule générale de l'évolution.

Nous sommes donc loin de repousser *a priori* toute interprétation évolutionniste des idées religieuses. Nous croyons au contraire qu'elles présentent à cet égard un objet d'étude de plus haut intérêt. « L'évolution graduelle de la Révélation, dit un des plus illustres disciples de Darwin, est en harmonie avec les autres œuvres de Dieu. » (3) Mais nous sommes convaincus que la conception développée dans le premier volume des *Principes de Sociologie*, quoique probablement vraie dans beaucoup de détails, est fausse dans son point de départ ; et l'ensemble est naturellement affecté par cette erreur originelle.

Dans le second volume des *Principes de Sociologie*, Spencer établit un parallèle entre l'évolution organique de l'animal et l'évolution sociale. (4) Cette comparaison, parfois un peu forcée dans les détails, est cependant d'une

---

(1) *L'Évolution Sociale.* Trad. LEMONNIER. Paris 1896 p. 22.
(2) *Agnostic Metaphysics.* Nineteenth Century. 1884 vol. II pp. 362 sq.
(3) ROMANES. *Thoughts on Religion.* Londres 1902 p. 171.
(4) chap. II à IX. La même idée se trouve développée dans un Essai, *L'organisme social*, publié dans les *Problèmes de morale et de sociologie.* Trad. DE VARIGNY. Paris 1894.

vérité évidente dans son ensemble, et il se trouve ainsi confirmé que la même loi générale gouverne les deux ordres de phénomènes. L'analogie la plus frappante que Spencer signale, c'est l'établissement progressif et le développement, dans les sociétés, de trois appareils : l'appareil producteur, c'est a dire les différentes formes d'industrie, l'appareil distributeur, c'est à dire les moyens de transport, le commerce et les autres institutions qui assurent la circulation et la distribution convenable des produits de l'industrie, enfin l'appareil régulateur, c'est à dire le pouvoir sous toutes ses formes. Ces trois appareils, en effet, correspondent aux organes d'assimilation, au système circulatoire et au système nerveux.

De même que, en suivant le développement organique dans les animaux depuis les célentérés les plus primitifs jusqu'aux vertébrés, on voit les organes d'assimilation se former au dépens de l'endoderme, tandis que le système nerveux et les organes des sens proviennent du développement de l'exoderme, et que le mésoderme fournit le système circulatoire, — ainsi dans la société l'appareil régulateur a pour origine la nécessité dans laquelle elle se trouve de faire face aux difficultés et aux dangers extérieurs, qu'ils proviennent de la nature ou des tribus ennemies ; l'appareil producteur au contraire pourvoit aux besoins intérieurs du corps social ; enfin l'appareil distributeur qui devient nécessaire lorsque la société grandit, établit les rapports indispensables entre les différents organes des deux appareils précédents.

A mesure que la société se développe par intégration, soit que des peuplades voisines s'unissent en vue de se défendre contre des dangers communs, soit qu'une nation plus puissante absorbe par conquête les peuples limitrophes, la loi d'évolution se vérifie également par la différenciation que nous venons de considérer et qui se poursuit — dans la société comme dans l'organisme animal — par la complexité croissante de chacun des appareils fondamentaux. Du chef unique qui exerce toutes les fonctions de l'autorité, on passe par un progrès continuel à la division des pouvoirs avec toutes les complications qu'elle présente dans nos états constitutionnels. L'industrie s'étend en se diversifiant. Les moyens de communication se multiplient et les fonctions qui président à la distribution des produits industriels deviennent de plus en plus variées.

Cette différenciation est accompagnée d'une définition croissante des droits et des devoirs de chaque organe social et aussi d'une subordination de plus en plus étroite entre les différentes parties de la société. Le pouvoir gouverne en vue de la défense de la nation; il se trouve à la tête de l'armée et protège aussi l'ordre social contre les agressions venant de l'intérieur. En même temps, il dirige dans une mesure variable les institutions qui assurent la circulation des choses nécessaires à la vie et il exerce son influence sur l'activité productrice de la société. D'autre part ceux qui sont employés au gouvernement ont besoin des produits de l'industrie et du bon fonctionnement des moyens de communication, et enfin il existe une dépendance mutuelle entre le développement de ceux-ci et le progrès industriel.

L'évolution — on le voit — est la marche d'une homogénéité indéfinie et incohérente vers une hétérogénéité définie et cohérente en même temps que se poursuit le procès d'intégration.

Le troisième volume des *Principes de Sociologie* traite de l'évolution des institutions cérémonielles et surtout des institutions politiques. L'union des individus sous la pression du besoin ou du danger, — le choix d'un chef temporaire puis permanent, — la division de la société naissante en roi, nobles et peuple, — la réunion spontanée ou violente de petites sociétés en sociétés plus étendues et les gouvernements locaux subordonnés au pouvoir central, — la séparation des pouvoirs exécutif, législatif et judiciaire, — la multiplication des organes de chacun, — la définition progressive des relations sociales, des fonctions, des règles de conduite, — la dépendance mutuelle et la coordination progressive des différentes parties de l'ensemble, — telles sont, dans leurs grandes lignes, les phases par lesquelles passent les institutions politiques d'une société qui progresse. On n'a aucune peine à y reconnaître les différents éléments de la loi d'évolution : intégration — différenciation — définition — cohésion et coordination.

On peut évidemment être d'un autre avis que Spencer au sujet des causes concrètes qui ont déterminé la transformation de ces institutions et, par suite, concevoir d'une manière assez différente l'évolution politique des peuples. Les lois générales de l'évolution, à cause de leur généralité même, peuvent être vérifiées de plusieurs manières et ne suffisent pas à elles seules à déterminer la série des transformations des sociétés.

C'est ainsi que Kidd qui admet avec Spencer que les lois d'évolution biologique s'appliquent également aux organismes sociaux, aboutit à une conception de l'évolution politique fort différente de celle de Spencer, parce qu'il accorde, avec raison, croyons-nous, une importance prépondérante au facteur éthique représenté par les convictions religieuses.

Il est vrai que Kidd s'écarte encore de Spencer en ce que contrairement à celui-ci, il n'admet pas la transmission héréditaire des caractères acquis par l'habitude. Nous aurons l'occasion plus tard de revenir sur cette question. Contentons-nous de dire ici que tout en étant importante au point de vue de l'interprétation de l'évolution sociale, elle n'a cependant pas la portée que Kidd lui attribue. « Si nous avons, dit-il, une tendance à hériter des résultats de l'éducation morale et mentale des générations antérieures, nous avons le droit d'attendre une société future toujours en progrès, la lutte pour l'existence fût-elle supprimée, la population exactement réglée sur les moyens de subsistance et l'antagonisme entre l'individu et l'organisme social disparu, comme le prédit Herbert Spencer. Mais si, comme je le crois, ce sont les théories de Weismann qui sont vraies, s'il ne peut y avoir progrès que grâce à l'accumulation de variations congénitales, supérieures à la condition moyenne et excluant les variations inférieures, si, sans la sélection constante qu'implique cette loi des variations, la tendance de toute forme élevée de la vie est de *rétrograder*, alors le destin de la race humaine entière est d'être suspendue à cette rivalité laborieuse, à cette lutte pour la vie qui progresse depuis le commencement. Alors doit continuer la lutte pour l'existence, avec des conditions plus humaines, mais toujours inévitable jusqu'à la fin. » (1)

Nous verrons dans la suite que la cessation de la sélection naturelle ne semble pas entraîner nécessairement la tendance à rétrograder. En outre Kidd néglige de considérer ici l'influence exercée sur chaque individu par l'éducation, influence qui peut suppléer à l'absence d'habitudes héréditaires et qui peut mettre en échec la tendance à rétrograder, en admettant qu'elle existe.

Ces divergences d'opinion ou d'interprétation dont on pourrait multiplier les exemples, n'empêchent pas de reconnaître l'application de la loi générale d'évolution dans le développement politique des peuples. C'est en somme dans les phénomènes sociaux pris dans leur acception la plus large que le procès évolutif se manifeste avec le plus d'évidence : ils ont été, on le sait, l'objet des premiers travaux de Spencer.

Les deux derniers volumes de *Principes de Sociologie* dans lesquels il est question des institutions ecclésiastiques, professionnelles et industrielles offrent des applications intéressantes de la loi d'évolution, principalement le développement des professions issues, d'après Spencer, des fonctions sacerdotales : le médecin, l'artiste, l'orateur, l'homme de lettres, l'homme de sience, l'homme de loi, l'homme d'enseignement.

La séparation graduelle de ces dernières d'avec celles-là, leur laïcisation, pourrait-on dire, ensuite, leurs subdivisions de plus en plus nombreuses, témoignent à la loi de la différenciation.

Leur séparation de plus en plus nette est conforme à la loi de la définition.

Enfin leur développement croissant, les organisations

---

(1) *L'évolution sociale*. p. 187.

obligatoires ou libres qui englobent leurs membres, leur dépendance mutuelle montrent, dans l'ensemble et dans les parties, l'existence des procès d'intégration et de coordination.

On peut y observer aussi de curieux phénomènes de convergence ; telle l'union renouvelée, par une adaptation plus complète au but, des fonctions de médecin et de chirurgien qui s'étaient d'abord séparées, la première demeurant plus ou moins une attribution du clergé ou restant sous sa dépendance, la seconde tombant aux mains des barbiers. Les progrès de l'une et de l'autre exigeant la même préparation et impliquant fréquemment leur coopération mutuelle, elles se sont trouvées réunies, jusqu'à ce que la spécialisation des fonctions médicales qui s'affirme de plus en plus les sépare de nouveau.

Spencer étudie l'évolution des fonctions ecclésiastiques, telles qu'elles sont, sous une forme ou sous une autre, communes à tous les peuples. Confondues à l'origine avec les fonctions politiques, elles s'en isolent peu à peu ; les prêtres constituent un corps social séparé dont les les fonctions se précisent, s'organisent et fournissent ainsi un exemple de la loi.

En ce qui concerne le Christianisme, les fonctions ecclésiatiques ont été dès l'origine entièrement séparées des fonctions politiques. Il est vrai que, pendant le Moyen-Age, souvent un pouvoir politique plus ou moins étendu s'est trouvé réuni dans une même personne avec le pouvoir sacerdotal, notamment chez les évêques et les abbés ; mais les deux pouvoirs n'en restèrent pas moins distincts et relevaient chacun d'une autorité souveraine différente. De sorte qu'il faut considérer cette union ou cette confusion des charges, non pas comme une situation normale et universelle, mais bien plutôt comme le résultat nullement général de circonstances historiques variables d'un endroit a l'autre. Spencer lui attribue une importance exagérée.

Il est vrai que certains prélats étaient en même temps princes temporels ; des clercs peuvent avoir exercé des fonctions politiques ou militaires ; mais il n'y avait pas d'union régulière entre les attributions ecclésiastiques et profanes. Si Richelieu a dirigé la politique de la France sous Louis XIII, comme Spencer le rappelle, (1) on aurait néanmoins tort d'y voir une relation quelconque entre les fonctions de premier ministre et la dignité cardinalice. Tout ce que l'on peut dire, c'est que ces liens personnels et accidentels entre les fonctions civiles et religieuses sont devenus dans la suite de plus en plus rares et qu'il faut voir dans cette circonstance une application de la loi de ségrégation.

*
* *

La loi d'évolution en morale.

Spencer appelle *conduite* l'ensemble des mouvements d'un individu vivant, en tant qu'ils sont dirigés vers un but. Le philosophe anglais donne ainsi à ce mot une signification beaucoup plus large qu'on ne le fait d'ordinaire. D'habitude on réserve ce terme à l'homme et encore ne s'applique-t-il à proprement parler qu'à ses actes libres. La définition de Spencer pourrait à la rigueur s'interpréter dans ce sens restreint. En effet, quoique tous les êtres vivants posent des actes qui sont dirigés vers une fin, cependant tous ne les y dirigent pas eux-mêmes. Pour diriger ses actions il faut en être maître, et pour qu'un individu soit maître de ses actions, il faut qu'elles ne soient pas rigoureusement déterminées par sa nature et les circonstances où il se trouve, en un mot, il faut la liberté. Il n'y a pas de place pour la liberté dans le mécanicisme de Spencer et c'est une raison de plus pour ne pas admettre cette théorie qui se trouve ainsi en contradiction avec la conscience et avec le sens commun.

Seuls les actes libres sont l'objet de la Morale dans le sens où l'on emploie habituellement ce mot. (2) La liberté d'une action est toujours supposée, lorsqu'on la proclame bonne ou mauvaise. Nous n'avons pas à

---

(1) *Principes de Sociologie*. Trad. CAZELLES. Paris 1887 t. IV p.143 § 631
(2) cf. HAFFNER. *L'évolutionisme en morale*. Paris 1901 p. 143 sq.

justifier ici cette manière d'envisager les choses ; nous constatons seulement que, si l'on excepte quelques philosophes, elle est universelle. Il suit de là que Spencer emploie tous les mots qui ont rapport à la moralité, *bien*, *mal*, *devoir*, *droit*, etc. dans un sens qui est, au fond, tout à fait différent de la signification qu'on y attache d'ordinaire. Celle-ci a pour base la liberté, tandis que pour Spencer la liberté n'existe pas.

Spencer étudie en détail l'évolution de ce qu'il appelle la conduite dans la première partie des *Principes de Morale* qui a paru d'abord sous le titre de *The data of ethics*.

La loi d'évolution ne se manifeste pas seulement dans la structure et dans les fonctions qui lui sont corrélatives, mais encore dans la manière dont l'être exerce ses fonctions et se sert de ses organes. Chez les animaux inférieurs la plupart des mouvements sont exécutés comme au hasard, tantôt utiles, tantôt indifférents, tantôt nuisibles : les déplacements d'un infusoire ou d'une ascidie les amènent indifféremment en contact avec une substance qui les nourrit ou avec un animal qui les dévore. A mesure qu'on monte dans l'échelle animale, les actions qui ont un but déterminé se multiplient et se précisent : elles tendent au bien de l'individu, ou de l'espèce, ou encore de la communauté à laquelle l'individu appartient. Chez les êtres supérieurs on voit de plus en plus un grand nombre d'actes coordonnés en vue de la réalisation d'une fin précise et atteignant cette fin d'une façon sûre. La conduite devient plus cohérente en même temps que plus hétérogène et et plus définie.

A cet égard, la conduite de l'homme s'élève infiniment au-dessus de celle des animaux, parce qu'elle est dirigée non seulement par les impressions, la mémoire sentive et l'instinct, mais encore par l'intelligence, qui, grâce au raisonnement, permet de poursuivre des fins éloignées au moyen d'actions très nombreuses et parfaitement coordonnées. (1)

---

(1) cf. *Les bases de la morale évolutionniste* (Traduction française de *The data of Ethics*) Paris 1880 pp. 5 sq. § 3 et pp. 51 sq. § 24

La conduite morale de l'homme est caractérisée encore, nous l'avons dit, par la liberté.

On comprend que la liberté est dans la conduite une condition qui favorise la différenciation, soit qu'on compare les individus entre eux, soit qu'on considère le même individu aux différents moments de son existence.

Lorsqu'on constate que Spencer approuve le titre de *Morale évolutionniste* pour la Première Partie de ses *Principes de Morale* (1) et déclare : « Cette dernière partie de la tâche (*Les Principes de Morale*) est celle pour laquelle toutes les parties précédentes ne sont, à mon avis, qu'une préparation. » (2) — on est fort surpris de voir le peu de place que la théorie de l'évolution tient dans la dernière partie de la *Philosophie Synthétique*.

Spencer s'applique d'abord à établir l'essence de la moralité. Elle consiste d'après lui dans l'influence favorable qu'ont 'es actes sur la vie individuelle, sur celle de la progéniture ou sur la société. Une telle conception, quelle que soit sa valeur, (3) est complètement indépendante de la loi d'évolution. Il sera possible de montrer l'application de cette loi dans la conduite, en tant que celle-ci réalise plus ou moins parfaitement le but que la Morale lui assigne. *Mais les principes de l'évolution ne donnent aucune lumière pour découvrir les règles de conduite qui résultent de cette conception de la Morale,* pas plus qu'ils ne peuvent conduire à la découverte des lois de la Physique, de la Chimie ou de l'hérédité. Il est impossible d'en déduire quelles sont les actions favorables ou défavorables à l'individu, à la famille ou à la société.

La loi d'évolution indique, il est vrai, les conditions générales que doivent réaliser les transformations pour être progressives. C'est ainsi que Spencer justifie le

---

(1) Préface de la 1ᵉ Partie : *Justice*. Trad. CASTELOT. Paris 1893.
(2) Préface de la 1ᵉ Partie : *Les Bases de la Morale Évolutionniste*.
(3) On trouvera la critique de cette définition de la moralité dans HALLEUX *op. cit.* p. 157 sq. — cf. BEAUSSIRE. *La morale évolutionniste de M. Herbert Spencer*. Revue des Deux mondes. 15 Juillet 1881.

le principe d'après lequel l'Etat doit être décentralisateur en faisant observer que « le progrès d'un état inférieur vers un état supérieur se caractérise par l'hétérogénéité croissante des structures et la subdivision croissante des fonctions. » (1) Telle encore la remarque que la substitution des gratifications arbitaires (pourboires) aux récompenses fixées par contrat constitue une « modification rétrograde » parce que « l'effet de l'évolution est d'imprimer aux choses un caractère plus défini. » (2) Mais de telles conclusions sont nécessairement peu nombreuses à cause de la grande généralité de la loi, de la variabilité et de la complexité des circonstances qui accompagnent son application. Spencer s'en est rendu compte lui-même. Voici comment il s'exprime dans la Préface de l'ouvrage que nous venons de citer : « La doctrine de l'évolution n'a pas été pour moi un guide aussi sûr que je le pensais, et la plupart de mes conclusions, obtenues par voie empirique, sont de celles qu'auraient pu élaborer des hommes doués de sentiments droits et d'une intelligence cultivée. En dehors de quelques sanctions générales auxquelles je me réfère indirectement, le lecteur rencontrera tout au plus quelques conclusions d'origine évolutionnaire éparses et particulièrement rassemblées dans les derniers chapitres ; elles viennent s'ajouter aux conclusions ordinaires, mais elles en diffèrent parfois. J'aurais dû prévoir ce résultat..... » Cette remarque s'applique à la morale spencérienne tout entière. En réalité l'utilité de la théorie de l'évolution pour l'étude de la Morale dans son ensemble est très restreinte. C'est la conclusion qui ressort de la lecture des volumes que Spencer y consacre.

A proprement parler, il n'y a pas de morale évolutionniste. Il peut se faire que la doctrine générale de l'évolution ou certaines doctrines particulières, comme celle de

---

(1) *Justice*. p. 269 § 124.
(2) 5e Partie : *Le rôle moral de la bienfaisance*. Trad. CASTELOT et MARTIN S. LION Paris 1895 p. 65 § 410.

la sélection naturelle ou de la transmission hériditaire des caractères acquis, fournissent des conclusions se rapportant à la conduite. Mais la doctrine de l'évolution ne peut pas servir de base à la science morale. Celle-ci comprend essentiellement et avant tout une conception de la moralité. Nous venons de remarquer que la conception spencérienne est indépendante de toute doctrine évolutionniste. Nous ne pensons pas qu'on puisse démontrer, comme Spencer le prétend, que l'action plus favorable à l'individu et à l'espèce finira par apporter la plus grande quantité de jouissance, grâce à l'évolution. Mais quand cela serait, la question de l'essence de la moralité ne serait pas pour cela résolue.

La science morale comporte ensuite l'application du concept de moralité aux différentes manières d'agir. Quelles sont les actions qui favorisent la vie de l'individu et du groupe ? La doctrine de l'évolution pourra dans certains cas donner des lumières pour resoudre cette question, mais la plupart du temps la solution en sera indépendante. Il suffit de lire les volumes que Spencer consacre à établir les règles de conduite pour s'en convaincre.

On a dit que la loi morale, telle que Spencer la formule, n'est que la loi d'adaptation transportée sur le terrain social. (1) Ce rapprochement de la morale spencérienne avec la théorie de l'évolution ne nous parait pas heureux. On ne peut pas confondre une loi biologique qui énonce ce qui est, avec une loi morale qui énonce ce qui doit ou devrait être et qui souvent n'est pas. Ensuite, agir en vue du bien de la société n'est pas la même chose que s'adapter à la vie sociale dans le sens que le mot *adaptation* a en biologie. Un être vivant s'adapte au milieu par le fait que lui-même y prospère, qu'il parvient à y déployer son activité de manière à favoriser son propre bien-être. Or, il est possible à un homme de vivre dans la société d'une manière qui lui soit très utile à lui-même et qui soit cependant profondément immorale.

---

(1) SALVADORI. Rivista Italiana di Sociologia Janv-Févr. 1904 p. 67

Salvadori reconnait d'ailleurs que le principe de justice de Spencer consiste dans l'union d'un élément biologique, l'individuation, avec un élément moral, la solidarité humaine. (1)

Il ne faut pas non plus confondre la question de l'essence de la moralité avec celle de l'origine de l'idée ou du sentiment de moralité ou d'obligation morale chez l'homme. Comme toutes les idées humaines, l'idée de moralité est soumise à la loi d'évolution; quant à savoir si c'est grâce à l'évolution et dans quelle mesure que l'idée de moralité s'est développée de fait, c'est une question historique qui est différente de l'autre. Sans doute, pour étudier la question de l'origine des sentiments moraux, il faut savoir d'abord, au moins d'une façon confuse, en quoi la moralité consiste, et la question de sa nature pourra recevoir à son tour des éclaircissements par l'étude de son origine et de son évolution. Les deux questions ne sont donc pas indépendantes, mais elles sont distinctes ; et de ce que les idées morales sont soumises à l'évolution, on ne peut pas conclure qu'il y a une morale évolutionniste, pas plus qu'il n'y a une géométrie évolutionniste parce qu'il y a une évolution de la géométrie.

Spencer pense que l'idée d'obligation implique trois facteurs : l'autorité, la coërcition et l'opinion publique ; (2) il tâche d'expliquer l'origine de chacun de ces éléments et comment il s'est imposé à la conscience par voie héréditaire, conformément à ses théories sur les facteurs de l'évolution. Mais ce n'est pas au moyen de la doctrine de l'évolution qu'il établit le concept de l'obligation morale qui est le point de départ de cette explication.

Vidari distingue trois sortes d'éléments dans la doctrine morale de Spencer : (3) 1º l'élément philosophique pur, c'est à dire la conception utilitaire, *hédoniste,* qui confond en dernière analyse la moralité avec le bien de l'individu et la

---

(1) *Ibid.*
(2) *La morale des différents peuples.* Paris 1893 p. 50 sq.
(3) *Rosmini e Spencer.* Milan. 1899 p. 136.

jouissance, 2ᵉ l'élément scientifique, c'est à dire la doctrine de l'évolution, 3ᵉ l'élément national, c'est à dire le sens pratique et la tendance individualiste du peuple anglais.

De ces trois éléments, le premier est incontestablement le principal, ou même, c'est le seul vraiment fondamental et qui détermine le caractère de la morale spencérienne. Le lien qu'établit le savant italien les entre principes de morale et la doctrine de l'évolution nous parait assez artificiel. « Darwin, dit-il, avait fait voir que les sentiments moraux sont un produit nécessaire de la sélection naturelle, loi grâce à laquelle la vie non seulement est conservée, mais se développe continuellement; et comme en même temps on démontrait conformément à la doctrine ancienne et traditionnelle que le fait primordial d'où découle le sentiment moral est la sympathie et, au fond, l'égoïsme ou la recherche du plaisir, on établissait ainsi scientifiquement un rapport entre la conservation et le développement de la vie d'une part et la félicité de l'autre ». (1) Et plus loin : « L'évolution de la conduite (d'après Spencer) nous montre comment à son degré le plus élevé elle doit avoir pour effet nécessaire d'assurer à la fois la plus grande totalité de la vie dans l'individu, dans sa descendance et dans ses compagnons sociaux. Et puisque, en vertu du principe mis en relief par Darwin et accepté par toute l'école naturaliste, il y a un rapport direct, comme nous l'avons vu précédemment, entre la conservation et le développement de la vie d'une part et d'autre part le plaisir et la félicité, il s'ensuit que l'évolution de la conduite assurant la plus grande totalité de la vie, assure en même temps comme effet nécessaire le plaisir le plus complexe qui comprend les plaisirs de l'individu, de la descendance et des compagnons sociaux ». (2)

On voit que la base de toute la théorie est toujours l'identification de la moralité avec le plaisir. En outre, il faut remarquer que Spencer a très peu recours à la sélection naturelle pour expliquer l'origine des idées

---

(1) *ibid.* p. 149.
(2) *ibid.* p. 107.

morales, mais plutôt à l'expérience et aux habitudes intellectuelles, affectives et pratiques qui en résultent, transmises par l'hérédité. Ce n'est donc que par un abus de langage qu'on parle de morale *évolutionniste*. « Le prétendu rattachement de la Sociologie et de la Morale aux sciences naturelles, dit avec raison, Angot des Rotours, est factice et plus scientifique en apparence qu'en réalité.» (1)

---

(1) Réforme Sociale. 1901 vol. I. p. 183.

CHAPITRE V

LES CAUSES DE L'EVOLUTION

§ I. LES CAUSES GÉNÉRALES.

Le point de départ. — L'instabilité de l'homogène. — Forces qui différencient l'homogène. — L'instabilité de l'homogène et la persistance de la force. — La multiplication des effets. — Confirmation inductive et justification a priori de ce principe. — Convergence. — La ségrégation. — Récapitulation.

Le point de départ.

Les éléments primitifs et essentiels de l'évolution sont la matière et la force. En outre, l'évolution suppose la matière et la force en certaine quantité et dans une certaine situation déterminées.

Que, du moins dans l'Univers à nous connu, la matière et la force se trouvent en quantité limitée, cela est évident, non seulement en ce sens que notre investigation est nécessairement limitée dans l'espace, mais encore parce que, dans ces limites mêmes, la masse de la matière et l'intensité de la force pourraient être plus grandes qu'elles ne le sont en réalité.

Lorsque nous avons esquissé l'évolution du système solaire, nous sommes partis d'une situation où la matière des planètes et du soleil se trouvait tout entière à l'état de nébuleuse, et nous avons admis implicitement que la formation des autres systèmes stellaires a été analogue,

Mais rien ne nous dit que cet état nébuleux est primitif. Spencer hasarde plus loin quelques considérations destinées à nous faire concevoir quelle pourrait avoir été son origine. Nous les examinerons à leur place. Mais il semble qu'en faisant l'interprétation de l'évolution, il fallût rechercher tout d'abord la raison d'être de la situation qu'on prend comme point de départ et des éléments essentiels qui y interviennent.

Il ne serait pas légitime de se retrancher derrière la théorie de l'Inconnaissable pour échapper à cette obligation. Il s'agit ici de phénomènes qui ont leur raison d'être comme tous les phénomènes naturels. Connaissant la structure de notre globe, nous en rendons compte au moyen d'une situation antérieure dans laquelle il aurait été complètement fluide et nous remontons à une autre situation où sa substance était confondue dans la nébuleuse primitive. Nous considérons comme indubitable que la masse et la situation des astres de notre système sont la conséquence rigoureuse de la masse, de la forme et des forces de cette nébuleuse. Il n'y a aucune raison de ne pas poursuivre cette recherche des causes ; ou, si l'on croit avoir des raisons de s'arrêter, il faut les dire. Spencer ne fait ni l'un ni l'autre et c'est une lacune de sa métaphysique.

L'étude de l'évolution que nous poursuivons ici n'est qu'une partie de la philosophie réelle. La matière et la force en certaine quantité et dans une situation déterminée ne peuvent exister que par le fait d'une Cause Première, nécessaire dans son existence et libre dans son activité extérieure. Il appartient à la métaphysique d'établir cette vérité et de rechercher les caractères qu'il faut attribuer à la Cause Première. Dans la première partie de ce travail nous avons répondu aux objections que Spencer soulève contre cette conception. Nous ne nous proposons pas de la démontrer positivement pas plus que les autres thèses de la philosophie spiritualiste.

Supposant donc les éléments de l'évolution et son point de départ, Spencer recherche la raison de la loi d'évolution à laquelle a abouti l'étude des phénomènes matériels. Dans le but de réaliser à la lettre le but de la philosophie qui est de réduire à l'unité les connaissances acquises, il prétend faire sortir la loi d'évolution du principe unique de persistance de la force.

Si nous avons eu raison en contestant que les lois les plus générales qui régissent les phénomènes matériels puissent être ramenées à cet unique principe, la tentative de Spencer est, par là même, condamnée à l'insuccès. Il est néanmoins nécessaire de l'examiner en détail, d'abord pour avoir une connaissance complète de sa synthèse, ensuite et surtout, parce que nous avons ainsi l'occasion d'examiner jusqu'à quel point il nous est possible de fournir l'explication de l'évolution, après en avoir constaté l'existence.

*
* *

Par manière de prénotion, Spencer distingue différentes parties que l'on peut considérer dans une force : une partie *effective*; c'est celle qui actuellement produit un effet ; celle qui n'y contribue pas s'appelle *non effective*. Suivant que l'effet est une modification permanente de structure ou un simple ébranlement rythmique, la force est dite *effective d'une façon permanente* ou *effective temporairement*. Enfin la modification de structure qui ne comporte qu'un réarrangement chimique des atomes est dite *insensible*, tandis qu'on appellera *sensible* celle qui entraîne un déplacement relatif appréciable comme tel des parties matérielles.

*
* *

L'instabilité de l'homogène.

Un chapitre est ensuite consacré par Spencer à établir ce qu'il nomme *l'instabilité de l'homogène*.

On rend raison de l'évolution en affirmant d'abord que l'évolution est inévitable et on précise en disant qu'elle entraîne nécessairement une augmentation d'hétérogénéité.

Telle est la portée de ce principe, ou du moins, c'est ce que tendent à prouver les considérations qui l'appuient.

L'énoncé de Spencer: « L'homogénéité est une condition d'équilibre instable » ne nous paraît pas très heureusement choisi.

Quoiqu'un tout plus ou moins homogène soit destiné à perdre son homogénéité sous l'influence des forces qui agissent différemment sur ses différentes parties, l'homogénéité n'est cependant ni la cause, ni la condition des modifications qu'il subit. Car s'il était hétérogène, il serait aussi bien atteint par ces actions modificatrices et son équilibre n'en serait donc pas plus stable.

Ce qui est vrai, c'est que tout changement d'un agrégat n'accentue pas nécessairement son hétérogénéité, et qu'il y a d'autant plus de chances qu'un changement produise cet effet que l'homogénéité y existe à un plus haut degré. De sorte que plus un agrégat est homogène, plus il est exposé à perdre son homogénéité.

Si c'est cela que Spencer a voulu dire, il l'eût exprimé plus clairement et plus exactement en disant, non pas que l'homogénéité rend l'équilibre instable, ce qui est faux, mais que l'homogénéité est d'autant plus instable qu'elle est plus grande.

Dans l'appendice A qui figure à la fin de l'édition de 1900, Spencer déclare que son principe signifie seulement la tendance qu'ont tous les agrégats à devenir moins homogènes. C'est en effet ce que signifie à première vue : *instabilité de l'homogène*. Nous croyons ne pas nous écarter de l'idée de Spencer en ajoutant, comme nous venons de le faire, que plus l'agrégat est homogène plus il y a de chances que cette homogénéité diminue.

Dans la nature telle qu'elle est constituée, l'homogénéité parfaite n'est pas possible pour un agrégat limité — le seul dont nous admettions la possibilité. Une sphère parfaite de matière chimiquement homogène présenterait nécessairement, de la surface au centre, un accroissement de densité dû à l'attraction.

Si l'homogénéité parfaite était possible, toute modification qui ne s'étendait pas de la même manière à toute la masse détruirait cette homogénéité, tandis qu'un agrégat très hétérogène peut subir des changements, sans que son hétérogénéité s'en trouve augmentée. De sorte qu'un ensemble sera d'autant plus exposé à perdre son homogénéité que celle-ci se rapproche davantage de l'homogénéité parfaite.

En outre, dans tout agrégat hétérogène, il y a une tendance à ce que l'hétérogénéité s'accentue, en ce sens que les parties considérées isolément étant relativement homogènes, elles tendent à perdre leur homogénéité. Elles y sont cependant d'autant moins exposées qu'elles sont plus petites, parce qu'elles offrent ainsi moins de différences de situation par rapport aux forces qui agissent sur elles.

Enfin, en l'absence d'homogénéité parfaite, il y a toujours une certaine différence dans l'action que chaque partie subit de la part des autres, de sorte que ce ne sont pas seulement les forces extérieures qui contribuent à produire l'hétérogénéité, mais aussi les forces intérieures de l'agrégat.

Le principe de l'instabilité de l'homogène, interprété comme nous venons de le faire, ne soulève pas d'objections notables et le lecteur a compris, sans aucun doute, comment il contribue à l'interprétation de la loi d'évolution.

Il y a cependant encore une remarque à faire. On peut imaginer facilement qu'un agrégat matériel soit soustrait à l'action de toute force extérieure, soit que ces forces n'existent pas, soit qu'elles se fassent équilibre ; et en outre que toutes les forces intérieures se neutralisent. Dans cette situation qui est compatible avec un haut degré d'homogénéité, aucune modification ni par conséquent aucune évolution ne se produira.

Il peut aussi se faire qu'un agrégat se trouve à un tel degré d'intégration que les forces intérieures et extérieures n'exercent sur lui aucune influence appréciable. Telle est probablement la situation actuelle de la Lune.

Il faut conclure de là qu'un état de la matière qui soit favorable à une évolution longue et complexe, tel que celui de la nébuleuse primitive, est contingent et que l'explication de l'Univers ne sera jamais achevée, tant qu'il n'en sera pas rendu compte.

Le point de départ *logique* de l'évolution de l'Univers dans la théorie mécaniste ne peut être qu'un état d'homogénéité absolue. Cet état est aussi bien contingent qu'un autre quelconque. Mais en outre, comme le dit avec raison J. Ward, « une telle homogénéité est essentiellement stable; ainsi le premier pas dans le schema d'évolution (de l'Univers) conçu par Spencer devient impossible parce que dans son zèle pour être radical, l'auteur a éliminé toute source de différence. Ou s'il ne l'a point fait, il n'a pas réalisé son entreprise ; il ne commence pas au commencement, mais bien avec des atomes possédant d'une façon indéfinie un grand nombre de potentialités et distribués suivant une configuration spécifique..... De fait Spencer commence avec l'hypothèse nébulaire, tout ce qui précède cette situation étant couvert adroitement par la formule qui n'a rien de scientifique ni de philosophique : homogénéité indéfinie, incohérente. » (1)

Quoi qu'il en soit de cette dernière appréciation, la remarque est juste et les réflexions que nous venons de faire confirment et complètent celles que nous avons exprimées au début de ce chapitre. L'homogène, ainsi que le fait ressortir Renouvier, est, dans le système de Spencer, un point de départ arbitraire et imprécis et qui s'accorde mal avec ses conceptions mécaniques et avec sa croyance à l'éternité de l'Univers. (2).

*
* *

Forces qui différencient l'homogène.

Suivant son habitude, Spencer montre l'application de la loi qu'il vient d'énoncer, dans les différents ordres de choses.

---

(1) *Naturalism and Agnosticism*. vol. I p. 225.
(2) *Examen des Premiers Principes de H. Spencer*. La Critique Philosophique 1886 t. II pp. 321 sq.

Il n'y a cette fois pas beaucoup d'utilité ni d'intérêt à le suivre dans ses développements. Le progrès de l'homogène vers l'hétérogène a déjà été étudié inductivement à propos de l'évolution composée qui consiste, comme on le sait, dans une différenciation progressive. Or, Spencer ne confirme pas ici sa loi autrement qu'en montrant une homogénéité relative faisant place à une hétérogénéité relative. C'est donc, au fond, le développement de la même pensée, sauf qu'il insiste davantage sur les forces extérieures ou intérieures sous l'action desquelles l'homogénéité disparaît. Cela nous donne l'occasion de faire observer que le rôle des unes et des autres n'est pas toujours facile à délimiter.

De ce que certaines circonstances extérieures provoquent dans un agrégat des modifications corrélatives, il ne faut pas conclure d'emblée que ces modifications sont exclusivement ou même principalement le résultat des forces extérieures. Les différences de température des différentes régions de la Terre sont presque exclusivement imputables à l'action qu'exerce sur elles le Soleil, d'après leur exposition au rayonnement de cet astre; mais il n'en est plus de même des différences qu'on observe dans la faune ou la flore des régions chaudes, froides ou tempérées.

Cette remarque s'applique même aux différences des tissus qui correspondent manifestement, dans l'être vivant, à des différences de situation. La modification, par exemple, de la couche extérieure de cellules qui s'observe dès les premiers stades du développement d'un embryon et qui dépend donc certainement de l'action des forces ambiantes, ne doit pas pour cela être considérée comme leur effet exclusif.

Dans bien des circonstances, les forces auxquelles, à première vue, on est tenté d'attribuer un effet, ne servent en réalité qu'à mettre en mouvement d'autres forces auxquelles le résultat doit être principalement attribué. Nous avons déjà attiré l'attention sur ce point quand, distinguant différentes catégories d'évolutions d'après les forces qui les déterminent, nous signalions les cas où les forces intérieures et extérieures interviennent simultanément.

On peut exprimer la même chose en disant que la différence

des forces inconnues prenant de ticoste de *l'existence* d'une différence entre les tissus, mais n'explique souvent que dans une faible mesure *la nature* de cette différence.

En outre, une différence entre les parties du corps sur lesquelles agissent des forces différentes ne peut pas toujours être considérée comme due à l'action de ces forces. Pour que cette interprétation soit acceptable, il faut qu'on puisse, d'après les connaissances que nous avons, considérer les caractères dans lesquels la différence se manifeste comme l'effet des forces où l'on constate une variation. Ainsi il semble raisonnable d'attribuer à l'action plus intense de la lumière les couleurs plus vives qui distinguent les parties supérieures du corps des animaux, comparées aux parties inférieures. Nous savons, en effet, que l'éclairement favorise la coloration des organismes. Cette explication est donc plausible quoiqu'elle ne s'impose pas.

Mais il serait absurde d'attribuer à la même cause, ou en général à des influences différentes du milieu, d'autres différences entre la face inférieure et supérieure du corps, comme, par exemple, chez les mammifères, la présence des mammelles.

Surtout, il est illégitime d'attribuer à une différence de forces une différenciation de l'organisme, quand celle-ci est une condition préalable de celle-là. Spencer dit dans les *Principes de Biologie* : « Tant que la surface entière d'une plante demeure dans les mêmes rapports avec le milieu, comme dans un *protococcus* ou un *volvox*, elle demeure uniforme ; mais quand il y a une surface fixe et une surface libre, ces surfaces étant soumises à des actions dissemblables, deviennent dissemblables. Ce résultat est visible même dans une algue cellulaire, dès qu'elle se fixe: on le voit dans la distinction des deux surfaces inférieure et supérieure des champignons ordinaires ; et nous le retrouvons dans la différence qui distingue partout chez les plantes les extrémités plongées dans le sol et les extrémités exposées à l'air..... Chez un ver de terre qui creuse son chemin dans le sol humide, où il rencontre de tous côtés les mêmes conditions, ou chez un ténia baigné également partout par les liquides de l'intestin, son habitat, les téguments ne diffèrent pas les uns des autres d'une façon appréciable; mais chez les animaux qui n'ont pas autour d'eux les mêmes influences, par exemple ceux qui rampent et ceux dont le corps est en partie enfermé, on trouve des dissemblances de téguments qui correspondent à des dissemblances de conditions. Le disque du limaçon a une surface inférieure qui n'est pas uniforme avec la surface de son corps tournée en haut, et celle-ci n'est pas non plus uniforme partout dans sa partie découverte et dans celle qui est protégée par la coquille. Chez les animaux articulés, il y a ordinairement une distinction entre les faces ventrale et dorsale ;..... » (1)

La différence des actions qui s'excercent sur la face ventrale et dorsale d'un animal supposent que ces faces soient déterminées et qu'il se soit fait déjà auparavant dans le corps une différenciation qui fixe le dessus et le dessous. On peut concevoir que cette différenciation étant réalisée dans ce qu'elle a d'essentiel, d'autres dissemblances secondaires résultent de l'exposition inégale des parties aux forces extérieures, mais il est impossible de trouver dans cette exposition inégale la raison d'être de la différenciation première. Un *volvox* ou une algue monocellulaire, ne peuvent se fixer par une partie déterminée du corps que s'il existe déjà une différenciation superficielle; car s'il n'en existe aucune, ces organismes se trouvant en contact avec des surfaces solides tantôt par un côté tantôt par un autre, il ne s'y produira aucune différence de parties.

Pour que la reptation rende compte d'une différence tégumentaire, il faut que la face sur laquelle elle se fait soit préalablement déterminée, sinon l'animal rampant indifféremment sur toutes ses faces, rien ne détruira l'homogénéité des téguments.

On pourrait dire que la situation du corps par rapport au milieu est déterminée par l'organisation intérieure en l'absence de différenciation externe, et que celle-ci peut donc s'expliquer par la différence des actions que l'organisme subit sur ses différentes faces. Mais outre que bien des organi-

---

(1) *Princ. de Biologie.* vol II p. 117 - 118 § 311.

sations sont indifférentes à la situation du corps, il y aurait encore lieu d'examiner jusqu'à quel point l'organisation interne ne suppose pas elle-même que la situation normale du corps par rapport au milieu est déjà déterminée, ce qui ne pourrait être, dans ce cas, que par la différenciation des téguments.

*
* *

L'instabilité de l'homogène et la persistance de la force.

Le principe de l'instabilité de l'homogène étant établi, Spencer le rattache au principe de la persistance de la force, en faisant remarquer encore une fois que cette instabilité est due à l'action des forces tant intérieures qu'extérieures.

Celles-ci, en effet, auront en général une action résultante différente pour les différentes parties de l'homogène. En conséquence, l'action de ces forces tendra à transformer diversement les parties, puis les subdivisions des parties transformées, et produira ainsi une hétérogénéité plus ou moins grande dans l'agrégat.

Ce raisonnement ne contient aucune idée nouvelle, et s'il paraît en lui même concluant, on ne voit pas d'autre part en quoi la persistance de la force est nécessaire pour obtenir le résultat signalé. Evidemment, aucune modification ne serait obtenue si la force se trouvait annullée, mais les variations qu'elle subirait et qui seraient contraires au principe de la persistance, n'empêcheraient pas que son action ne fût destructive de l'homogénéité. Si donc l'instabilité de l'homogène est une conséquence de la persistance de la force, elle n'a cependant pas avec ce principe une connexion très étroite.

*
* *

La multiplication des effets.

Dans ce qui précède, nous avons considéré une première cause générale de différenciation des parties auparavant semblables d'un agrégat : c'est celle qui consiste dans la situation différente de ces parties par rapport à une force incomplexe et dans l'action différente qu'elles subissen conséquemment. Il y a une autre cause dont l'efficacité est même plus considérable : c'est la multiformité qu'acquiert la force elle-même dans les phénomènes qu'elle détermine. Cette multiformité résulte de la différence des milieux dans lesquels la force produit ses effets, — en prenant cette formule dans son sens le plus général.

Un rayon de lumière tombant sur une surface métallique polie est réfléchi en partie et en partie absorbé sous forme de chaleur; la partie réfléchie passant au travers d'un prisme en verre est déviée et décomposée en rayons de lumière colorée; ceux-ci, reçus sur une plaque photographique, décomposent plus ou moins les sels d'argent. Cet exemple suffit pour l'intelligence du principe que Spencer appelle *la multiplication des effets*.

Il décèle évidemment une cause d'évolution divergente. Un agrégat composé de milieux différents étant exposé à l'action d'une force, subira des modifications diverses dans ses différentes parties. Spencer fait remarquer que cette différenciation augmente, de sa nature, suivant une progression géométrique. La force qui a été transmise sous des formes différentes aux parties de l'agrégat, constitue sous chacune de ces formes une nouvelle source d'activité, et par conséquent de différenciation analogue.

*
* *

<small>nfirmation nductive et istification a priori de ce principe.</small>

On développe inductivement cette théorie en montrant que dans l'évolution de la nébuleuse la gravitation modifie le mouvement rotatoire, puis détermine, grâce à la condensation de la matière, la chaleur, la lumière, des mouvements de convection, des phénomènes chimiques, et cela à différents degrés et sous différentes formes dans les diverses parties du système.

Ainsi encore, le refroidissement du globe produit des effets variés et une structure de plus en plus complexe.

Dans les organismes, nous voyons une impression, surtout le est forte, affecter simultanément et différemmen les différents organes : les nerfs, les muscles, la circulation, les fonctions sensitives.

Une modification géographique importante modifiera l'allure des phénomènes météorologiques et aura sur la faune et la flore des effets divers, non seulement d'après les espèces, mais encore suivant l'endroit qu'elles habitent et la perturbation plus ou moins considérable qu'ont subie les conditions de leur existence. Le résultat sera non seulement une modification, mais encore une différenciation des espèces préexistentes.

Il est manifeste que les évènements exercent une action très différente sur l'âme des individus suivant leur degré d'intelligence, les connaissances qu'ils possèdent et les autres conditions subjectives qui les caractérisent.

Les réactions infiniment multiples qui se produisent dans la société, à la suite, par exemple, d'une mesure légitative ou d'un changement politique, sont une démonstration de l'influence complexe produite sur l'évolution sociale par une cause simple.

Le principe que nous exposons est susceptible d'une justification *a priori*. Lorsqu'une force agit sur des milieux différents, l'effet qu'elle y détermine — et qui n'est autre qu'une forme quelconque d'énergie — s'y combine nécessairement avec les forces préexistantes et caractéristiques : d'où les résultats différents. Cette conclusion est déduite, non pas précisément de la persistance de la force, mais plutôt de l'existence de forces caractéristiques des milieux. Ce n'est que grâce à ces forces, comme l'observe avec raison Spencer, que les différences des milieux affectent notre conscience et peuvent nous être connues.

Il n'est pas, ce nous semble, inutile de distinguer ici deux manières dont peut se produire la multiplication des effets.

Parfois elle sera simplement une transformation équivalente de l'énergie. Nous savons qu'une forme d'énergie peut se transformer en une autre forme quelconque. Dispersée dans des milieux différents, elle y revêtira différentes formes.

Mais une force peut encore produire des effets variés en

mettant en liberté de l'énergie potentielle, ou plus généralement, en excitant l'activité d'autres forces.

Tant que la température reste basse, le contenu d'un œuf de poule ne se distingue guère de celui d'un œuf de canard ou d'un autre oiseau quelconque. Mais dès qu'on les soumet à la température d'incubation, les forces latentes dans le germe entrent en jeu et produisent les oiseaux différents que nous connaissons.

Il va sans dire que si dans le premier cas les effets multiformes peuvent être attribués sans restriction à leur cause déterminante, puisqu'ils n'en sont qu'une transformation équivalente, il n'en est plus de même dans le second.

*
* *

Convergence. Les deux principes très simples que nous venons de faire connaître, si l'on réfléchit à la multiplicité des forces dont les effets se superposent et se combinent, font prévoir une énorme variété d'effets. On conçoit dès lors l'extrême complexité de l'évolution dans tous les ordres de choses et comment, en particulier, la faune et la flore en sont arrivées à présenter une variété de formes qui déconcerte l'intelligence.

Il est cependant inévitable qu'il se produise parfois des phénomènes de convergence, c'est-à-dire des modifications reproduisant plus ou moins une situation précédente, ou encore, des procès d'évolution indépendants amenant des résultats analogues.

Dans les phénomènes physiques la chose est évidente : les formes d'énergie sont en nombre restreint, de sorte qu'elles se reproduisent mutuellement. Les naturalistes signalent également l'infléchissement de certaines formes vers le type ancestral par une similitude d'adaptation : tels les mammifères marins qui se rapprochent des poissons par la forme de leur corps, par leurs membres et leur queue transformée en nageoires ; ou bien encore des séries de formes plus ou moins parrallèles, comme celles des chevaux de l'Ancien et du Nouveau Monde.

Cette restriction à la loi de différenciation est explicitement admise par Spencer dans sa réponse à T. E. Cliffe Leslie. « Si, dit-il, pour des organismes d'ailleurs différents se produisent des conditions semblables auxquelles certains de leurs organes se trouvent soumis, ces parties auront une tendance à la similitude. » (1) Il en donne plusieurs exemples. Ainsi dans l'embranchement des mollusques nous voyons un développement du système nerveux qui aboutit chez les grands céphalopodes à une organisation comportant de grands centres nerveux, analogue à celle qu'on rencontre chez les vertébrés. L'évolution parallèle du système vasculaire chez les mollusques et chez les articulés aboutit de part et d'autre à la constitution d'un organe central de propulsion. La configuration semblable des yeux chez les mollusques supérieurs et chez les vertébrés est encore le résultat d'un phénomène de convergence.

Ces phénomènes ne contredisent pas en réalité la loi de différenciation : ce ne sont pas des cas d'homogénéité qui persistent ou d'hétérogénéité qui tendent à disparaître ; ce sont des coïncidences ou mieux des parallélismes plus ou moins parfaits dans des procès d'évolution d'ailleurs indépendants.

* * *

Ségrégation — Lorsqu'une force agit sur un agrégat elle modifie d'une façon plus ou moins analogue les parties de même nature et produit en général des effets différents sur les parties de nature différente. En particulier, lorsqu'il s'agit d'une force qui produit du mouvement visible, celui-ci sera communiqué sous différentes formes à différents mobiles. La manière dont les objets se comportent sous l'action du vent suivant leur masse, leur densité ou leur configuration est un exemple simple de cette proposition. Elle permet de se rendre compte d'un caractère de l'évolution que nous avons reconnu : la définition progressive des parties différenciées.

---

(1) Appendice B à l'édition de 1900 p. 465

En effet, les forces qui agissent sur l'agrégat tendent à accentuer la différence entre les parties, et s'il s'agit de forces qui déterminent des déplacements visibles, elles tendent à séparer les éléments de nature différente.

Parmi les exemples apportés en confirmation de ce principe de la *ségrégation*, nous notons la séparation des sels dissous au moyen de la cristalisations. Il faut donc, dans la pensée de Spencer, étendre la signification du principe non seulement aux forces intérieures de l'agrégat, mais encore aux forces caractéristiques de ses éléments.

Nous ne pouvons pas approuver que Spencer rattache à la loi de *ségrégation* les mouvements différents conçus par des parties *de même nature* sous l'action de différentes forces.

Dans ces cas, en effet, la situation des parties peut seule expliquer l'influence différente qu'elles subissent. Ce phénomène rentre donc dans la catégorie de ceux qui sont la raison de l'instabilité de l'homogène. Nous en concluons que la division de la nébuleuse primitive ne semble pas convenablement choisie comme exemple de *ségrégration*. Celle-ci suppose une différence de nature dans les parties de l'agrégat.

Au contraire les formations géologiques nous fournissent des applications nombreuses de ce principe. Dans toutes les formations sédimentaires, peut-on dire, la force mécanique de l'eau a séparé les éléments suivant leur masse et leur densité. Les accidents de terrain causés par l'érosion qui n'entame que lentement les roches dures, tandis qu'elle emporte facilement les roches molles, l'action dissolvante sélective qu'exerce l'eau dans les terrains, le creusement du lit des cours d'eau et de leurs versants sont encore des *ségrégations* qui s'opèrent sur toute la surface des continents.

Spencer signale dans le règne organique la réduction des extrémités des membres qui caractérise l'évolution des ongulés perissodactyles et artiodactyles. On pourrait à la rigueur voir un exemple de ségrégation dans le développement d'un ou deux doigts qu'accompagne la disparition progressive des autres, quoique cette manière d'envisager le phénomène soulève des objections. Mais on ne voit pas comment la soudure des métacarpiens dans l'os canon, ou la soudure des vertèbres dans certaines parties de la colonne vertébrale peuvent être apportées comme exemples d'une telle loi.

L'interprétation de la stabilité de l'espèce par la sélection naturelle, grâce à laquelle disparaissent les individus qui s'écartent d'une manière défavorable du type normal, contient sans doute une part de vérité, mais qui semble peu importante. La stabilité de l'espèce est très relative et la suppression des individus inaptes par la sélection naturelle n'en est certainement pas le facteur principal. Spencer eût pu, avec plus de raison, signaler la sélection naturelle comme un procès de ségrégation, en tant que facteur d'*évolution* organique. Des différences individuelles étant produites dans les êtres d'une espèce (instabilité de l'homogène) la sélection naturelle favorise la multiplication des individus les plus aptes à l'existence et extermine les autres.

Dans l'évolution mentale se produit d'abord une ségrégation « inverse » des forces réunies dans les objets, grâce à l'organisation du système nerveux sur lequel ils agissent. C'est l'opération du classement des connaissances expérimentales.

Elle suppose que les impressions reçues déterminent des modifications différentes dans les différentes parties du système nerveux.

Les conditions extérieures aussi bien que les sympathies naturelles maintiennent séparées les races humaines, de même que les aptitudes naturelles et surtout l'éducation maintiennent séparées les classes sociales.

Le principe de la ségrégation en tant que distinct des deux précédents semble avoir une portée beaucoup moins étendue. Spencer le rattache au principe de la persistance de la force, en tant que celui-ci proclame qu'une différence entre les effets ne peut provenir que d'une différence dans les forces ou dans les objets sur lesquels elles agissent. A notre point vue cette remarque n'a pas d'importance.

* *

Récapitulation. Nous avons dans ce premier paragraphe, étudié les théories de Spencer sans insister sur les développements considérables qu'il donne à leur vérification inductive dans les différents ordres de choses. Ces applications sont presque toujours intéressantes. On peut leur reprocher d'être parfois chargées de détails inutiles et à quelques unes d'être un peu forcées ; mais dans l'ensemble elles constituent une confirmation solide et très étendue des considérations théoriques. Le lecteur retirera la plus grande utilité de la lecture des pages que Spencer y consacre. Nous n'en avons rapporté que ce qui nous semblait nécessaire pour l'intelligence des principes et surtout nous avons tâché de les compléter par quelques remarques ou applications nouvelles. Nous pouvons maintenant jeter un coup d'œil d'ensemble sur cet essai d'interprétation de l'évolution. Nous avons reconnu à celle-ci ces caractères : c'est d'abord d'être un procès d'intégration tant des parties que de l'ensemble ; c'est ensuite d'être dans tous les cas d'évolution proprement dite un procès de différenciation croissante ; c'est encore d'être une définition et enfin une coordination progressive des parties.

Nous avons vu comment Spencer au moyen des principes de *l'instabilité de l'homogène* et de la *multiplication des effets* rend compte du second de ces caractères et nous avons reconnu que ces principes ont une portée très générale. D'autre part on ne voit pas quel autre principe général on pourrait invoquer en cette matière.

Nous avons vu aussi que le principe de la *ségrégation* explique, au moins dans certains cas, la délimitation de plus en plus nette des parties.

A cet égard donc, l'interprétation de l'évolution comme phénomène général paraîtra satisfaisante.

Mais il est étonnant que Spencer ne se soit pas occupé dans cette partie de son ouvrage du procès d'intégration qu'il déclare être principal, quoique, comme il le dit lui-même, il n'en eût pas d'abord reconnu la véritable nature. (1) La redistribution primaire, comme il l'appelle, affecte aussi bien les parties que le tout. C'est elle qui est la cause *générale* de la délimitation progressive des parties.

Quoique tout progrès d'intégration d'une partie ne soit pas nécessairement un progrès de délimitation, cependant tout progrès dans la netteté des limites est un progrès d'intégration, de sorte que l'intégration complète comprend une délimitation précise.

C'est aussi au procès d'intégration qu'il faut rattacher la coordination croissante des parties, laquelle contribue à augmenter l'unité de l'agrégat.

Spencer lui-même, dans l'étude inductive de la ségrégation, cite plusieurs fois, comme exemple de délimitation progressive, des phénomènes où il semble impossible de voir autre chose qu'un progrès d'intégration. Il n'apparaît nullement, par exemple, que la soudure des vertèbres ou des métacarpiens délimite plus nettement ces os, ni que dans la société les associations professionnelles délimitent plus nettement les classes de citoyens où elles sont établies.

Il suffira donc, pour interpréter la délimitation progressive des parties, de concevoir le phénomène de l'intégration dans toute sa généralité, ce qui permet d'y rattacher la coordination croissante des parties dans le tout, et l'on pourra considérer la *ségrégation* comme se rattachant à l'intégration des parties.

L'intégration étant une marche vers l'unité est toujours dominée par un principe d'unité. Ce principe est différent dans les différentes existences matérielles. Il est important de le rechercher et, si possible, d'en expliquer l'origine.

Dans l'évolution du système solaire, c'est la gravitation qui détermine le mouvement d'intégration de l'ensemble ; c'est elle encore qui est la cause de l'intégration des parties et en particulier du globe terrestre. L'opinion qui exige un principe vital pour l'explication

---

(1) P. P. p. 360 § 120 — F. P. p. 270.

de la vie organique a précisément pour fondement *la nécessité d'un principe d'unité* pour l'évolution organique individuelle. L'évolution des êtres vivants en tant qu'elle consiste dans une multiplication d'êtres *semblables* a pour principe d'unité *l'hérédité*. L'intinct social des hommes est la cause fondamentale de l'intégration progressive des sociétés, quoique d'autres causes secondaires, comme la crainte des ennemis du dehors ou du dedans, ou l'action de l'autorité contribuent au même résultat. Le procès d'intégration d'une œuvre industrielle ou artistique doit son unité au but que poursuit son auteur.

Tous ces principes d'unité représentent de véritables forces en tant qu'ils déterminent des redistributions de matière. Nous avons distingué plus haut des catégories générales de procès évolutifs d'après les forces qui déterminent l'intégration de l'agrégat, c'est-à-dire la redistribution primaire. Cette considération est des plus importantes et il n'y a point de doute que la nature des forces qui sont la cause du procès fondamental ne doive être considérée comme caractérisant chaque espèce d'évolution. Il y a là un point de vue qui a été négligé par Spencer. Il ne s'occupe en effet de rendre compte que de la différenciation et de la définition qui sont des procès secondaires. Nous avons tâché de combler cette lacune dans la mesure où l'exige la théorie générale. L'étude de l'évolution organique à laquelle nous allons consacrer les pages suivantes nous donnera l'occasion d'étudier l'hérédité et de reconnaître l'existence d'autres facteurs internes d'évolution dont il n'est pas toujours possible de préciser le rôle parce qu'ils sont imparfaitement connus. Mais on conçoit qu'agissant dans une direction déterminée, ils constituent des principes d'unité pour les séries des formes organiques qui descendent les unes des autres, et qu'elles contribuent ainsi non seulement à l'intégration des individus, mais encore à l'unité du procès évolutif des séries.

§ II. LES CAUSES DE L'ÉVOLUTION ORGANIQUE

Les causes d'évolution particulières. — L'évolution organique. Ontogénie et phylogénie. - Les causes d'évolution ontogénique. — La sélection naturelle. — L'adaptation et l'hérédité des caractères acquis. — Les tendances internes d'évolution. — Théorie de De Vries.

<small>Les causes d'évolution particulières.</small>

Les considérations que nous avons faites dans le paragraphe précédent, si elles suffisent dans une certaine mesure pour expliquer les caractères généraux, communs à toute évolution quelconque, n'ont pas et ne peuvent pas avoir pour but de rendre compte des procès particuliers d'évolution qui se poursuivent dans les différents ordres de choses. La forme qu'affectent ceux-ci dépend en effet des éléments qui y prennent part, de leur situation initiale, de la nature et de l'intensité des forces qui y agissent et de leur distribution dans le temps et et dans l'espace.

La connaissance de ces éléments est dès lors nécessaire lorsqu'il s'agit d'étudier, non plus l'évolution dans sa conception la plus générale, mais un procès d'évolution déterminé. Tel est le sens de la remarque de Darwin : « Lorsqu'on se rapporte, dit-il, à la première aurore de la vie, au moment où les êtres organisés, comme on peut le croire, présentaient la structure la plus simple, on pose la question : Comment les premiers pas ont-ils été faits dans le procès de la différenciation des parties ? H. Spencer répondrait que les organismes unicellulaires arrivant par croissance ou division à être composés de plusieurs cellules, s'attachant à une surface quelconque comme support, subiront l'action de sa loi, d'après laquelle des unités homogènes d'ordre quelconque sont différenciées en proportion de leurs relations à des forces incidentes différentes. Mais comme nous n'avons pas de faits pour nous guider, toute spéculation sur cet objet est inutile (1) ». Il s'agit ici

---

(1) *Origin of Spencies*. Londres 1860 p. 187.

d'un cas particulier pour l'explication duquel la connaissance de la loi générale est insuffisante.

Les caractères généraux de l'évolution comme telle sont peu complexes, tandis que souvent la forme sous laquelle elle est réalisée de fait l'est extrêmement. Ainsi, la simplicité des grandes lignes architecturales n'empêche pas qu'un édifice n'offre en réalité une grande complication de détails. La différenciation de l'homogène sera d'autant plus active et d'autant plus multiforme que seront plus nombreuses et plus variées les forces en présence. L'évolution du système solaire a été relativement simple parce qu'elle s'est accomplie sous l'action prédominante d'une force unique : la gravition.

L'évolution de la Terre dans laquelle ont joué un rôle, outre la pesanteur, les affinités chimiques et des agents physiques variés, est beaucoup plus compliquée. Sur notre planète l'évolution organique offre aux regards des effets d'une complication extrême, parce que, outre les forces précédemment énumérées, de nouveaux facteurs sont entrés en ligne.

Quoique Spencer, dans les *Premiers Principes*, ne s'occupe pas en particulier de l'évolution organique, nous allons cependant consacrer quelques pages à l'étude des facteurs particuliers de ce procès, à cause de son importance prépondérante. La distinction que nous avons faite entre les causes générales d'évolution et les causes particulières se trouvera ainsi confirmée ; et nous aurons en même temps l'occasion de rencontrer certaines opinions relatives à cette matière que Spencer défend dans ses autres ouvrages.

.*.

L'évolution organique

Nous avons déjà fait voir brièvement comment la loi d'évolution s'applique aux êtres vivants, soit qu'on les considère dans leur ensemble, soit qu'on envisage l'évolution d'une forme en particulier, soit enfin qu'il s'agisse du développement d'un individu. L'évolution d'ensemble du règne vivant est la somme des évolutions particulières. Il n'y a donc en réalité que deux procès à envisager :

l'évolution de la forme et l'évolution de l'individu. Encore ces deux procès ne sont-ils pas complètement distincts puisque l'évolution de la forme, comme nous allons le voir, n'est que la suite des changements que subit l'évolution des individus dans les générations qui se succèdent.

Ontogénie et phylogénie. Précisons d'abord ce qu'on entend par évolution de l'individu (*ontogénie*) et évolution de la forme (*phylogénie*). On appelle généralement individu vivant toute portion de matière organisée, organiquement continue, ayant une vie propre et distincte. Nous donnons le nom de forme vivante à l'ensemble des caractères que possèdent tous les individus d'un groupe systématique (classé sous une même dénomination par les naturalistes) considérés en relation avec les caractères possédés par leurs ancêtres.

L'application de ces définitions aux cas concrets donne lieu à certaines difficultés d'ordre secondaire que nous pouvons négliger ici. Mais une observation nécessaire est la suivante : Une forme vivante est une chose abstraite (un ensemble de *caractères*). Elle peut l'être plus ou moins suivant qu'elle est réalisée dans un groupe plus ou moins large : ainsi la forme *vertébré* est plus abstraite, plus générale que la forme *mammifère*, celle-ci est plus générale que la forme *primate* etc. Ces groupes plus ou moins larges portent le nom d'embranchement, classe, ordre etc. jusqu'aux variétés ou races. En outre, si l'on considère une forme en tant qu'elle se modifie, elle pourra appartenir successivement à plusieurs groupes différents.

L'ontogénie est l'ensemble des états par lesquels passe l'individu depuis le premier moment de son existence jusqu'à l'âge adulte, c'est-à-dire jusqu'au moment où tous les organes ont le développement nécessaire à leur fonctionnement normal. Dans toutes les catégories d'êtres vivants, l'ontogénie commence par le stade *œuf* qui ne comprend qu'une seule cellule. Néanmoins des individus multicellulaires peuvent prendre naissance par simple fractionnement d'un individu précédent. Ainsi les plantes se multiplient par boutures. Dans ce cas il peut se faire que tous les organes soient présents dans chacune des parties de la division, ou bien que la partie à laquelle manquent certains organes les reproduise : ainsi les boutures mises en terre produisent des racines. Certains biologistes considèrent ces parties, même après leur séparation, comme ne constituant qu'un seul individu et cette manière de les envisager offre des avantages à certains points de vue. Mais il est préférable de les considérer comme des individus distincts, conformément à notre définition. Il faut remarquer seulement que ces individus obtenus par division n'ont pas accompli pour leur compte, du moins pas entièrement, l'évolution ontogénique et qu'ainsi, rigoureusement parlant, ils ne constituent tous ensemble qu'une génération.

La multiplication des individus par division n'est pas possible chez les animaux supérieurs : l'intégration y est trop avancée pour que les parties détachées soient capables de vivre isolément. Ils ne se propagent donc que par ovule, et la condition normale du développement de l'ovule est qu'il soit fécondé par la fusion avec une cellule mâle ou spermatozoïde. Chez les plantes et chez les animaux inférieurs les deux modes de multiplication coexistent. Les organismes unicellulaires se multiplient par division spontanée ou artificielle, le bourgeonnement n'étant qu'une forme particulière de division (1).

La phylogénie est l'ensemble des états par lesquels a passé une forme jusqu'à son état actuel. Ces stades successifs ont été réalisés par des individus vivants dont parfois on a retrouvé les restes et qui ont été les ancêtres des individus qui représentent le stade actuel. Cette définition suppose la théorie transformiste ; mais dans ces termes généraux, il n'est pas un naturaliste qui ne l'admette aujourd'hui.

Il est certain que la phylogénie a lieu d'une façon divergente, c'est à dire que si on suit en la remontant la ligne des ancêtres dans des groupes aujourd'hui très différents, on rencontre sur ces lignes des groupes de moins en moins

---

(1) STRASBURGER. Cf. *Lehrbuch der Botanik*. Jena 1901 p. 76.

différents et parfois on aboutit à un seul groupe. Par exemple, il est admis par les naturalistes que les lignes des ancêtres des pigeons à queue de paon, des pigeons culbutants, des pigeons capucins, etc., aboutissent toutes au groupe des ramiers ou pigeons sauvages. De même, en suivant les lignes des ancêtres des différents groupes de mammifères modernes on aboutit à des mammifères de l'époque *éocène* qui sont beaucoup plus ressemblants entre eux que ne le sont les mammifères vivant aujourd'hui. Il est bien entendu que quand on trace la descendance à travers des formes fossiles, les lignes sont loin d'être complètes. Elles sont plutôt marquées par des jalons que par des traits continus et souvent elles sont en bonne partie hypothétiques. On admet aussi que les lignes d'ancêtres en convergeant dans le passé aboutissent toujours finalement à un seul groupe d'individus très ressemblants au point qu'il n'y a pas lieu d'y distinguer plusieurs groupes systématiques; et que, d'une façon générale, ces lignes se rencontrent à une époque d'autant plus rapprochée qu'elles partent de groupes actuels moins différents.

Cette loi de divergence est soumise à certaines exceptions qui constituent les phénomènes de *convergence* et dont nous avons déjà parlé. Les lignes d'ascendance de deux groupes assez semblables ou offrant du moins des traits de ressemblance très marqués peuvent donc diverger et aboutir à des groupes plus dissemblables. Par exemple, les baleines ont probablement comme ancêtres des mammifères terrestres plus différents des poissons qui furent les ancêtres des requins, que les baleines et les requins ne diffèrent entre eux.

L'évolution phylogénique est néanmoins en général divergente ; en outre, il semble plus probable qu'en général aussi elle est divergente latéralement : tandis que certains individus d'un groupe ont une progéniture qui s'éloigne de plus en plus du type ancestral, d'autres ont des descendants qui restent fidèles à ce type, de sorte que la forme-souche coexiste avec les formes dérivées. Ainsi le ramier coexiste avec les différentes races de pigeons domestiques.

Une forme vivante peut disparaître, soit parce qu'elle a été détruite, soit parce qu'elle s'est modifiée ; c'est à dire : il se peut que tous les individus d'un groupe meurent sans laisser de descendants, ou bien qu'aucun de leurs descendants ne reste fidèle au type ancestral. Parmi les animaux vivant aujourd'hui, il n'y a pas de descendants des grands reptiles marins de l'époque secondaire. Ces formes ont été détruites. Au contraire, si les proboscidiens tertiaires ont disparu, les éléphants modernes sont sans doute leurs descendants.

Si l'on tient compte de l'immense variété des formes vivantes qui sont toutes issues d'un nombre probablement très restreint de formes primitives, on se convainc que l'évolution phylogénique est un magnifique exemple de la loi de différenciation.

***

Les causes de l'évolution ontogénique.   Le facteur principal de l'évolution individuelle est incontestablement l'hérédité, c'est à dire la propriété que possède l'être vivant de transmettre les caractères qu'il possède lui-même à l'individu auquel il donne naissance. Lorsque le caractère transmis se retrouve chez l'ascendant direct on l'appelle héréditaire dans le sens strict ; s'il ne se trouve que chez les ascendants éloignés, on lui donne le nom d'*atavique*. Dans ce dernier cas, on dit que les ascendants intermédiaires, où le caractère n'apparaît pas, le possèdent virtuellement ou à l'état latent.

Les lois de l'hérédité sont encore en grande partie ignorées. On connaît cependant d'une manière précise le mode de transmission, après croisement de certains caractères distinctifs des races ou variétés plutôt que des espèces, et auxquels on a donné le nom de caractères *mendéliens*, parce que les lois qui gouvernent leur transmission ont été découvertes et publiées en 1866 par G. Mendel, (1) abbé bénédictin de Brünn. Ces lois sont assez simples lorsqu'on considère le cas de deux caractères opposés qui se combinent par croisement. Il nous suffira pour les faire comprendre de citer un exemple concret.

1. Mendel croise un *Pisum* à tige longue avec un *Pisum* à tige courte. Les descendants de ce croisement possèdent tous une tige longue. Appelons (L C)^1 les individus de cette première génération.

2. Les (L C)^1 sont soumis à la fécondation directe (de chaque plante par elle-même) et les graines sont semées. Mendel constate qu'il apparait approximativement $\frac{1}{4}$ de *Pisum* à tige courte et $\frac{3}{4}$ à tige longue.

De ces deux faits Mendel conclut que si tous les pois de la première génération possèdent une tige longue, c'est que le caractère *tige longue* l'emporte sur le caractère *tige courte*. Il appelle le premier du nom de caractère *dominant*, le second du nom de caractère *récessif*. (Loi de *prévalence*).

3. Les individus de la seconde génération sont encore soumis à la fécondation directe. Ceux à tige courte (appelons-les C^2) donnent exclusivement des descendants à tige courte. Parmi ceux à tige longue, un tiers (appelons-les L^2) donne uniquement des descendants à tige longue. Les deux autres tiers, (L C)^2, donnent des descendants à tige courte et des descendants à tige longue dans la proportion de 1 à 3 ($\frac{1}{4}$ à tige courte, $\frac{3}{4}$ à tige longue).

4. A la quatrième génération on constate que tous les petits-fils des C^2 sont à tige courte, tous les petits-fils des L^2 sont à tige longue.

Quant aux petits-fils des (L C)^2, on constate de nouveau que les pois à tige courte de la troisième génération, C^3, n'ont donné que des descendants à tige courte, tandis que parmi les pois à tige longue de la troisième génération, un tiers, L^3, n'a donné que

---

(1) *Versuche über Pflanzenhybriden*. Verhandlungen der naturf. Vereines. Brünn. 1866

des tiges longues, les deux autres tiers, (L C)³, ont donné $\frac{1}{4}$ de tiges courtes et $\frac{3}{4}$ de tiges longues.

Et ainsi de suite.

Il en résulte que les C², C³..... possèdent le caractère recessif C à l'état de pureté; les L², L³.... possèdent le caractère dominant L à l'état de pureté ; tandis que les (L C)¹, (L C)², (L C)³ ..... possèdent le caractère L à l'état manifesté et le caractère C à l'état latent.

Par conséquent, il se fait à chaque génération qui suit la première, une dissociation des caractères dans la proportion $\frac{1}{4}$ L, $\frac{1}{4}$ C, $\frac{2}{4}$ LC. (Loi de *dissociation*.)

Mendel explique cette seconde loi en admettant que les caractères sont dissociés dans les cellules reproductrices elles-mêmes. Les (C L)¹ donneraient à une moitié de leur pollen le caractère C, à l'autre moitié le caractère L ; de même à une moitié des oosphères le caractère C, à l'autre moitié le caractère L. Cela étant, il y aura quatre combinaisons possibles lors de la fécondation : CC, LL, CL, LC. Les deux dernières sont équivalentes. On aura donc trois sortes de produits, $\frac{1}{4}$ possédant le caractère C à l'état de pureté ; $\frac{1}{4}$ possédant à l'état de pureté le caractère L ; $\frac{2}{4}$ possédant les deux caractères. En vertu de la loi de prévalence ces derniers possèderont le caractère L à l'état manifesté et le caractère C à l'état latent. C'est précisément ce que l'observation nous apprend.

La loi de dissociation est absolument indépendante de la loi de prédominance ; elle s'applique également aux caractères opposés dont aucun n'est prédominant, mais dont la combinaison fournit un caractère intermédiaire. (1)

Les résultats que l'on obtient dans les expériences semblables à celles que nous venons de rapporter, sont beaucoup plus complexes lorsqu'on étudie la transmission simultanée de plusieurs caractères: la couleur des fleurs, la forme des feuilles, la présence d'épines, etc. Mendel a observé que chaque caractère se transmet indépendamment des autres (Loi de l'*indépendance*.)

---

(1) cf. CORRENS. *Ueber Vererbungsgesetze*. Berlin 1905 p. 14.

Déjà Mendel avait commencé l'étude de la vérification de ses lois pour le règne animal. Depuis lors, d'autres biologistes se sont consacrés à cette tâche avec succès.

Une autre question importante au sujet de l'hérédité est celle de la transmission des caractères acquis par opposition aux caractères congénitaux. Nous en parlons plus loin.

Indépendamment de l'hérédité, l'organisme possède un pouvoir autoformateur. C'est le mérite de W. Roux d'avoir attiré l'attention sur l'importance de ce facteur. Il ne peut à aucun degré remplacer l'hérédité, ni l'expliquer. (1)

La série des formes qu'un organisme parcourt, depuis le premier moment où il existe, se trouve donc virtuellement déterminée dans la cellule-œuf. Les circonstances extérieures dans lesquelles l'œuf et plus tard l'organisme va se développer contribueront à lui communiquer certains caractères individuels, mais la structure spécifique, avec tous ses détails, se déploie indépendamment des circonstances, pourvu que celles-ci soient favorables d'une façon générale. Ces circonstances sont les conditions nécessaires pour que les tendances héréditaires puissent agir. Parfois aussi elles déterminent le mode d'action de ces tendances. Le tronc du lierre, par exemple, pousse des racines absorbantes sur les parties qui touchent le sol et des crampons sur les parties qui s'appuient au mur. Or, seules les circonstances extérieures déterminent quelle est la partie du tronc qui touche le sol, et rien n'empêche de changer la disposition de la plante et d'obtenir ainsi des racines sur la partie qui, auparavant, ne donnait que des crampons et vice-versa.

C'est une faute de raisonnement commise par certains physiologistes, que de s'appuyer sur des faits semblables pour attribuer l'évolution de l'être vivant aux circonstances extérieures. « Une telle conclusion, dit avec raison Weismann, ne repose que sur une confusion d'idées...

---

(1) cf. YVES DELAGE. *La structure du protoplasme et les théories sur l'hérédité et les grands problèmes de la Biologie générale.* Paris 1895 p. 737.

Si un phénomène ne se produit que sous certaines conditions, il n'en résulte pas cependant que les conditions soient aussi la cause du phénomène. » (1) Tout au plus pourrait-on soutenir qu'elles en sont les causes partielles, quoique leur part de causalité doive être considérée comme très petite et n'atteigne en rien la structure spécifique de l'organisme. Le type spécifique étant donc virtuellement déterminé dans l'individu, dès le premier moment de son existence, ce n'est pas là qu'il s'agit d'en expliquer la genèse, mais bien dans l'évolution de la forme qui se poursuit à travers les générations successives sous l'empire de la loi d'hérédité. C'est ce qu'affirme implicitement Spencer, lorsque, faisant a l'évolution individuelle des organismes supérieurs l'application de la loi de l'instabilité de l'homogène, il dit : « dans les germes des organismes supérieurs, les métamorphoses dues immédiatement à l'instabilité de l'homogène sont vite masquées par celles qui tirent leur origine du type héréditaire ». (2)

L'évolution individuelle d'un organisme quelconque, soit par exemple, d'un homme, est gouvernée par l'hérédité, non seulement quant à ses caractères spécifiques, mais également quant à ses caractères de race, en prenant ce mot dans sa signification la plus restreinte. Plusieurs caractères strictement individuels peuvent même dépendre de ce facteur, en ce sens qu'ils résultent d'une combinaison des caractères ancestraux.

Le rôle prépondérant que joue dans les premiers phénomènes de l'évolution individuelle les *chromosomes* du noyau des cellules reproductrices, servent de base à l'opinion d'après laquelle ils contiennent les principes déterminants de l'ontogénie, quels qu'ils soient d'ailleurs, ou du moins y exercent l'influence principale.

Nous avons examiné plus haut (Ch. II, § 5) l'hypothèse de Spencer qui assimile l'évolution individuelle à la formation

---

(1) *Essais sur l'hérédité et la sélection naturelle.* Trad. de VARIGNY, Paris, 1892, p. 517-518.
(2) P. P., p. 445, § 152. — F. P., p. 339.

d'un cristal. C'est la théorie des *unités physiologiques*. Weismann a montré le peu de probabilité de cette conception même au point de vue purement mécaniste. (1) Elle ne peut donc pas être assimilée à la théorie de Weismann, pas plus qu'à celle de Nägeli ou d'autres biologistes, comme le voudrait Saleeby (2).

On donne le nom de *Pangénèse* à une théorie adoptée par Darwin et d'après laquelle les cellules reproductrices contiendraient des éléments — *gemmules* — empruntés constamment à toutes les cellules du corps et portant des déterminations caractéristiques de chacune. Darwin considérait cette hypothèse plutôt comme un moyen de représenter l'hérédité d'une façon concrète que comme une théorie proprement dite.

Parmi les biologistes modernes, aucun peut-être ne s'est autant appliqué à élaborer une théorie de l'hérédité que Weismann. Pour lui, les *chromosomes* sont composés généralement de plusieurs groupements appelés *ides* et dont chacun contient tout l'ensemble des particules représentatives de l'organisme. Les *ides* sont eux-mêmes composés d'un grand nombre de *déterminants*. A chaque partie du corps isolément et héréditairement modifiable correspond un *déterminant* particulier. (3) Cette conception peut invoquer en sa faveur des arguments probables que Weismann développe et qui tendent surtout à démontrer que les différentes parties de l'organisme correspondent à différentes parties du plasma germinatif. Nous ne savons rien au sujet de la manière dont les *déterminants* produisent les organes qui leur correspondent. (4) D'après Weismann il faut *a priori* exclure toute autre force que les propriétés physico-chimiques des atomes. (5) Nous avons déjà dit que beaucoup de biologistes repoussent ces vues exclusives.

---

(1) *Vorträge über Descendenztheorie.* Iena, 1902, vol. I. p. 388 et 393, sq.
(2) *Evolution the master Key.* Londres, 1906, p. 158.
(3) *Op. citat.*, p. 382 sq.
(4) *Ibid*, vol. II, p. 3 et 4.
(5) *Ibid*, p. 387.

L'hérédité, comme cause de l'évolution individuelle, comprend en réalité, on vient de le voir, un grand nombre de facteurs. Quelle que soit l'idée qu'on s'en fasse, il faut admettre que d'une façon ou d'une autre les influences des parents et des ancêtres sont représentées dans l'embryon et agissent sur son développement. Cette multiplicité de facteurs est en harmonie avec la complexité de l'évolution organique dans l'individu et nous trouvons ainsi confirmée la remarque que nous avons faite plus haut.

L'hérédité nous permet aussi d'interpréter d'une manière satisfaisante ce qu'on a appelé la *loi biogénétique*. On désigne sous ce nom le fait admis par quelques biologistes, de la reproduction en raccourci de la phylogénie dans l'ontogénie : l'individu, disent-ils, avant d'être adulte, parcourt tous les stades par lesquels a passé la forme dans les générations précédentes. Le développement embryonnaire reproduirait, d'après cela, les phases que les ancêtres de l'individu ont réalisées à l'état adulte.

La phylogénie et l'ontogénie partent l'une et l'autre d'une seule cellule et aboutissent au même point, puisque la forme n'existe que dans les individus. Une certaine ressemblance entre les deux procès est donc nécessaire. Mais comme les conditions dans lesquelles ils s'accomplissent sont tout à fait différentes, on ne voit pas pourquoi les stades intermédiaires seraient les mêmes de part et d'autre. Aussi la loi biogénétique conçue de cette façon soulève-t-elle de graves objections et a-t-elle été fortement battue en brèche.

Il semble bien plus rationnel de considérer les phases embryonnaires, non pas comme des vestiges de phases ancestrales adultes, mais comme la reproduction de phases ancestrales embryonnaires elles-mêmes. Nous aurions ainsi une simple application de la loi d'hérédité, admettant toutes les restrictions qui s'imposent à l'hérédité elle-même. En d'autres termes, si dans l'embryon des formes supérieures on rencontre des organes qui se trouvent dans l'état adulte des formes inférieures plus anciennes, c'est parce que les embryons de ces formes inférieures possèdent certains organes qu'elles conservent à l'état adulte, tandis qu'ils disparaissent dans les formes plus élevées. Ce qui revient à dire que nous sommes en présence d'une similitude dans le développement individuel chez les différents groupes, similitude qui a sa raison d'être dans une commune origine. (1)

L'ontogénie n'est pas d'ailleurs uniquement sous la dépendance de l'hérédité, mais bien de l'ensemble des lois physiologiques. Ces lois étant générales déterminent nécessairement des ressemblances dans le développement embryologique, sans qu'il soit nécessaire de recourir à une parenté. Il est malheureusement impossible de préciser cette remarque. La question des relations entre l'ontogénie et la phylogénie est donc loin d'être élucidée. Mais ces relations existent et il est plus que probable que l'hérédité n'y est pas étrangère. (2)

Certains caractères individuels sont acquis par l'individu à mesure qu'il se développe, qui dépendent des circonstances : le milieu, la famille, la société au sein desquels il vit, l'activité que lui-même déploie etc. exercent sur son organisme une influence considérable et profonde.

Personne ne prétend qu'il est facile de distinguer ce qu'un homme possède par hérédité et ce qu'il a acquis durant son existence, les tendances congénitales et les habitudes contractées, la part des dispositions naturelles et du travail personnel. Au point de vue qui nous occupe, il y a entre ces deux sortes d'éléments une différence capitale : les uns, éléments héréditaires, préexistent virtuellement dans l'ovule microscopique d'où cet homme est sorti; les autres, éléments acquis, se sont formés pendant l'existence.

L'évolution individuelle est la résultante de ces deux catégories de facteurs : d'une part les impressions recueillies du dehors et la transformation que l'organisme subit sous leur action, d'autre part le type ancestral tel qu'il est transmis par

---

(1) cf. Thomas Hunt Morgan. *Evolution and Adaptation.* New York 1903 p. 76 sq.

(1) cf. *Ontogénèse et Phylogénèse* par J. M. S. J. Bruxelles 1907 p. 29 sq. Revue des questions scientifiques. Janvier et Avril 1907.

la génération. Celui-ci est donné implicitement dès l'origine de l'individu, celles là se produisent à mesure que sa vie se déploie.

* * *

Phylogénie ou évolution de la forme.

Occupons-nous maintenant des causes de l'évolution de la forme. Encore ici nous avons incontestablement affaire à la fois à des facteurs internes et externes. Il ne peut pas y avoir de controverse à ce sujet. Dans tous les cas — et ils sont nombreux — où les organismes s'adaptent à des milieux différents, il y a action de facteurs externes et reaction de facteurs internes. Le *polygonum amphibium* prend deux formes différentes, suivant qu'il est cultivé dans l'eau ou en terrain sec. Lorsque les animaux, les chevaux et les chiens, par exemple, sont transportés dans les pays froids ils se couvrent d'une toison épaisse ; dans certaines contrées très chaudes, au contraire, les moutons ne sont pas recouverts de laine. (1) Quelle que soit l'interprétation que l'on donne de ces faits, ils appartiennent à l'évolution de la forme dans le sens que nous avons défini et, dans une certaine mesure, ils dépendent de l'activité des organismes eux-mêmes.

La question est de savoir quels sont les facteurs internes et externes qui agissent et quelle est la nature et la portée de l'influence qu'ils exercent.

Sélection naturelle.

Darwin et Wallace, ce dernier surtout, attachent la plus grande importance à la *sélection naturelle*. On entend par là le procès en vertu duquel, grâce surtout à la lutte pour l'existence qui existe à un haut degré principalement entre organismes habitant un même milieu, recherchant la même nourriture et ayant les mêmes ennemis, les plus aptes à vivre sont conservés et se propagent

---

(1) P. Kropotkin a publié dans *Ninethcenth Century* (1901 vol. II pp. 131 sq.) les expériences faites d'influence du milieu sur les végétaux et les animaux.

au dépens des moins aptes. Darwin a mis en lumière l'efficacité de ce facteur dans son ouvrage sur *l'Origine des espèces* et nous ne pensons pas qu'un seul biologiste nie qu'il n'ait eu dans l'évolution des formes un rôle plus ou moins important.

De nombreux oiseaux périssent de froid en hiver. Ce sont évidemment *cœteris paribus* ceux qui sont le mieux couverts ou dont l'instinct leur fait trouver de chauds abris qui seront conservés et par conséquent se multiplieront, tandis que périssent ceux qui sont moins bien protégés. En temps de disette, les animaux les plus forts ou les plus adroits s'emparent de la nourriture au dépens des autres. Dans une forêt très dense, les arbres les plus élevés s'approprient la lumière, tandis que des plantes plus petites sont condamnées à périr.

Mais on n'est plus d'accord dès qu'il s'agit de définir exactement le rôle et l'importance de la sélection naturelle. Quelques remarques seront utiles pour faire comprendre l'état de la question.

I. L'évolution de la forme consiste dans une série de stades différents et comporte l'acquisition de caractères nouveaux positifs ou négatifs. Or, la sélection naturelle qui est un facteur externe tend à expliquer la conservation des organismes possédant un caractère nouveau utile, au dépens de ceux qui ne le possèdent pas, mais elle ne fournit aucun élément pour expliquer l'origine du caractère nouveau.

Darwin fait remarquer que la communauté de forme coexiste toujours avec des différences individuelles. Chaque caractère de la forme, même dans les groupes les plus restreints, représente une moyenne autour de laquelle oscillent les caractères des individus. La sélection naturelle consiste à favoriser la propagation des particularités individuelles utiles au dépens des autres. On fait observer à ce sujet que la forme subit en effet des variations légères dans les individus, mais qu'en général elles ont lieu dans des limites très étroites, de sorte que l'évolution se trouvera bientôt arrêtée, à moins que la sélection ne soit capable de déplacer indéfiniment la moyenne autour de laquelle les différences individuelles se produisent. C'est ce que Darwin suppose, mais cela est loin d'être démontré. Les expériences que l'on a faites tendent plutôt à prouver le contraire. En outre, les variations individuelles doivent avoir une cause distincte de la sélection naturelle. Darwin se reconnait impuissant à en déterminer l'origine. Tout ce qu'on peut dire, écrit-il, « c'est qu'elles se rattachent beaucoup plus étroitement à la constitution de l'organisme qui varie qu'à la nature des circonstances auxquelles il a été soumis. » (1)

Pour Spencer, les variations individuelles, qui par leur accumulation assurent l'évolution de la forme, ne sont qu'une conséquence de l'hérédité. Il suppose que les caractères adaptatifs acquis par les individus se transmettent à leurs descendants, et que les variations individuelles ne sont que le résultat de la combinaison de ces caractères, suivant les lois complexes de l'hérédité.

L'influence complexe de l'hérédité est incontestable dans les variations des formes vivantes. Les caractères des parents et des ancêtres étant transmis à divers degrés par la génération, suffisent pour expliquer que chaque individu possède une physionomie propre qui permet de le distinguer de tous les autres de la même espèce, voire de la même lignée ou de la même portée. Dans ce dernier cas notamment, il y aura toujours de petites différences entre les ovules et entre les spermatozoïdes ou les anthérozoïdes ; car non seulement les conditions dans lesquelles ils se développent ne sont jamais rigoureusement identiques, mais en outre, les influences héréditaires qui existent chez les parents ne s'exercent pas en proportion exactement égale dans tous les éléments reproducteurs.

Il faut encore, pour les espèces supérieures, tenir compte des variations dues au croisement de formes légèrement différentes. On sait que des individus réalisant des formes très différentes sont interstériles ou ne possèdent qu'une fécondité restreinte. Mais des formes peu différentes, appartenant, par exemple, à ce que l'on appelle des variétés

---

(1) *The descent of Man*. Londres. 1871 vol. 1 p. 151.

d'une même espèce, peuvent être parfaitement interfécondes et avoir une progéniture dont les facultés de reproduction ne soient pas altérées. Ainsi peuvent se croiser la plupart des races humaines. Les individus issus de ces croisements possèdent parfois des caractères intermédiaires entre les caractères des parents ; mais cela n'arrive pas toujours. Certains caractères opposés ne se combinent pas de manière à donner une moyenne, mais se retrouvent tels quels, tantôt l'un, tantôt l'autre, suivant les lois de Mendel. L'hybridation est donc un facteur important de modification de la forme.

Tel est le rôle incontestable de l'hérédité. Mais on ne peut pas en déduire que toutes les variations individuelles en sont une manifestation. L'opinion de Spencer postule la transmission des caractères acquis qui est loin d'être démontrée : nous reviendrons tout à l'heure sur ce point.

Ensuite, l'hérédité consiste essentiellement dans une ressemblance entre les descendants et les ascendants. Pour qu'un caractère de l'individu puisse être attribué à l'hérédité, il faut qu'il ait existé chez un de ses ancêtres ou du moins qu'il puisse être considéré comme résultant de la combinaison de plusieurs caractères ancestraux. S'il n'en est point ainsi, le caractère en question ne pourra pas être attribué *exclusivement* à l'hérédité. Celle-ci n'est pas une loi absolue, ou, du moins, cette loi est tellement complexe que dans bien des cas nous ne parvenons pas à en découvrir l'application. On admet souvent, quoique la chose ne soit pas démontrée, qu'un caractère est d'autant plus stable qu'il s'est trouvé réalisé dans un plus grand nombre de générations successives, et cela se comprend dès qu'on admet que dans la génération ne s'exerce pas seulement l'influence des ascendants immédiats, mais également celle des ancêtres. Mais autre chose est la stabilité croissante d'un caractère, autre chose son accroissement. Si la loi d'hérédité suffit pour expliquer la première, elle ne suffit pas pour expliquer le second. Qu'un cerf ait des cornes, c'est une conséquence de l'hérédité, mais que ces cornes soient plus grandes que n'en a jamais porté un quelconque

que de ses ascendants, cela sera un caractère acquis pendant la vie, ou bien une variation spontanée, mais ce ne sera pas une conséquence de l'hérédité qui est essentiellement une ressemblance.

A plus forte raison ne pourra-t-on trouver dans l'hérédité la raison de caractères absolument nouveaux. Dans bien des cas, l'hypothèse de l'acquisition par l'usage ou le non-usage devra être écartée et il ne restera que celle d'une variation spontanée indépendante de l'hérédité et de l'adaptation. Spencer se laisse manifestement influencer en cette matière par des idées théoriques a priori. La vie consistant, d'après lui, dans l'équilibre entre l'être vivant et le milieu, seuls les changements du milieu peuvent déterminer des changements dans les organismes. Il ne donne dès lors pas d'autre argument pour établir sa doctrine que le suivant : « Les organismes en complet état d'équilibre avec leurs conditions ne sauraient être changés, si ce n'est par le changement de leurs conditions ; puisque affirmer autre chose, ce serait affirmer qu'il peut y avoir un effet sans cause. » (1)

Comme nous le dirons plus tard, il n'y a pas de maximum de l'équilibre d'un organisme avec son milieu; il peut toujours s'y adapter plus parfaitement; en outre, il peut s'y adapter de différentes manières, et enfin, le même mode d'adaptation se concilie avec des variations de structure indifférentes au point de vue de l'utilité. Il faut évidemment qu'il y ait une cause de ces variations, mais ce n'est pas parce que nous l'ignorons qu'il faut en nier l'existence et conclure à la non-existence de ses effets.

Weismann qui considère la sélection naturelle comme étant par excellence le principe d'évolution, remarque avec raison que les individus adultes n'étant en somme que le développement des cellules reproductrices, toute sélection, pour être efficace, doit s'exercer sur celles-ci. Nous verrons en outre que, d'après ce savant, les modifications que subit l'organisme pendant la vie individuelle ne se transmettent pas à ses

(1) *Princ. de Biol.*, p. 330 § 91

descendants; de sorte que l'origine de tous les caractères héréditaires nouveaux doit se trouver dans une modification des cellules reproductrices. Weismann admet que le *plasma germinatif* peut être modifié par des circonstances extérieures. Mais en dehors de ces changements peu importants, les variations des cellules reproductrices ont d'après lui une double cause : la combinaison de caractères par la reproduction sexuelle (1) (*amphimixis*) et la lutte pour l'existence entre les *déterminants*.

Nous avons déjà vu quelles sont les limites qui s'imposent d'elles-mêmes à l'efficacité des combinaisons héréditaires pour la production des caractères individuels. Quant à la compétition qui existerait entre les *déterminants* et aux effets qui pourraient en résulter, c'est une hypothèse qui n'a aucune base expérimentale, et en outre, de l'aveu de Weismann lui-même, d'après cette conception, les variations individuelles se produisent au hasard : « Lorsque, dit-il, on pose la question : comment naît pour la première fois une variation de la majorité des *déterminants* dans un certain sens ? on peut assigner deux causes. La première est le *hasard*, la seconde sont des influences qui impriment un même changement aux déterminants d'une certaine catégorie dans tous les *ides*. Nous verrons que les influences climatériques sont un exemple du second cas ; mais les changements produits par le hasard sont les plus importants, parce qu'ils sont le fondement et le point de départ pour le procès de sélection d'ordre supérieur, la sélection personnelle (naturelle). Il peut paraître invraisemblable que des phénomènes si importants reposent en dernière analyse sur le hasard ; mais si l'on réfléchit qu'il n'y a que deux directions pour les variations, le plus et le moins, on doit admettre que l'existence d'une majorité dans l'un ou dans l'autre sens est plus probable que celle d'un équilibre exact ; d'où une grande probabilité que dans de nombreux indi-

---

(1) *Vorträge uber Descendenztheorie*. Jena 1902 vol. II p. 216 sq.

vidus du groupe, les variations en plus ou en moins d'un déterminant A l'emportent. » (1)

La réponse de Weismann à l'objection qu'il se fait à lui-même est nulle. Chaque *déterminant* ne peut varier que dans deux sens. Soit. Mais il y a un nombre énorme de *déterminants* dans chaque *ide* ; tous peuvent varier. Comment se fait-il que les variations de l'organisme sont harmonieuses, c'est à dire affectent simultanément et d'une manière convenable toutes les parties d'un système ? Comment surtout les variations harmonieuses se réalisent-elles dans la génèse des caractères non adaptatifs, que Weismann admet, (2) alors que le seul principe d'ordre, la sélection naturelle, n'a aucune action ? Comment, étant données la multitude des ides dans chaque cellule, la multitude des cellules reproductrices, les générations qui se succèdent, la multitude des individus de chaque groupe et les croisements, les variations en plus et en moins ne se compensent-elles pas, d'autant plus que Weismann reconnait l'absence de valeur sélectionnelle des variations commençantes ? L'insuffisance de l'hypothèse est manifeste.

II. La sélection naturelle pour être efficace doit être accompagnée d'un certain degré d'isolement des individus dans lesquels un nouveau caractère se manifeste ; car, à moins de supposer que tous les autres sont immédiatement exterminés, ce qui sera évidemment l'exception, les croisements auront bientôt raison de la variation qui s'est produite, surtout à son origine, puisque, d'après Darwin, l'évolution a lieu par degrés insensibles. (3)

Cette nécessité de l'isolement a été mise en évidence par Romanes après Gulick. (4)

III. La sélection naturelle explique tout au plus la conservation des caractères utiles, mais n'est d'aucun usage pour l'interprétation des autres, par exemple des caractères ornementaux. C'est ce que Darwin a reconnu lui-même. Pour

---

(1) *Ibid* p. 118-119
(2) *Ibid.* p. 119.
(3) *Origin of Species.* Londres 1869 p. 289.
(4) Romanes. *Darwin and after Darwin.* Vol. III Londres 1897.

combler cette lacune il a recours à la sélection sexuelle. Weismann admet également ce facteur auquel cependant les biologistes attachent généralement peu d'importance. Son application soulève des objections nombreuses et Darwin lui-même reconnait qu'il ne suffit pas à combler les lacunes que laisse la sélection naturelle. (1)

IV. Nous ne pouvons pas accorder à la sélection naturelle, comme le voudrait Spencer, la valeur d'un principe *a priori*, en ce sens qu'on doive lui attribuer toute transformation d'une forme vivante qui ne s'explique pas par une adaptation directe.

« Nous venons de voir, dit-il, que l'équilibration indirecte (l'adaptation de l'espèce au milieu par sélection naturelle) fait tout ce que l'équilibration directe (l'adaptation individuelle) ne peut faire. On ne saurait trop insister sur cette conclusion, que tous les procédés par lesquels les organismes sont réadaptés à leur milieu sans cesse changeant, doivent être d'un genre ou de l'autre. A l'appui de cette conclusion, nous n'avons pas seulement le principe universel qu'un changement de tout ordre tend à l'équilibre, mais nous avons aussi le principe universel dans le monde organique, que la vie est la conservation d'un équilibre mobile entre les actions internes et les externes, c'est à dire une adaptation continuelle des actions internes aux externes, ou la conservation d'une correspondance entre les forces auxquelles un organisme est soumis et celles qu'il développe lui-même.

« En effet, si la conservation de la vie est la conservation de cet équilibre mobile, il en résulte que les changements qui permettent à une espèce de vivre sous des conditions modifiées, tendent à un équilibre avec ces conditions modifiées.

« Par suite, tous les changements étant des équilibrations, leurs différences ne sauraient être que ces différences dans les moyens par où elles se produisent. Si

---

(1) cf. THOMAS HUNT MORGAN. *Evolution and Adaptation*. New York 1903 p. 213 sq.

elles ne sont pas produites directement, il faut qu'elles le soient indirectement. Donc *a priori* nous pouvons être certains que toutes les méthodes de modification qui ne rentrent pas dans la classe des équilibrations directes, doivent rentrer dans celle des équilibrations indirectes. L'examen des faits confirme cette conclusion ». (1)

En admettant que tout changement tend à l'équilibre, il n'en suit nullement que tout changement d'un organisme tend à cet équilibre particulier qui consiste dans l'aptitude à vivre où il se trouve.

Nous n'avons pas admis la définition de la vie sur laquelle s'appuie le raisonnement de Spencer. Pour qu'il fût démonstratif, il faudrait que la vie fût entièrement définie par l'adaptation aux circonstances extérieures. Dès qu'il est possible de concevoir cette adaptation de différentes manières, dès qu'un même degré d'adaptation peut être réalisé sous différentes formes, on conçoit que des changements se produisent dans les organismes, tels que, tout en n'empêchant pas l'adaptation au milieu, ils n'y contribuent pas ou ne la rendent pas meilleure et ne soient compris ni dans l'équilibration directe ni dans l'équilibration indirecte. Ces changements ne se fixeront pas par sélection naturelle; mais rien ne permet d'affirmer *a priori* que l'intervention de ce facteur est nécessaire.

Certes, les faits sont loin de donner raison à Spencer. Les organismes, nous l'avons dit tout à l'heure, possèdent en grand nombre des caractères auxquels il nous est impossible d'assigner un rôle d'adaptation. Spencer ne se préoccupe d'ailleurs nullement de le faire ressortir. Il affirme *a priori* l'intervention de la sélection naturelle dès que l'adaptation directe fait défaut. Or, Darwin s'est parfaitement rendu compte de l'insuffisance de la sélection naturelle, même aidée de la transmission des caractères acquis durant la vie individuelle. Il y a lui-même ajouté les lois de croissance (*laws of growth*) qu'il ne précise pas autrement, la sélection sexuelle et des causes inconnues (*unknown causes*). (2)

---

(1) *Princ. de Biol.* vol I p 560-561 § 168
(2) Romanes a rassemblé les textes de Darwin dans *Darwin and after Darwin* vol. II pp. 5, 6, 321, 329 etc.

V. On peut, si l'on veut, donner le nom d'adaptation à l'acquisition des caractères par l'action de la sélection naturelle, puisque, ces caractères étant utiles, la forme vivante dans laquelle ils se fixent devient plus apte à vivre dans son milieu. Mais il faut remarquer que la sélection naturelle étant un facteur extérieur aux organismes qu'elle transforme, cette adaptation n'est pas le fait de l'être vivant. La forme, par hypothèse, produit des variations quelconques ; la sélection naturelle conserve celles qui sont utiles au dépens des autres. C'est donc elle qui adapte la forme et non pas la forme qui s'adapte elle-même.

Spencer, il est vrai, ramène les variations de la forme à la combinaison, grâce à l'hérédité, des caractères acquis par les ancêtres au moyen d'une adaptation proprement dite. Mais nous avons déjà rejeté cette interprétation comme insuffisante. Spencer lui-même ne se préoccupe guère d'y rester fidèle dans les cas particuliers, puisqu'il ne laisse pas d'invoquer la sélection naturelle chaque fois que l'adaptation directe est insuffisante à rendre compte d'une modification qui se produit dans la forme.

On n'avance pas la question en appelant adaptation ou équilibration *indirecte* l'évolution par sélection naturelle. Le nom ne fait rien à la chose. Si le mimétisme sert à soustraire certains animaux à l'attention de leurs ennemis, cependant la couleur ou la forme dans lesquelles il consiste ne sont déterminées ni par le milieu, ni par les animaux qu'il trompe, ni, du moins en général, par l'industrie de ceux auxquels il sert de sauvegarde. Il n'y a donc pas ici d'action du milieu, ni de réaction de l'organisme ; il n'y a pas d'adaptation proprement dite de la part de l'être vivant. La même chose se vérifie chaque fois que l'évolution est due à la sélection naturelle. Dans tous ces cas aussi, la thèse de Spencer, d'après laquelle les organismes ne varient qu'en s'adaptant au milieu, se trouve en défaut. Donc, la loi générale qui affirme cette adaptation ne suffit pas pour rendre compte de l'évolution organique.

aptation et erédité des caractères acquis.

Un second facteur qui a été proposé pour expliquer l'évolution des formes vivantes, c'est la transmission héréditaire des caractères acquis par l'action directe des circonstances extérieures sur les êtres vivants et par la réaction de ceux-ci — indépendamment de la sélection naturelle.

Laissant de côté les modifications défavorables, telles que l'affaiblissement des constitutions dans les régions malsaines, parce qu'elles se rattachent plutôt au procès de dissolution, il est utile de distinguer, dans cette catégorie, les caractères adaptatifs ou utiles de ceux qui sont indifférents. Il semble qu'un climat chaud et lumineux développe la coloration des tissus superficiels des organismes : les races humaines qui habitent les pays tropicaux ont régulièrement le teint plus foncé que celles qui habitent les régions tempérées ou froides ; les animaux et les fleurs montrent dans les premières des couleurs plus brillantes que dans les secondes. On ne voit pas en quoi cette différence de couleur constitue une aptitude plus grande à vivre dans ces climats. Au contraire, la production ou la perte de toisons chez les porcs, les chevaux, les chiens, qui semble aussi dépendre du climat sans intervention de la sélection naturelle, sont des changements qui préservent les organismes des atteintes du froid ou de l'excès de chaleur.

Lorsqu'il s'agit de modifications utiles ayant une valeur sélectionnelle, c'est-à-dire pouvant dans certaines circonstances conserver la vie des organismes qui les possèdent, on peut concevoir qu'elles se fixent par sélection naturelle. L'expérience seule peut décider si la sélection a eu lieu ou si le caractère a apparu sans son concours. Lorsqu'il s'agit de modifications indifférentes, la sélection naturelle n'entre plus en ligne de compte.

Une seconde distinction est nécessaire. Les changements déterminés par les circonstances extérieures peuvent affecter directement le corps de l'animal ou de la plante. Weismann leur donne le nom de *somatogènes* (1). Ils

---

(1) *Essais sur l'hérédité et la sélection naturelle*, Trad. de VARIGNY Paris 1892 p. 337

peuvent au contraire affecter directement le *plasma germinatif* (les cellules reproductrices) et avoir leur répercussion dans l'organisme à partir de la génération suivante. Weismann les désigne sous le nom de *blastogènes*. (1)

L'école de Weismann admet la transmission héréditaire des caractères blastogènes acquis par l'influence du milieu. Lui-même range dans cette catégorie certaines différences qui séparent les variétés locales et qu'on peut parfois reproduire artificiellement par l'élévation de la température, etc. (2) Ce facteur d'évolution est absolument distinct de la sélection naturelle et il ne faut pas en méconnaître l'importance. La sélection naturelle n'est donc pas *suffisante à tout* dans l'évolution organique, et le titre choisi par Weismann dans les articles — dont nous parlerons bientôt — de *The Contemporary Review* (*The all-sufficiency of natural selection*) n'est pas exact.

Il n'est pas toujours facile de décider si un changement est somatogène ou blastogène. Rien même n'empêche *a priori* qu'une modification ne se produise en même temps et dans le même sens sur le corps de l'individu et sur le *plasma* germinatif, surtout lorsqu'il s'agit de changements dans lesquels l'organisme est plutôt passif, comme ceux qui dépendent de l'influence du climat ou de la nourriture. Dans ce cas, la théorie de Weismann permettrait d'expliquer qu'un caractère qui apparaît dès que les organismes se trouvent dans certaines conditions, s'accentue par une action prolongée sur les générations successives. On peut concevoir que la faculté d'adaptation manifestée par les individus appartient également à l'espèce comme telle et s'exerce par les organes propagateurs de l'espèce, c'est à dire par les cellules reproductrices. L'on comprendrait ainsi le caractère adaptatif de certains changements blastogènes. Cela n'est peut-être pas d'accord avec certaines idées philosophiques, mais cela s'accorde fort bien

---

(1) *Ibid.*
(2) *Vortrage uber Descendenztheorie.* vol. II p. 153-154

avec d'autres. Il faut donc en cette matière se laisser guider par les faits et non par des idées préconçues.

La remarque précédente ne doit pas nous empêcher de reconnaître qu'il y a une catégorie importante de changements individuels n'ayant, de par leur nature, aucune relation avec les cellules reproductrices. Ce sont d'abord les modifications de l'organisme qui résultent de l'activité déployée par les organes. Chez les animaux, le siège de ces modifications est surtout le système nerveux (mémoire, expérience individuelle, habitudes ou habiletés acquises par l'exercice), ou le système musculaire (développement des muscles qui travaillent). D'autres parties du corps peuvent également se modifier par l'usage : par exemple, la peau qui s'épaissit dans les parties du corps plus exposées au frottement, les os qu'on voit croître en volume dans les membres qui déploient de grands efforts.

Ce sont ensuite certaines modifications généralement caractérisées par une diminution de volume (atrophie) résultant de l'absence d'usage de certains organes. Cet effet est très visible dans les muscles qui subissent une réduction considérable lorsqu'ils ne sont plus employés.

Il faut encore ranger dans cette catégorie les changements de structure par lesquels l'organisme s'adapte aux corps avec lesquels il est en contact ou plus généralement aux circonstances environnantes. Ainsi les racines et les branches de l'arbre contournent les résistances, se dirigent vers la lumière, l'air pur, l'humidité. Enfin signalons les lésions organiques et les conséquences qui en résultent : cicatrices etc.

La transmission héréditaire des caractères acquis par l'usage ou le non usage des organes, c'est ce qu'on appelle le facteur d'évolution lamarckien. Il joue en effet un rôle prépondérant dans la théorie évolutionniste de Lamarck.

Nous avons déjà dit que la transmission héréditaire des adaptations somatogènes, de quelque nature qu'elles soient, est la base de la doctrine de Spencer sur l'évolution des formes vivantes.

Pour l'établir, il invoque la loi de la multiplication des effets. « Si un organisme A, dit-il, se trouve, en vertu d'une habitude ou d'une condition particulière de sa vie, modifié sous la forme A', il en résulte inévitablement que toutes les fonctions de A', la fonction reproductrice comprise, doivent différer à quelque degré des fonctions de A. Un organisme étant une combinaison de parties qui jouent rythmiquement un rôle dans la constitution d'un équilibre mobile, il est impossible de changer l'action et la structure de l'une quelconque de ses parties, sans causer des changements d'action et de structure dans toutes les autres ; c'est ainsi qu'aucun membre du système solaire ne saurait être modifié dans sa course ou dans sa masse, sans produire des réarrangements dans toute l'étendue du système solaire. » (1)

Comme Spencer l'observe lui-même, cette argumentation n'indique qu'obscurément que la modification du rejeton doit se produire dans le même sens que celle subie par le parent. Quoique les différentes parties de l'organisme soient étroitement solidaires, il ne suit pas de là que toute espèce de modification à laquelle une partie se trouve soumise ait nécessairement une répercussion appréciable dans toutes les autres, et surtout, on ne peut pas conclure que les organes générateurs seront affectés de manière à reproduire la modification dans les descendants. Nous pouvons donc considérer le raisonnement de Spencer comme une confirmation théorique de l'expérience qui semble plutôt favorable à la thèse de la transmission des caractères acquis. Mais il nous est impossible d'envisager ce phénomène biologique comme une conséquence qu'on peut logiquement déduire du principe de la multiplication des effets ou de la persistance de la force. Les réserves que nous faisons sont indiquées ici par Spencer lui-même, comme nous venons de le dire, mais ailleurs il est beaucoup plus affirmatif. « Si toutes les parties d'un organisme, dit-il, ont leurs fonctions coordonnées en un équilibre

---

(1) *Princ. de Biol.* Vol. I p. 310 § 84.

mobile, tel que chaque partie influence continuellement toutes les autres parties, et ne puisse être altérée sans donner le branle à des changements dans toutes les autres, c'est à dire si la limite du changement est l'établissement d'une harmonie complète dans tous les mouvements, moléculaires et autres, de toutes les parties, il faut qu'au nombre des parties modifiées, moléculairement ou autrement, il y ait celles qui émettent les germes des nouveaux organismes. Les molécules des germes qu'elles produisent doivent tendre toujours à conformer les mouvements, et par conséquent les arrangements de leurs éléments, aux forces moléculaires de l'organisme entier ; et si cet agrégat de forces moléculaires est modifié dans sa distribution par un changement local de structure, les molécules des germes doivent subir graduellement des changements dans les mouvements et les arrangements de leurs éléments, jusqu'à ce qu'elles soient réajustées à l'agrégat des forces moléculaires. En effet, soutenir que l'équilibre mobile d'un organisme peut-être altéré sans que les mouvements qui s'accomplissent dans une portion particulière de cet organisme soient eux-mêmes altérés, c'est soutenir que ces mouvements ne seront pas effectés par une modification de la distribution des forces, et cela c'est nier la persistance de la force. » (1)

La question ne peut malheureusement pas être résolue par des principes aussi simples. Sans doute, puisque toutes les parties de l'organisme agissent les unes sur les autres, il est impossible que l'une d'elles soit modifiée sans que les autres s'en ressentent. Mais la question est de savoir quelle sera l'importance et la nature de cette répercussion. A la rigueur, toutes les parties les plus petites de l'Univers sont solidaires et aucun changement ne se produit dans une partie quelconque qui ne se transmette sous quelque forme à toutes les autres. Une solidarité plus étroite existe, par exemple, entre tous les hommes. Il serait cependant absurde d'en conclure qu'une modification subie

---

(1) *Princ. de Biol.* vol II p. 457-458 § 314.

par l'un deux doit se transmettre pour cela à tous les autres.

Il ne suffit pas, pour attribuer un phénomène à une cause déterminée, de prouver que l'activité de cette cause s'étend à ce phénomène ; il faut encore que le sens et *l'intensité* de son action soient en rapport avec l'effet qu'on veut lui attribuer. Le défaut que nous signalons ici dépare fréquemment les explications de Spencer. Dans la question présente, il est manifeste. Personne ne niera que les changements subis par l'individu n'affectent de quelque manière tous ses organes et, par conséquent, la fonction reproductrice. Mais la question est précisément de savoir quelle est l'importance et la nature de cette influence et si elle consiste à transmettre aux descendants les caractères acquis pendant la vie de l'individu.

Weismann nie la transmission héréditaire des caractères somatogènes. La théorie sur l'isolement du *plasma* germinatif des cellules reproductrices est, jusqu'à présent du moins, trop hypothétique, pour que la conclusion qu'il en tire doive être considérée comme ayant de ce chef une grande probabilité. La question est surtout de savoir si l'évolution doit être interprétée, au moins en partie, au moyen de la transmission héréditaire des caractères de cette sorte ; ensuite, si l'on peut apporter des faits d'expérience en faveur de cette transmission. La question a été discutée, surtout au point de vue de l'évolution, entre Spencer, Weismann et Romanes dans *The Contemporary Review* de 1893 à 1895. Les articles de Spencer sont de février 1893, mars 1893, décembre 1893 et octobre 1894 ; ceux de Weismann de septembre 1893, octobre 1893 et septembre 1895 ; ceux de Romanes d'avril 1893 et de juillet 1893.

Spencer s'appuie sur certains faits, par exemple, la différence de sensibilité tactile des différentes régions du corps. Le plus haut degré de sensibilité appartient aux parties qui par leur position sont le plus fréquemment employées comme organes du tact : la paume de la main, le bout des doigts, le bout de la langue, etc. Ces faits, d'après lui, sont inexplicables par la sélection naturelle, parce que cette distribution particulière de la sensibilité tactile ne confère aucun avantage à l'individu qui la possède, tandis qu'ils sont aisément explicables par la transmission des caractères acquis, l'augmentation de la sensibilité étant le résultat de l'exercice. Spencer nie également que la sélection naturelle puisse expliquer les structures qui requièrent le développement harmonieux d'un grand nombre d'organes élémentaires. Ainsi l'accroissement des cornes de l'élan suppose un développement simultané des muscles, tendons, nerfs, vaisseaux du cou de cet animal. Or, il est incroyable que les variations simultanées de tous ces organes se produisent d'une façon harmonieuse, sans rien qui rende compte de cette co-adaptation. La transmission des caractères acquis comble cette lacune : à mesure que les cornes se développent, le travail plus grand qu'elles imposent aux différents organes du cou fortifie ces organes dans la mesure requise.

Spencer conteste la suffisance de la sélection naturelle pour expliquer tous les développements des organes ou des fonctions, de même qu'il repousse l'explication de la régression d'une partie par la seule cessation de la sélection naturelle (*panmixia*).

Weismann nie qu'il soit nécessaire de recourir à l'hérédité des caractères somatogènes pour expliquer l'évolution des structures complexes ou co-adaptations. De telles structures se sont développées également dans les formes stériles des colonies de fourmis, ouvrières ou soldats, où il ne ne peut pas être question de transmission héréditaire de caractères acquis par les individus. Ensuite, l'apparition et la disparition se produisent aussi bien pour les caractères passifs, par exemple la couleur, les téguments, que pour les caractères actifs. De même, l'on constate la formation d'organes complexes dans les parties chitineuses des insectes qui ne se développent pas par l'exercice, et le développement harmonieux d'instincts qui n'ont qu'une seule fois l'occasion d'être exercés dans la vie de l'individu. Dans tous ces cas, l'évolution n'est pas due à la transmission des caractères somatogènes. L'évolution se conçoit donc sans ce facteur et il faut d'autant moins l'admettre que, théoriquement, son existence est peu probable. Quant à expliquer dans chaque cas comment la sélection naturelle a produit les caractères que possèdent les êtres vivants, nous en sommes évidemment incapables. Il faut admettre néanmoins que l'évolution doit lui être attribuée, parce qu'aucune autre explication n'est admissible.

Romanes prend une position jusqu'à un certain point intermédiaire entre Spencer et Weismann. Il maintient la valeur de l'explication donnée par ce dernier pour la disparition des caractères devenus inutiles ; il reconnaît l'insuffisance des preuves qu'on invoque pour établir la transmission des caractères somatogènes, mais il insiste d'autre part sur l'insuffisance de la sélection naturelle, et conclut que si la transmission des caractères somatogènes est démontrée fausse, il faudra admettre pour l'évolution d'autres facteurs. « Si, dit-il, au moyen de leur nouvelle théorie de l'hérédité ou de quelque autre manière, les neo-Darwinistes parvenaient à montrer l'impossibilité de la transmission des caractères acquis par l'usage, je serais enclin à adopter l'opinion d'Asa Gray, Nägeli, Virchow et de plusieurs autres naturalistes, d'après laquelle il y a dans la nature quelque principe encore inconnu de modifications adaptatives, qui à présent n'est pas plus soupçonné que la sélection naturelle ne l'etait il y a un demi-siècle. » (1)

Romanes jugeait à part lui que la position de Spencer dans la discussion n'était pas favorable. « H. S. (Herbert Spencer), écrit-il à sa femme, est singulièrement en retard en fait d'informations. Il est réellement triste de voir combien il méconnaît la force de la position de Weismann. Il ne la comprend même pas, et telle est la faiblesse de sa critique, qu'il a rendu sa propre position plus mauvaise dans la question de l'hérédité des caractères acquis, —

---

(1) *The Contemporary Review*. Avril 1893 p. 517.

c'est à dire la base de tout son système de philosophie syntéthique. » (1)

La controverse se termina par une note de Spencer du mois d'Octobre 1895 déclarant inutile la continuation de la discussion, et constatant qu'aucune réponse n'avait été donnée à son principal argument (les différents degrés de sensibilité tactile dans les différentes régions de la peau).

Au point de vue expérimental la question de la transmission des caractères somatogènes est moins facile à résoudre qu'il ne paraît de prime abord. Il faut, en effet, que la modification organique dont on veut prouver la transmission ait été déterminée par des causes qui n'ont pas pu agir directement sur les cellules reproductrices et qu'elle n'ait pas pu être acquise par adaptation individuelle à chaque génération. Les expériences faites jusqu'à présent par Brown Séquart, Romanes, Cunningham, etc., ne peuvent pas être considérées comme démonstratives. (2)

* * *

Tendances internes.
La question agitée entre Spencer et Weismann n'a donc pas encore reçu de solution définitive; mais il importe d'insister sur une conclusion qui en résulte et qu'indique déjà Romanes Weismann repousse la transmission des caractères somatogènes et conclut à la suffisance universelle (*all-sufficiency*) de la sélection naturelle, parce qu'il est impossible d'admettre d'autres facteurs, notamment des *tendances* internes gouvernant l'évolution des formes. Spencer de son côté, convaincu de l'insuffisance de la sélection naturelle, s'appuie sur la même prétendue impossibilité d'admettre des tendances évolutives internes, pour confirmer sa théorie de la transmission des caractères somatogènes.

---

(1) *Life and Letters of G. J. Romanes.* Londres 1902 p. 324.
(2) Cf. ROMANES, *Darwin and after Darwin* vol. II ch. IV Londres 1900. THOMAS HUNT MORGAN, *Evolution and Adaptation* New-Jork 1903 p. 250 sq.

Il résulte de là, que l'admission de ces tendances ferait disparaître la plupart des difficultés qui sont considérées comme insolubles par l'un des deux adversaires. L'évolution harmonieuse des co-adaptions inexplicables pour Weismann et qui, d'autre part, se produit également dans des cas où l'hérédité des caractères somatogènes ne joue aucun rôle, aurait trouvé son explication. En d'autres termes, on peut adopter à la fois l'opinion de Weismann et celle de Spencer dans ce qu'elles ont de négatif : d'une part l'insuffisance de la sélection naturelle, d'autre part la non-existence d'une transmission héréditaire des caractères somatogènes. Si l'on ne comprend pas comment les différents degrés de sensibilité tactile ont été produits dans les différentes régions du corps par la sélection naturelle, d'autre part, il n'est pas du tout évident que l'explication proposée par Spencer est adéquate. Elle ne rend certainement pas compte de la différence très grande de sensibilité qui existe entre le front et les paupières, du peu de sensibilité du genou etc. De même c'est un fait que certaines modifications co-adaptatives, par exemple la modification des races par sélection artificielle, se produisent sans l'intervention de l'adaptation individuelle (1).

Il ne faudrait naturellement recourir aux tendances spontanées d'évolution que dans la mesure où la sélection naturelle serait démontrée insuffisante. Beaucoup de biologistes pensent qu'elle l'est dans une large proportion. Il est clair aussi qu'une conception aussi vague que celle qui correspond aux mots : *tendances internes d'évolution*, ne peut pas être considérée comme définitive.

Spencer objecte que ces tendances internes, en vertu desquelles naîtrait une structure comportant une co-adaptation des parties, impliquent la finalité, c'est-à-dire la conception préalable par une intelligence de la structure à réaliser et l'emploi des moyens propres à réaliser ce but. Une telle idée contredit sa philosophie mécaniste et nous ne sommes pas étonnés de voir qu'il la repousse.

---

(1) Cf. THOMAS HUNT MORGAN op. cit. p. 241 sq.

« Supposer, dit-il, qu'ils (les changements) se produisent ainsi, c'est supposer que la fin prescrite est reconnue quelque part et que les changements sont, pas à pas, simultanément proportionnés à l'achèvement de cette fin ; c'est supposer une production préméditée en vue de ces changements. Dans ce cas alors, il nous faut revenir en partie à l'hypothèse primitive ; et si nous le faisons en partie, nous pouvons tout aussi bien le faire tout-à-fait ; — nous pouvons tout aussi bien retourner franchement à la théorie des créations spéciales. » C'est tout ce que dit Spencer et ce n'est pas assez.

Weismann ne veut pas que le naturaliste admette des explications qui invoquent l'intervention du Créateur pour suppléer à l'insuffisance des forces de la Nature. (1) Nous sommes également de cet avis, pourvu qu'il ne s'agisse pas d'expliquer l'origine de la Nature elle-même ou d'une de ses parties. Nous savons en effet que les forces naturelles n'ont pas le pouvoir créateur. Mais la Nature étant supposée constituée, le naturaliste doit chercher la raison d'être des phénomènes naturels dans l'Univers lui-même. Cette réflexion n'exclut aucunement l'hypothèse de tendances internes qui coopèreraient à l'évolution. Weismann lui-même admet que l'évolution individuelle est prédéterminée en grande partie dans les cellules reproductrices. Pourquoi ne pourrions-nous pas admettre que l'évolution des formes est plus ou moins prédéterminée dès l'origine de la vie ? Cela n'exclut pas la coopération nécessaire des autres facteurs d'évolution, notamment de la sélection naturelle et de l'influence du milieu. Nous ne risquons donc pas d'instaurer *l'harmonie préétablie*. Il appartient au naturaliste de chercher à connaître ces tendances originelles d'une manière manière précise et de démêler dans l'évolution la part de chacun des facteurs qui y contribuent.

C'est un préjugé de croire qu'il ne peut pas y avoir d'autres forces naturelles que celles manifestées par la

---

(1) *The Contemporary Review* Sept. 1895 p. 456.

matière inorganique. Si les forces vitales sont irréductibles aux forces physico-chimiques, ce qu'il est en tout cas nécessaire d'admettre pour la vie psychique, il faut de toute nécessité admettre un Créateur à son origine, de même qu'à l'origine de l'Univers matériel. Mais la vie étant supposée exister sous ses formes essentielles, c'est incontestablement dans les êtres vivants qu'il faut chercher l'explication des phénomènes vitaux.

Il y a une forte présomption en faveur de l'existence de tendances internes d'évolution. Si nous admettons que d'un groupe d'individus très semblables entre eux sont issus, dans la suite des temps, les formes infiniment variées qui peuplent le monde aujourd'hui, il paraît bien difficile d'admettre que l'action du milieu, qui n'offre pas en somme une très grande variété, et la sélection naturelle — qui ne tient compte que d'un seul point de vue : l'avantage dans la lutte pour l'existence — sont les deux seules causes d'une évolution si compliquée. Notons encore une fois avec Hugo De Vries (1) que la sélection ne produit pas les formes, mais seulement conserve les unes au dépens des autres, de sorte qu'elle n'est d'aucun usage pour expliquer leur origine.

Bon nombre de biologistes ont été frappés vivement de l'insuffisance de la sélection naturelle et de l'influence du milieu pour expliquer l'évolution ; et c'est précisément ce qui les a amenés à admettre les tendances internes dont nous parlons. (2)

Il n'est pas possible d'examiner ici en détail les différentes tentatives qui ont été faites pour donner une expression précise à la théorie qui considère l'évolution comme due principalement à des tendances spontanées des organismes. Aucune ne peut être considérée comme définitive, ni même comme touchant de près à la solution finale. Les études les plus développées dans cette direction ont été faites par Nägeli et plus récemment par Eimer.

---

(1) *Species and Varietes. Their origin by mutation.* Chicago 1905. lin.
(2) Cf. E. DENNERT. *Vom Sterbelager des Darwinismus.* Stuttgard 1903, p. 99 sq.

Nageli distingue d'une part la perfection intrinsèque des êtres vivants consistant principalement dans la division du travail et le degré plus élevé *d'organisation*, d'autre part l'aptitude plus ou moins grande des individus à conserver leur vie dans le milieu où ils se trouvent. Cette aptitude à un haut degré est compatible avec n'importe quel degré d'organisation. Les caractères strictement adaptatifs forment la dernière catégorie ; leur existence a pour cause, d'après lui, les influences extérieures et la sélection naturelle, tandis que le degré de perfection organique est dû à une tendance interne (*vervolkommungs-princip*). (1)

Eimer a cherché, principalement par l'étude des papillons, à découvrir les lois internes de l'évolution. Voici comment elles sont résumées par Dennert (2) : 1. Loi générale des dessins : Les lignes longitudinales se transforment en taches, les lignes transversales en teintes continues. 2. Loi des modifications locales à direction déterminée : De nouveaux dessins progressent d'avant en arrière et de haut en bas ou inversement ; les anciens disparaissent de la même façon. 3. Loi de la prépondérance masculine : Généralement les mâles devancent les femelles d'un degré dans l'évolution. 4. Loi de la prépondérance de l'âge : Les nouvelles propriétés se manifestent à l'âge adulte, à l'époque de plus grande vigueur. 5. Loi de l'évolution ondulatoire : Pendant la formation de l'individu une série de changements parcourt le corps de l'animal dans une direction déterminée. 6. Loi des évolutions parallèles indépendantes : Des directions évolutives semblables agissent sur des formes non alliées et produisent des phénomènes de convergence. 7. Loi de l'évolution inégalement avancée : Des caractères différents de la même forme peuvent se développer à différents degrés et dans des directions différentes. 8. Loi de l'évolution unilatérale : Les descendants ne représentent pas un mélange parfait des propriétés de leurs parents, mais

---

(1) Cf. THOMAS HUNT MORGAN *op. cit.* p. 325 sq.
(2) *Op. cit.* p. 36.

se rapprochent davantage de l'un d'eux. 9. Loi de la régression : Les tendances évolutives peuvent se retourner et revenir à leur point de départ. 10. Loi de l'arrêt de l'évolution : Souvent l'évolution s'arrête longtemps à la même phase.

On peut rattacher aux tendances internes les facteurs téléologiques d'évolution admis par J. Ward : la tendance à la « conservation propre » et la « sélection hédonique, » c'est à dire le plaisir. (1) Nous avons vu que Darwin lui-même admettait des *lois de croissance* indépendantes de tout autre facteur d'évolution. Il entendait par là surtout la loi de corrélation, en vertu de laquelle certains organes varient toujours simultanément.

Weismann a attaqué vivement les tendances internes dans *Studien zur Descendenzlehre* (1876) et plus récemment dans *Gedanken zur Vererbungsfrage* (1895). Ses objections ont été rencontrées par Stölze (2) qui leur a opposé des réponses à notre avis très satisfaisantes.

La nature des tendances internes reste toujours fort obscure, mais leur existence nous paraît extrêmement probable.

* * *

Théorie de De Vries.
Cette probabilité se trouve accrue par l'importance de plus en plus grande attribuée par les biologistes aux modifications brusques des formes comme opposées aux changements par degrés insensibles. Darwin déjà avait reconnu l'existence de ces deux sortes de variations, (3) mais il avait accordé peu d'importance aux variations brusques et considérait les variations lentes comme fournissant presque exclusivement la matière de la sélection naturelle.(4)

---

(1) *Naturalism and Agnosticism* vol. 1 p. 290 sq.
(2) *Von Kölliker 's Stellung zur Descendenztheorie*. Munster 1901 pp. 84 sq.
(3) *Descent of man* p. 154.
(4) *Origin of Species* p. 239.

La réalité des variations brusques et leur influence sur l'évolution des formes organiques a été mise en lumière par Hugo De Vries (1). Les faits sur lesquels il s'appuie sont empruntés uniquement au règne végétal. Nous allons exposer son système dans ses grandes lignes.

Laissant de côté les modifications qui résultent de l'hybridation et aussi les caractères inconstants qui constituent les demi-races et les races doubles, on peut observer dans les formes vivantes des modifications de diverse nature. D'abord les formes présentent dans les individus des différences qui proviennent de ce que chaque caractère oscille autour d'une moyenne. Ces oscillations se produisent suivant la loi de Quételet, c'est à dire que les déviations sont d'autant plus rares qu'elles s'écartent davantage de la moyenne. On peut, en sélectionnant les individus qui présentent des déviations extrêmes, obtenir des races dans lesquelles les déviations dans un sens déterminé se multiplient de telle sorte que la moyenne se déplace. Mais, contrairement à l'opinion de Darwin et de son école, on atteint après quelques générations une limite infranchissable. En outre, la moyenne artificiellement obtenue exige une sélection continuelle pour être conservée et le nombre de générations pendant lesquelles la sélection s'exerce ne lui confère aucune stabilité. De Vries donne le nom de *fluctuations* à ces oscillations. Elles ne jouent aucun rôle dans l'évolution des espèces.

Les formes vivantes subissent des changements plus importants qui portent le nom de *mutations*. Tandis que les fluctuations présentent tous les degrés intermédiaires entre les extrêmes, les mutations constituent des changements brusques et — sauf les restrictions que nous allons indiquer bientôt — elles sont fixées et se transmettent fidèlement par voie d'hérédité dès le premier moment de leur apparition.

Les mutations sont de deux sortes. (2) Les unes con-

---

(1) *Species and Varieties, their origin by mutation.* Chicago 1905.
(2) *Op. cit.* pp. 141 — 152 — 224 — 459.

sistent dans l'acquisition de caractères nouveaux qui ne se rencontrent pas chez les ancêtres, ni dans les formes voisines. Elles affectent plus ou moins tous les organes de la plante. Elles sont un pas en avant et réalisent un nouveau type, c'est à dire une nouvelle espèce végétale. De Vries donne à ces espèces le nom d'espèces *élémentaires* pour les distinguer des espèces *systématiques* (groupements plus ou moins artificiels adoptés par les botanistes et contenant généralement plusieurs espèces élémentaires). Ces espèces élémentaires constituent les anneaux de la chaîne de l'évolution.

D'autres mutations donnent lieu à des *variétés*, soit *régressives*, soit *ataviques*. Les premières naissent par la disparition d'un caractère de la forme-souche : poils, épines, coloration, etc. Ces caractères, néanmoins, deviennent latents, et ne disparaissent pas en général d'une façon définitive. Dans certaines circonstances ils peuvent reparaître en tout ou en partie. Ce phénomène donne naissance aux variétés *ataviques* caractérisées par l'apparition d'un caractère qui n'est pas réellement nouveau et qui de fait se retrouve souvent dans des groupes étroitement alliés. (1)

L'existence des caractères latents qui peuvent être plus ou moins nombreux et reparaître plus ou moins complètement, explique aussi l'existence des demi-races et des races doubles dans lesquelles des formes différentes apparaissent. Telles sont les plantes qui modifient considérablement leurs organes suivant qu'elles vivent dans l'air ou dans l'eau, qu'elles croissent sous un climat sec ou humide. (2)

Les mutations obéissent aux lois suivantes :

I. Les espèces élémentaires apparaissent soudainement, sans transformations intermédiaires.

II. Les nouvelles formes se détachent latéralement de la forme dont elles sont issues. Cette dernière continue en général à vivre côte à côte avec ses filles.

---

(1) *Op. cit.* pp. 219 — 221 — 248 — 249 — 630.
(2) p. 145.

III. Les nouvelles espèces possèdent d'emblée leur constance parfaite.

IV. Quelques unes des nouvelles lignées sont évidemment des espèces élémentaires, tandis que d'autres doivent être considérées comme des variétés.

V. Les espèces nouvelles sont produites dans un grand nombre d'individus.

VI. Les mutations n'ont rien de commun avec les fluctuations ; et ces dernières sont incapables de donner de nouvelles formes stables.

VII. Les mutations se produisent sans direction déterminée. (1)

Le rôle de la sélection naturelle consiste à faire disparaître les formes qui sont inaptes ou qui sont les moins aptes à vivre dans les conditions ou elles sont nées. De Vries la compare à un crible très large par lequel s'échappent la plupart des productions naturelles, tandis que, en général, un petit nombre sont conservées.

Ce qui constitue le mérite de la théorie de De Vries, c'est qu'elle repose sur l'analyse consciencieuse des faits observés par lui, notamment des mutations de *Oenothera Lamarckiana* qui produisit sous ses yeux plusieurs espèces élémentaires nouvelles. Dans la pensée de son auteur, cette théorie s'applique aussi au règne animal. Elle n'y a pas cependant été vérifiée jusqu'ici, quoiqu'on y signale également des indices de variations brusques. (2)

Thomas Hunt Morgan fait remarquer que les faits observés par De Vries ne permettent pas d'affirmer que les mutations se font dans des directions quelconques. Au contraire leur nombre restreint tend plutôt à faire admettre la conclusion opposée. (3)

Si les théories que nous venons de passer en revue ont quelque vérité — et il semble difficile de ne pas le

---

(1) Pp. 568 — 570.
(2) Cf. WASMANN. *Die moderne Biologie und die Entwicklungslehre* Fribourg en Brisgau 1904 p. 237.
(3) *Op. cit.* p. 292.

reconnaître, — il faut en conclure que l'évolution des formes vivantes ne doit pas être conçue comme n'étant qu'une adaptation continuelle aux circonstances extérieures, ainsi que le voudrait Spencer, mais qu'au contraire elle est largement indépendante de ces circonstances et gouvernée principalement par des tendances internes.

Nous avons ainsi signalé les causes certaines ou probables de l'évolution organique. La conformité de cette évolution avec les lois générales a été montrée au commencement du chapitre précédent. Elle est donc soumise, de même que l'évolution des corps inorganiques, des sociétés humaines, des institutions, des langues, des sciences et des arts, de tous les agrégats naturels ou artificiels à des lois particulières qui ne contredisent pas les lois générales, qui même leur sont subordonnées en ce sens que leurs effets s'y conforment, mais qui n'en sont pas cependant de simples corollaires. La recherche de ces lois particulières est l'objet des sciences spéciales ; mais l'importance de l'évolution organique est tellement prépondérante qu'il était impossible de ne rien dire de ses lois propres, même dans une étude générale.

*
* *

§ III. — LA SÉLECTION NATURELLE COMME FACTEUR GÉNÉRAL D'ÉVOLUTION.

Analyse de la sélection naturelle. — La sélection naturelle dans le monde inorganique. — La sélection naturelle dans l'évolution individuelle. — La sélection naturelle dans l'ordre social. — Insuffisance essentielle de la sélection naturelle.

Dans le paragraphe précédent, nous avons énuméré parmi les facteurs de l'évolution organique *la sélection naturelle*. Au chapitre XII des *Principes de Biologie*, Spencer expose son efficacité, mais en même temps il fait voir, au moins en partie, son insuffisance.

Trop souvent on confond la sélection naturelle avec l'évolution elle-même. Comme celle-ci est un phénomène général, nullement restreint au règne organique, ainsi qu'il résulte de la présente étude, l'on a parfois attribué à la sélection naturelle une efficacité également étendue ; quelques uns même en ont fait la cause unique et universelle de toute évolution. Ce que nous avons dit pour restreindre son rôle dans l'évolution des espèces vivantes suffit pour écarter cette conception outrée. Mais il ne sera pas inutile d'examiner si l'influence de la sélection naturelle doit être limitée à l'évolution organique, ou si, au contraire, on peut lui reconnaître une action dans toute évolution et la ranger, par conséquent, parmi les causes générales de ce procès.

C'est à Darwin, Spencer le reconnaît expressément, que revient l'honneur d'avoir montré l'importance de la sélection naturelle dans le développement des êtres vivants. « La survie des plus aptes, dit-il, que j'ai cherché à exprimer en termes de mécanique, est ce que Darwin a appelé *sélection naturelle* ou conservation des races favorisées dans la lutte pour la vie. Une opération de ce genre se révèle dans tout le règne organique. Le grand ouvrage de Darwin sur *l'Origine des Espèces* l'a prouvé de manière à satisfaire presque tous les naturalistes. » (1) Cependant, même dans la dernière édition des *Premiers Principes*, la sélection naturelle ne figure pas parmi les causes générales de l'évolution. Spencer se contente de la signaler comme une interprétation particulière du principe d'après lequel le mouvement se fait suivant la ligne de moindre résistance. « Au point de vue dynamique, dit-il, la sélection naturelle implique des changements le long des lignes de moindre résistance. La multiplication d'une espèce de plante ou d'animal dans les localités qui lui sont favorables, est une croissance au point où les forces antagonistes sont moindres

---

(1) *Princ. de Biol.* vol. 1 p. 539 § 165.

— 392 —

qu'ailleurs. La conservation des variétés qui réussissent mieux que leur voisines dans la lutte avec les conditions ambiantes est la continuation du mouvement vital dans les directions où les obstacles qui la barrent sont le plus facilement éludés. » (1)

Ailleurs, Spencer considère la sélection naturelle comme un cas particulier de ségrégation : « Par l'opération de la sélection naturelle, dit-il, chaque espèce se débarrasse d'une manière incessante des individus qui s'écartent du type commun par des déformations qui les rendent impropres à se plier aux conditions de leur existence ; les individus qui les composent restent donc à peu près semblables. Les circonstances au milieu desquelles une espèce est exposée, étant, ainsi que nous l'avons vu, une combinaison compliquée de forces incidentes, et les membres de l'espèce ayant parmi eux quelques individus qui diffèrent plus que d'ordinaire de la structure moyenne requise pour en supporter l'action, il en résulte que ces forces séparent incessamment de la masse de l'espèce les individus divergents, et conservent par cette sélection l'uniformité du reste, c'est à dire l'intégrité de l'espèce. » (2)

Quoique Spencer, dans les passages que nous venons de citer, envisage la sélection comme restreinte au règne organique, néanmoins le fait qu'il la ramène aux lois universelles et qu'il lui accorde ainsi une place dans la théorie générale de l'évolution, montre qu'il ne serait pas éloigné de lui attribuer une portée également étendue. Il s'en est d'ailleurs servi explicitement pour expliquer soit l'évolution des sociétés, soit l'évolution des organismes partiels qui se développent au sein des sociétés, soit l'évolution de l'homme qui en est l'élément premier. Afin de pouvoir répondre à la question que nous nous sommes posée, nous ferons l'analyse de la sélection naturelle darwinienne; nous examinerons ensuite quels sont les éléments auxquels on peut attribuer une signification générale.

(1) P. P. p. 251 — F. P. 190 § 78.
(2) P. P. p. 507 — F. P. 382 § 166.

nalyse de la sélection naturelle.

L'évolution des espèces par sélection naturelle comprend d'abord des éléments négatifs : a) la destruction directe ou indirecte (au moyen de l'accaparement des choses nécessaires à la vie) des organismes plus faibles par les plus forts; b) la destruction des organismes non adaptés au milieu par les forces du milieu; c) la mort des organismes qui naissent inaptes à exercer les fonctions essentielles à l'entretien de la vie; d) on peut ajouter, en élargissant la conception, la non-production des organismes dont l'existence implique quelque impossibilité.

A la vérité, ce dernier élément ne constitue une *sélection* que dans un sens très impropre. Celle-ci, en effet, implique un choix parmi un certain nombre de choses existantes dont les unes sont conservées, tandis que les autres périssent. La même signification est contenue dans les mots : *la survivance des plus aptes*. Cependant il existe un lien logique étroit entre cet élément et les précédents : l'évolution des formes vivantes est limitée de la même manière par l'impossibilité de certaines formes qui ne se produisent pas, que par la destruction de certaines formes qui se produisent. C'est pourquoi nous avons inclus cet élément dans la *compréhension* de la sélection naturelle.

L'évolution par sélection naturelle dépend ensuite de facteurs positifs : a) la variation des formes vivantes ; b) la persistance des formes par voie de génération et d'hérédité ; c) la multiplication des individus représentant les formes conservées. Le premier de ces facteurs rend la sélection possible en créant les différences; le second assure la continuation de l'évolution de la forme ; le troisième est nécessaire pour que les formes favorisées prennent la place des formes disparues et pour que la sélection trouve matière à s'exercer.

Dans un ordre de choses quelconque, l'évolution pourra s'accomplir sous l'empire de la sélection naturelle dans la mesure où les facteurs négatifs et positifs que nous avons énumérés s'y rencontrent.

La sélection naturelle dans le monde inorganique.

Dans le monde inorganique, les agrégats ne possèdent pas la propriété de se multiplier ; ils ne possèdent pas davantage le pouvoir de se perpétuer par voie de génération et d'hérédité. Il est vrai que, dans une certaine mesure, ils suppléent à l'absence de génération par le prolongement de l'existence individuelle. Mais lorsque celle-ci prend fin, l'évolution est interrompue, et elle ne se poursuit pas, comme chez les êtres vivants, dans la descendance.

Les agrégats inorganiques sont généralement fort stables ; leur variabilité est petite. Le procès d'évolution aboutit en général assez vite chez eux à l'équilibre, et souvent leur intégration s'accomplit pendant un temps trop court pour donner lieu à l'évolution composée. Les facteurs positifs qu'implique l'évolution par sélection naturelle font donc, en général, presque complètement défaut dans le règne inorganique.

Le premier facteur négatif n'est autre chose que la lutte pour la vie dans son acception la plus rigoureuse. La vie n'existe pas dans le monde inorganique. On dira donc, d'une façon plus générale : la lutte pour l'existence. Mais une telle lutte existe-t-elle entre les agrégats de cette catégorie ? Y a-t-il des cas où il se produit entre eux une véritable compétition pour l'existence ? Dans les phénomènes chimiques, lorsqu'un corps en détruit un autre, il est, en général, lui-même détruit par ce dernier. Si les ferments font exception à cette loi, leur action ne ressemble cependant en rien à une lutte pour l'existence. On pourrait peut-être imaginer des cas où certains agrégats absorbent des forces physiques nécessaires à l'existence d'autres agrégats qui se trouvent ainsi condamnés à périr. Mais le caractère exceptionnel de ces phénomènes, s'ils existent, leur enlève tout intérêt au point de vue des théories générales.

Il reste donc, en dernière analyse, la destruction des agrégats par les forces du milieu, soit à cause de la violence de celles-ci, soit à cause de l'instabilité caractéristique de l'agrégat ; et surtout, la non-production des agrégats dont la structure implique quelque impossibilité. C'est de cette façon purement négative que Spencer considère la sélection naturelle dans les passages des *Premiers Principes* que nous avons cités.

Quels que soient les êtres qui se produisent, il faut qu'ils soient aptes à exister, et plus ils y sont aptes, plus ils ont de chances de résister aux causes de destruction qui, dans l'Univers matériel, s'attaquent à tout agrégat. Entendue dans ce sens, la sélection naturelle n'est que l'ensemble des barrières plus ou moins rigides dans lesquelles les forces de la nature renferment les structures matérielles.

Il y a quelque temps, G. H. Darwin, le fils du grand naturaliste, dans des conférences données à Cape-Town et à Johannesburg, s'est efforcé de montrer l'existence de la sélection naturelle dans le monde inorganique, notamment dans l'évolution qui a formé nos éléments chimiques et celle qui a donné lieu à notre système solaire. S'il ressort des considérations qu'il développe, « qu'à ce point de vue il existe entre les deux règnes de la nature une ressemblance qui n'est pas simplement imaginaire » (1), il faut avouer d'autre part que ce rapprochement ne contribue guère à nous donner l'intelligence des faits auxquels on l'applique.

« Imaginez, dit-il, un soleil autour duquel se meut en cercle une grosse planète unique ; appelons celle-ci Jove, puisque nous pouvons admettre qu'elle représente notre plus grande planète, Jupiter. Supposez ensuite qu'une météorite ou une petite planète soit projetée d'une façon arbitraire dans le plan où se meut Jove. Quel mouvement va prendre ce troisième corps ? Sous l'influence des attractions combinées du soleil et de Jove, la météorite décrira une orbite d'une complexité extraordinaire ; tantôt elle ira lentement à une grande distance du soleil et de Jove, tantôt elle marchera à une grande vitesse, en passant près de celui-ci ou de celui-là. Alors il lui arrivera d'échapper à mainte catastrophe ; mais il viendra un moment où une collision sera inévitable. La carrière de la météorite

---

(1) Reproduit dans *Ciel et Terre*, 1 janv. 1905, p. 517

sera terminée par absorption, probablement de la part du soleil.

« Supposons qu'au lieu d'une météorite ou petite planète, il y en ait des centaines, se mouvant, au début, dans toutes sortes de directions. Comme elles sont toutes fort petites, leur attraction mutuelle sera insignifiante, et chacune d'elles se mouvra comme si elle n'était en présence que du soleil et de Jove. La plupart des météorites seront absorbées par le soleil, et la minorité entrera en collision avec Jove.

« Si nous recherchons quelle sera la durée d'une météorite donnée, nous constatons qu'elle dépend de la direction et de la vitesse initiales, et que, par des dispositions convenables, la catastrophe finale peut être reculée aussi loin que nous voulons. En la reculant infiniment loin, nous arriverons à la conception d'une météorite qui se meut de façon à ne jamais entrer en collision avec aucun des autres corps.

« Il y a donc des orbites perpétuelles, dans lesquelles une météorite ou une petite planète peut se mouvoir éternellement sans collision. Mais lorsque nous avons trouvé une telle orbite, il nous reste encore à voir si un écart très léger est destiné à devenir de plus en plus grand, pour amener enfin une collision avec le soleil ou avec Jove, ou bien si le petit corps se mouvra de façon à traverser et à retraverser l'orbite perpétuelle exacte, en restant toujours près d'elle. Si le plus léger écart augmente avec le temps, l'orbite est instable ; si, au contraire, il ne provoque qu'une légère sinuosité dans le chemin à parcourir, l'orbite est stable.

« Nous devons donc établir une nouvelle distinction : il y a des orbites perpétuelles, mais certaines d'entre elles, la plupart même, sont instables, et celles-ci ne permettent pas une carrière éternelle pour une météorite ; il est aussi des orbites perpétuelles stables. Les instables sont celles qui succombent dans la lutte pour la vie et les stables sont les espèces adaptées à ce qui les entoure.

« Etant donné donc un système composé d'un soleil et d'une grosse planète, et d'un essaim de petits corps se mouvant dans tou es sortes de directions, le soleil et la planète grandiront par accroissement, absorbant peu à peu la poussière et les décombres du système ; il ne subsistera qu'un certain nombre de petites planètes et de satellites se mouvant dans des orbites déterminées. Le résultat final sera un système planétaire bien ordonné, dans lequel les diverses orbites seront disposées suivant une loi bien définie. » (1)

D'une manière analogue, la sélection naturelle est invoquée pour rendre compte de l'existence de nos éléments chimiques, dont les atomes, pense-t-on, sont composés d'un grand nombre de corpuscules élémentaires (électrons) qui gravitent autour d'un centre. « On a constaté, dit G. H. Darwin, que les orbites des corpuscules doivent être arrangées de certaines façons bien déterminées pour que les mouvements soient durables. Pour une discussion d'un caractère général, qui sera la seule que j'entreprendrai, nous pouvons supposer que le nombre des corpuscules du système soit fixé, et nous pouvons admettre que des nombres déterminés de corpuscules sont capables de s'associer en systèmes stables de types définis.

« Une infinité de systèmes, plus ou moins stables, sont possibles. Les corpuscules, dans un système, peuvent accomplir des milliers de révolutions dans leurs orbites avant qu'apparaisse l'instabilité; un atome peut durer longtemps sous une certaine forme, si l'on évalue le temps en millionnièmes de seconde ; mais il doit finalement se rompre, et les corpuscules doivent se disperser ou se ranger dans un nouvel ordre, après l'expulsion d'une partie d'entre eux. Nous sommes donc amenés à supposer que les divers éléments chimiques sont formés de systèmes de corpuscules qui ont, par leur stabilité, réussi dans la lutte pour la vie. » (2)

L'existence de la multitude des météorites ou des petites planètes à orbites instables, de même que celle d'atomes à structure fragile est une hypothèse à peu près gratuite. Si

---

(1) *Ibid.* 16 mars 1906 pp. 4-5
(2) *Ibid.* 16 janv. 1906 pp. 541—542.

même nous l'admettons on n'a encore aucun élément pour expliquer : 1° l'existence des structures quelles qu'elles soient; 2° l'existence de structures stables; rien n'empêche, en effet, que la série des phénomènes ne consiste dans une série indéfinie de structures instables; 3° l'existence de certaines structures stables de préférence à d'autres.

Si nous supposons que les forces de la nature ont déterminé d'emblée les structures stables que nous connaissons — hypothèse aussi vraisemblable que la précédente — il n'y en a aucun choix et, par conséquent, aucune sélection naturelle dans le sens propre du mot.

Aristote attribue quelque part aux anciens matérialistes cette conception : que d'innombrables combinaisons d'atomes s'étant formées par hasard, seules les combinaisons stables se sont maintenues. On a vu que la conception des ultra-darwinistes modernes ne va guère plus loin. A considérer les faits exclusivement par leur côté négatif, par ce qu'ils ne sont pas, on ne peut obtenir aucune explication de la forme qu'ils revêtent. Toute structure déterminée a une cause positive qu'il est possible de reconnaître. L'impossibilité d'un certain nombre d'autres structures ne nous fait pas comprendre celles qui existent, d'autant moins que ces dernières n'épuisent pas le nombre des structures possibles. Le hasard n'est pas une cause, mais simplement la négation d'une cause intentionnelle ou nécessaire ; ce n'est donc pas le hasard qui fournit l'explication désirée.

Pour affirmer l'action de la sélection naturelle dans l'évolution du monde vivant, Darwin avait le fait de la disparition d'un grand nombre de formes dont les restes sont enfouis dans le sol et la condition des organismes qui est de lutter sans cesse contre l'extermination ; il avait la loi de la multiplication des individus qui produit infailliblement la lutte pour la vie, à moins qu'ils ne soient décimés par le milieu ; il avait le fait souvent constaté de l'évolution graduelle telle que la sélection la fait prévoir ; il avait sous les yeux les effets de la sélection artificielle dont l'action, d'après lui-même, est identique à celle de la sélection naturelle. Rien de tout cela n'existe dans l'Univers inorganique. La théorie de la sélection naturelle ne semble donc guère lui être applicable, et en tout cas elle se réduit, pour ce qui le concerne, aux éléments négatifs que nous avons indiqués.

* * *

<small>La sélection naturelle dans l'évolution de l'individu.</small>

Le rôle de la sélection naturelle dans l'évolution des espèces a été délimité dans le paragraphe précédent. Nous n'y reviendrons pas. W. Roux s'est donné pour tâche de faire ressortir l'action de ce facteur dans l'evolution ontogénique. (1) Quoiqu'il en ait exagéré l'importance il a cependant fait voir que son influence est incontestable. Roux considère successivement la lutte des molécules dans les cellules, des cellules entre elles dans un même tissu, des tissus et des organes dans l'individu. On se convainc facilement que les conditions négatives de la sélection naturelle s'y trouvent vérifiées. Les substances nutritives que la circulation fournit aux organes, tissus, cellules, molécules, pour se constituer ou se reformer lorsqu'ils ont été détruits, sont nécessairement en quantité limitée ; de telle sorte qu'un élément organique qui épuise les ressources alimentaires de son milieu, détruit indirectement ou du moins empêche de se développer les éléments organiques qu'il prive de l'appui nécessaire.

Dans la plupart des cas aussi, la place dont disposent les éléments organiques pour leur développement est limitée ; dès lors, un tissu ou un groupe de cellules qui croissent activement empêchent les autres moins-actives de se développer à leur tour. Si l'on tient compte des fonctions qu'accomplissent les êtres vivants, des mouvements, par exemple, qu'exécutent les animaux, ou bien encore de l'action qu'exercent sur les téguments les influences extérieures, on comprendra facilement que toute partie de l'organisme n'est pas indifféremment pro-

---

(1) *Der Kampf der Theilen im Organismus.* Leipsig 1881.

pice à l'existence d'un genre de cellules, ou de tissus déterminé et que les éléments organiques, tout comme les êtres vivants eux-mêmes, sont exposés à subir l'action destructive du milieu.

Les facteurs positifs de l'évolution ne font pas non plus défaut. Les variations des éléments organiques (molécules, cellules, tissus ou organes) sont continuellement produites par l'action des forces incidentes qui diffèrent d'une partie à l'autre. Non pas que l'action de ces forces suffise pour expliquer la structure qui s'engendre sous leur influence ; mais les différences de développement ont comme cause excitante la différence des stimulants. C'est ce qu'on a appelé *l'action morphogène des excitations fonctionnelles*. Elle peut être considérée soit comme déterminant les variations des éléments organiques, soit comme favorisant la multiplication de certains éléments au dépens des autres.

Les éléments organiques jouissent aussi du pouvoir de s'accroître ou de se multiplier. Si l'on se contente d'envisager les effets de la lutte entre les parties dans l'organisme individuel, cette multiplication des cellules de même structure représentera la transmission héréditaire dans la phylogénie. Mais si l'on admet que les caractères acquis dans cette autoformation de l'organisme grâce à la lutte des parties peuvent eux-mêmes se transmettre par voie d'hérédité, les effets de cette lutte se continueront à travers les générations successives, contrôlés sans cesse par la sélection naturelle qui supprime les variations nuisibles. (1)

Nous avons déjà fait observer que la lutte entre les parties ne peut pas remplacer l'hérédité dans le développement ontogénique. La chose est évidente, si l'on songe à l'achèvement de la structure spécifique qui s'accomplit pendant la vie utérine où l'action des agents excitateurs

---

(1) Cf. Yves Delage. *La Structure du Protoplasme et les Théories sur l'Hérédité et les grands problèmes de Biologie générale.* Paris 1895 p. 724.

est réduite au minimum et où, pour les cellules, les causes de variabilité indépendantes de l'hérédité sont peu importantes. Le facteur mis en lumière par W. Roux est au contraire indispensable pour l'intelligence de l'évolution strictement individuelle, c'est à dire non héréditaire.

*
* *

La sélection naturelle dans l'ordre social.

Examinons le rôle de la sélection naturelle dans l'évolution sociale. Losqu'elles sont prospères, les sociétés humaines, de même que les ruches d'abeilles, essaiment, c'est à dire qu'elles possèdent une propriété analogue à ce qu'est la multiplication des individus dans le règne organique. Mais une différence importante à notre point de vue entre la génération qui produit une nouvelle plante ou un nouvel animal et la colonisation qui produit une nouvelle société, c'est que la loi d'hérédité qui produit la ressemblance des descendants avec leurs parents est bien plus rigoureuse dans le monde organique que dans l'ordre social. Sans doute, il y a des chances pour que les colonies copient plus ou moins fidèlement les institutions de la mère-patrie ; mais l'histoire des colonies espagnoles, anglaises, et dans l'antiquité celle des colonies grecques nous apprend que, de fait, il existe souvent de grandes différences dans la forme du gouvernement et dans tous les autres éléments de l'évolution sociale entre les cités-filles et la métropole. La colonisation n'assure donc pas la continuation de l'évolution graduelle par sélection naturelle comme le fait la génération des êtres vivants.

D'autre part, la durée des sociétés et leur variabilité sont suffisantes pour que, à cet égard, la sélection trouve matière à s'excercer pendant leur évolution.

La lutte pour l'existence entre les sociétés humaines existe incontestablement, soit sous forme de guerre, soit sous forme de concurrence industrielle et commerciale. Outre les entreprises auxquelles elles sont en butte de la part de leurs voisines, les sociétés humaines ont à lutter, surtout dans leurs phases primitives, contre le milieu: le climat, le manque de nourriture et même les animaux sauvages. Toutes renferment en elles-mêmes des causes d'instabilité plus ou moins redoutables. Enfin, certains types d'organisation sociale, telle la république de Platon, sont irréalisables.

Il faut donc admettre que la sélection naturelle exerce une influence réelle sur l'évolution sociale en conservant les sociétés les plus aptes à vivre au depens des autres.

Nous venons de parler de l'évolution de la société comme telle ; on peut se demander aussi quelle sera l'influence de la sélection naturelle sur le développement de l'homme au sein de la société. Que la lutte pour l'existence entre les individus exerce par sélection une influence sur l'évolution du type humain, c'est ce que probablement tout le monde admettra. Mais la question est de savoir si la sélection obtenue de cette manière est la grande loi de progrès. Spencer (1) prétend limiter la bienfaisance par la préoccupation de ne pas contredire la loi naturelle, en vertu de laquelle le progrès de la race doit s'accomplir par la survivance des plus aptes. Ce résultat sera atteint, d'après lui, si on laisse la lutte pour l'existence se poursuivre, tandis qu'il sera compromis si l'on aide les incapables et les dégénérés à survivre et à se multiplier.

Remarquons en passant que s'il n'y a pas de liberté, la tendance en vertu de laquelle l'homme a pitié des misérables et les aide, est aussi bien une loi naturelle que la loi de la sélection et qu'on ne voit pas du tout pourquoi la première doit céder le pas à la seconde.

Laissant cela, il n'est pas difficile de se convaincre que la loi de la survivance, dans la société humaine, ne vise pas toujours — tant s'en faut — les plus aptes. Les individus d'une espèce animale, vivant dans des conditions égales pour tous, dépendent pour leur succès dans la lutte pour la vie de leurs aptitudes intrinsèques : accordons cela. Mais ces circonstances égales ne sont pas réalisées pour les individus humains dans nos sociétés ; le succès dans la

---

(1) *Bienfaisance positive.* ch. VII § 158.

lutte y depend surtout des circonstances heureuses ou malheureuses où l'homme se trouve. La situation de fortune, le rang social, le milieu familial que l'enfant rencontre en naissant ne déterminent-ils pas, en règle très générale, ce que sera sa carrière ? Il y a évidemment des différences provenant des aptitudes individuelles, et l'on voit parfois des hommes parvenir à s'élever au-dessus de leur classe ou tomber dans une classe inférieure. Mais ne sont-ce pas des exceptions ?

Dans la lutte pour l'existence entre hommes, les avantages sont tout d'abord du côté de ceux qui possèdent au dépens de ceux qui ne possèdent pas. Même dans chaque classe considérée à part, qui oserait prétendre que la victoire appartient toujours aux plus intelligents et aux plus honnêtes et pas plutôt aux plus grossiers et aux plus fourbes ? « Le conflit humain, dit A. Loria, bien loin d'être, comme la lutte animale, une cause de progrès, est un élément de rétrogradation et de dégénérescence. » Et il conclut : « Bien loin d'assister en spectateurs à la lutte pour l'existence, d'encourager les gladiateurs à l'instar de la foule romaine au cirque ou des darwinistes dans leur sociologie, nous devons tâcher d'adoucir cette lutte et de restreindre le champ de l'action, nous qui savons qu'elle assure le triomphe des pires et conduit au mal..... Il faut substituer l'alliance à la lutte entre humains, l'altruisme à l'égoïsme, l'amour à la concurrence...... Nous savons que la défaite des malheureux dans la lutte sociale est le résultat du milieu économique et non d'une infériorité naturelle. Nous demanderons que l'État intervienne en leur faveur et atténue au moins les cruautés dont ils sont les innocentes victimes. » (1)

Il y a une grande part de vérité dans cette apprécia-

---

(1) Revue Internationale de Sociologie. Juin 1896 p. 146 — 150. cf. également ALFRED FOUILLÉE *Les fausses conséquences morales et sociales du Darwinisme*. Revue des Deux mondes 1ᵉʳ oct. 1901 — SALVADORI *Rivista italiana di sociologia* 1904 p. 67 DALLARI. *Il pensiero filosofico di H. Spencer*. Turin 1904 p. 56.

tion, assez pour affirmer que l'évolution progressive de l'homme au sein de la société n'a pas ou du moins n'a guère pour facteur la sélection naturelle.

On ne réfute pas cette critique en faisant remarquer avec Saleeby (1) que la formule spencérienne de la sélection naturelle affirme la survivance du plus apte et non pas du meilleur. Il n'en est pas moins vrai que la marche générale de l'évolution organique a été progressive et que ce progrès est considéré par Darwin et par Spencer comme dû en grande partie, par d'autres comme dû uniquement à la sélection naturelle. Il est certain aussi que, d'après eux, la marche générale de l'humanité sous l'action de la sélection naturelle doit-être progressive et aboutir à la multiplication non seulement des plus aptes à vivre, mais aussi, en général, des plus intelligents et des plus moraux. Or, c'est précisément l'insuffisance de cette conception que nous avons montrée, lorsqu'on l'applique à la société dans laquelle nous vivons.

* *

Insuffisance essentielle de la sélection naturelle.

Afin d'apprécier exactement l'influence de la sélection naturelle sur les différentes formes d'évolution, il faut se rappeler que, par sa nature même, elle favorise exclusivement le développement des caractères qui ont une importance décisive dans la lutte pour l'existence ou dans la survivance des plus aptes. Elle est donc incapable — comme nous l'avons déjà fait remarquer à propos de l'évolution organique — d'expliquer le développement des caractères qui n'ont pas d'utilité sélectionnelle, c'est à dire qui ne confèrent pas à l'agrégat une probabilité effective plus grande de survie.

En outre, dès qu'on admet l'existence de facteurs d'évolution autres que la sélection naturelle, il est possible que certains caractères utiles soient fixés et développés indépen-

---

(1) *op. cit.* p. 282.

damment de cette dernière. Par exemple, on admettra sans difficulté que le progrès scientifique confère à une nation des avantages dans la lutte pour l'existence sur celles qui en sont privées, soit dans la guerre, soit dans la concurrence industrielle. Cependant personne n'attribuera raisonnablement à cette circonstance le progrès scientifique qui a été réalisé dans les nations européennes pendant les dernières siècles. Ce n'est pas par la survivance des nations les plus savantes que cette évolution s'est produite. Ce n'est pas davantage par une sélection qui se serait exercée au sein de chaque peuple en faveur des hommes de science. La science ne se transmet pas par voie d'hérédité, ni même, en général, l'aptitude à l'acquérir. Voilà donc une évolution qui aurait pu — absolument parlant — se réaliser grâce à la sélection naturelle; mais qui, de fait, en a été indépendante. Il faut donc protester contre le raisonnement simpliste qui consiste à conclure de l'utilité d'un caractère à son développement par sélection naturelle.

Il suit de ce qui précède que non seulement toute évolution n'est pas attribuable à ce facteur, mais encore que rien n'empêche l'existence d'une évolution se réalisant dans un sens opposé à celui que la sélection naturelle aurait fait prévoir. Non seulement tous les caractères qui se développent ne doivent pas nécessairement posséder une valeur sélectionnelle, mais rien n'empêche que l'un ou l'autre ne soit nuisible au point de vue de la lutte pour l'existence. Il suffit que les agrégats dans lesquels il se développe, parviennent à se maintenir, malgré le désavantage qu'il présente. Ce serait une erreur de s'imaginer que l'apparition d'une infériorité dans la lutte pour l'existence entraîne nécessairement et sans retard l'extermination des êtres chez lesquels cette infériorité existe. En attendant qu'ils succombent, le caractère désavantageux peut avoir tout le loisir d'évoluer. Un tel caractère ne constitue d'ailleurs pas nécessairement une dégénérescence, pas plus qu'un caractère avantageux dans la lutte pour la vie ne constitue nécessairement un progrès au point de vue de la perfection intrinsèque de l'être qui l'acquiert.

Les réflexions que nous avons faites sur le rôle de la sélection naturelle dans les formes principales d'évolution, seront facilement appliquées par le lecteur aux autres formes sans qu'il soit nécessaire d'y insister. Nous pouvons conclure que la sélection naturelle, étant un facteur complexe, exerce d'une façon ou d'une autre son influence dans toute évolution ; jamais cependant elle n'est le facteur unique et souvent son influence est très secondaire.

CHAPITRE VI.

§ I L'ÉQUILIBRE ET LA DISSOLUTION

L'équilibre absolu et l'équilibre mobile. — L'équilibre et l'évolution. — L'équilibre et l'adaptation. — Formes variées d'équilibre mobile. — La loi d'équilibre a priori. — Relation entre l'évolution et la dissolution. — Etude inductive de la dissolution. — Dernier problème.

Il nous faut maintenant reprendre les *Premiers Principes*, et après avoir étudié l'évolution proprement dite, nous occuper du procès de dissolution.

L'équilibre absolu et l'équilibre mobile.

L'évolution, d'après Spencer, aboutit nécessairement à *l'équilibre*, que ce soit le repos absolu ou absence de mouvement, ou bien la stabilité du mouvement, ce qu'il appelle *l'équilibre mobile*. Il en donne comme exemple la phase du mouvement d'une toupie où, dressée sur sa pointe, elle tourne avec rapidité sans changer de place ni balancer.

Dans l'équilibre mobile il y a toujours quelque chose d'immobile : soit le centre autour duquel s'accomplissent les mouvements, soit la situation moyenne dont ils s'écartent alternativement de part et d'autre, soit une relation quelconque qu'ils présentent à un élément invariable, comme l'adaptation de la vie à une situation déterminée.

Le repos dont il s'agit n'est que l'absence de mouvement *visible*, car le mouvement invisible existe inévitablement et constitue lui-même, lorsqu'il n'augmente ni ne diminue, une situation d'équilibre mobile. En outre, ce qu'on considère comme repos n'est souvent que l'absence d'un certain mouvement visible, la perte de tout mouvement de cette sorte n'étant — du moins actuellement — jamais réalisé dans la nature.

Il suit de là, — et ici nous nous écartons de la manière de voir de Spencer — que la situation d'équilibre n'exclut par la continuation de l'évolution. Equilibre, par soi, dit absence de changement, tandis que évolution, par soi, dit changement ; à cet égard ces deux situations sont incompatibles. Mais comme l'équilibre, même celui qu'on appelle absolu, n'est jamais que relatif — ainsi que nous venons de le dire — et comme un être peut ne pas subir de changements à un point de vue et en subir, au contraire, à d'autres, rien n'empêche que l'évolution d'un agrégat ne se poursuive lorsqu'on y a constaté à certains égards une situation d'équilibre. Tout ce que l'on peut dire, c'est que son évolution est arrêtée dans la mesure où l'équilibre existe. On verra aussi par la suite que l'on considère souvent comme étant en équilibre une situation qui ne se modifie que très lentement.

Comme preuve générale de sa thèse, Spencer signale la tendance de tout mouvement visible ou de toute cause de mouvement visible à se dissiper, c'est à dire à disparaître pour être remplacé par du mouvement invisible uniformément répandu. Cette considération très générale montre bien que l'Univers, dans son ensemble, tend vers un état d'équilibre, mais ne nous renseigne pas véritablement sur le terme propre des évolutions particulières.

Dans l'évolution des agrégats inorganiques, comme les redistributions de matière nécessitent de l'énergie, et comme l'énergie a une tendance à se dissiper sous forme moléculaire intransformable en mouvement visible, le procès d'évolution aboutit à l'équilibre par la suppression de ce mouvement.

Mais dans les cas d'évolution naturelle où le procès d'intégration procure à l'agrégat l'énergie nécessaire pour compenser les pertes, par exemple chez l'animal qui vit grâce à la nourriture qu'il absorbe, la même conséquence ne s'impose pas. Il est vrai que l'énergie transformable disparaissant à la longue dans l'univers, l'animal lui-même serait en tous cas enveloppé dans le repos universel, mais ce n'est point là, ni en théorie ni en fait, l'aboutissement de la forme particulière d'évolution qu'il réalise.

L'organisme vivant, lorsqu'il est arrivé à l'âge adulte, présente un cas d'équilibre mobile. Spencer le qualifie de *dépendant*, parce que son existence dépend de l'énergie qu'il reçoit du dehors ; tandis qu'il appelle *indépendant* celui qui existe en vertu de l'énergie propre de l'agrégat, par exemple, la situation actuelle du système solaire.

*
* *

L'équilibre t l'évolution. D'après Spencer, l'évolution tend nécessairement vers l'équilibre mobile et celui-ci n'est « qu'un état transitoire destiné à aboutir à l'équilibre complet, » (1) c'est à dire au repos. La première partie de cette affirmation est démontrée de la manière suivante : « Le fait que nous devions surtout remarquer, c'est que, comme conséquence de la loi d'équilibre déjà posée, l'évolution de tout agrégat doit marcher jusqu'à ce que l'équilibre mobile soit établi, puisque, ainsi que nous l'avons vu, l'excès de force que l'agrégat possède dans une direction doit, en définitive, se dépenser à vaincre les résistances au changement dans cette direction, ne laissant après lui que les mouvements qui se compensent mutuellement, de manière à former un équilibre mobile. Quant à l'état de structure que l'agrégat acquiert en même temps, il faut évidemment qu'il présente un arrangement de forces qui contrebalance toutes les forces par lesquelles l'agrégat

---

(1) P. P. p. 525 § 170 — F. P. p. 395.

est sollicité. Tant qu'il reste une force en excès dans une direction, qu'elle soit exercée par l'agrégat sur les parties qui l'entourent, ou par ces parties sur l'agrégat, l'équilibre n'existe pas et par conséquent la distribution de matière doit continuer. Il en résulte que la limite de l'hétérogénéité vers laquelle tout agrégat progresse, c'est la formation d'autant de spécialisations et de combinaisons de parties qu'il y a de forces spécialisées et combinées à équilibrer. » (1)

Pour que ce raisonnement tienne, il faut : 1° que l'énergie qui est dépensée à vaincre les résistances au changement dans une direction ne soit pas continuellement remplacée par l'énergie venue du dehors; 2° que les forces avec lesquelles l'état de structure est en harmonie, c'est à dire les forces intérieures et extérieures à l'agrégat, soient constantes.

Si la première de ces deux conditions n'est pas réalisée, l'évolution peut marcher indéfiniment dans un sens determiné, et si la seconde fait défaut, la redistribution de matière et de force dans l'agrégat variera continuellement et l'on n'aura jamais la stabilité du mouvement requise pour l'équilibre mobile.

Les considérations inductives permettront de mieux comprendre la portée de ces remarques trop abstraites.

L'évolution du système solaire réunit les conditions favorables à la thèse de Spencer. Dès que l'intégation des astres est arrivée à un point tel que les redistributions de matière y sont devenues négligeables relativement aux mouvements qu'ils exécutent, ceux-ci — étant donnée la constance de la loi d'attraction — ne subiront plus d'autres changements que ceux qui résultent de la résistance du milieu. Cette résistance étant très petite, le terme de l'évolution du système solaire, quant au mouvement des astres qui en font partie, peut être considéré comme un état d'équilibre mobile. Il offre encore ce caractère par le rayonnement de chaleur et de lumière qui s'y produit sans diminution apparente à partir de l'astre central. Cependant, à ces deux points

---

(1) P. P. p. 526 § 170 — F. P. p. 395.

de vue, l'état d'équilibre est transitoire : la résistance du milieu, quelque petite qu'elle soit, est réelle et la source de la chaleur solaire n'est pas inépuisable; les mouvements visibles des astres sont destinés à se transformer en énergie vibratoire et la chaleur solaire finira par être dissipée.

La terre présente dans sa forme une situation d'équilibre absolu, si l'on fait abstraction des changements superficiels — peu considérables relativement à sa masse — qui sont causés par les agents internes et externes. Ces changements eux-mêmes constituent à bien des égards des cas d'équilibre mobile : tels, la marche de la température, la circulation régulière des eaux et de l'air, la dénudation des continents qui contrebalance les soulèvements. Or, le jour où la déperdition de la chaleur centrale et le rayonnement solaire n'exerceront plus aucune action appréciable sur la surface du globe, toute la matière y sera réduite à l'état du repos. Ces états d'équilibre mobile ne sont donc, encore une fois, que des stades intermédiaires précédant l'équilibre absolu.

Mais comme l'évolution proprement dite s'observe surtout dans les êtres vivants, notre attention doit se porter davantage sur ceux-ci. Spencer considère d'abord l'évolution individuelle : « Tout corps vivant, dit-il, nous présente sous une quadruple forme l'opération que nous étudions : à chaque instant dans le balancement des forces mécaniques, d'heure en heure dans le balancement des fonctions, d'année en année dans les changements d'état qui compensent les changements de condition, et finalement dans l'arrêt complet du mouvement vital, dans la mort. » (1)

Laissons de côté pour le moment l'équilibre qui existe entre l'exercice des forces vitales et les circonstances intérieures et extérieures, et considérons ce que Spencer appelle le *balancement des fonctions*, c'est à dire l'exercice des fonctions vitales dans l'organisme adulte grâce à l'intégration continuelle d'énergie par la nutrition sous toutes ses formes. Nous y trouvons un bon exemple d'équilibre mobile : la structure ne se modifie pas d'une façon

---

(1) P. P. p. 585 § 173 — F. P. p. 402.

appréciable, les pertes de matière sont sensiblement compensées par les gains, l'usure des organes est réparée et la dépense d'énergie est contrebalancée continuellement par l'absorption de l'énergie extérieure.

Mais si l'on se demande dans quel sens cette situation est le résultat de l'évolution, la réponse qui s'impose est qu'elle dépend presque entièrement de l'hérédité et dans une faible mesure des circonstances particulières dans lesquelles s'est développé l'individu. Or, comme dépendant de l'hérédité, c'est à dire comme stade d'évolution de la forme à travers les générations successives, la forme adulte n'est pas plus un stade terminal que toutes celles qui l'ont précédée : elle est le stade *actuel* de l'évolution dans une certaine direction, mais on n'a aucune raison de la considérer comme un aboutissement. La forme adulte n'a ce caractère que pour l'individu, et comme elle n'a pas sa raison d'être dans l'évolution individuelle, il n'y a point de raison de la considérer comme un terme vers lequel marche le procès évolutif.

Il semble plus juste de considérer l'état d'équilibre de l'adulte comme la coïncidence de l'évolution individuelle avec l'évolution de la forme. En d'autres termes, l'équilibre existe dès que l'individu a atteint le stade de développement actuellement réalisé par l'espèce. Dès lors, l'état adulte comme tel, c'est à dire comme situation d'équilibre, n'est pas déterminé par l'évolution individuelle. Nous dirons donc que cette évolution présente dans l'état adulte un cas d'équilibre stable, mais nous ne considèrerons pas cet état comme le terme vers lequel marche, de sa nature, cette évolution.

Un examen attentif ne nous permet pas non plus de considérer l'équilibre qui caractérise l'état adulte comme un stade provisoire destiné — par sa nature — à se résoudre dans « l'équilibration complète que nous appelons la mort. » (1) C'est d'abord la conséquence de ce qui précède. L'évolution de la forme est un procès spécifique

---

(1) P. P. p. 528 § 171.

qui se poursuit à travers les générations successives, tandis que la mort est essentiellement un phénomène individuel. Il est vrai qu'on parle parfois de la mort d'une espèce, mais ce n'est là qu'une expression figurée qui signifie la disparition de l'espèce par la mort de tous les individus.

Il ne semble même pas qu'il faille considérer la mort comme l'aboutissement naturel de l'évolution individuelle. *A priori*, rien n'empêche que l'équilibre mobile de l'âge adulte n'ait — sauf accident — une durée infinie. En d'autres termes, si d'une part tout organisme est exposé à subir une mort violente ou accidentelle, d'autre part, la mort naturelle par décrépitude ne paraît pas être *a priori* un aboutissement fatal. Rien n'empêche — absolument parlant — que les fonctions nutritives, qui, dans une large mesure, contrebalancent l'usure des organes, ne s'acquittent parfaitement de cette tâche et ne maintiennent par conséquent l'organisme dans une situation toujours également apte à l'exercice de l'activité vitale.

Weismann fait remarquer avec raison qu'en réalité les organismes monocellulaires sont immortels. Ils peuvent évidemment périr de mort accidentelle, mais en dehors de cette hypothèse, ils se multiplient et se propagent indéfiniment par scissiparité ou par bourgeonnement. L'individu, si l'on veut, cesse d'exister lorsqu'il se divise, mais il continue à vivre dans chacun des deux organismes nouveaux, et, surtout, cette multiplication n'entraîne la destruction d'aucune partie de matière vivante. « En réalité, dit Weismann, on ne peut parler ici de mort ! Où est donc le cadavre ? qu'est-ce qui est mort ? Rien ne meurt, mais le corps de l'animal se sépare en deux fragments à peu près égaux, de nature à peu près similaire, dont chacun ressemble absolument à l'animal parent et dont chacun, comme celui-ci, continue à vivre pour se diviser plus tard de nouveau en deux moitiés. » (1)

---

(1) *Essais sur l'hérédité et la sélection naturelle.* Trad. de VARIGNY Paris, 1892 p. 23.

Spencer a attaqué cette manière de voir de Weismann dans *The Contemporary Review* (Mai 1893) (1). On n'a pas, prétend-il, le droit d'affirmer l'inexistence de la mort naturelle chez les protozoaires. Il pourrait se faire qu'après un certain nombre de générations par scissiparité, le procès de conjugaison fût nécessaire pour la conservation de la vie et de la multiplication. (2) Cela semble résulter en effet de certaines expériences de Maupas. D'autres expériences montrent cependant que cette nécessité du procès de conjugaison n'existe pas et qu'on peut, sans elle, obtenir la continuation indéfinie de la scissiparité, pourvu qu'on varie de temps en temps le milieu dans lequel les organismes vivent. (3)

D'ailleurs, comme Weismann l'observe dans sa réponse à Spencer, (4) la conjugaison n'est pas la mort. Tous les individus sont également propres à l'opérer ; il reste donc toujours vrai de dire qu'aucun d'eux n'est voué à la mort, comme c'est le cas pour les organismes supérieurs.

Même dans ces derniers, si l'on admet les théories de Weismann, la mort *naturelle* n'existe que pour les cellules somatiques, tandis que les cellules reproductrices continuent à vivre en se divisant indéfiniment comme les êtres monocellulaires. La mort de l'animal ou de la plante entraîne avec elle, il est vrai, la mort des cellules reproductrices qui se trouvent à ce moment dans le corps de l'individu, mais c'est pour elle un cas de mort accidentelle.

Enfin Weismann prétend que la mort est, dans les organismes multicellulaires, une conséquence de l'utilité que constitue ce procès pour l'espèce. « Supposons, dit-il, qu'une espèce supérieure d'animaux vînt à posséder la faculté de vivre éternellement ; ce ne serait évidemment d'au-

---

(1) Article reproduit dans *Problèmes de Morale et de Sociologie* sous le titre : *Insuffisance de la sélection naturelle*. Trad. de VARIGNY Paris 1894
(2) *Contemp. Rev.* Mai 1893 p. 747.
(3) cf THOMAS HUNT MORGAN, *Evolution and Adaptation* p. 113 sq.
(4) *The Contemporary Review*. Oct. 1893 p. 601.

cune utilité à l'espèce. Car, en admettant même qu'un individu immortel pût se soustraire, pendant un temps infini, à tous les hasards qui pourraient détruire directement son existence, — hypothèse à peine admissible, — il est certain qu'il aurait à recevoir quelques blessures, aujourd'hui à telle, dans dix ans à telle autre partie de son corps et ces lésions ne pourraient se réparer complètement ; il deviendrait par conséquent d'autant plus imparfait et estropié qu'il vivrait plus longtemps, et d'autant moins apte à remplir la destinée de l'espèce. Les individus s'usent extérieurement par le contact avec le monde extérieur; et rien que pour cette raison, il est déjà indispensable qu'ils soient continuellement remplacés par de nouveaux individus plus parfaits, même s'ils possédaient intérieurement la faculté de vivre éternellement.

« Il en ressort, d'une part, la nécessité de la reproduction, et d'autre part l'opportunité de la mort ; car des individus usés n'ont aucune valeur pour l'espèce, ils lui sont même nuisibles, en prenant la place de ceux qui sont sains. D'après le principe de la sélection, la vie des individus a donc dû se raccourcir — en admettant qu'ils aient été immortels à l'origine — de la durée qui était sans utilité pour l'espèce ; elle a dû se réduire à la durée qui présentait les chances les plus favorables pour l'existence simultanée d'un nombre aussi considérable que possible d'individus sains. » (1)

Weismann ne nie pas que la mort ne soit une conséquence de la constitution actuelle des cellules somatiques, mais il prétend que cette constitution n'est pas essentielle à la vie et qu'elle a été acquise à cause de l'utilité qu'elle présente.

Nous n'avons pas à faire ici la critique de cette théorie de Weismann qui, évidemment, soulève bien des objections. On peut voir comment il la développe, l'appuie et la défend, dans les deux premiers *Essais* du volume que nous citons. Ce qui nous intéresse, c'est la conclusion qui est en grande partie indépendante des difficultés inhérentes

---

(1) *op. cit.* (*Essais* etc) p. 21.

à l'ensemble de la doctrine et qui s'appuie sur une base expérimentale solide : « Comme la mort elle-même, la durée plus ou moins longue de la vie est une affaire d'adaptation ; *la mort n'est pas un attribut essentiel de la substance vivante,* elle n'est pas non plus liée nécessairement à la reproduction, elle n'en est pas une conséquence nécessaire. » (1)

Lorsqu'on songe à l'âge énorme de certains arbres, on peut se demander si la vie de beaucoup de plantes n'est pas, de sa nature, indéfinie, les individus étant d'ailleurs sujets à périr plus ou moins tôt par mort accidentelle. Il est certain, d'autre part, que chez les animaux supérieurs, une durée approximative de la vie est un caractère spécifique, de telle sorte que pour chaque espèce ou même pour chaque race, il y a une durée de vie qui n'est guère dépassée et qui est normalement atteinte. Mais cela ne suffit pas pour que nous considérions la mort comme le terme nécessaire de l'évolution vitale, ni comme exigée par la « loi d'équilibre. »

⁂

L'équilibre et l'adaptation.   Nous savons que Spencer trouve une application de cette loi dans l'adaption de l'organisme aux conditions dans lesquelles il vit. Il y a, sous ce rapport, équilibre pour autant que ces conditions sont stables ; car si elles changent, il n'y a plus équilibre, mais au contraire de nouvelles redistributions en vue d'une adaptation nouvelle.

Le pouvoir d'adaptation des organismes aux circonstances est limité ; les conditions compatibles avec la vie sont même comprises dans des limites assez étroites. Mais, dans ces limites, l'adaptation est évidente et elle se manifeste aussi bien dans l'espèce que dans les individus ; — quel que soit d'ailleurs le moyen par lequel elle est réalisée.

Cependant certaines observations s'imposent ici. D'abord la dénomination mécanique d'*équilibre* par laquelle Spencer

---

(1) *Ibid* p. 116.

désigne l'adaptation peut s'admettre pourvu qu'elle n'implique aucune affirmation concernant la nature des forces que l'organisme met en jeu. Une suspension à la Cardan qui supporte la boussole d'un navire modifie la disposition de ses pièces d'après les mouvements qui lui sont imprimés, de manière à maintenir toujours la boussole horizontale. De même, l'organisme des vertébrés règle les oxydations internes dans les conditions changeantes, de manière à maintenir constante la température du corps. Mais cette analogie d'activité — un peu vague d'ailleurs — n'entraîne pas l'identité des forces mises en jeu.

Ensuite, l'adaptation au milieu ne doit pas se concevoir comme une situation rigoureusement déterminée, tellement que sa réalisation soit incompatible avec tout changement ultérieur de structure. C'est en partant de cette idée fausse que Spencer en arrive à envisager l'adaptation parfaite au milieu comme un stade terminal de l'évolution de la forme.

« Nous avons vu, dit-il, que la limite de l'hétérogénéité est atteinte quand l'équilibre d'un agrégat devient complet, que la redistribution de matière ne peut continuer que tant qu'il persiste un mouvement non équilibré. Nous avons vu que, par suite, les arrangements terminaux de structure doivent être tels qu'ils puissent opposer des forces antagonistes équivalentes à toutes les forces qui agissent sur l'agrégat. Or, que suppose un agrégat organique dont l'équilibre est de ceux que nous appelons mobile? Nous avons vu que le maintien d'un équilibre mobile exige la production habituelle de forces internes correspondant en nombre, direction et intensité aux forces externes incidentes, c'est à dire autant de fonctions internes, isolées ou combinées qu'il y a d'actions extérieures à contrebalancer.

« Mais les fonctions sont les corrélatifs des organes; l'intensité des fonctions est, toutes choses égales, corrélative au volume des organes ; et les combinaisons de fonctions sont corrélatives aux connexions des organes. Il en résulte que la complexité de structure qui accompagne l'équilibre fonctionnel, peut se définir : un état dans lequel il y a autant de parties spécialisées qu'il en faut pour qu'elles puissent, séparément ou conjointement, contrebalancer les forces séparées ou conjointes au milieu desquelles existe l'organisme. Telle est la limite de l'hétérogénéité organique dont l'homme s'est plus approché que toute autre créature. » (1)

Ce raisonnement repose sur la conception de la vie que nous avons déjà critiquée, et d'après laquelle « toutes les actions vitales considérées non pas séparément, mais ensemble, ont pour but final le balancement de certaines opérations extérieures par certaines opérations intérieures. » (2)

Laissant de côté ce que cette définition a d'imparfait, constatons que les opérations extérieures peuvent être « balancées » de mille façons différentes, puisque nous voyons les organismes les plus divers vivre dans le même milieu et s'y adapter chacun de sa façon. De ce que la vie est un mode d'activité et s'exerce, comme toute activité, sur des objets, — de ce que, dès lors, elle présente nécessairement des relations avec ces objets et notamment avec les objets extérieurs, il ne faut pas conclure que sa nature est entièrement déterminée par ces objets, comme une force est déterminée en intensité et en direction par la condition qu'elle doit faire équilibre à une force donnée.

Même si l'on admettait que la sélection est le seul facteur d'évolution organique et que les organismes varient toujours dans le sens d'une meilleure adaptation au milieu, il ne s'ensuivrait pas du tout qu'il y a une forme d'adaptation *limite* qui est déterminée par le milieu. Qu'un organisme soit plus ou moins apte à pourvoir à ses besoins, à saisir sa nourriture, à se défendre contre ses ennemis, que ses organes soient mieux disposés pour les fonctions qui lui sont dévolues, que la nutrition y soit meilleure, la croissance et la multiplication plus rapide, la sensibilité (s'il s'agit d'animaux) plus fine, la mobilité plus grande : ce sont des conditions qui, considérées isolément ou dans leur ensemble, sont relatives au milieu, mais à la réalisation desquelles il n'est pas possible d'assigner une borne.

---

(1) P. P p. 538 § 173 — F P. p. 105.
(2) P. P. 87 § 25 F. — P. p. 60.

Il n'y a donc pas de terme d'évolution assignable, ni rien qui détermine « la limite de l'hétérogénéité organique. » Et sous ce rapport, encore une fois, il n'apparaît pas que l'évolution tende vers un état d'équilibre.

S'il fallait admettre la conception de Spencer, d'après laquelle les organismes présentent une situation d'équilibre rigoureux entre les forces plastiques et le milieu ambiant, il faudrait en conclure que l'évolution est entièrement déterminée par les changements de ce milieu. Elle consisterait uniquement en ceci : l'équilibre n'existant plus, les forces plastiques entrent en jeu et modifient l'organisme jusqu'à ce que l'équilibre soit rétabli. C'est, en effet, ce que Spencer enseigne : « Nous trouvons, dit-il, que la progression (évolution) résulte non d'une tendance spéciale aux corps vivants, mais d'un effet moyen général de leur relation avec les causes ambiantes. Au contraire, nous ne sommes pas mis en demeure de supposer qu'il existe dans les organismes un penchant primitif qui les porte à se développer continuellement sous des formes plus hétérogènes ; nous voyons qu'une aptitude au développement naît des actions et des réactions entre les organismes et leurs milieux variables. Enfin nous reconnaissons que l'existence d'une cause de développement suppose la non-production du développement aux endroits où cette variation d'actions et de réactions n'entre pas en jeu » (1).

Nous n'avons garde de nier l'importance des changements du milieu au point de vue de l'évolution, ni de contester que l'évolution de l'espèce tout comme celle de l'individu exige des conditions favorables, mais de là à considérer les variations du milieu et l'activité qu'elles déterminent dans les organismes comme les seuls facteurs de l'évolution, il y a loin. Nous venons de voir que la théorie sur laquelle s'appuie Spencer pour l'affirmer manque d'une base solide.

Enfin il n'est pas inutile de le répéter encore : rien

---

(1) *Princ. de Biol.* vol. I, p. 522 § 155.

ne nous autorise à affirmer que toute évolution est adaptative, même dans le sens restreint que nous venons d'exposer. A côté de l'évolution physiologique qu'on peut considérer comme telle et des modifications de structure qui s'y rattachent directement ou indirectement, il y a la genèse des particularités purement morphologiques pour lesquelles il est impossible d'imaginer un rôle adaptatif. Romanes rapporte qu'ayant examiné un à un les caractères spécifiques se rapportant à la coloration dans toutes les espèces de certains genres d'oiseaux et de mammifères, il a trouvé que le nombre des caractères auxquels il est impossible d'attribuer une utilité ou une relation quelconque au milieu dépasse de beaucoup le nombre de ceux qui apparaissent comme des adaptations. (1) L'argument n'est pas péremptoire, parce qu'on peut toujours objecter notre ignorance, mais il n'est pas sans valeur et il montre qu'il faut être sévère à l'égard des considérations théoriques sur lesquelles repose la thèse de Spencer.

* *

Formes variées d'équilibre.
Un élément strictement limité par les conditions extérieures, c'est le nombre d'individus appartenant à un groupe d'organismes. L'espace qu'ils occupent est restreint et, par conséquent, les ressources qui sont à leur disposition.

En outre, le même espace est occupé simultanément par d'autres groupes qui leur font la guerre d'une façon directe ou indirecte. Lorsqu'une espèce se multiplie, elle comprend après peu de temps le nombre d'individus que les circonstances comportent et il s'établit un équilibre entre sa force de propagation et les obstacles positifs (ennemis) et négatifs (manque de ressources) qu'elle rencontre.

L'adaptation au milieu se fait chez les animaux principalement par le moyen des facultés psychiques. Cette adaptation présente un état d'équilibre, pour autant que le

---

(1) *Darwin and after Darwin*, vol. II, p. 175.

milieu est stable, comme nous l'avons dit auparavant. On peut aussi considérer l'équilibre subjectif que les différentes facultés psychiques réalisent par l'établissement d'une certaine situation moyenne autour de laquelle oscille l'activité nerveuse à l'instar de ce qui a lieu dans la vie organique.

Lorsque nous avons exposé la loi d'après laquelle le mouvement est rythmique, nous avons fait remarquer que cette propriété a sa source dans une situation d'équilibre dont le mouvement s'écarte alternativement de part et d'autre, de sorte que ces mouvements oscillatoires sont la preuve qu'une telle situation d'équilibre existe. A la vérité, elle n'est jamais réalisée parfaitement, mais elle est la moyenne des situations qui se succèdent dans le fait.

Pour l'organisme social, cet équilibre mobile s'observe tant au point de vue de la population, qu'au point de vue industriel, c'est à dire le rapport entre la production et la consommation. Spencer fait remarquer que l'évolution sociale tend à amoindrir l'importance des oscillations autour de la situation d'équilibre et à la réaliser par conséquent de plus en plus effectivement, grâce à la limite qui est imposée par la nature des choses aux moyens de production, régulateurs par excellence de la population, grâce aussi aux moyens de communication qui facilitent l'écoulement des produits et la manifestation des besoins.

Au point vue politique, l'évolution sociale tend à modifier les institutions de manière à les maintenir en harmonie avec la situation du peuple. Tant que celle-ci ne change pas, cette concordance constitue une situation d'équilibre, situation provisoire, si le peuple progresse. Dans ce dernier cas, les institutions évoluent elles-mêmes, et il ne semble pas qu'elles tendent vers une situation d'équilibre *définitive*, pas plus que les formes vivantes.

Enfin, il est évident que les différents équilibres dont nous venons de parler sont des équilibres mobiles, qui consistent, non pas dans l'absence du mouvement, mais dans sa stabilité à certains points de vue. D'après le principe Spencer, cet équilibre mobile ne serait qu'une étape vers l'équilibre absolu. Nous ne voyons aucun moyen d'interpréter cette loi en l'appliquant soit aux sociétés, soit à l'évolution de la vie psychique. Il faudrait commencer par définir en quoi consiste pour celle-ci ou pour celle-là l'équilibre absolu, et nous avouons ne pas concevoir une telle définition.

*
* *

La loi d'équilibre a priori.

La démonstration *a priori* de la loi d'équilibre est tirée par Spencer de la déperdition fatale du mouvement visible : « des soustractions perpétuelles, causées par la communication du mouvement au milieu résistant, doivent nécessairement mettre fin au mouvement des corps dans un temps plus ou moin long. » (1) Lorsque l'agrégat a perdu tout mouvement visible, c'est l'équilibre absolu ; l'équilibre mobile s'établit lorsque des divers mouvements possédés par l'agrégat quelques-uns disparaissent, tandis que les autres continuent. « Dans tout agrégat animé de divers mouvements, ceux qui sont les plus faibles et qui rencontrent la plus grande résistance se dissipent relativement de très bonne heure ; et ceux qui sont les plus forts et qui rencontrent le moins de résistance se conservent longtemps ; c'est ainsi que se forment les équilibres mobiles dépendants et les équilibres mobiles indépendants. »

Ce raisonnement démontre que tout mouvement visible doit finalement disparaître et que toute évolution sera, en fin de compte, enveloppée dans cette destruction du mouvement. Il montre aussi que, dans certaines circonstances, des équilibres mobiles doivent s'établir. Mais, par contre, il est sans aucune portée pour les agrégats qui tirent leur énergie d'ailleurs et qui possèdent le moyen de la renouveler à mesure qu'ils la dépensent. Or, tels sont avant tout les êtres vivants et les sociétés humaines, c'est à dire les existences matérielles dont l'évolution est

---

(1) P. P. p. 554 § 176 — F. P. p. 113.

de beaucoup la plus intéressante. Il est vrai que ces existences elles-mêmes réalisent souvent de l'une ou de l'autre façon des situations d'équilibre, mais l'explication mécanique que Spencer propose ici est évidemment insuffisante pour en rendre compte.

On peut se demander s'il ne serait pas plus juste de considérer l'équilibre absolu comme un phénomène caractéristique des agrégats inorganiques, et l'équilibre mobile comme une chose propre aux êtres vivants individuels ou collectifs.

Les premiers, en effet, n'ayant régulièrement pas le moyen de puiser dans le milieu l'énergie qu'ils dépensent, aboutissent nécessairement à la perte de tout mouvement visible. Si, de fait, l'énergie leur est constamment fournie de l'extérieur, comme le soleil entretient le mouvement à la surface du globe, ils sont néanmoins à cet égard purement passifs et ce résultat ne peut pas être considéré comme caractéristique de leur nature. Et si dans d'autres cas, comme pour les systèmes astronomiques, la déperdition du mouvement est très lente à cause de la faible résistance qu'il rencontre, de sorte que la situation reste sensiblement invariable, cette circonstance est encore peu importante au point de vue théorique.

Les êtres vivants, au contraire, quoique sujets à mourir, présentent néanmoins un renouvellement continuel d'énergie qu'ils recueillent dans le milieu grâce à leur activité propre. Les résistances qui déterminent le repos absolu dans les agrégats inorganiques se trouvent dans l'agrégat lui-même ou dans le milieu. Quand la chaudière cesse de fournir de la vapeur à la machine, celle-ci continue à marcher pendant quelque temps, puis elle s'arrête à cause des frottements de ses organes. Les mouvements des planètes, au contraire, subissent une diminution très petite à cause de la résistance du milieu dans lequel elles se meuvent.

De même, les êtres vivants réalisent l'équilibre mobile en s'adaptant soit aux circonstances extérieures soit aux circonstances intérieures. Les animaux et les plantes règlent leurs fonctions d'après le milieu où elles vivent. Les sociétés s'organisent suivant les besoins de leurs membres. De telles adaptations peuvent être spontanées, comme dans les exemples que nous venons de citer, ou simplement imposées par les circonstances, comme la multiplication limitée d'une espèce. Dans ce dernier cas, notamment, l'équilibre ne peut pas être considéré comme le résultat naturel de l'évolution.

En résumé, il résulte de l'exposé que nous venons de faire et des critiques que nous avons formulées, que Spencer, à notre avis, conçoit d'une façon défectueuse les relations de l'équilibre avec l'évolution.

Nous venons de rappeler que tout agrégat, par là même qu'il a une nature déterminée, réalise nécessairement d'une façon ou d'une autre une situation d'équilibre stable. Donc l'évolution tend vers l'équilibre parce qu'elle tend à produire et à développer des êtres matériels déterminés. Cet équilibre sera absolu dans le cas d'évolution simple où l'intégration finale ne comporte pas de mouvements intérieurs visibles ; il sera au contraire mobile dans le cas d'évolution composée. Dans les agrégats inorganiques cet équilibre mobile est destiné par sa nature à faire place à l'équilibre absolu. Quant aux agrégats organiques, l'équilibre mobile qu'ils réalisent en vertu de leur évolution propre, détermine simplement leur individualité, mais n'implique nullement l'existence d'une situation terminale qui serait l'aboutissement du procès évolutif. Même l'état adulte des organismes individuels n'a pas ce caractère.

L'équilibre absolu auquel les formes supérieures aboutissent par la mort, n'est d'aucune manière le terme vers lequel tend le procès d'évolution, mais bien le terme du procès concomitant de dissolution, comme nous le verrons. C'est aussi au procès de dissolution que nous rattacherons la dégradation de l'énergie. Il en résulte que dans les cas d'évolution composée où l'agrégat ne renouvelle pas son énergie intérieure, l'état d'équilibre absolu vers lequel il tend, quoique fatal, n'est pas à proprement parler le terme de son procès d'évolution, mais également le terme du procès de dissolution par désintégration du mouvement.

Notons, enfin, que l'on peut observer dans l'évolution, notamment des êtres organisés, de nombreuses formes secondaires d'équilibre mobile.

*
* *

Relation entre l'évolution et la dissolution. Comme l'existence d'un être matériel commence avec son évolution, ainsi elle cesse par sa dissolution ; et comme le procès d'évolution consiste principalement dans l'intégration de ses éléments, ainsi la dissolution a lieu par leur désintégration. Il se peut d'ailleurs que de nouveaux liens remplacent les anciens, lorsque, par exemple, un agrégat est absorbé par un autre.

La désintégration, par elle-même, rend aux éléments leur indépendance, ou, si l'on veut, la mobilité qu'ils possédaient avant l'intégration ; elle peut avoir comme cause une absorption de mouvement : les éléments sont disjoints grâce aux mouvements individuels qu'ils conçoivent. Mais cette cause de dissolution n'est pas la seule.

Une société commerciale prend fin par ce que ses membres conviennent de considérer comme inexistant l'accord qu'ils avaient conclu. Après cet acte chacun reprend sa liberté d'action ; ces mouvements individuels sont la conséquence et non la cause de la dissolution de la société. Nous n'admettons donc pas, ce que veut Spencer, que la dissolution consiste toujours dans une absorption de mouvement, pas plus que nous n'avons admis que la perte de mouvement caractérise essentiellement l'évolution.

Au surplus, nous ferons remarquer que le procès de dissolution s'applique au mouvement de même qu'à la matière. Il ne rompt pas seulement les liens qui existent entre les parties de l'agrégat, mais encore et comme conséquence, il détermine une désintégration du mouvement. Si nous avons pu rattacher à l'évolution la transformation du du mouvement invisible des particules en mouvement d'ensemble ou visible, nous devrons donc de même rattacher au procès de dissolution la transformation inverse, c'est à dire la dégradation de l'énergie ou accroissement de l'entropie dont nous avons déjà eu plusieurs fois l'occasion de parler.

Si le système solaire marche vers une situation où tout le mouvement visible sera converti en chaleur, c'est qu'alors toutes les planètes seront réunies définitivement au soleil et ne formeront plus qu'une masse unique. Ce sera l'intégration de la matière constituant le système, mais ce sera aussi la fin du système lui-même et des astres particuliers, par la perte de leur individualité. Pour les corps qui constituent le système solaire, ce sera la dissolution aussi bien au point de vue de leur existence propre que de leurs mouvements.

D'une façon générale, dans tous les agrégats, un relâchement dans les liens qui unissent les parties sera accompagné d'une diminution dans la cohésion de leurs mouvements. Il ne faut pas confondre la désintégration du mouvement avec sa différenciation. Celle-ci appartient au procès progressif et est parfaitement compatible avec une coordination et une cohésion croissantes. Lorsqu'il s'agit des agrégats sociaux, il ne faut pas non plus se figurer que toute coordination des mouvements doive être nécessairement réglée par la loi et déterminée par la contrainte. Le progrès moral des individus peut être assuré dans une large mesure par la coordination spontanée de leurs mouvements et, dès lors, permettre l'existence d'une liberté plus grande, sans que la cohésion de l'ensemble s'en trouve amoindrie.

L'absorption du mouvement qui détermine parfois la dissolution de l'agrégat, n'est pas à proprement parler une intégration de mouvement par l'agrégat ; car ces mouvements destructeurs, au lieu d'être communiqués à l'ensemble comme tels ou aux parties en vue du tout, affectent au contraire les parties prises isolément et tendent à les séparer.

La dissolution est déterminée par toute circonstance qui détruit les liens physiques ou moraux qui existent entre les parties. Au lieu de caractériser la dissolution, comme le fait Spencer, par l'absorption du mouvement, nous préférons la définir par la désintégration du mouvement accompagnant la désintégration de la matière, ainsi que nous venons de l'expliquer.

Nous ne pouvons pas davantage être d'accord avec Spencer lorsqu'il considère la dissolution comme le terme *vers lequel tend* l'évolution et encore moins lorsqu'il l'envisage comme un procès qui succède normalement à l'équilibre. Il n'est pas trop difficile de démêler les préoccupations sous l'empire desquelles Spencer professe en cette matière des opinions qui sont, comme nous le verrons, si peu plausibles. Il conçoit la dissolution comme le point de départ d'une évolution nouvelle ; et, la considérant alors comme l'aboutissement de l'évolution par l'intermédiaire de l'équilibre, il constitue un cycle de phases — évolution, équilibre, dissolution, évolution, etc. — qui se succèdent fatalement et à l'infini.

Ce que nous avons dit au sujet de l'équilibre nous fait entrevoir le peu de solidité de cette construction ; ce qui nous reste à dire ici fera comprendre au lecteur pourquoi nous la considérons comme absolument ruineuse. Voici comment Spencer s'exprime : « Quand l'évolution a accompli son cours, quand l'agrégat a, à la longue, abandonné son excès de mouvement et reçoit d'ordinaire de son milieu autant qu'il perd, quand il a atteint cet équilibre où tous les mouvements viennent finir, il reste soumis à toutes les actions de son milieu qui peuvent accroître la quantité de mouvement qu'il contient, et qui, dans le cours du temps, donneront assurément à ses parties, d'une manière lente ou subite, un excès de mouvement capable d'en causer la désintégration. Selon que son équilibre est très instable ou très stable, sa dissolution peut se faire très rapidement ou être infiniment retardée, s'opérer en quelques jours ou être ajournée jusqu'après des millions d'années. Mais, en définitive, il doit venir un temps où cet agrégat, exposé à tous les accidents qui dépendent non seulement des objets de son voisinage immédiat, mais d'un univers partout en mouvement, périra seul où en compagnie des agrégats environnants par la décomposition de ces parties. » (1)

Dans les lignes précédentes Spencer considère la dissolution comme le fait du milieu agissant sur l'agrégat qui est arrivé à l'équilibre après avoir achevé son évolution. Nous avons déjà fait observer qu'il n'y a aucune raison d'assigner un terme à toute évolution, par exemple, à l'évolution sociale ou à l'évolution organique de l'espèce. Evidemment ces procès peuvent être arrêtés par des circonstances extérieures, mais de leur nature ils sont indéfinis.

En outre, l'équilibre qui serait précurseur de la dissolution est, d'après Spencer, l'equilibre absolu. Or, seule l'évolution des êtres inorganiques qui n'ont pas de source extérieure d'énergie, tend de sa nature vers ce terme. La conception de Spencer n'a donc en tous cas pas une portée generale. Elle ne nous parait même admissible à aucun degré.

En effet, la dissolution par le fait du milieu, non seulement n'est pas solidaire de l'état d'équilibre qu'on assigne comme terme à l'évolution, mais elle peut se produire à un moment quelconque de l'évolution et cela d'autant plus facilement que celle-ci est moins avancée. Plus les éléments sont intégrés, plus ils offrent de résistance à une action extérieure qui tend à les séparer ; et *vice-versa* cette résistance est d'autant moindre que l'intégration est moins complète.

Quelques exemples montreront le bien fondé de cette remarque d'ailleurs assez évidente. Un édifice peut être renversé par le vent, un corps solide ou liquide volatilisé par la chaleur, un astre détruit par le choc avec un autre, une plante ou un animal peut succomber par l'action des causes mécaniques ou des microbes, une société peut être détruite par un peuple voisin. Dans tous ces cas, la dissolution peut se produire à un moment quelconque de l'existence de ces agrégats.

(1) P. P. p. 557 § 177 — F. P. p. 415.

En outre, un édifice en construction est renversé plus facilement par l'ouragan ; le liquide moins intégré que le solide, se volatise plus aisément ; la dissipation de la matière des astres qui se heurtent ne peut être que favorisée par la chaleur qu'ils possèdent avant le choc ; un organisme très jeune, végétal ou animal, succombe plus facilement aux blessures et aux maladies ; un peuple naissant est plus aisément détruit.

Que si l'on objecte la caducité des organismes vieux, sociaux ou individuels, nous répondrons que cette condition dans laquelle ils se trouvent, tout comme la mort à laquelle elle aboutit, est un effet de la dissolution, et ne peut en aucun cas être considérée comme le terme de l'évolution.

La dissolution, lorsqu'elle atteint un certain degré incompatible avec l'unité propre à l'agrégat, met fin à l'évolution, ou, en tous cas — si l'évolution est terminée avant qu'elle n'ait eu lieu — elle met fin à l'existence que l'évolution avait fait naître. C'est en ce sens seulement que ces deux procès sont corrélatifs : ils déterminent le commencement et la fin des êtres matériels. Mais nous croyons qu'il faut les considérer comme absolument indépendants à tous les autres points vue et notamment par les causes ou les circonstances qui les déterminent. La confirmation de cette manière de voir résultera de l'étude inductive du sujet.

*
* *

Etude inductive de la dissolution.

Spencer envisage d'abord la dissolution des sociétés. Elle consiste dans la désorganisation, c'est à dire dans la destruction plus ou moins complète des organes sociaux. L'armée est dispersée ou licenciée ou en révolte contre ses chefs ; ceux qui étaient investis du pouvoir central ont disparu ou sont dépossédés ; les chambres législatives sont dissoutes ; le pouvoir exécutif est impuissant. Ces effets, plus ou moins complètement réalisés, peuvent avoir pour motif une invasion étrangère ou une révolution intestine, l'une et l'autre pouvant être déterminées par des causes variées.

On s'attend à ce que Spencer mette en lumière ici que la dissolution de la société est l'aboutissement de son évolution. De fait, il ne s'y emploie guère. Voici tout ce qu'il dit à ce sujet : « Le Japon nous offre un bon exemple de la manière dont ces désintégrations sont susceptibles d'être mises au jour dans une société qui atteint la limite du développement du type auquel elle appartient, et atteint un état d'équilibre mobile. » (1) Et un peu plus loin : « Là même où une société parvenue à l'apogée du développement que permettait le caractère de ses unités, commence à dépérir et entre en décadence, la dissolution progressive qui s'y manifeste est encore de même nature. » (2) Ces passages montrent que Spencer suppose la thèse, mais n'en apportent aucune confirmation.

En réalité, toute organisation est exposée à des ennemis intérieurs et extérieurs. *Toutes choses égales d'ailleurs*, elle résistera d'autant mieux à leur action qu'elle est plus solide, c'est à dire mieux intégrée. Un grand danger pour un organisme social c'est de ne plus être en harmonie avec la situation et les aspirations du peuple, mais ce fait est le résultat, non pas de l'évolution, mais plutôt d'un arrêt anormal de celle-ci. Il se peut aussi qu'une organisation sociale devienne caduque, parce qu'elle s'est laissée envahir par les abus ; mais encore une fois ce résultat n'a rien de commun avec l'évolution. Elle est au contraire le résultat de l'action destructive qu'exercent déjà sur la société les causes internes qui provoqueront un jour son effondrement. C'est le procès de dissolution qui s'établit. L'organisme social luttera contre lui avec succès, ou il sera finalement désagrégé. Ce procès de dissolution entrave l'évolution et s'il l'emporte, finit, non seulement par l'arrêter, mais encore par défaire ce qu'elle avait réalisé. Les deux procès sont donc opposés et dus à des

---

(1) P. P. p. 558 § 178 — F. P. p. 117
(2) P. P. p. 559 § 178 — F. P. p. 117

causes indépendantes, bien que l'un soit le prolongement naturel de l'autre.

La même conclusion est amenée par la considération des organismes vivants. Remarquons d'abord que leur véritable dissolution est la mort, et non pas la dispersion de leurs éléments qui arrive parfois après. A la mort l'être vivant n'existe plus, l'unité qui le caractérise a disparu. Celle-ci, comme nous l'avons dit autrefois, ne consiste pas dans la juxtaposition des atomes, mais bien dans les liens étroits qui unissent entre elles les différentes parties. Cette unité se manifeste dans la vie organique par l'intime subordination et coordination des organes, mais surtout dans la vie psychique, dans laquelle toutes les perceptions affectent le même sujet qui réagit par des mouvements appropriés de l'ensemble.

Dès que la mort a envahi l'organisme, cette unité n'existe plus. Nous négligeons la question de savoir si la mort est, oui ou non, progressive, si la vie organique persévère pendant quelque temps lorsque la vie psychique a définitivement cessé. Nous considérons le moment où la vie a pris fin et nous disons que dès ce moment les différentes parties de l'organisme n'ont plus d'autre unité que n'en possèdent des corps bruts quelconques juxtaposés ou rattachés les uns aux autres. Les éléments du corps vivant ont donc repris leur indépendance et n'ont plus entre eux aucune des relations qui caractérisent la vie ; dès lors, la dissolution est accomplie.

Rien n'empêche de considérer la dispersion des éléments qui souvent est consécutive à la mort et d'y voir également un phénomène de dissolution ; mais ce n'est point la dissolution d'un être vivant, c'est la dissolution d'un corps inorganique absolument pareille, dans sa nature et dans ses résultats, à celle que peut présenter un agrégat de matière quelconque n'ayant jamais rien eu de commun avec la vie. Dès lors, les considérations que fait Spencer sur les conditions qui favorisent ou entravent la décomposition des cadavres n'offrent pour la question actuelle aucun intérêt.

Cela étant posé, il est d'abord évident qu'un organisme peut mourir de mort violente ou par suite de maladie à un moment quelconque de son évolution et que la mort n'a donc avec cette évolution aucun rapport nécessaire. Nous pensons qu'elle n'en a point d'autre que de l'entraver plus ou moins et que pour le reste, les procès d'évolution et de dissolution sont, ici encore, entièrement indépendants. La chose est évidente pour les cas et dans la mesure où la mort est due à l'action des causes extérieures accidentelles. La même interprétation s'impose, lorsqu'on la considère comme la conséquence des causes internes ou normales.

En effet, l'évolution individuelle aboutit à une situation d'équilibre lorsqu'elle a rejoint le stade de l'évolution atteint par l'espèce. A *priori*, rien n'empêche cet état de durer indéfiniment. Pour comprendre qu'il prend fin, il faut tenir compte d'un procès de dissolution qui, en réalité, prend naissance en même temps que l'individu. Cette dissolution va en progressant, d'abord parce que l'organisme est incapable de réparer complètement les avaries qu'il subit inévitablement dès le commencement de l'existence, ensuite parce qu'il élimine imparfaitement les matières inutiles qui s'y introduisent ou les matériaux qui ont été déjà utilisés et qu'on appelle les résidus organiques. Ainsi, d'une part, les organes s'usent par des lésions plus ou moins notables qui vont s'accumulant ; d'autre part, les tissus s'encombrent de matières incrustantes ou dégénérées. Il arrive un moment où l'organisme est définitivement incapable d'exercer les fonctions vitales essentielles et où l'être vivant cesse d'exister.

Que l'on considère ce que nous venons de dire comme produit par la lutte des forces inorganiques contre les forces vitales, ou d'une autre façon quelconque, ce qui nous parait incontestable, c'est que la dissolution est un procès parallèle à l'évolution et qui en est indépendant.

Il n'est donc pas admissible qu'on les considère comme des phénomènes alternatifs, se succédant, de par leur nature, l'un à l'autre et constituant ainsi un cycle indéfini.

Quant à la dissolution des agrégats inorganiques : des corps liquides ou solides, de la Terre ou d'un astre quelconque, nous en avons dit assez pour montrer qu'elle n'offre pas non plus une base sérieuse à la conception de Spencer. Ces êtres tendent vers l'équilibre stable, mais leur dissolution est un procès absolument indépendant de leur intégration.

De ce qu'il n'y a pas entre les procès d'évolution et de dissolution la connexion que Spencer imagine, il ne suit pas qu'il ne puisse exister parfois entre eux certaines relations qu'il est intéressant d'examiner, notamment dans les êtres organisés. Nous venons de rappeler que pendant l'existence de l'individu ces deux procès sont généralement coexistants, en ce que certains changements qu'il subit contribuent à l'intégrer davantage, tandis que d'autres qui s'y accomplissent simultanément poursuivent ou préparent sa dissolution. Il peut arriver aussi que le procès de dissolution ne concerne qu'une partie de l'agrégat, un organe de l'individu ou de la forme vivante, sans compromettre l'existence de l'ensemble.

On donne souvent à la dissolution, envisagée ainsi, surtout dans la *forme*, le nom de *régression* ou *d'évolution régressive*. L'importance de son rôle se révèle, dès qu'on réfléchit qu'un changement subi, par exemple, par une forme organique entraîne fréquemment, outre la production ou le développement de certaines parties, la disparition ou l'amoindrissement de certaines autres.

Afin de mieux nous rendre compte du caractère de l'évolution régressive dans les êtres vivants, considérons différentes circonstances dans lesquelles elle se produit.

Il se peut d'abord que la disparition d'une partie de l'agrégat soit simplement la conséquence du développement d'une autre : un nouvel organe se forme au dépens d'un organe préexistant.

Le cas le plus simple consiste dans la transformation directe d'une partie en une autre. Les feuilles se transforment en les différents organes de la fleur, les membres se transforment en nageoires, la vessie natatoire se transforme en poumon etc. C'est le même phénomène qui est à la fois progressif et régressif d'après le point de vue auquel on se place. Toutefois l'un des deux caractères sera considéré comme prédominant, suivant que l'organe nouveau est plus ou moins élevé en organisation que celui qu'il remplace. D'autres fois, la disparation de certains organes est impliquée dans un procès d'intégration ; ainsi l'intégrégation des vertèbres, ou bien la soudure des os dans les extrémités des membres de certains animaux entraîne la disparition des articulations et des organes accessoires.

Un second cas à considérer, c'est la régression d'organes devenus inutiles, soit que leur fonction ait été dévolue à d'autres organes, soit que cette fonction ait cessé d'exister.

Telle la disparition des branchies chez les animaux à respiration aérienne, des stomates dans les feuilles des plantes aquatiques, la régression des dents des baleines, l'atrophie des organes de la vue chez les animaux qui habitent les cavernes ou les abîmes océaniques. Il n'est pas toujours facile de décider si c'est la cessation de la fonction qui a déterminé la régression de l'organe, ou bien si c'est la disparation de l'organe qui a eu comme conséquence la suppression de la fonction. Les ailes de l'autruche, du castor, des pingouins sont-elles réduites parce que les ancêtres de ces oiseaux ont renoncé au vol ? Les membres des orvets sont-ils rudimentaires parce que ces animaux se sont habitués à se traîner sur le sol ? Ou bien dans les deux cas faut-il adopter l'hypothèse contraire ?

Lorsque la fonction qui a disparu n'était plus utile et que l'organe n'était donc plus d'aucun usage, on jugera sans crainte de se tromper que c'est le manque d'usage de l'organe ou son manque d'utilité qui a déterminé sa disparition. Dans ce cas, le phénomène de régression ne peut pas être considéré comme un acheminement vers la dissolution de l'organisme dans son ensemble. C'est la régression de l'organe, mais non pas la régression de l'organisme.

Il faudrait en juger autrement s'il s'agissait d'une fonction évidemment utile. Dans ce cas on ne pourrait expliquer sa cessation que comme une *conséquence* de l'atrophie de l'organe correspondant, et cette régression serait un pas en arrière pour l'organisme tout entier.

Nous rangerons donc dans une troisième catégorie les disparitions d'organes qui ne s'expliquent pas par la disparition préalable de la fonction. De telles régressions sont nombreuses dans l'existence des individus et on doit les considérer comme préparant la dissolution finale. Mais existent-elles aussi dans l'évolution des formes ?

Même les partisans de l'efficacité universelle de la sélection naturelle ne nieront pas qu'une transformation progressive et utile peut se produire en même temps qu'une modification régressive et nuisible, surtout s'il y a quelque connexion entre l'une et l'autre et que l'ensemble des deux caractères constitue un avantage. Ils admettront également qu'une transformation peut être favorable à l'organisme dans les circonstances particulières où il se trouve, quoique, au point de vue de la perfection intrinsèque de la forme, elle constitue un recul. Une taille très grande, des organes très complexes et par suite très délicats peuvent être, dans certains cas, des désavantages dans la lutte pour la vie.

Si l'on n'admet pas que la sélection naturelle doit rendre compte de tous les changements des formes vivantes, on ne verra pas de difficulté à adopter la conception de De Vries que nous avons rapportée plus haut au sujet de la naissance des variétés, et l'on se fera ainsi une idée plus complète de la simultanéité des procès d'évolution et de dissolution dans les organismes. « L'avancement général la de nature vivante, dit cet auteur, dépend de l'évolution progressive. Dans les différentes parties du règne végétal et même dans les différentes familles, cette progression a lieu suivant des lignes différentes. Il en résulte une divergence croissante entre les groupes. Chaque pas est un progrès et bien des pas en avant ont dû être faits pour que des plantes florifères naissent des algues monocellulaires les plus simples.

« Mais en relation et en connexion très intime avec ce progrès, on rencontre l'évolution régressive. Elle est également universelle ; peut-être ne fait-elle jamais défaut. Il ne s'est pas accompli de grands changements sans que, d'une part, des qualités nouvelles aient été acquises, et d'autre part, des qualités soient devenues latentes. Partout ces régressions s'observent. Les genres polypétales *pyrola*, *ledum* et *monotropa* parmi les bruyères sympétales en sont un exemple remarquable. Toute l'évolution des monocotylédonés à partir des ordres inférieurs de dicotylédonés implique la perte apparente de la croissance du cambium et de beaucoup d'autres qualités. Dans l'ordre des aroïdées depuis *l'acorus calamus* avec ses fleurs petites mais complètes, jusqu'aux lentilles d'eau (*lemna*) presque entièrement réduites, on peut tracer une ligne ininterrompue d'étapes intermédiaires montrant partout la coexistence de l'évolution progressive et régressive. » (1)

On peut concevoir d'après cela qu'une série de phénomènes régressifs, surtout s'ils affectent les organes de reproduction, amène la disparition de la forme, comme l'évolution régressive de l'individu aboutit à sa mort. C'est un fait que des formes nombreuses se sont éteintes pendant les périodes géologiques sans laisser de descendants. Sans doute, ces disparitions peuvent s'être produites parce que les circonstances extérieures de climat ou de nourriture ont été modifiées, ou parce que ces organismes ont succombé dans la lutte pour l'existence contre des nouveaux-venus. Darwin n'admet pas qu'on ait recours à une autre explication. Cependant, rien ne nous autorise à affirmer que ces causes ont agi dans tous les cas et que jamais la destruction complète d'un groupe n'a été la conséquence de la dégénérescence générale de tous ses représentants. On en arriverait ainsi à envisager les formes comme ayant une durée d'existence limitée de même que les individus. Nos connaissances actuelles ne nous permettent guère d'apprécier la légitimité de cette conception. (2)

---

(1) *Species and Varieties. Their origin by mutation.* p. p. 221-222
(2) cf. Félix Bernard. *Éléments de Paléontologie*, Paris, 1895, pp. 311.

Le procès de régression a fait l'objet d'une étude intéressante dans laquelle les auteurs se sont appliqués a montrer dans l'évolution sociale des phénomènes semblables à ceux qui se produisent dans l'évolution organique. (*L'évolution régressive en Biologie et en Sociologie* par J. De Moor, J. Massart et E. Vandervelde, Paris 1897). Ils font voir aussi que ni la théorie, ni l'expérience ne permettent d'affirmer que la régression suit l'ordre inverse de l'évolution progressive. (1)

Nous savons déjà que, d'après De Vries, la régression ne fait pas en général disparaitre radicalement les caractères, mais les rend latents, de sorte que leur réapparition, quoique moins fréquente que leur disparition, serait cependant un phénomène normal. Il lui donne le nom d'atavisme systématique. On ne pourrait donc pas, comme le voudraient les auteurs que nous venons de citer, ériger en loi générale soumise à de rares exeptions, l'irréversibilité de l'évolution régressive. (2) L'état latent des caractères est d'ailleurs un fait d'une assez grande fréquence, comme il ressort des lois de Mendel. (3)

Il ne nous parait pas non plus démontré que la limitation des moyens de subsistance puisse être érigée en cause générale des phénomènes de régression. Celle-ci est fréquente chez les espèces domestiques auxquelles la nourriture ne fait en général pas défaut au point que la croissance d'un membre inutile constitue un désavantage dans la lutte pour la vie. Weismann recourait dans ces cas à la *panmixia*, comme nous l'avons rapporté. Ensuite, le développement de certains organes même très importants, comme l'œil par exemple, ne représente pas une quantité de nourriture appréciable. Tout le monde n'admet pas non plus que l'atrophie des organes sexuels chez les abeilles neutres est une conséquence de l'insuffisance de la nourriture. Des circonstances extérieures peuvent agir comme stimulants

---

(1) p. 165 sq.
(2) p. 211 sq.
(3) cf. De Vries *op. c.* p. 216 sq.

sans être des causes véritables, et de fait, les différences qui séparent les insectes neutres des formes sexuées ne se réduisent pas à l'atrophie des organes reproducteurs. Enfin les auteurs admettent eux-mêmes des cas d'atrophie nombreux dont il est impossible d'assigner la cause. (1)

*
* *

Dernier problème.

Il reste à résoudre un dernier problème. « L'évolution dans son ensemble, dit Spencer, aussi bien que l'évolution dans ses détails, marche-t-elle vers le repos complet ? L'état de privation absolue de mouvement, appelé mort, qui termine l'évolution dans les corps organiques, est-il le type de la mort universelle au sein de laquelle l'évolution universelle tend à s'engloutir ? Enfin, devons-nous considérer comme la fin des choses un espace infini peuplé de soleils éteints, voués à l'immobilité éternelle ?

« A cette question spéculative, il ne peut y avoir qu'une réponse spéculative. Celle qu'on peut hasarder doit être considérée moins comme une réponse positive, que comme une objection à la conclusion qui prétendrait que le résultat prochain est le résultat définitif. Si, poussant à l'extrême l'argument que l'évolution doit aboutir à un équilibre ou repos complet, le lecteur conclut que, quoi-qu'il puisse arriver de contraire, la mort universelle continuera indéfiniment, il est légitime d'indiquer comment en poussant l'argument encore plus loin, nous sommes conduits à inférer une nouvelle vie universelle. » (2)

Voici la conception que Spencer propose : toutes les étoiles de notre système sidéral étant soumises à la force de gravitation, il faut qu'il y ait un mouvement d'ensemble qui rapproche ces astres et finisse par les précipiter les uns sur les autres. Ce choc réduira la matière des étoiles à un état nébuleux, à partir duquel l'évolution stellaire pourra recommencer.

---

(1) p. 271 sq.
(2) P. P. p. 567-568 § 182 - F. P. p. 421.

« Il faut pourtant, ajoute Spencer, indiquer une condition essentielle de l'entier accomplissement de ce résultat ; je veux dire que la quantité de mouvement moléculaire rayonnée dans l'espace par chaque étoile, tandis qu'elle se forme au sein de la matière diffuse, ou bien ne doit pas s'échapper de notre système sidéral, ou doit être compensée par une quantité égale de mouvement moléculaire envoyé dans notre système sidéral par les autres parties de l'espace. En d'autres termes, si notre point de départ est la quantité de mouvement moléculaire que suppose l'état nébuleux de la matière de notre système sidéral, il résulte de la persistance de la force que si cette matière subit la redistribution qui constitue l'évolution, la quantité de mouvement moléculaire abandonné durant l'intégration de chaque masse, plus la quantité de mouvement moléculaire abandonnée durant l'intégration de toutes les masses, doit suffire à les réduire de nouveau à la même forme nébuleuse. » (1)

Dans l'hypothèse adoptée ici par Spencer, le mouvement moléculaire répandu dans notre système stellaire, augmenté de l'énergie que représentent les mouvements visibles des astres, suffira en effet pour réduire la matière stellaire à l'état nébuleux qui a servi de point de départ, mais seulement à condition que ce mouvement moléculaire soit communiqué *intégralement* à la nouvelle nébuleuse au moment où elle est produite. Or, c'est ici que la théorie de Spencer est en défaut. Au moment où les étoiles tombent les unes sur les autres, *leurs mouvements visibles* se transforment en une quantité de chaleur qui suffit peut-être pour réduire leur matière à l'état nébuleux ; mais le mouvement moléculaire qu'elles ont perdu auparavant, pendant leur condensation, ne prend aucune part à cette transformation et n'est par conséquent pas communiqué à la nébuleuse. Celle-ci contiendra donc moins de mouvement moléculaire qu'elle n'en possédait lorsqu'elle a commencé la première fois à se condenser ; et à chaque nouveau

---

(1) P. P. p. 573-574 § 182

cycle elle en perdra davantage ; d'où, comme aboutissement final, le repos absolu.

Que le mouvement perdu par le rayonnement des astres soit demeuré dans le système stellaire, cela n'est d'aucun secours. On peut, en effet, concevoir deux hypothèses : ou bien l'éther qui forme la trame du système s'étend dans un espace très grand par rapport au volume de la nébuleuse, ou bien la nébuleuse remplit à peu près tout l'espace occupé par l'éther. Dans ce dernier cas, la nébuleuse ne peut pas perdre une quantité appréciable de chaleur par rayonnement. Elle conservera sa température et, par conséquent, son état nébuleux qui en est la conséquence. Dès lors il n'y a ni condensation ni évolution possible : ce sera l'équilibre de température et la suppression de tout mouvement visible promptement réalisé. Le résultat sera le même si, choisissant l'hypothèse d'une grande étendue de l'éther par rapport à la nébuleuse, on suppose que *cette dernière* reçoit d'autres parties de l'espace autant de mouvement moléculaire qu'elle en rayonne. La concentration n'est possible que si la chaleur est rayonnée dans les espaces remplis d'éther qui s'étendent au loin et n'est pas restituée par un rayonnement équivalent. Mais dans ce cas aussi la chaleur rayonnée est *irrémédiablement* perdue *pour la nébuleuse*. Les espaces compris dans ses propres limites auront toujours une température plus élevée que ceux qui s'étendent au delà ; ceux-ci ne pourront donc jamais lui céder l'énergie qu'ils ont recueillie.

Spencer admet que les alternatives de concentration et de diffusion se succèderont sans fin, pourvu que l'énergie rayonnée par les masses astrales demeure dans le *système stellaire*, ce qui exige qu'il soit limité ou qu'il reçoive du dehors autant de mouvement moléculaires qu'il en communique. Nous venons de voir que cela ne suffit pas.

Ce qu'il s'agit d'éviter, ce n'est pas seulement la dissipation de l'énergie hors du système stellaire, c'est sa distribution uniforme dans ce système lui-même. La condensation suppose le refroidissement et celui-ci exige une différence de température. Or, la chaleur que les corps sidéraux perdent par le rayonnement vers les espaces interstellaires ne peut jamais leur être restitué sous aucune forme. Quelles que soient donc les alternatives de refroidissement accompagné de concentration et d'échauffement par le choc accompagné de diffusion, la marche générale est un acheminement vers l'équilibre de température et l'absence de mouvement visible. En effet, à chaque phase de diffusion, la température de la nébuleuse sera diminuée de toute la chaleur rayonnée pendant la concentration précédente, en supposant même que tout le mouvement visible des masses astralés se transforme par le choc en chaleur. Le volume de la nébuleuse sera donc moindre, et, par conséquent, les mouvements sidéraux du nouveau système seront réduits.

Les périodes de diffusion et de concentration ne constituent donc pas un rythme indéfini, mais, tout au plus, un de ces mouvements oscillatoires qui s'arrêtent bientôt en se transformant en mouvement vibratoire du milieu. Tel le pendule qui oscille dans l'air et dont les excursions à partir de la position d'équilibre vont diminuant petit à petit.

On ne peut pas échapper à cette conclusion, et quant aux raisonnements sur lesquels elle s'appuie, ils ne sont pas moins légitimes que ceux qui annoncent un phénomène astronomique quelconque. Tout dépend de la certitude des lois et des données sur lesquelles on se base. L'immensité des espaces et des durées auxquels ils s'appliquent ne les infirme en rien, et nous ne comprenons pas pourquoi Spencer considère ces questions comme « dépassant les limites de la spéculation rationnelle » (1) ; ce qui ne l'empêche pas de les résoudre à sa façon.

Dans l'édition de 1900 Spencer a remanié les paragraphes que nous critiquons, mais sans y ajouter rien de nouveau quant à la substance, si ce n'est que pour empêcher la diminution de l'énergie de notre système solaire, même dans l'hypothèse d'un éther sans limites, il suffit de supposer que « la température de l'espace est la même en

---

(1) F. P. p. 131

— 412 —

dehors et à l'intérieur de notre système sidéral. » (1) Nous craignons fort que cette proposition n'ait pas l'approbation des physiciens. Nous nous abstiendrons de l'examiner parce qu'elle ne modifie en rien notre conclusion.

Nous n'admettrons donc pas que l'étude l'Univers suggère « l'idée d'un passé durant lequel il y a eu des évolutions successives analogues à celle qui s'accomplit actuellement et d'un avenir durant lequel il se peut que des évolutions pareilles s'accomplissent successivement » surtout si l'on conçoit, avec Spencer, ce passé et cet avenir comme indéfinis. On accordera si l'on veut que le raisonnement fait prévoir des « renouvellements d'activité de vie » (2), toujours est-il qu'il impose à l'esprit « l'équilibre et la mort » comme aboutissement final.

Donc *l'évolution générale de l'Univers matériel* a eu un commencement et aura une fin. Cette fin n'est pas la fin de l'Univers, c'est à dire des corps qui le constituent, mais la fin des transformations qu'ils subissent par l'établissement d'un état d'équilibre qui consiste dans l'absence de mouvement visible et la diffusion uniforme du mouvement moléculaire, — en vertu de la loi naturelle de la dégradation de l'énergie.

※

§ II EXAMEN DE LA SYNTHÈSE FINALE.

Evolution universelle. — Alternatives indéfinies d'évolution et de dissolution. — La force comme réalité fondamentale.

Evolution universelle.

Spencer termine par une récapitulation. Tout en résumant ses théories, il en dégage quelques aperçus généraux qui doivent être examinés.

---

(1) F. P. p. 431
(2) P. P. p. 576 § 183

C'est d'abord l'idée d'après laquelle toutes les évolutions particulières ne sont que des parties d'une évolution générale. « Nous avons jusqu'ici, dit-il, considéré la loi d'évolution comme complétement vraie de tous les ordres d'existences pris à part comme ordres distincts. Mais sous cette forme, l'induction manque de l'universalité qu'elle acquiert quand nous considérons les divers ordres d'existences comme formant par leur ensemble un tout naturel.....

« Nous avons itérativement remarqué qu'en même temps qu'un tout se développe, il se fait toujours une évolution des parties qui le composent ; mais nous n'avons pas observé que cette loi est également vraie de la totalité des choses, en tant que composée de parties depuis la plus grande jusqu'à la plus petite. Nous savons que tandis qu'un agrégat physique cohérent comme le corps humain s'accroît en volume et prend sa forme générale, chacun des organes qui le composent fait de même ; que tandis que chaque organe grandit et devient différent des autres, il se fait une différenciation et une intégration des tissus et des vaisseaux qui le composent ; et que même les éléments de ces tissus composants s'accroissent séparément et prennent des structures plus distinctement hétérogènes.

« Mais nous n'avons pas assez remarqué que, en partant du corps humain considéré comme une particule et en s'élevant aux parties plus grandes, on voit se manifester également la simultanéité de transformation : que tandis que chaque individu se développe, la société dont il est une unité insignifiante se développe aussi ; que tandis que l'agrégat-masse qui forme une société devient plus distinctement hétérogène, la Terre dont cette société est une partie inappréciable, le devient aussi ; que tandis que la Terre dont le volume n'est que la millionnième partie du système solaire, progresse vers une structure concentrée et complexe, le système solaire progresse de la même manière, et que même ses transformations ne sont pas autres que celles d'une partie à peine appréciable de notre système sidéral, lequel a traversé en même temps des changements analogues.

« Ainsi comprise, l'évolution n'est pas seulement une en principe, elle est une en fait Il n'y a pas plusieurs métamorphoses qui s'opèrent de la même manière, il y a une seule métamorphose qui s'avance universellement, partout où la métamorphose contraire n'a pas commencé. »

Rien n'empêche de considérer l'Univers comme un tout ; nous ne voyons même aucune raison a *priori* de nier qu'il accomplit une évolution d'ensemble. Celle que Spencer imagine pour notre système stellaire et que nous avons rapportée est analogue à l'évolution du système solaire. S'il s'agit de tout l'ensemble des êtres corporels, on peut concevoir qu'il soit soumis à un procès d'intégration de cette sorte, pourvu toutefois qu'on ne suppose pas l'Univers indéfini.

Mais ce n'est pas ce que Spencer a en vue, du moins principalement, dans le passage cité. Son but est de nous faire considérer toutes les évolutions particulières comme étant des parties d'un procès d'évolution universelle.

Il ne s'agit pas ici d'une question de mots. Si par évolution universelle on ne voulait signifier autre chose que l'ensemble de toutes les évolutions, il est clair que chacune serait une partie de ce tout. Mais une telle affirmation ne serait qu'une tautologie et nous ne pouvons pas supposer que Spencer n'ait voulu dire que cela. En réalité, il s'agit de savoir si l'ensemble de toutes les évolutions est réellement *une* évolution. De même qu'un ensemble d'hommes ne constitue pas nécessairement une société, ainsi un ensemble d'évolutions ne constitue pas nécessairement une évolution totale.

Pour qu'il y ait unité, il faut qu'il y ait coordination de parties, c'est à dire que chaque partie contribue à constituer le tout en tant qu'il est un. De sorte que, ici, la question se réduit à savoir si chaque évolution partielle est un facteur de l'évolution générale. La chose, cette fois encore, ne répugne pas a *priori*, mais elle n'est pas non plus nécessaire. Il faut en juger d'après le fait.

Laissant de côté l'évolution de notre système sidéral, considérons l'évolution du globe terrestre qui est moins problématique. Si les évolutions particulières que nous observons autour de nous font partie d'un procès général, ce sera en tant qu'elles font partie de l'évolution de la Terre. C'est bien ce que Spencer enseigne dans le passage que nous venons de citer. Or, il est facile de voir que l'évolution de la Terre et celle, par exemple, des êtres vivants sont deux procès absolument distincts et qu'on ne peut pas raisonnablement considérer la seconde comme une partie de la première. L'évolution du globe terrestre est en somme *une condensation par refroidissement*, les différenciations qui s'y manifestent n'appartiennent à l'évolution du globe qu'en tant que procès secondaires de l'intégration. Or, on ne voit pas en quoi celle-ci se trouve favorisée par l'évolution des animaux et des plantes. Si les organismes condensent certains gaz atmosphériques, c'est, du moins normalement, pour les abandonner de nouveau sous la même forme. La matière ne fait que passer dans le cycle vital sans s'y fixer. En outre, si même les êtres vivants contribuaient à la condensation des matériaux du globe, ce point de vue tout à fait accessoire de leur évolution ne suffirait pas pour la faire considérer comme une partie de l'évolution terrestre, telle que les ridements de l'écorce ou l'érosion des continents.

Toute évolution tire son unité du principe qui la détermine. La condensation des astres, ainsi que tous les phénomènes accessoires, sont dus à la force de gravitation et à l'attraction moléculaire qui n'en est probablement pas distincte ; tandis que la vie n'a que des relations assez vagues avec ces forces naturelles. Que la Terre devienne plus hétérogène parce qu'une société qui vit à sa surface se différencie (1), cela n'empêche pas que cette différenciation n'a rien de commun avec l'évolution propre du globe.

Nous sommes disposés à admettre que l'évolution de la vie terrestre possède une unité véritable, ayant eu vraisemblablement des débuts assez homogènes, et s'étant poursuivie sous l'empire des lois générales, de sorte qu'ainsi l'évolution de chaque individu est réellement une partie de l'évo-

---

(1) P. P. p. 586 § 188. — F. P. p. 139.

lution d'ensemble à laquelle il contribue pour sa part. Mais, si sur quelque autre planète des êtres vivants se sont également développés, le procès d'évolution eût-il été analogue a celui qui a été réalisé sur la Terre, nous n'en serions pas moins en présence d'une évolution absolument distincte et indépendante, et il serait illégitime de considérer ces deux évolutions comme des parties d'une même évolution totale, alors qu'elles sont séparées l'une de l'autre par l'espace et le temps et qu'elles ne concourent pas par leur nature à un effet d'ensemble.

Nous repoussons donc cette idée de l'Univers accomplissant une évolution unique dont toutes les existences particulières ne seraient que des épisodes.

D'ailleurs, Spencer restreint lui-même le caractère absolu de sa conception, lorsqu'il excepte de « la métamorphose qui s'avance, universellement » les parties de l'Univers où la métamorphose contraire a commencé. Il n'y a donc pas un procès d'évolution générale, puisqu'il y a des parties de l'Univers où a lieu la dissolution. Ce n'est pas que ces deux procès ne puissent pas avoir entre eux des relations étroites. La mort des individus est intimement liée à l'évolution des sociétés, de même que la dissolutions des cellules épithéliales se rattache à la vie de l'animal. Néanmoins les deux procès sont distincts et leur existence constitue une dualité qui ne s'accorde pas avec l'unité rêvée par Spencer.

« Quel fondement a-t-on, dit J. Ward, pour affirmer que l'Univers (comme tel) a subi une évolution ? Un homme, une nation, un continent, un système sidéral, comme objets particuliers, ont chacun leur histoire déterminée de naissance et de mort, de progrès et de décadence, de brouillard brûlant et de consolidation froide et morte. Mais croissance et décroissance, ascension et déclin, élévation et dégradation évolution et dissolution sont partout contemporains. Nous n'avons qu'à étendre notre vue pour trouver un ensemble permanent d'êtres individuels qui passent et qui se trouvent à toutes les phases du changement. » (1)

---

(1) *Naturalism and Agnosticism*, vol. 1 p. 101

* *

Alternatives indéfinies 'évolution et e dissolution

De même que toutes les évolutions particulières ne constituent pas une évolution totale, de même toutes les dissolutions particulières ne sont pas les parties d'un procès de dissolution universelle.

Tous les êtres matériels sont sujets à être détruits, parce qu'ils sont composés de parties qui peuvent être séparées les unes des autres par une force suffisante. Il y a, sous ce rapport, une distinction à faire entre les agrégats dont l'équilibre est très peu stable, comme les êtres vivants, et ceux dont l'équilibre est très stable, comme certains corps inorganiques à l'état solide.

Les premiers sont facilement détruits et n'échappent, en général, pas très longtemps à la dissolution. Ils ont même à lutter constamment contre elle : la mort arrive par le fait qu'ils y succombent. Les seconds, au contraire, se maintiennent pendant des périodes illimitées.

Quoique la destruction soit, dans le sens que nous venons de dire, le sort commun des êtres matériels, il n'y a pas lieu de la considérer comme le résultat naturel du procès d'évolution. Nous avons montré dans le paragraphe précédent que l'évolution du système solaire et cette évolution que Spencer admet pour notre système stellaire, tendent l'une et l'autre vers l'équilibre définitif.

De sorte que la conception d'une évolution universelle succédant à la dissolution universelle par un mouvement rythmique indéfini est inacceptable à tous les points de vue. Spencer dit bien que « cette conclusion .... est un corollaire de la loi de la persistance de la force ». (1) Mais il n'apporte aucune preuve pour établir cette affirmation.

Spencer dit encore : « Si nous sommes ainsi conduit à concevoir une série d'évolutions remplissant un passé sans limite et une série d'évolutions remplissant un avenir sans limite, nous ne pouvons plus attribuer à la création

---

(1). P. P, p. 500 § 190.

visible un commencement et une fin définis, ou la croire isolée. Elle s'unifie avec toute existence avant ou après, et la Force que l'Univers manifeste rentre dans la même catégorie que l'Espace et le Temps, elle n'admet pas de limite dans la pensée. » (1)

Nous croyons être justifiés à dire que cette idée synthétique est en opposition avec les résultats que nous avons recueillis de l'étude de l'univers matériel. En outre, elle soulève, au point de vue spéculatif pur, des objections péremptoires. Nous allons les indiquer brièvement pour les lecteurs qui n'admettent pas avec Spencer qu'il est loisible d'adopter des conceptions, lors même que par ailleurs elles sont démontrées absurdes.

Qu'une série soit illimitée dans l'avenir, cela n'a rien d'impossible, parce que l'avenir n'étant jamais réalisé tout entier, les termes qui se succèdent les uns aux autres formeront toujours un nombre limité. Mais il n'en est plus de même si on suppose une série illimitée dans le passé. Les termes qui la composent ont été tous réalisés ; ils constituent une multitude déterminée. Or, une multitude déterminée ne peut pas être infinie (2).

En outre, à chaque moment il est vrai de dire qu'un événement qui se produira seulement après un temps infini ne se produira jamais. On n'arrive jamais au bout d'un temps infini, puisque ce temps n'a pas de bout, c'est à dire de fin.

Or, si l'univers existe depuis un temps infini, certains événements sont actuellement passés depuis un temps infini. Car si toutes les phases qu'a parcourues l'univers sont passées depuis un temps fini, l'univers n'existe que depuis un temps fini, il a eu un commencement, il n'est pas éternel.

Si certains événements sont passés depuis un temps infini, les événements actuels sont, par rapport à ceux-là, le futur à l'infini. En d'autres termes, si à l'époque où

---

(1) P. P. p. 590-591 § 191 — F. P. § 190, p. 442.
(2) Cf. CARBONNELLE. Revue des questions scientifiques. Avril 1878.

l'univers traversait la phase A supposée passée depuis un temps infini, on demandait après combien de temps se réaliserait la phase actuelle, on devait répondre : après un temps infini ; et on devait conclure : elle ne se réalisera jamais. Or elle s'est réalisée ; donc admettre que certaine phase A de l'Univers est passée depuis un temps infini conduit à une contradiction. Par conséquent, aucune phase de l'Univers n'est passée depuis un temps infini. De même qu'il n'est pas possible d'atteindre ce qui est à l'infini au futur, de même il est impossible de procéder de l'infini au passé.

Nous considérons cet argument comme démonstratif. Il assume que l'existence de l'Univers comporte une succession d'événements ou de phases, ce qui est un fait d'expérience et est affirmé explicitement par toute théorie évolutionniste. Le prétendu retour cyclique des mêmes phases n'infirme en rien l'argument. Il n'y a aucune probabilité que jamais une phase quelconque se reproduise exactement dans tous ses détails. D'ailleurs, deux phases même exactement semblables ne sont pas identiques, pas plus que deux hommes auxquels on attribuerait les mêmes caractères. Une existence sans commencement ne peut convenir qu'à un être qui n'est pas soumis aux changements ; car le supposât-on immobile quoique muable, on pourrait, dans son existence, distinguer des phases possibles, ce qui suffit, à notre sens, pour qu'il ne puisse pas être sans commencement.

Du moins nous croyons avoir fait voir qu'une série continue d'événements telle qu'elle est réalisée dans l'Univers ne peut sans contradiction être dite éternelle.

Aucune philosophie n'admet des propositions contradictoires ; aucune, dès lors, ne peut justifier l'affirmation de l'éternité de l'Univers. Celui-ci a donc commencé.

Cette conclusion ne peut pas être rejetée sous le prétexte qu'elle est *inconcevable*. Nous ne répéterons pas ce que nous avons dit à ce sujet dans la première partie de cette étude. L'adage : *ex nihilo nihil fit* est une amphibologie. Signifie-t-il que *rien* ne peut pas être la matière dont on fait quelque chose ? Cela est bien évident ; mais aussi qui l'affirme ? Veut-il dire qu'aucune chose ne peut être produite sans quelque matière dont elle soit fabriquée ? C'est bien cela qui est en question. Mais nous ne connaissons aucune démonstration de ce prétendu principe et nous avouons ne pas en voir l'évidence.

La création n'est pas plus inconcevable que l'attraction, la communication du mouvement, la transformation de l'énergie et mille autres choses dont l'expérience nous garantit la réalité.

Les difficultés que certaines conceptions entraînent ne doivent pas nous empêcher d'en reconnaître la vérité. « Toutes les fois, dit Pascal, qu'une proposition est inconcevable, il faut en suspendre le jugement et ne pas la nier à cette marque, mais en examiner le contraire ; et si on le trouve manifestement faux, on peut hardiment affirmer la première, tout incompréhensible qu'elle est. » (1)

Nous avons déjà dit que l'espace et le temps, loin de n'admettre aucune limite dans la pensée, sont au contraire nécessairement conçus comme limités, pourvu qu'il s'agisse de l'espace et du temps réels. Il en est de même de la force et de la masse. Ou même, ces dernières possèdent un élément, *l'intensité*, qui non seulement exige *a priori* des limites, mais dont les limites se constatent par l'expérience.

Ensuite, si la force est illimitée — et la même chose s'applique à la masse — comment concevrons-nous la *persistance de la force*, c'est-à-dire « que la force conserve la même quantité dans le passé comme dans l'avenir. » ? La diminution d'une force, par exemple de la force de gravitation, — hypothèse évidemment concevable — entraînerait-elle la diminution de *la force* ? Si non, le principe de la persistance de la force n'a plus aucune application aux phénomènes naturels. Si oui, ou bien après cette diminution la quantité de la force reste infinie et alors il faut admettre que l'infini peut être augmenté, ce

___
(1) *Pensées*. 1e Partie. art. II. Paris 1875. p. 21.

qui est absurde parce que l'augmentation suppose des limites ; ou bien la quantité de la force devient limitée par la soustraction qu'on y a faite et alors il faudrait conclure que la somme de deux quantités finies donne l'infini.

*
* *

<small>La force comme réalité fondamentale.</small>

L'étude du connaissable rejoint, d'après Spencer, la conclusion qui affirme l'existence de l'Inconnaissable au fond des choses : « Nous avons dit, dit-il, que la croyance en un pouvoir dont on ne peut concevoir les limites dans le temps ni dans l'espace, est l'élément fondamental de la Religion, élément qui survit à tous les changements de forme qu'elle peut subir..... Cette conscience invincible, où la Religion et la Philosophie donnent main au sens commun, est aussi, nous l'avons démontré, celle qui sert de base à la Science.

« Nous avons vu que la science subjective ne peut rendre aucun compte des modes conditionnés d'existence qui constituent la conscience, sans supposer l'existence d'un être inconditionné. Nous avons vu encore que la science objective ne peut pas expliquer ce que nous appelons le monde extérieur, sans regarder ses changements de forme comme des manifestations de quelque chose qui demeure constant sous toutes les formes. C'est encore à ce postulat que se ramène la synthèse que nous venons d'édifier. La reconnaissance d'une force persistante, qui varie toujours ses manifestations, mais qui conserve la même quantité dans le passé comme dans l'avenir, nous permet seul d'interpréter chaque fait concret, et en définitive nous sert à unifier toutes les interprétations concrètes. » (1)

L'Inconnaissable n'est donc pas autre chose que la force qui se déploie sous mille formes dans l'Univers.

---

(1) P. P. p. 502 § 191. — F. P. p. 113. Spencer a modifié plus tard la rédaction de ce passage, mais l'idée reste la même.

Cette conception accentue l'incohérence qui consiste à déclarer inconnaissable une chose dont on affirme l'existence et à laquelle on attribue des caractères définis.

Nous allons reprendre brièvement, en les confirmant, les arguments qui nous empêchent de souscrire à la synthèse d'après laquelle de la persistance de la force dériveraient toutes les lois des phénomènes matériels.

1. Quoiqu'on puisse employer le mot *force* au singulier pour désigner l'ensemble de toutes les forces physiques, chimiques et physiologiques, il ne faut pas oublier que dans l'état actuel de nos connaissances, elles nous apparaissent comme de nature différente. Certains théoriciens espèrent peut-être que toutes seront un jour reconnues comme des manifestations variées d'une seule force primordiale. Mais ce n'est qu'une vague conjecture. En tous cas il sera impossible d'identifier la *force vive* avec les forces qui ne consistent pas dans un mouvement. Il n'y a donc aucune unité objective qui corresponde à l'emploi du mot *force* au singulier.

2. Les forces que nous connaissons ne sont pas persistantes, mais elles varient suivant des lois constantes. Une des principales de ces lois est la conservation de l'énergie au moins dans le monde inorganique. L'énergie elle-même n'est pas unique ; elle se compose de deux éléments distincts : l'énergie vive et l'énergie potentielle. Il est vrai que la perte de l'une correspond toujours à un gain équivalent de l'autre. Mais, rigoureusement parlant, il est inexact de dire que l'une se transforme en l'autre, quoique cette expression soit reçue.

La plupart des phénomènes physico-chimiques ne sont que des phénomènes de mouvement, même ceux qui ne se manifestent pas comme tels à l'expérience directe. Mais les forces qui les déterminent peuvent être très variées. Toutes sont soumises à la loi de la conservation de l'énergie, mais, à proprement parler elles ne se transforment pas l'une en l'autre. Ainsi l'affinité chimique détermine, au moment de la combinaison, un courant électrique suffisant (sauf les pertes d'énergie) à déterminer le phénomène chimique inverse. Mais, à parler rigoureusement, l'affinité chimique ne se transforme nullement en courant électrique.

Une pierre suspendue à cent mètres de hauteur tombe sur le sol et s'arrête. A partir de ce moment, l'attraction terrestre existe aussi bien qu'auparavant, mais la situation du mobile n'est plus telle que cette force puisse produire encore le même mouvement. Une quantité d'énergie potentielle a donc disparu. Au moment où la pierre s'est arrêtée, elle s'est échauffée ainsi que le sol : nouvelle forme équivalente d'énergie. Dans ce phénomène, ce n'est pas l'attraction terrestre qui s'est transformée en chaleur.

La conception d'une force unique subissant de continuelles transformations ne repose donc sur aucun fondement.

3. Ni la force, ni le mouvement ne peuvent exister sans le mobile sur lequel la force s'exerce et dans lequel elle produit le mouvement. L'expérience nous apprend aussi que, d'une façon générale, les forces ont des mobiles comme siège. Le mobile est un être étendu qui est le siège du mouvement, le siège et le terme de l'action des forces, mais qui ne peut être confondu ni avec la force ni avec le mouvement. La conception de la force comme réalité unique n'est donc pas admissible.

4. La suite des phénomènes dépend de la nature et de l'intensité de toutes les forces qui y interviennent et d'une situation qu'on considère comme point de départ. Or, tous ces éléments sont contingents. Ils se présentent de fait sous telle forme, mais ils pourraient se présenter sous une forme différente. C'est donc une vaine tentative que de vouloir déduire tout l'ordre naturel d'un principe qu'on considère comme absolu, tel que la persistance de la force. Ce principe fût-il admis, il serait encore évident que les phénomènes seront différents suivant la nature et l'intensité de la force, suivant la situation et la masse des corps sur lesquels elle agit.

C'est un grave défaut de la métaphysique de Spencer que l'absence complète de l'idée de contingence. Quoiqu'il ne le démontre jamais, il suppose toujours tacitement que tout est nécessaire. Un principe unique s'impose, d'après lui, à l'intelligence et de ce principe tout découle par une conséquence inévitable ; la loi d'évolution n'est une partie de la philosophie que si on démontre qu'elle est une conclusion nécessaire du premier principe et il en est de même de toute autre vérité.

Il est vrai que Spencer part de certaines *données* : le moi et le non moi, l'espace, le temps, la matière, le mouvement, la force. Mais outre que ces données sont insuffisantes comme point de départ d'une conception déterminée de l'Univers, Spencer les considère comme des manifestations de l'Absolu et n'envisage jamais l'hypothèse de leur contingence.

En outre, pour lui, la force est le « principe des principes », la matière et le mouvement n'étant que des manifestations de force, l'espace et le temps les conditions de ces manifestations ; (1) et la persistance de la force est la seule raison fondamentale de tous les phénomènes. Nous croyons avoir le droit d'affirmer que cette synthèse n'est qu'une illusion.

Spencer termine en protestant qu'on ne peut pas légitimement dire de sa philosophie qu'elle est matérialiste. Nous ne reviendrons pas sur cette question sur laquelle nous nous sommes suffisamment expliqué plus haut.

---

(1) P. P. p. 179 § 50. — F. P. p. 132.

CHAPITRE VII.

Les origines de la Philosophie des *Premiers Principes*.
Récapitulation. — Appréciations.

Les origines de la Philosophie es Premiers Principes

Quelles sont les origines de la philosophie de Spencer ? Nous n'avons à répondre à cette question qu'en ce qui concerne les *Premiers Principes*. Le penseur anglais ne reconnaissait pas volontiers avoir emprunté ses idées aux autres ; aucune critique ne le blessait plus vivement que celle-là. Il faut reconnaître d'ailleurs, comme nous l'avons fait observer, que sa philosophie est largement originale. Mais où est le penseur isolé ? Qui peut se vanter d'échapper à l'influence des théories régnantes, ou même, de ne pas être profondément influencé par elles ?

Nous avons déjà eu l'occasion de dire comment la théorie de l'Inconnaisable témoigne de l'influence exercée par la critique kantienne sur les spéculations modernes. « C'est Kant, dit A. Férro, qui traça véritablement la voie à Comte, à Spencer, à la philosophie de tout le XIXe siècle. » (1) La quintessence de la théorie de l'Inconnais-

---

(1) *La critica della conoscenza in E. Kant et H. Spencer*. Savone 1900 p. 39

sable se trouve dans le chapitre qui traite de la relativité de nos connaissances. Spencer s'y appuie sur Hamilton et Mansel. « De même, dit F. Aveling, que Mansel se servit des principes établis par Hamilton, ainsi Hamilton fut largement influencé par la doctrine de Kant. Il faut donc assigner au système de Kant une relation historique avec les conclusions de Spencer sur la relativité de la connaissance et de l'Inconnaissable. » (1) Si Spencer a cité de préférence Hamilton et Mansel, ce n'est pas, probablement, que ces deux philosophes aient eu sur ses idées une influence plus grande que d'autres de la même école, mais c'est, sans doute, parce que l'un et l'autre, tout en enseignant l'impossibilité pour la raison d'atteindre l'Infini, admettent cependant son existence comme objet de la révélation et de la foi. Spencer a prétendu également faire considérer l'Inconnaissable comme objet de Religion. Il s'écarte de Hamilton et de Mansel en ce qu'il fait dériver la connaissance de l'Infini, non point d'une origine surnaturelle, mais de la conscience imprécise. En cela — puisqu'il admet en somme l'existence d'une réalité fondamentale indépendante de nos connaissances — il se rapproche davantage de Kant que de l'école idéaliste. L'influence du philosophe de Koenigsberg sur Spencer se borne au point que nous venons de signaler. Ce n'est pas à Kant que Spencer a emprunté le mécanicisme, ni la théorie de l'évolution.

On a signalé aussi dans les *Premiers Principes* l'influence de l'école romantique allemande, principalement de Schelling. « Pour ces philosophes, dit Berthelot, nature et société sont le produit d'une activité inconsciente, d'une force mystérieuse analogue à celle de la vie, ce ne sont pas des mécanismes, mais des organismes. Et par organisme les romantiques n'entendent pas un système de rapports purement statiques, comme l'avaient fait avant eux les penseurs qui avaient comparé à un organisme la société et

---

(1) *The philosophy of H. Spencer*. *Dublin Review*. Février 1904 p. 285

la nature, un Platon, par exemple, dans l'antiquité, un Hobbes dans les temps modernes; ils entendent par là un ensemble de rapports dynamiques qui se développe du dedans au dehors, qui évolue par l'action d'un principe de vie intérieur et inconscient; ce développement (*Entwickelung*), cette évolution qui est la vie de l'Univers et de la société, tend à la fois vers une différenciation (*Differenzierung*), toujours plus grande et vers une coordination parfaite des parties de l'ensemble vivant.

« Spencer doit à Coleridge, et par son intermédiaire au romantisme allemand, avec les expressions mêmes de vie, d'organisme, d'évolution, la conception de l'Univers et de la société comme un développement inconscient qui se fait dans le sens d'une individualisation et d'une harmonie de plus en plus complète, c'est à dire dans le sens qu'il appellera plus tard différenciation et intégration. » (1)

Berthelot ajoute que Spencer a combiné avec la conception romantique d'une évolution universelle, les théories mécaniques, notamment l'influence du milieu d'après les idées de Lamarck.

L. Roth, dans une monographie sur les relations entre la philosophie de Schelling et celle Spencer, leur attribue également un lien de parenté. « Ce que nous voulons faire voir, dit-il, c'est une analogie d'idées entre la philosophie allemande de la nature et Spencer. Nous voulons rechercher jusqu'à quel point Schelling est évolutionniste et si la position de Spencer n'offre pas d'analogie avec celle de Schelling.

« La continuité logique des conceptions fait comprendre comment la puissance des idées latentes entraîne au même but, malgré tout la différence du point de départ, du caractère et de l'évolution intellectuelle. Ce n'est qu'en seconde ligne qu'il faut placer l'influence exercée par l'école de Schelling sur Spencer par l'intermédiaire de C. E. von Baer et de Coleridge.

---

(1) *Thèse : Sur les origines de la philosophie de Spencer.* Bulletin de la Société française de Philosophie, 1901 p. 93

« La pensée de Spencer a ressenti cette influence à une époque où il était préoccupé de ce qu'il y a d'essentiel dans le concept de développement. Elle fut en même temps un pas en avant pour l'idée d'évolution. Spencer dans son second ouvrage répond à la question de « la nature du développement » ou du progrès avec Corelidge-Schelling : Le développement consiste dans la tendance à l'individualisation. Plus tard aussi, dans une seconde phase distinctive de sa pensée, l'étude des écrits de von Baer hâta le progrès de la conception. » (1)

L. Roth signale également des analogies entre la théorie de la connaissance chez les deux philosophies. Nous avons déjà dit que la doctrine de l'Inconnaissable se rattache au Kantisme. Il est vrai que Spencer, comme Schelling, (2) combat le réalisme en cherchant à faire voir des contradictions dans l'hypothèse de l'existence en soi des objets de notre expérience ; mais cette méthode de raisonnement se retrouve également chez Kant. D'autre part, l'idéalisme transcendental qui affirme l'identité absolue du moi et du non-moi et supprime la distinction entre la réalité et connaissance (3) est inconnu à Spencer. Nous avons vu que la manière dont il établit la distinction fondamentale du moi et du non-moi est purement empirique. A cet égard donc, la différence entre sa philosophie et celle de Schelling ou de Hégel est radicale.

Spencer se rattache plus réellement à Schelling par la conception d'une évolution générale. Celui-ci conçoit en effet la nature entière comme un organisme vivant dont la vie universelle se manifeste dans les formes les plus variées en développements gradués, — dans lequel l'Absolu se différencie en objets particuliers, pour les reprendre et les unifier dans son infinité. (4) Il est vraisemblable que

---

(1) *Schelling und Spencer*. Berne 1901 p. p. 7-8
(2) cf. *Ideen zu einer Philosophie der Natur*. Landshut 1803 p.p. 16 sq.
(3) cf. Schelling *System des transcendentalen Idealismus* p. p. 63-65 et *passim*
(4) *Ideen zu einer Philosophie der Natur*. pp. 52, 77, 261.

Spencer dans la généralisation de la théorie évolutive a été influencé indirectement par ces conceptions monistiques. Nous devons remarquer cependant que l'idée d'une évolution universelle se présente tout autrement chez lui que chez Schelling. Pour celui-ci, l'évolution générale est la conséquence ou mieux la simple expression de l'idéalisme transcendental. L'absolu idéal et l'absolu réel sont une seule et même chose. « L'absolu est un acte de connaissance éternel, dit Schelling. Les choses en soi sont les idées contenues dans l'acte de connaissance éternel, et comme les idées sont une seule idée dans l'Absolu, toutes les choses ont vraiment au fond un seul être, c'est à dire l'être du pur Absolu... L'absolu se développe par l'acte de connaissance éternel dans le particulier, de manière à réunir en lui-même le fini par la formation (*Einbildung*) de son infinité dans le fini..... Le côté réel de l'activité éternelle (de l'Absolu) se manifeste dans la Nature : la Nature en soi ou la Nature éternelle est l'esprit buriné dans l'objet, l'Etre divin introduit dans la forme..... tandis que la Nature qui apparaît est la formation de l'Etre dans la forme se manifestant comme telle, c'est à dire dans le particulier. » (1)

Chez Spencer, au contraire, l'évolution universelle apparaît comme la synthèse des évolutions particulières qui ont été étudiées auparavant et ont été reconnues comme obéissant à la même loi. La thèse de l'évolution universelle est donc pour lui une conclusion et une généralisation des connaissances obtenues par voie expérimentale. S'il est vrai, comme le dit Berthelot, que la loi de différenciation et d'intégration évoque le souvenir des thèses, antithèses (différenciation) et synthèses harmoniques (intégration) dont nous parle Schelling, (2) il faut avouer cependant que l'analogie est assez lointaine et que les fondements sur lesquels repose la loi d'évolution de Spencer sont tout différents des spéculations transcendentales

---

(1) *Ibid.* pp. 67 — 76.
(2) *Ibid.* p. 97.

d'où Schelling a tiré sa formule. Dans sa réponse à Martineau, Spencer a lui-même combattu l'évolution conçue à la façon de Schelling ou de Hégel. (1)

Avant l'apparition de *l'Origine des Espèces* de Darwin (1858), Spencer avait à plusieurs reprises exposé l'idée de l'évolution des espèces organiques, notamment en 1857 dans *Progress, its laws and causes* et dans des articles publiés la même année dans *National Review* et dans *Westminster Review*. Il y insiste surtout sur l'importance de l'action du milieu. Ce n'est donc pas à Darwin que Spencer a emprunté la thèse de l'évolution des espèces, et son rôle n'a pas consisté, comme on le dit parfois, à étendre à d'autres domaines la découverte faite par Darwin dans le monde organique. (2)

Spencer lui-même note exactement quel a été le grand mérite de Darwin. Après avoir observé que la « sélection naturelle » n'est pas au fond autre chose que ce qu'il avait appelé lui-même « la survivance des plus aptes », il remarque que Darwin le premier a fait voir l'importance de ce facteur. « C'est lui, dit-il, qui a découvert que la sélection naturelle est capable de produire *l'adaptation* entre des organismes et leurs circonstances ; à lui revient encore le mérite d'avoir apprécié l'importance immense des conséquences qui en découlent. Il a mis en œuvre une masse énorme de faits pour en faire sortir la démonstration exacte que « la conservation des races favorisées dans la lutte pour la vie » est une cause sans cesse agissante de divergence parmi les formes organiques. Il a suivi les résultats compliqués de l'opération de la sélection avec une sagacité merveilleuse ; il a montré que des multitudes de faits inexplicables par d'autres causes s'expliquent complètement par cette cause. En un mot, il a prouvé que la cause qu'il met en avant

---

(1) cf. DALLARI. *Il pensiero filosofico di H. Spencer*. Turin 1904, p. 19.
(2) cf. R. WEINBERG *Herbert Spencer ein Vorgänger von Darwin*. *Naturwissenschaftlich Wochenschrift*, 3 juin 1906 — Th. GOLLIER *Herbert Spencer*. Revue générale, Novembre 1905. pp. 817 sq.

est une vraie cause, une cause que nous voyons habituellement en action, et que les résultats qu'on peut en conclure sont en harmonie avec les phénomènes que présente la création organique, aussi bien dans son ensemble que dans ses détails. » (1)

Quant à la forme d'évolution que Spencer développe dans les *Premiers Principes*, lui-même s'est chargé d'en expliquer la genèse : « C'est en 1852, dit-il, que j'ai connu la manière dont Baer exprimait ce principe général » (que tout organisme, pendant son évolution, passe d'un état d'homogénéité à un état d'hétérogénéité) « L'universabilité de la loi a toujours été pour moi un postulat emportant avec lui la croyance correspondante, tacite sinon avouée, de l'unité du procédé dans toute la nature..... La première expression systématique de l'idée que l'opération de transformation qui se fait dans tout organisme en voie de développement, se fait aussi dans toutes les choses, se trouve dans un essai sur *le Progrès, sa loi et sa cause*, que j'ai publié dans *The Westminster Review*, avril 1857. Le présent chapitre reproduit la substance et une partie de la forme de cet essai. Mais je dois dire que j'y commettais une erreur que j'ai répétée dans la première édition de cet ouvrage : je supposais que la transformation de l'homogène en hétérogène constitue l'évolution ; nous venons de voir que cette transformation constitue la redistribution secondaire qui accompagne la redistribution primaire dans l'évolution dite composée, ou plutôt que, comme nous le voyons maintenant, elle constitue la partie la plus remarquable de cette redistribution secondaire. » (2)

En fait cet article de *The Westminster Review* (3) contient déjà la plupart des idées maîtresses des *Premiers*

---

(1) *Principes de Biologie* vol I p. 510 § 165. — cf. P. P. p. 179 — F. P. p. 362, note.

(2) P. P. p.p. 359-360 — F. P. p. 270, note.

(3) L'article a été repris dans *Essais de Morale, de Science et d'Esthétique* par H. Spencer, traduits par Burdeau, vol. 1, Paris 1891.

Principes. Spencer part de la notion de progrès dans les corps vivants : transformation de l'homogène en hétérogène (Goethe, Wolff, von Baer). Cette conception se généralise d'elle-même. L'auteur l'applique aux phénomènes cosmogoniques, géologiques, biologiques, sociaux, au langage, aux sciences, aux arts.

Quelle est la cause de cette différenciation croissante ? C'est que tout agent produit plus d'un effet, ou mieux : que tout changement engendre plusieurs changements. La complexité des effets d'un agent est proportionnelle à la complexité du milieu sur lequel il exerce son activité. Dans une note, Spencer indique le principe de l'instabilité de l'homogène.

Le progrès est l'effet d'une bienfaisante nécessité. En disant cela nous n'atteignons pas la cause métaphysique, substantielle du progrès. Au contraire, par nos études nous voyons de mieux en mieux que cette cause est inaccessible. Ainsi la science fortifie la Religion.

Cette dernière réflexion dont le développement ne prend guère que deux pages est devenue la première partie des *Premiers Principes*. Nous avons vu comment, dans la seconde partie, s'est complété le concept du progrès ou de l'évolution et la connaissance de ses causes.

Spencer a écrit en 1864 et publié à part en 1884 quelques pages pour contredire ceux qui le présentent comme un disciple de Comte. (1) Dans d'autres endroits de ses ouvrages (2) il proteste contre cette manière de voir, et l'on doit reconnaître qu'à envisager l'ensemble de la doctrine de Spencer, elle n'est pas fondée. Cependant le passage que nous avons cité (p. 116) et toute la théorie de Spencer sur la prétendue épuration des doctrines religieuses par la Science offre une incontestable analogie avec la doctrine du philosophe français. Aussi, dans l'écrit mentionné plus haut, Spencer insiste-t-il avant tout, sur les différences

---

(1) *Reasons for dissenting from the philosophy of M. Comte.* Londres 1884.

(2) cf. *Principes de Biologie* vol. I p. 89 § 27 en note.

qui le séparent de Comte dans la question du progrès des connaissances humaines.

On sait que d'après Comte, les connaissances de l'humanité ont passé par trois états différents : l'état *théologique* dans lequel l'homme attribue les phénomènes à l'intervention d'êtres supérieurs, de divinités, nombreuses d'abord, unique ensuite; l'état *métaphysique* dans lequel il explique les faits en invoquant des causes de plus en plus universelles; enfin l'état *scientifique* ou *positif* dans lequel il se contente de constater les faits et de les grouper en faits généraux, en négligeant complètement, comme « inaccessible et vide de sens pour nous », la recherche des causes soit premières soit finales.

A cette doctrine, Spencer oppose sa propre conception qui n'admet pour l'esprit qu'une seule méthode consistant à attribuer aux phénomènes des causes en rapport avec le degré de généralisation que l'expérience a réalisé : l'idée de *cause* n'est point exclue du terme final de l'évolution intellectuelle, et la méthode scientifique, au lieu de remplacer les conceptions religieuses, les rejoint au contraire dans ce qui doit être leur forme définitive.

Il faut reconnaître que ces observations sont fondées, et qu'il ne peut pas être question de confondre complètement les deux doctrines. Il n'en est pas moins vrai que Spencer lui-même établit une opposition entre les conceptions religieuses, telles qu'elles existent de fait, et les conceptions scientifiques ; que cette opposition consiste, d'après lui, dans la substitution des *causes* naturelles à des *agents personnels* pour l'explication des phénomènes, ce qui n'est pas autre chose au fond que le remplacement de l'état théologique par l'état métaphysique. Et si Spencer maintient à la fois la légitimité des conceptions religieuses et des conceptions scientifiques, c'est à condition que le Dieu unique de la Théologie et la cause universelle et dernière de la Science soient *l'Inconnaissable* ; ce qui, dans la rigueur des termes, signifie que l'un et l'autre s'évanouissent au moment où l'esprit croit les saisir.

Il y a donc, semble-t-il, entre les idées de Comte et

celles de Spencer, au sujet de l'évolution historique de l'intelligence humaine, plus d'analogie que ce dernier ne veut le reconnaître. Il faut avouer néanmoins que la ressemblance n'est pas complète, et que, même dans la première partie des *Premiers Principes*, Spencer ne doit pas être considéré comme un disciple de Comte.

Le philosophe français, qui fait profession de n'avoir jamais lu ni Kant ni Hégel, (1) n'enseigne nulle part la doctrine de la pure relativité de nos connaissances qui aboutit, comme nous l'avons dit, à l'idéalisme et réduit toutes nos idées à n'être que des phénomènes purement subjectifs. Il repousse « le panthéisme ténébreux dont se glorifient si étrangement, surtout en Allemagne, tant de profonds métaphysiciens (2) » et qui ne peut être que l'idéalisme transcendental.

Tandis que Spencer ne veut pas du *réalisme grossier*, qui consiste à admettre l'existence objective des choses directement perçues par l'expérience telle qu'elle est admise par l'homme non initié aux subtilités philosophiques, Comte professe, au contraire, que « le véritable esprit philosophique consiste uniquement en une simple extension méthodique du bon sens vulgaire à tous les sujets accessibles à la raison humaine. » (3) *L'Inconnaissable* n'est donc pas pour Comte une réalité fondamentale, inconnaissable parce que absolue, dont nous percevons vaguement et irrésistiblement l'existence, mais que nous ne pouvons pas représenter par des connaissances précises. C'est simplement tout l'ensemble des doctrines religieuses et métaphysiques, en tant que distinctes des faits constatables par l'observation.

Ce n'est pas que la construction de Comte nous plaise davantage que celle de Spencer. A notre avis, la seule part de vérité de sa fameuse loi, c'est que depuis l'origine de notre race, les connaissances scientifiques et

---

(1) *Cours de Philosophie Positive*. Paris 1842, t. VI p. XXXVIII.
(2) *Ibid* t. V. p. 84.
(3) *Ibid*. t. VI. p. 650.

l'esprit scientifique ont été, d'une manière générale, en progressant ; que, dès lors, les hommes ont reconnu avec une évidence et une exactitude croissantes les lois auxquelles obéissent les phénomènes matériels. Mais, comment ce progrès contredit la conception d'après laquelle l'Univers est, en dernière analyse, l'expression d'un acte libre de l'Être Infini, ce qui est l'essence de la doctrine théologique, ou pourquoi il est illégitime de se servir de la connaissance des faits pour chercher à établir certaines conclusions sur la nature des corps qui en sont le théâtre, c'est ce que Comte ne montre nulle part. Les contradictions des métaphysiciens ne démontrent pas que leur science est vaine. Des contradictions existent entre les savants qui ne s'occupent que des faits, dès que l'observation en est difficile ou que les moyens d'information ne donnent pas une entière évidence.

Nous avouons ne pas pouvoir comprendre pourquoi notre intelligence peut légitimement formuler des *lois* dont la portée dépasse toujours l'observation proprement dite — puisqu'elles sont générales —, tandis que la recherche des causes lui est absolument interdite parce qu'elle échappe au contrôle de l'observation ; pourquoi l'hypothèse qui assimile le son à un mouvement vibratoire « nous offre l'expression exacte d'une évidente réalité », (1) tandis que l'hypothèse qui considère la lumière comme consistant, elle aussi, dans des mouvements ondulatoires d'un fluide est rangée parmi les chimères métaphysiques, comme visant à dévoiler la « nature intime et le mode essentiel de production des phénomènes ». (2) Comment l'affirmation que le son est une vibration de l'air, présente-t-elle un *fait* et se rattache-t-elle à l'état positif de notre esprit, tandis que l'affirmation que la lumière est une vibration de la matière interastrale est-elle une chimère et se rattache-t-elle à l'état métaphysique de notre intelligence ? Pourquoi la question de savoir si les corps inorganiques

---

(1) *Ibid.* t. II, p. 481.
(2) *Ibid.* t. II, p. 501.

et organiques diffèrent de nature est-elle « un reste d'influence des habitudes théologiques et métaphysiques » (1) tandisque les chimistes en affirmant « que les substances diffèrent aussi bien par la proportion que par la *nature de leurs principes constitutifs* » (2) sont parfaitement dans les bornes de la science positive ?

La loi de Comte est une conception arbitraire et incohérente et ce que Spencer en a adopté dans sa théorie sur l'opposition entre la Science et la Religion ne vaut pas mieux, comme nous l'avons vu ailleurs.

La partie vraiment originale de la philosophie spencérienne — malgré les influences étrangères dont elle porte les traces — c'est la doctrine de l'évolution. On peut affirmer qu'elle est tout à fait indépendante de la philosophie positiviste. Comte ignorait l'évolution organique des espèces. Dans la discussion entre Lamarck et Cuvier il tenait pour ce dernier. « On ne saurait guère douter, dit-il, surtout d'après la lumineuse argumentation de Cuvier, que *les espèces ne demeurent aussi, par leur nature, essentiellement fixes*, à travers toutes les variations extérieures compatibles avec leur existence ... (3) Nous pouvons désormais... regarder comme démontrée la discontinuité *nécessaire* de la grande série biologique. » (4)

Plus tard il écrit : « Pleinement appréciée, cette troisième loi biologique » (d'après laquelle tout être vivant engendre son semblable) « termine la célèbre controverse, encore essentiellement pendante, sur la perpétuité des espèces. Car, une telle loi, assurant l'hérédité organique à chaque génération, la prolonge aussi après une succession nouvelle. Elle consiste, au fond, à maintenir spontanément l'intégrité du type, quel que soit le nombre des transmissions... L'opinion de l'instabilité des espèces

---

(1) *Ibid.* t. I, p. 73.
(2) T. III, p. 117. C'est nous qui soulignons.
(3) T. III, p. 149. Les mots que nous soulignons constituent bel et bien une affirmation méthaphysique.
(4) *Ibid.* p. 152. C'est nous qui soulignons.

est une dangereuse émanation du matérialisme cosmologique, d'après une irrationnelle exagération de la réaction vitale des milieux inertes qui n'a jamais été bien conçue. » (1).

L'évolution organique des individus n'a pas attiré l'attention de Comte. Il n'a décrit le phénomène évolutif que dans l'ordre social. Dans celui-ci il admet comme Spencer une tendance générale au remplacement du type militaire par le type industriel. Il rattache cette évolution à la succession des trois états, théologique, métaphysique et positif. (2) Cette interprétation est aussi peu satisfaisante que la loi des trois états elle-même. La phase critique a été, d'après Comte, le moyen-âge et le facteur principal, la métaphysique scolastique. « Dès le douzième siècle, écrit-il, le triomphe de la scolastique vint réellement constituer le premier agent général de la désorganisation radicale de la puissance et de la philosophie théologique..... En appréciant de ce point de vue historique l'œuvre de Saint Thomas d'Aquin et même le poëme de Dante, on reconnaît aisément que ce nouvel esprit métaphysique avait alors essentiellement envahi toute l'étude intellectuelle et morale de l'homme individuel et commençait aussi à s'étendre directement aux spéculations sociales, de manière à témoigner déjà sa tendance inévitable à affranchir définitivement la raison humaine de la tutelle purement théologique. Par la mémorable canonisation du grand docteur scolastique, d'ailleurs légitimement due à ses éminents services politiques, les papes montraient à la fois leur propre entraînement involontaire vers la nouvelle activité mentale, et leur admirable prudence à s'incorporer, autant que possible, tout ce qui ne leur était pas manifestement hostile. Quoiqu'il en soit, le caractère antithéologique d'une telle métaphysique ne dut longtemps se manifester que par la direction plus subtile et l'énergie plus prononcée qu'elle imprime d'abord

---

(1) *Système de Politique Positive*, troisième édition, Paris, t. I, p. 592.
(2) *Cours de philosophie Positive* t. V. *Physique Sociale*.

à l'esprit de schisme et d'hérésie..... Mais les grandes luttes décisives du quatorzième et du quinzième siècle contre la puissance européenne des papes et contre la suprématie ecclésiastique du Siège Pontifical, vinrent enfin procurer spontanément une large et durable application sociale à ce nouvel esprit philosophique, qui, ayant déjà atteint la pleine maturité spéculative dont il était susceptible, dut désormais tendre surtout à prendre aux débats politiques une participation croissante, qui, par sa nature, ne pouvait être que de plus en plus négative envers l'ancienne organisation spirituelle, et même, par une conséquence involontaire, ultérieurement dissolvante pour le pouvoir temporel correspondant, dont elle avait d'abord tant secondé le système d'envahissement universel. » (1)

Quiconque connaît, pour les avis pratiqués, les métaphysiciens du moyen-âge ne lira pas sans étonnement cette appréciation et se dira que la philosophie positive ne prémunit pas contre les spéculations fantaisistes. Spencer n'a nullement suivi Comte dans cette manière d'envisager l'évolution sociale.

La loi unique de l'évolution humaine est, d'après Comte, celle-ci : « L'homme devient de plus en plus religieux. » (2)

La religion, d'après lui, est « caractérisée par l'état de pleine harmonie propre à l'existence humaine, tant collective qu'individuelle, quand toutes ses parties quelconques sont dignement coordonnées..... La religion constitue donc pour l'âme un *consensus* normal exactement comparable à celui de la santé envers le corps. D'après l'intime solidarité entre le moral et le physique, le rapprochement des deux états généraux pourrait même s'étendre jusqu'à concevoir le second embrassé par le premier. » (3) Le progrès religieux de Comte n'a, on le voit, rien de commun avec l'accord entre la Religion et la Science vers lequel tend l'intelligence humaine d'après la théorie spencérienne.

---
(1) *Cours de Philosophie positive*, t. V, p. p. 445-446.
(2) *Système de Politique Positive* t. III p. 10.
(3) *Ibid.* t. II p. 8.

Pour le philosophe français, la loi d'évolution de l'humanité se réduit à une loi de progrès caractérisé par une coordination croissante. D'après Spencer, la coordination est en effet un élément du procès évolutif, mais elle ne le constitue pas à elle seule.

Comte n'a jamais conçu l'évolution comme un procès universel. Il tenait pour chimérique l'entreprise de soumettre tous les phénomènes à une loi générale. (1) Harrison confirme qu'elle est inconciliable avec l'esprit de la philosophie Comtiste. (2)

En somme, la synthèse spencérienne, qui est principalement caractérisée par la loi d'évolution, ne se trouve à aucun degré, ni même en germe, dans les ouvrages du fondateur de la Religion de l'Humanité. Spencer avait donc raison de ne pas vouloir passer pour un disciple de Comte.

Nous croyons avoir signalé les principales influences dont les *Premiers Principes* portent l'empreinte. Quand aux autres parties de la philosophie de Spencer, nous nous contenterons de rapporter, en y souscrivant, ce jugement sommaire de René Worms : « Spencer a suivi avant tout les traditions anglaises. Il a hérité de presque tous les grands penseurs de son pays : philosophes de l'école expérimentale, comme Bacon, Locke, Hume ; moralistes utilitaires, comme Bentham ; juristes, comme Sir Henry Summer Maire ; de même qu'il a connu et utilisé les éminents ethnographes ses comtemporains, Sir John Lubbock et le professeur Edw. Tylor. Plus qu'à eux tous, croyons-nous, il a dû aux économistes de sa patrie : Adam Smith, Ricardo, Malthus, John Stuart Mill. » (3)

**

Récapitulation. Arrivés à la fin de notre tâche, jetons un coup d'œil sur le résultat obtenu. Résumons d'abord les conclusions de cette seconde partie, dans laquelle nous avons admis

---

(1) cf. MACPHERSON, *Herbert Spencer, The Man and his Work* p. 48.
(2) *The Herbert Spencer Lecture* p. 24.
(3) *Journal des Économistes*, Janvier-Mars 1904 p. 103.

la plupart des idées de Spencer, tout en tâchant de les amender ; les passages qui y sont soulignés sont ceux qui contredisent sa doctrine ou la complètent.

L'évolution, dans sa signification la plus large, est un procès auquel sont soumis aussi bien le sujet pensant, le moi, que les objets extérieurs, le non-moi. Comme phénomène général, elle consiste dans une redistribution de matière et de mouvement *sous l'action de forces. La matière présente comme caractères essentiels l'étendue et la masse qui, avec la force et mouvement, constituent quatre éléments irréductibles de l'Univers matériel.*

L'évolution se déploie dans l'espace et dans le temps.

Les forces sont purement mécaniques dans la nature inorganique ; la vie organique est caractérisée par des forces plastiques ; la vie sensible et la vie intellectuelle par des forces psychiques. Ces trois catégories de forces sont irréductibles. La considération des forces permet de distinguer plusieurs catégories d'évolutions. Les forces, à l'exception de la volonté libre, agissent suivant des lois fatales et constantes.

L'évolution est soumise a) aux lois générales du monde matériel : conservation *de la masse* des corps, — transformabilité et conversation *de la somme de l'énergie avec restriction possible (et en tous cas peu importante) due à la multiplication des forces plastiques et psychiques,* — direction du mouvement *suivant la résultante des forces, souvent* suivant la moindre résistance ou la plus forte traction, — caractère rythmique du mouvement ; b) aux lois spéciales de l'évolution :

I. Loi de l'intégration. L'évolution proprement dite (progressive) comporte une intégration de matière, soit par adjonction de nouvelles parties, soit par consolidation des liens qui les unissent, et une intégration du mouvement intérieur de l'agrégat.

II. Loi de la différenciation. Lorsque les circonstances sont favorables, l'intégration de l'agrégat est accompagné d'une différenciation croissante de ses parties et de leurs mouvements.

III. Loi de la définition. Les parties de l'agrégat et leurs mouvements tendent à se délimiter de plus en plus exactement.

IV. Loi de la coordination. A mesure que les parties se différencient et se limitent, elles tendent à nouer entre elles des relations de plus en plus étroites. Il en résulte une coordination croissante de leurs mouvements.

V. Loi de la dissolution. Les êtres matériels en même temps qu'ils se développent, subissent un procès simultané et opposé de destruction qui finit par les faire disparaître. Ce procès de dissolution comporte la désintégration de la matière *et du mouvement*.

V. *Loi de la relation entre l'évolution et la dissolution. L'évolution des agrégats organiques est de sa nature indéfinie; ni l'équilibre, ni surtout la dissolution ne doivent être considérés comme l'aboutissement vers lequel tendrait, par lui-même, le procès d'évolution.*

VI. Loi de la dégradation de l'énergie. Le mouvement subit une désintégration constante par la transformation graduelle du mouvement visible en mouvement moléculaire. Cette loi qui est une loi générale de phénomènes matériels intéresse cependant spécialement l'évolution, en ce *qu'elle indique que l'ensemble des évolutions de l'Univers a eu un commencement et aura — naturellement — une fin.*

La formule générale de l'évolution qui résulte de ces lois se vérifie dans les différents ordres de choses, *dans les unes parce qu'elles sont matérielles, dans les autres parce que tout en étant immatérielles, elles dépendent d'une façon ou d'une autre des redistributions de matière et de mouvement.*

Le procès évolutif a des causes générales et des causes particulières à chaque genre d'évolution. Parmi les premières il faut signaler l'instabilité de l'homogène et la multiplication des effets qui déterminent la différenciation, la ségrégation qui sert à interpréter la délinition des parties, *les forces par les quelles se manifeste l'unité de l'agrégat et qui produisent l'intégration et la coordination des parties, la sélection naturelle, facteur complexe, qui d'une façon ou d'une autre joue un rôle dans toute évolution, de manière, en général, à favoriser le progrès.* Recherchant les causes particulières de l'évolution organique, nous avons relevé l'hérédité et l'atavisme, la transmission *probable* des caractères acquis, l'adaptation aux circonstances, *les mutations et d'autres phénomènes dépendant de facteurs internes imparfaitement connus, mais probablement prépondérants.*

Dans les points que nous venons d'énumérer, nous avons adopté en grande partie les idées de Spencer. Parfois nous avons cherché à les préciser, à les confirmer ou à les corriger. Le lecteur aura jugé si nous avons été heureux dans ces retouches que nous avons apportées à l'œuvre du maître. Nous espérons qu'il partagera notre adhésion à sa vérité substantielle et qu'il jugera avec nous qu'elle fournit de l'Univers matériel une conception juste, intéressante et féconde.

Au contraire nous avons repoussé d'un bout à l'autre la théorie de l'*Inconnaissable* et nous espérons également que le lecteur jugera suffisante la réfutation que nous en avons faite.

L'homme placé en face de l'Univers doit résoudre le problème de son origine, non seulement à cause de l'intérêt spéculatif qu'il présente, mais encore parce qu'il a besoin de cette solution pour ordonner sa vie. Il n'est pas permis d'y échapper par le prétexte que toutes les réponses proposées soulèvent des objections, ou que notre intelligence ne suffit pas à cette tâche. Les difficultés que présente la solution spiritualiste ne sont pas insurmontables, et les théories en vertu desquelles on prétend interdire à notre esprit la recherche de la Cause Première ne sont qu'une forme à peine déguisée de scepticisme.

Nous avons refusé également d'identifier tous les phénomènes qui se produisent dans les êtres corporels. Tout en reconnaissant que tous par quelque côté sont des phénomènes de mouvement et qu'à cet égard ils sont enveloppés dans l'étude du monde matériel, nous n'avons pas admis que ces mouvements soient partout déterminés par le même genre de forces, ni qu'ils constituent toujours à eux seuls tout le phénomène, ni même qu'ils en soient toujours un élément intrinsèque.

L'évolution, dans laquelle chaque phase a sa raison d'être dans la phase précédente, ne peut pas expliquer l'origine des choses radicalement nouvelles. Si, comme nous l'avons admis, la vie organique est irréductible aux forces physico-chimiques, l'évolution des corps inorganiques est incapable de produire la vie. De même, puisque manifestement la sensibilité ne peut pas se réduire à des déplacements d'atomes, une évolution qui ne comprend rien de plus ne peut pas expliquer l'origine de la vie sensitive. Et puisque celle-ci est confinée dans des connaissances concrètes de choses matérielles et dans les mouvements qu'elles déterminent, l'évolution de la sensibilité ne peut pas être la raison suffisante de l'apparition des idées générales, de la conscience, de la liberté. Enfin toute évolution suppose des données de l'existence desquelles il faut rendre compte.

La synthèse de Spencer n'est pas une philosophie générale, mais plutôt une métaphysique spéciale des phénomènes matériels, dans l'acception la plus large de ce mot, et même comme telle, elle n'est pas sans lacunes. Cependant elle constitue un corps de doctrines de grande envergure et largement appuyé sur les faits.

Ce que nous avons admis dans l'œuvre de Spencer en constitue la partie originale. Sa théorie de l'Inconnaissable est un succédané de la philosophie kantienne. La thèse qui considère tous les phénomènes comme substantiellement identiques et refuse de voir dans l'activité psychique autre chose que les mouvements de la matière nerveuse n'est pas non plus nouvelle. Ce que Spencer a tenté le premier, c'est une étude de l'évolution considérée comme un procès commun à toute existence corporelle. En cela il a réussi dans une large mesure et il a ainsi ajouté à la philosophie un chapitre intéressant et d'une importance incontestable.

Appréciations. La théorie de l'Inconnaissable et le mécanisme outré ont empêché souvent de reconnaître la part de vérité que contient la synthèse spencérienne et ont fait qu'elle a été jugée parfois avec une sévérité trop absolue par les philosophes spiritualistes. Il en a été ainsi en Angleterre, au témoignage de Henri Michel. (1) Il faut reconnaître d'ailleurs que les critiques de l'œuvre de Spencer contiennent en général une grande part de vérité. Citons en quelques-unes.

Fr. Aveling, dans *Dublin Review*, tout en rendant hommage à la grandeur de l'œuvre, la trouve essentiellement fausse dans la théorie de l'Inconnaissable, l'évolution, la doctrine morale. (2)

Renouvier dont nous avons signalé les principales critiques croit que la postérité refusera de ranger la doctrine de Spencer parmi les grandes constructions philosophiques. (3)

Le P. Roure, dans les *Etudes Religieuses*, signale l'insuffisance de la doctrine évolutionniste. « On nous promet, dit-il, la connaissance des réalités objectives et on nous fait l'histoire de leurs changements. Nous avons lieu de déclarer que nous ne sommes pas satisfaits. Répondre que tout change, ce n'est pas prouver qu'il n'existe, même en apparence, que des changements, ou qu'on ne peut connaître que le changement. » (4)

C'est la critique que fait également Harrison. « Si le mouvement d'évolution et de dissolution à travers des phases alternantes de différenciation et d'intégration, dit-il, est la clef maîtresse de toute science, alors la science est simplement la loi des procès de changement. Mais les lois de *stabilité*, de permanence, sont également essentielles et dominantes ; de fait elles précèdent les lois de changement. Donnant aux termes leur véritable portée philosophique, *l'ordre précède le progrès*, le détermine et le règle. *Le progrès procède de l'ordre par évolution.* C'est à dire : le cours de tout développement est déterminé irrévocablement lorsque le type primordial est déterminé. » (5)

---

(1) *Herbert Spencer et Ch. Renouvier.* Année psychologique 1904 p. 144.
(2) *The Philosophy of H. Spencer.* Febr. 1904.
(3) *Op. cit.* 1886, vol. II, p. 356.
(4) *Herbert Spencer et l'Evolutionnisme mécaniste*, Mars 1895, p. 150.
(5) *The Hebert Spencer Lecture*, p. 19.

Cette observation est juste jusqu'à un certain point. S'il y a des choses qui changent, cela même suppose qu'il y a quelque chose en elles qui demeure, pendant qu'elles changent, entre le moment où elles commencent à exister et le moment où elles finissent. Mais encore est-il vrai de dire que les choses matérielles telles qu'elles se présentent à nous ont une durée limitée et que leur origine et leur fin consistent dans des changements ; de sorte que ce qu'il y a de permanent en elles, dans les limites de leur durée, est le terme d'un changement. La connaissance des changements implique donc la connaissance de la réalité des choses. Ainsi, la connaissance des changements qui donnent naissance à l'eau implique la connaissance de ce qui constitue d'une manière permanente l'eau, depuis sa synthèse jusqu'au moment de sa décomposition. Cependant quand, dans la nature, une chose matérielle cesse d'exister, elle ne périt pas tout entière, et quand elle commence d'exister elle n'est pas créée de toutes pièces ; nous ne connaissons par l'expérience aucun changement où la matière commence d'exister, ni aucun cas non plus où la vie débute. La connaissance des changements n'entraîne donc pas nécessairement la connaissance de toute réalité permanente — même abstraction faite de l'imperfection de notre connaissance des changements — mais elle peut y contribuer. Il faut en conclure que, comme nous l'avons fait observer à plusieurs reprises, la philosophie ne peut pas consister dans la seule théorie de l'évolution et que notamment il faut, pour l'intelligence de l'Univers, un ou plusieurs points de départ — situations initiales ou types primordiaux — à partir desquels l'évolution s'accomplit conformément à ses lois générales.

Le P. Roure critique également la loi d'évolution formulée par Spencer : « Dans l'évolution des sciences et des arts, dit-il, comme dans celle des sociétés, nous voyons un progrès dans la coordination et la subordination des parties; mais c'est un abus de mots d'appeler cela concentration de matière ». (1)

---

(1) *Ibid.* p. 153.

Il n'admet pas davantage la « dissipation du mouvement ». Nous avons longuement examiné nous-mêmes ces points de la doctrine spencérienne ; nous n'y reviendrons donc pas.

C'est également le mécanicisme radical que Proost reproche principalement à Spencer dans les excellents articles qu'il consacra à sa philosophie dès 1878. (1) Il fait remarquer aussi et juge sévèrement le manque fréquent de précision de cette mécanique. « En matière de mécanique et de thermo-dynamique, dit-il, la terminologie vague et parfois inexacte du savant anglais permet de croire qu'il en est absolument au point où se trouvent beaucoup de savants modernes qui ne sont pas mathématiciens. Ils s'imaginent comprendre clairement ce qu'ils ne font en réalité qu'entrevoir très imparfaitement. » (2) Proost rend d'ailleurs justice au mérite de Spencer, tant en ce qui concerne l'idée d'évolution que pour le caractère encyclopédique de son génie. « Il est une chose, dit-il, qu'on ne peut dénier au philosophe anglais... c'est une immense érudition qui ne se borne pas à des connaissances approfondies de l'économie politique et des sciences psychologiques, mais qui embrasse le vaste domaine des sciences de la nature, depuis la physique, la chimie, la géologie et l'astronomie, jusqu'aux différentes branches de la biologie, la zoologie, la botanique, l'embryologie et l'anatomie comparée, la physiologie, la pathologie, etc. » (3)

Certains philosophes, considérant la théorie de l'évolution organique comme le point de départ de la philosophie spencérienne, l'ont jugée ruineuse à cause de l'incertitude de cette théorie. « Quant à la doctrine de l'évolution, dit le cardinal Mercier, elle n'est qu'une analogie audacieusement greffée sur une hypothèse. L'hypothèse, c'est que les espèces végétales et animales pourraient dériver par voie de transformation d'un ou de plusieurs types primor-

---

(1) Revue générale, juin et juillet 1879. — Revue des questions scientifiques, Janvier, Avril 1878.
(2) Revue des questions scientifiques, Janvier 1878, p. 83
(3) Revue générale, Juin 1879, p. 836.

diaux, en vertu de la sélection naturelle, ou, en termes plus explicites, sous l'influence avantageusement combinée du milieu, de la survivance des plus aptes dans la lutte pour la vie, et de l'hérédité. L'analogie consiste à élargir indéfiniment l'hypothèse transformiste et à l'appliquer à tous les faits observables, depuis la formation des mondes stellaires, du système solaire, de notre globe, jusqu'à la genèse des sociétés et au développement des civilisations. Tout le monde conviendra qu'il n'y a dans cette vaste conception ni science proprement dite ni véritable philosophie. » (1)

La *Civilta Catholica* trouve également que les bases de la conception spencérienne ne sont pas solides. Ce sont, dit-elle, la constance de l'énergie, qui n'est qu'une hypothèse et non un axiome — et l'évolution qui n'est vraie que d'une façon limitée, le Darwinisme étant certainement faux. « Les fondements de l'édifice spencérien, conclut-elle, ne sont pas inébranlables, mais beaucoup de ses parties sont belles, fortes et en harmonie avec d'autres également belles et fortes. Y eut-il jamais, d'ailleurs, depuis Thalès jusqu'à nos jours, un philosophe qui ait élevé un édifice philosophique parfait dans toutes ses parties ? » (2)

L'article de la *Civiltà* fut critiqué par *l'Unità Catolica* (3) comme trop élogieux pour Spencer. Mais la Revue romaine maintint son appréciation. (4)

L'évolution dans son acception la plus générale est un fait. Reste à voir si la succession des faunes et des flores est un phénomène d'évolution. Cela revient à demander si elle est un phénomène naturel. La question étant posée dans ces termes et abstraction faite de toute théorie particulière sur les facteurs de cette évolution, la réponse à faire ne semble plus guère douteuse à l'époque actuelle. Nous souscrivons volontiers au jugement de J. Yverach,

---

(1) *La philosophie de Herbert Spencer*. Revue Neo-Scolastique. Février 1898, p. 28.
(2) 1904 p. 101
(3) 19 Janvier 1904
(4) 6 Février 1904.

dans *The Critical Review*. (1) « Nous avons toujours ressenti et nous ressentons profondément aujourd'hui combien ce fut un malheur que la grande et féconde théorie de l'évolution ait été associée chez ses principaux auteurs et expositeurs avec des doctrines métaphysiques et autres qui n'ont aucune liaison avec elle. L'agnosticisme et l'évolution sont indépendants l'un de l'autre..... Nous regrettons que l'aspect agnostique de la philosophie de Spencer ait empêché de reconnaître la valeur de la théorie de l'évolution ; car cette théorie a suscité des travaux féconds dans presque tous les départements de la connaissance humaine. »

Ceux qui condamnent la tendance matérialiste de la philosophie de Spencer, s'accordent, en général, pour reconnaître le caractère grandiose de son œuvre, l' « abondance incroyable d'informations et une puissance de coordination, une énergie synthétique qui met cette vaste encyclopédie au service d'une seule et même idée dominante. » (2)

On comprend qu'en dehors de l'école spiritualiste la synthèse spencerienne a rencontré souvent une admiration enthousiaste et sans réserve. « La philosophie de Spencer, dit Gonzalez Serrano, avec son idée maitresse de la conception biologique de l'Univers, constitue le plus grand effort de la pensée moderne pour concilier les spéculations idéalistes avec les exigences scientifiques. » (3)

Le lecteur s'est aperçu que notre appréciation suit une voie moyenne entre la condamnation radicale et l'approbation absolue. Nous croyons que l'œuvre de Spencer et en particulier *Les Premiers Principes* renferment une part importante de doctrine vraie et originale. Il s'y trouve des pierres précieuses qu'il est possible de débarrasser de leurs gangues : c'est ce que nous avons tâché de réaliser.

---

(1) 1904, p. 101.
(2) Revue de Théologie et de philosophie Janvier 1904 p. 78.
(3) *La Lectura* Janvier 1904 p. 20.

BIBLIOGRAPHIE

La bibliographie de Spencer est très touffue. Nous nous bornons ici à signaler d'abord les traductions des *Premiers Principes*, ensuite les travaux qui s'occupent d'une façon générale de la philosophie spencérienne, enfin les études qui se rapportent spécialement aux *Premiers Principes*. Nous négligeons tout ce qui a rapport aux parties spéciales (Biologie, Psychologie, Sociologie, Morale) ou à la biographie du philosophe. Même dans ces limites, notre liste est loin d'être complète.

I

Spencer H. — *I primi principi* per cura di G. Salvadori, Torino 1901.
Spencer H. — *Les Premiers principes*. Traduction par Cazelles. 9ᵉ édition, Paris 1904.
Spencer H. — *Les Premiers Principes*. Traduit sur la 6ᵉ édition anglaise par M. Guymior, Paris 1902.
Spencer H. — *Grandsaetze einer synthetische Auffassung der Dinge*, Stuttgart 1901.
Spencer H. — *System der synthetischen Philosophie*. X vol. Trad. B. Vetter, Stuttgart 1902.
Spencer H. — *Algemeene grondstellingen*. Trad. van Tricht.

II

Aveling, Fr. — *The philosophy of Herbert Spencer*. The Dublin Review, April 1904.

Berthelot R. — *Herbert Spencer*. La grande encyclopédie, t. XXX.
Ph. B. — *Herbert Spencer*. Revue de Théologie et de Philosophie, Janvier 1904.
Bowne B. P. — *The philosophy of H. Spencer*. New-York, 1874.
Collins F. — *Epitome of Synthetic Philosophy of Herbert Spencer*. Londres, 1897.
Collins. F. — *Epitome der synthetischen Philosophie H. Spencer's*, übersetzt von S. V. Carus.
Collins F. — *Résumé de la philosophie synthétique de H. Spencer*. Paris, 1904.
De Roberty. — *Auguste Comte et Herbert Spencer*. Paris, 1895.
Dervla J. — *The philosophical work of Spencer*. Philosophical Review, Mars 1904.
Diferee H. — *C. Herbert Spencer en zyn tyd*. Amsterdam, 1905.
Dillami. — *Il pensiero filosofico di Spencer*. Torino, 1905.
Faggi A. — *Spencer e il suo sistema filosofico*. Rivista filosofica, Janvier-Février 1904.
Gaup. V. — *Herbert Spencer*. Stuttgart, 1900.
Gollier Th. — *Herbert Spencer*. Revue Générale, Octobre, Novembre, Décembre 1903.
Ground. — *An examination of the structural principles of H. Spencer's philosophy*. Oxford 1883.
Halleux J. — *La philosophie d'Herbert Spencer*. Revue Scolastique, Février, Mai 1904.
Harrison Fr. — *The Herbert Spencer Lecture*. Oxford, 1905.
Hudson W. H. — *An introduction to the philosophy of Herbert Spencer, with a biographical sketch*. New-York, 1904.
Iverach J. — *The philosophy of H. Spencer examined*. Londres, 1884.
Iverach J. — *Herbert Spencer*. Critical Review, Mars 1904.
Lynch A. — *Herbert Spencer*. Free Review, Décembre 1895.
Macpherson H. — *Herbert Spencer : the man and his work*. Londres, 1900.
Mercier D. — *La philosophie de Herbert Spencer*. Revue Neo-Scolastique, Février 1898.

MICHEL H. — *Herbert Spencer et Charles Renouvier.* L'année psychologique 1904.
MICHELET — *H. Spencer's System der Philosophie und sein Verhältniss zur Deutschen Philosophie.* Halle 1882.
PROOST. — *Les naturalistes philosophes. H. Spencer.* Revue des questions scientifiques, Janvier, Avril 1878.
PROOST. — *La philosophie naturelle en Angleterre.* Revue générale, Juin, Juillet, 1879.
PSYCHOSIS. — *Our modern philosophers, Darwin, Bain and Spencer.* Londres 1884.
SELLE C. F. — *H. Spencer und Friedr. Nietzsche. Vereinigung der Gegensatze auf grund einer neuen These.* Leipsig.
SALVADORI G. — *Herbert Spencer e l'opera sua.* Florence 1900.
SERRANO V. — *Spencer.* Lectura, Janvier 1904.
TAROZZI G. — *La sintesi di H. Spencer.* Révista di filosofia, Janvier-Février 1904.
THOMPSON. — *Herbert Spencer.* Brooklyn 1889.
VILLA. — *La filosofia di Herbert Spencer.* Rivista italiana di sociologia, Septembre-Décembre, 1904.
.... — *Herbert Spencer. La sua vita e le sue opere.* La Civilta Catholica, Janvier 1904.
.... — *A proposito di un nostro articolo intorno ad Herbert Spencer.* La Civilta catholica, Février 1904.
WARNER FITE. — *H. Spencer as a philosopher.* Journal of Philosophy, Psychology and scientific methods. I.
WATSON J. — *Comte, Mill and Spencer ; an outline of philosophy.* Glasgow 1895.
WEBER R. H. — *Die philosophie H. Spencer's.*
YOUNG A. — *A critical examination into the philosophy of H. Spencer.* San-Francisco 1887.
ZAMBONI. — *Herbert Spencer.* Bologne 1904.
ZUCCANTE. — *Herbert Spencer.* Vicenza 1904.

III

ARDIGO R. — *L'Inconoscibile di H. Spencer e il Noumeno di Kant*, etc., Padoue 1901.

Ardigo R. — *La dottrina spenceriana dell'Inconoscibile*, Rome 1899.

Ardigo R. — *Opere filosofiche*, vol. viii (Spencer e Kant) Padoue 1901.

Arthur W. — *Religion without God an God without Religion. Agnosticism and M. H. Spencer*, Londres 1885.

Berthelot R. — *Thèse sur les origines de la philosophie de Spencer*. Bulletin de la Société française de philosophie, Avril 1904.

Birks. — *Modern physical fatalism and the doctrine of Evolution, including an examination of Spencer, s First Principles*.

Bonnart E. — *La critique de M. Renouvier et l'évolutionnisme*, Lausanne 1880.

Butler Burke J. — *H. Spencer and the master Key*. The Contemporary Review, Juin 1906.

Carus. P. — *Kant and Spencer. A study of the fallacies of Agnosticism*. Chicago 1900.

Crespi A. — *La religione nella filosofia di Erb. Spencer*. Rivista di filosofia, Janvier-Février 1905.

Ferro. A. — *La Critica della Conoscenza in E. Kant e H. Spencer*. Savona 1900.

Fiske J. — *Cosmic Philosophy*. Londres 1874.

Fischer E. L. — *Uber das Gesetz der Entwicklung mit Rucksicht auf H. Spencer*, Wirtzburg 1875.

Fitz James Stephen. — *The unknowable and the unknown*. Nineteenth Century, Juin 1884.

Gaucoin E. — *Die Grundlagen der Spencerschen Philosophie*. Berlin 1888.

Glnz W. — *Der Agnosticismus H. Spencers 's mit Rücksicht auf Aug. Comte und Fr. A. Lange*, Greifswald 1902.

Goblet d'Alviella. — *Harrison contre Spencer sur la valeur religieuse de l'Inconnaissable*, Paris 1885.

Gounelle E. — *L'agnosticisme de H. Spencer*, Montauban 1889.

Grosse E. — *Spencer 's Lehre vom Unerkennbaren*. Leipsig 1890.

Gruber R. et Brunetière F. — *M. Brunetière et l'Inconnaissable de Spencer et de Comte. — Réponse au R. P. Gruber. Revue philosophique, Février 1903.

Hamilton G. — *The insuppressible Book : A controversy between H. Spencer and F. Harrison.* Boston 1885.

Jones J. H. — *Know the Truth ; a critique of the Hamiltonian theory of Limitation including some strictures upon the theories of. H. Spencer.* Londres 1865.

Laugel A. — *M. Herbert Spencer et les études philosophiques en Angleterre.* Revue des Deux Mondes, 15 Février 1864.

Lacy W. M. — *An examination of the philosophy of the Unknowable.* Philadelphie 1883.

Laurens C. — *L'évolution et M. Herbert Spencer.* Lyon 1889.

Lucas J. — *Agnosticism and Religion ; an examination of Spencer's Religion of Unknowable.* Baltimore 1895.

Maguire Th. — *Agnosticism. H. Spencer and F. Harrison.* Dublin 1884.

Malcolm Guthrie. — *Spencer's Unification of Knowledge.* Londres 1882.

Malcolm Guthrie. — *M. Spencer's formula of Evolution.* Londres 1879.

Marchesini G. — *La metafisica di Erb. Spencer.* Rivista di filosofia, Janvier-Février 1905.

Mikhailowski N. — *Qu'est-ce que le progrès ? Examen des idées de Spencer.* Paris 1897.

Naumann. A. — *Spencer wider Kant.* Hambourg 1885.

Nichols J.-B. — *Spencer's Definition of Evolution.* The Monist, Octobre 1902.

Pace E. — *Das Relativitatsprinzip in Spencer's Entwicklungslehre.* Leipsig 1892.

Roth L. — *Schelling und Spencer.* Berne 1902.

Painter G. S. — *Spencer's Evolutionstheorie dargestellt.* O. O. 1896.

Renouvier Ch. — *Examen des Premiers Principes de H. Spencer.* Critique philosophique 1885-86.

Roure L. — *Herbert Spencer et l'évolutionnisme mécaniste.* Etudes religieuses, Mars 1895.

Roure L. — *Herbert Spencer. L'idée religieuse et l'Inconnaissable.* Etudes Religieuses, Août 1895.

Saleeby C. W. — *Evolution the Master-Key.* Londres 1896.
Simmons A. — *Agnostic First Principles*, Londres.
H. Spencer et F. Harrison. Nineteenth Century 1884, *Religion a Retrospect and Prospect* (Spencer, Janvier). *The Ghost of Religion* (Harrison, Mars). *Retrogressive Religion* (Spencer, Juillet). *Agnostic metaphysics* (Harrison, Septembre). *Last words about Agnosticism and the Religion of Humanity* (Spencer, Novembre).
Spencer et Martineau. — Contemporary Review 1872, Avril (Martineau). *Dr Martineau on Evolution*, Juin (Spencer).
Spencer H. — *Replies to Cristicisms.* Fortnightly Review, Novembre et Décembre 1873.
Spicker G. — *Spencer's Aussichten ueber das Verhaltniss von Religion und Wissenschaft.* Münster 1889.
Tolver Preston. — *Comparison of some views of Spencer and Kant.* Mind, Avril 1900.
Troilo. — *La dottrina della conoscenza di H. Spencer*, Bologne 1904.
Velardita. — *Herbert Spencer e l'evolutionismo.* Rivista italiana di filosofia 1897, p. 63.
Vorenkamp R. — *Agnosticisme van H. Spencer.* Groningue 1897.
Ward J. — *Naturalism and Agnosticism.* Londres 1903.
Youmans E. L. — *The nature and reality of Religion. A controversy between F. Harrison and H. Spencer.* New-York 1885.

TABLE DES MATIÈRES

Avant-Propos, p. 5.

Ire PARTIE

La Philosophie de l'Inconnaissable

Chapitre I. — Religion et Science.

La thèse de Spencer, p. 15. — Esquisse de la démonstration, p. 17. — L'objet commun de la Religion et de la Science, p. 17.

Chapitre II — Les idées dernières de la Religion.

Imagination et Intelligence, p. 23. — L'origine de l'Univers, p. 26. — La nature de l'Univers, p. 31.

Chapitre III. — Les idées dernières de la Science.

L'espace et le temps, p. 41. — La matière, p. 48. — Le mouvement, p. 54. — La force, p. 58. — La conscience, p. 66.

Chapitre IV. — La question de la relativité de toute connaissance.

La question de la relativité des connaissances et sa solution, p. 71. — Influence de Kant, p. 75. — Opinions des philosophes, p. 78. — Brunetière et la relativité des connaissances, p. 79. — Le relativisme et les théories physiques, p. 82. — L'inexplicable terme de toute explication, p. 86. — L'inconcevabilité de l'Absolu, p. 90. — La correspondance entre la conscience et la réalité, p. 92. — L'existence réelle du noumène, p. 98. — L'être abstrait et l'être illimité, p. 101.

Chapitre V. — L'accord de la Religion et de la Science.

Notre connaissance de l'Absolu, p. 105. — Prétendue inconséquence de la Religion, p. 108. — L'évolution religieuse et l'influence de la Science, p. 110. — L'évolution scientifique et les idées religieuses, p. 115. — L'Inconnaissable, p. 120.

IIe PARTIE

La théorie de l'Évolution

CHAPITRE I. — Les données.

Le connaissable. p. 129. — L'évolution objet de la philosophie. p. 132. — La vérité. p. 136. — Le moi et le non-moi. p. 139. — L'espace et le temps. p. 141. — La matière. p. 145. — Le mouvement. p. 147. — La force. p. 148.

CHAPITRE II. — Les principes.

§ I. L'indestructibilité de la matière comme principe *a priori*. p. 151. — L'indestructibilité de la matière comme résultat d'induction. p. 157. — L'indestructibilité de la matière comme conséquence de la persistance de la force. p. 160.

§ II. La conservation du mouvement *a priori* et devant l'induction. p. 163.

§ III. La persistance de la force. Véritable sens de ce principe. p. 169. — La persistance de la force est-elle un postulat ? p. 173. — La force et l'inconnaissable. p. 177.

§ IV. La constance des lois (relations entre les forces). p. 179.

§ V. La transformabilité équivalente de l'énergie. p. 180. — Les phénomènes physico-chimiques et les phénomènes psychiques. p. 182. — Les phénomènes physico-chimiques et les phénomènes organiques. p. 192. — Les phénomènes sociaux. p. 199. — Le matérialisme de Spencer. p. 199. — Matérialité des phénomènes vitaux. p. 205. — Étude inductive de la loi de transformation. p. 207. — La loi d'équivalence et les phénomènes organiques. p. 210. — La loi d'équivalence et les phénomènes psychiques. p. 213. — La loi d'équivalence et les phénomènes sociaux. p. 214.

§ VI. Les lois du mouvement. p. 217. — La tendance du mouvement à suivre une ligne déjà parcourue. p. 218. — Le mouvement suivant la résultante des forces. p. 220. — Les lois de la direction du mouvement dans l'activité vitale. p. 223.

§ VII Rythme du mouvement. p. 231. — Justification de la loi du rythme. p. 236. — Exceptions à la loi du rythme. p. 239.

CHAPITRE III. — L'évolution.

Récapitulation. p. 243. — Évolution, dissolution et loi d'évolution d'après Spencer. p. 245. — La redistribution principale. p. 252. — La perte du mouvement. p. 258. — Confirmation inductive de la loi d'intégration. p. 260. — Les forces qui agissent dans l'intégration. p. 264. — L'évolution composée. Ses conditions. p. 267. — La différenciation. p. 275. — Confirmation inductive de la loi de différenciation. p. 276. — La définition et la coordination des parties. p. 283. — La redistribution du mouvement. p. 287. — Les forces qui agissent dans les redistributions secondaires. p. 293. — La loi d'évolution amendée. p. 294.

CHAPITRE IV. — **Les applications de la loi d'évolution.**

L'évolution des organismes. p. 297. — L'évolution de la vie. p. 300. — L'évolution et l'origine de la vie psychique. p. 303. — La loi d'évolution en psychologie. p. 306. — La loi d'évolution en sociologie. p. 312. — La loi d'évolution en morale. p. 322.

CHAPITRE V. — **Les causes de l'évolution.**

§ I. *Les causes générales.*

Le point de départ. p. 330. — L'instabilité de l'homogène. p. 333. Forces qui différencient l'homogène. p. 336. — L'instabilité de l'homogène et la persistance de la force. p. 340. — La multiplicité des effets. p. 340. — Étude inductive et justification *a priori* de ce principe. p. 341. — Convergence. p. 343. — Ségrégation. p. 344. — Récapitulation. p. 347.

§ II. *Les causes de l'évolution organique.*

Les causes d'évolution particulières. p. 350. — L'évolution organique. p. 351. — Ontogénie et phylogénie. p. 352. — Les causes de l'évolution ontogénique. p. 355. — Les causes de l'évolution phylogénique. p. 363. — La sélection naturelle. p. 363. — L'adaptation et l'hérédité des caractères acquis. p. 373. — Les tendances internes d'évolution. p. 381. — La théorie de de Vries. p. 386.

§ III. *La sélection naturelle comme facteur général d'évolution.*

Analyse de la sélection naturelle. p. 393. — La sélection naturelle dans le monde inorganique. p. 394. — La sélection naturelle dans l'évolution individuelle. p. 399. — La sélection naturelle dans l'ordre social. p. 401. — Insuffisance essentielle de la sélection naturelle. p. 404.

CHAPITRE VI. — § I. *L'équilibre et la dissolution.*

L'équilibre absolu et l'équilibre mobile. p. 407. — L'équilibre et l'évolution. p. 409. — L'équilibre et l'adaptation. p. 416. — Formes variées d'équilibre. p. 420. — La loi d'équilibre *a priori*. p. 422. —

Relation entre l'évolution et la dissolution. p. 425. — Étude inductive de la dissolution. p. 429. — Dernier problème. p. 438.

§ II. *Examen de la synthèse finale.*

Évolution universelle. p. 442. — Alternatives d'évolution et de dissolution. p. 447. — La force comme réalité fondamentale. p. 451.

Chapitre VII.

Origines de la philosophie des *Premiers Principes*. p. 453. Récapitulation. p. 469. — Appréciations. p. 473. — Bibliographie. p. 479.

EN VENTE

À LA

Librairie ALBERT DEWIT

53, Rue Royale, Bruxelles

DU MÊME AUTEUR :

Le Traité Perihermeneias d'Aristote
Traduction et commentaire. 8° . . 1,50 fr.

Les quatre éléments : le feu, l'air, l'eau,
la terre. Histoire d'une hypothèse 8° 2,50 fr.

L'Univers d'après Haeckel. 12° . . . 0,60 fr.

L'Homme d'après Haeckel. 12° . . . 0,60 fr.

La Controverse des futurs contingents
à l'Université de Louvain au XVII° siècle 8° . . . . 1,00 fr.

———•——•———

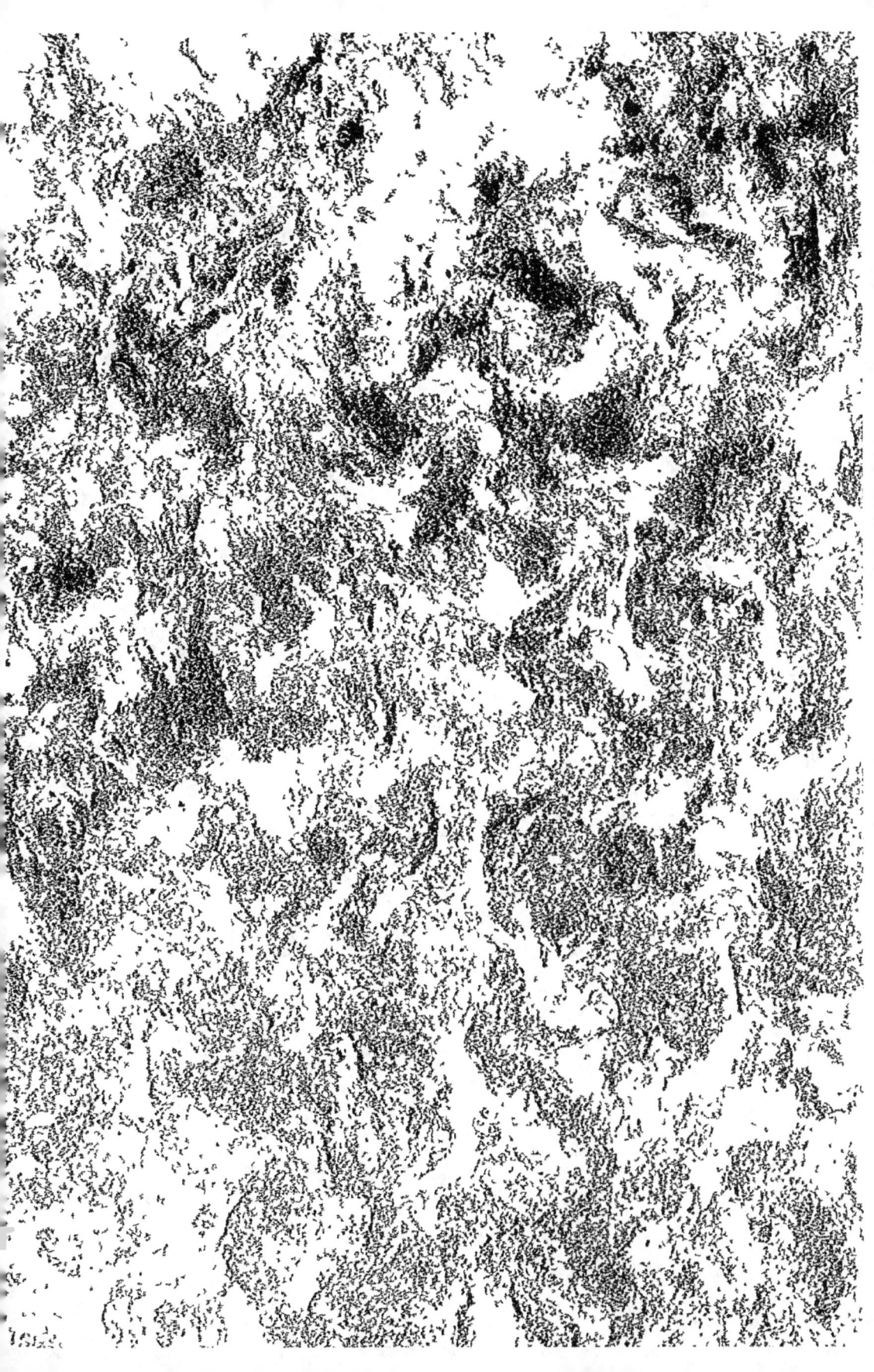

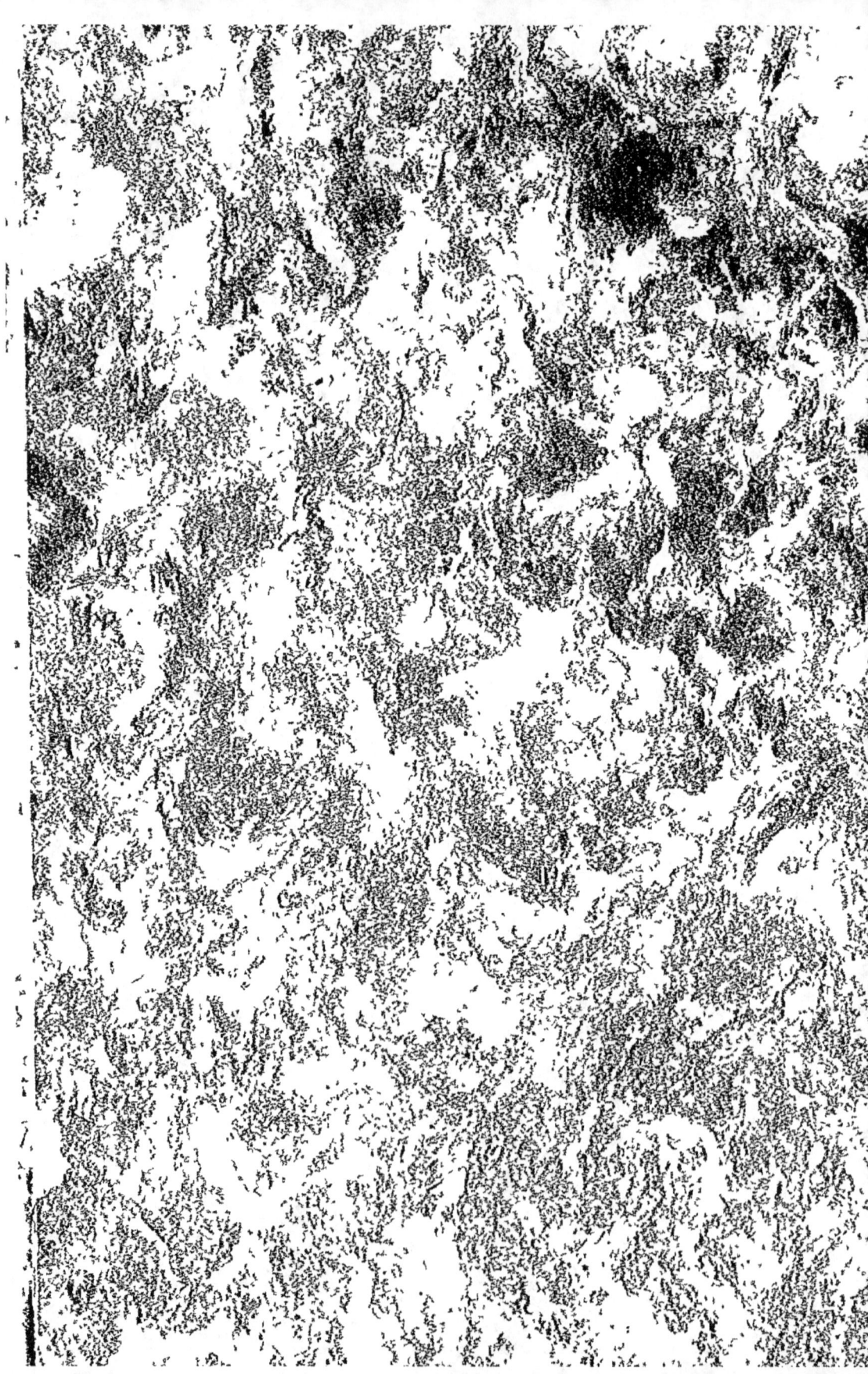

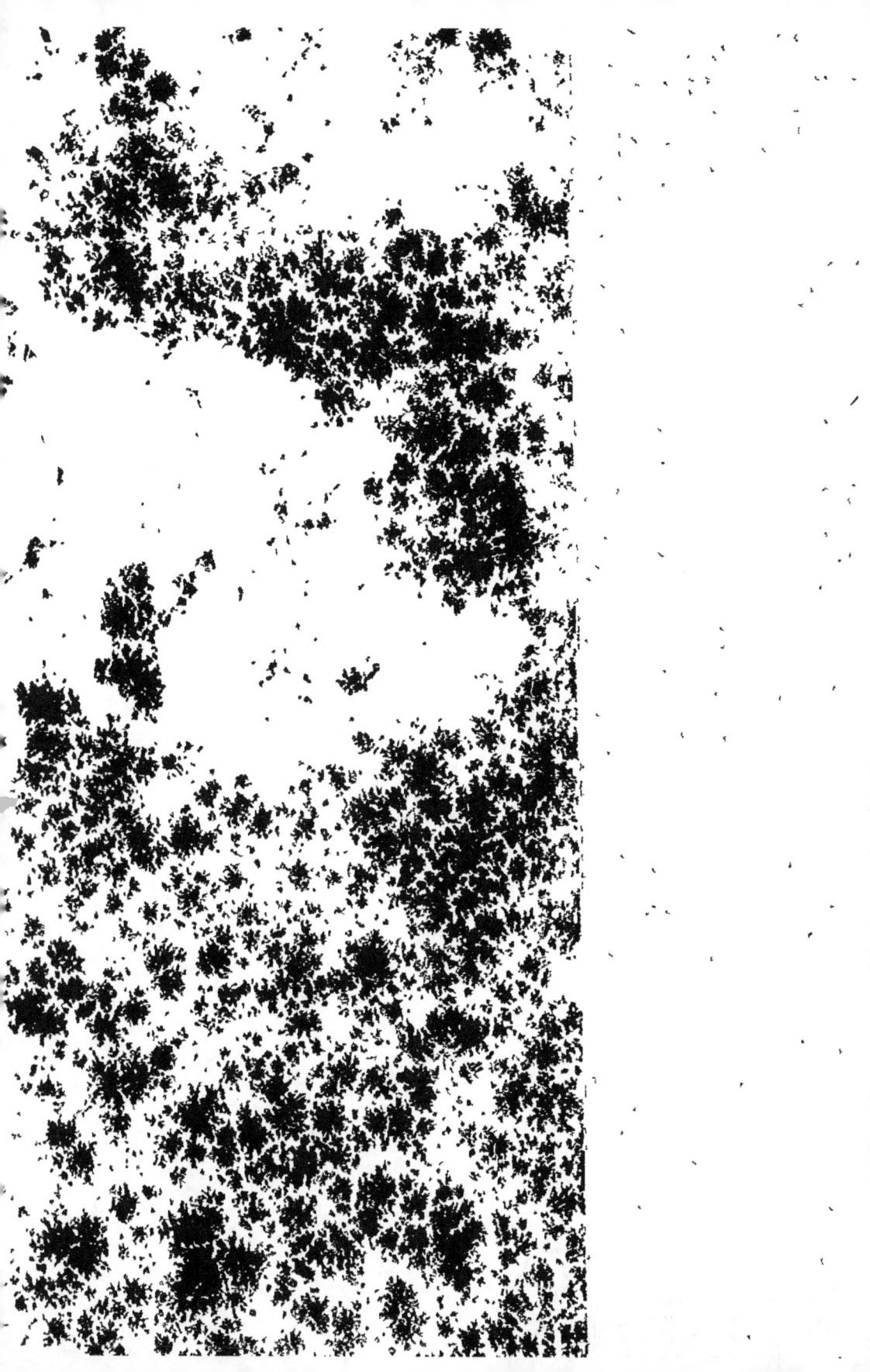

www.ingramcontent.com/pod-product-compliance
Lightning Source LLC
Chambersburg PA
CBHW050606230426
43670CB00009B/1282